釈尊のご生涯をたずねて

「仏さま」の実像とその教え

宮坂宥勝　奈良康明
佐藤密雄　常盤勝憲
塚本啓祥　増谷文雄
中村瑞隆　水野弘元
三枝充悳　前田惠學
宮本正尊　平川　彰
中村　元　舟橋一哉

森　政弘　編著

佼成出版社

まえがき

本書のスタイルは、対談形式になっております。

これは、四十数年以上昔の一九七六年六月～一九七八年十二月に、『躍進』誌（今は、平仮名で『やくしん』誌）に連載された対談を一冊にまとめたもので、『大方廣佛華厳経《だいほうこうぶつけごんきょう》』（略称：華厳経）の入法界品《にゅうほっかいぼん》の、善財童子《ぜんざいどうじ》の物語を模して、現代版として編集されたものです。

すなわち、善財童子が、文殊菩薩《もんじゅぼさつ》の勧めで、五十三人の善知識《ぜんちしき》を遍歴して修行して歩き、最後に普賢菩薩《ふげんぼさつ》の所で悟りを開くという物語の現代版として、五十三人の善知識に、十四人の仏教学の大家をあて、善財童子に、ロボット工学を専攻していた私が選ばれて、対談となったものです。

当時、私の仏教勉強はまだ序の口で、質問設定は、佼成出版社に助けられて行いました。しかし、この対談後四十数年の間に、私も、現在、臨済宗妙心寺派龍澤寺《りゅうたくじ》専門道場師家《しけ》の後藤榮山老大師や、本連載第十一話と第十二話の平川彰先生に師事させて頂いて、仏教の勉強もし、いくらか坐禅も修しましたので、仏法についてもある程度明るくなりました。それで今にして思えば、もっと適切な質問をさせて頂くことが出来たと反省しております。

それをいくらかでも補う意味で、各対談の終わりに、簡単な追記を設け、読者の方々にと、釈尊の歴史的事実の奥に観《み》られる仏法のピース的要点を記しました。このピース的要点は、軽いものから重いものまで混在していますが、本書で見られる限り断片的で横のつながりは分かりません。しかし一通り仏教を学ばれれば、それらの仏法上での位置づけがハッキリすると思います。

また、十四人のゲストの先生方は、仏教学の蘊奥《うんのう》を極められたお歴々で、これだけのお歴々の方々に順に対談させて頂けるのは、私のような駆け出しには、もったいないという思いを抱きながら、これはまさに御仏《みほとけ》のお計らいという気持ちで対談させて頂きました。

読者は、この対談を通して、釈尊のご生涯についての常識以上のくわしい智識が得られると思います。それを通して、いかに釈尊が、叡智にあふれ、ときに情け深く、またときに厳しく、強く、繊細であられた、偉大な人生の指導者・救済者であったかが、お分かりになるでありましょう。

ここで念を押しますと、仏教は、釈尊が発見された天地の道理であって、釈尊が発明された釈迦主義ではない、ということです。

最後に、本文の終わりにもあります、「四弘誓願文《しぐせいがんもん》」のひとつ、

法門無量誓願学《ほうもんむりょうせいがんがく》

を掲げて、まえがきを閉じさせて頂きます。

二〇二三年秋彼岸

森　政弘　記す。

目次

釈尊のご生涯をたずねて

——「仏さま」の実像とその教え——

【目次】

本文デザイン・地図製作　有限会社ブルーインク
カバーデザイン　山本太郎

古代インドの釈尊にゆかりの深い地域

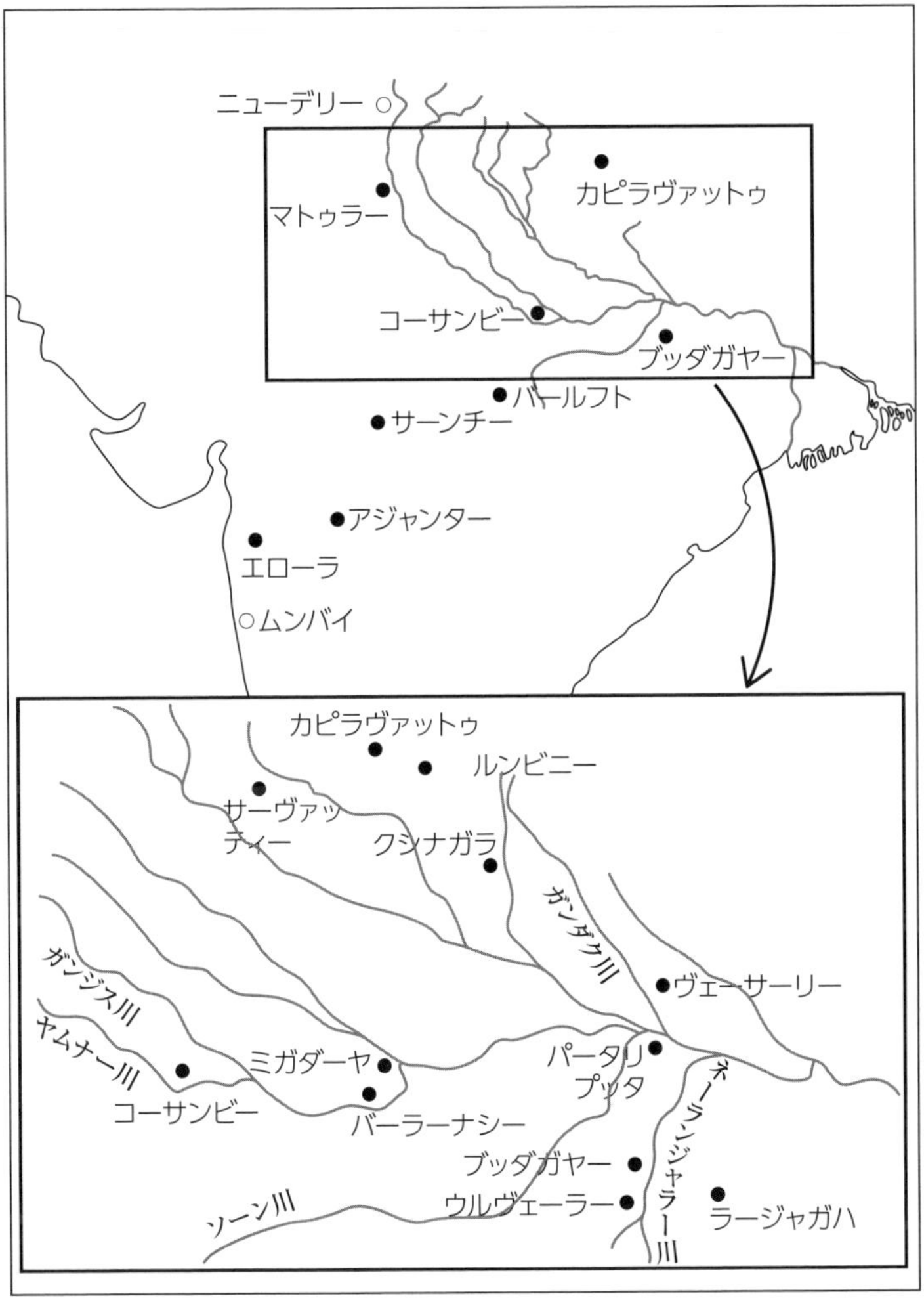

【凡　例】

一、本書は、小社発行の月刊誌『躍進』（現『やくしん』）の一九七六年六月号から一九七八年十二月号に計二十九回にわたって連載された、「釈尊のご生涯」について森政弘氏が十四名の仏教学者にインタビューする記事「釈尊のご生涯を訪ねるロボット童子の旅」を、掲載順に配列して単行本化したものです。

二、本書の各話にゲストとして登場されている仏教学者の肩書および写真は、連載時のものです。略歴は単行本化に際して新たに作成しました。

三、本文の内容や表現については、ゲストとして登場されている方々が故人であることを考慮し、極力連載当時のままとしました。ただし、現代では使われない表現等については、編著者の了承を得た上で、編集部の責任において改めました（例：癩病↓ハンセン病）。

四、各話の末尾に掲載されている追記（＊印から始まる記述）は、単行本化に際して編著者によって新たに書き下ろされたものです（追記が掲載されていない箇所もあります）。

第一話
釈尊が誕生された釈迦国と当時のインド社会

ゲスト——奈良康明（駒澤大学教授）

聞き手
森　政弘（もり・まさひろ）
一九二七年、三重県に生まれる。名古屋大学工学部電気学科卒業。工学博士。東京工業大学教授を経て現在、東京工業大学名誉教授、日本ロボット学会名誉会長、中央学術研究所講師を務める。著書に『退歩を学べ』『仏教新論』『般若』（いずれも佼成出版社）ほか多数ある。

ゲスト
奈良康明（なら・やすあき）
一九二九年―二〇一七年。千葉県に生まれる。東京大学文学部印度哲学梵文学科卒業、カルカッタ大学大学院比較言語学科博士課程留学。文学博士。駒澤大学教授・学長・総長などを歴任する。著書に『仏教史Ⅰ』（山川出版社）、『仏教と人間』（東京書籍）ほか多数ある。

童子敬白　旅を始めるに当たって

仏教に関心のあるなしにかかわらず、およそ日本に生まれてお釈迦さまについて関心のない人はいないだろう。もちろん、私も子どものときから関心があったのだが、科学技術の畑に入り、遍歴してロボット工学にたどりつき、そこで改めてお釈迦さまと対面することになったのだった。

ロボットにも仏性がある。その仏性とは何によって与えられたものなのか――つまり、ロボットを生かしているのはどういう力なのかと考えていって、そこに仏さまが立っていらっしゃるのを目の当たりにしたわけだ。その仏さまと、二千五百年前のインドでお生まれになられたお釈迦さまとはどういう関係にあられるのか。それを、さまざまな先生をお訪ねしてうかがってみたいと思い立った。『華厳経《けごんきょう》』の善財童子《ぜんざいどうじ》にあやかって「釈尊のご生涯を訪ねるロボット童子の旅」。さっそく旅立つとしよう。

◆統一する王を待ちわびていた時代

釈尊は、およそ西暦前五世紀の中ごろ、インドの北方、ヒマラヤのふもとの釈迦国（現在のネパール領）に王子としてお生まれになられました。

父のスッドーダナ王は、当時のインドの風習に従って、アシタという仙人に、生まれた子どもの将来を占わせましたが、そのとき、アシタ仙人はこう予言したのでした。
「この王子は、家にあれば全世界を征服する転輪聖王《てんりんじょうおう》になるであろう。また出家をすれば、精神界の王者として人類を救済する仏陀となられるであろう」……と。

森 政弘　『華厳経』に、悟りを求めて五十三人の師を次々に巡歴して教えを請う善財童子の物語がございますね。この対談では、私がその善財童子の役を頂きまして、いってみれば〝ロボット童子〟。現代の科学時代に育った青年の代表として、まず最初に教えを頂きたいと、お訪ねしたのが、奈良先生のところというわけでございます。

第一回目の今回は、お釈迦さまのご誕生と、当時のインドの社会がどんな状態であったかを中心に、お話をうかがわせて頂きたいと考えているのですが、奈良先生は、インドに五年ほど住まわれて、お釈迦さまが毎日をお過ごしになられた土地で生活なさってこられたわけですね。

奈良康明　私がおりましたのは、カルカッタ市が中心のベンガル地方です。インドの東の方で、今のバングラデシュ国に接しているところですね。この地方は、インドでも文化的伝承の豊かな所で、知的な人も多く、正統バラモンの家柄の人もかなりいます。

森　バラモンといいますと、カースト（インド古来の世襲的な階級制度）の中の一つの階級ですか。

奈良　カーストの一番上とされているクラスで、精神文化を担っているインテリ階級といった面もあると思います。そのクラスの人たちとお付き合いがあったんですが、右寄りのオーソドックスな考えを持った人がいるかと思うと、その隣にはコミュニストがいるというように、現代のインドは思想的に激しく揺れ動いているんです。経済的にも社会的にも、さまざまな問題を抱えているわけですね。

ところが、そのバラモンの知人の家に子どもが生まれますとね、その子に対して父親が、「この子こそ、現代のインドに新しい価値観を打ち立てる人物に育ってくれますように」と、真剣に願って、それを私たちにまで臆せずに言うのですね。

何もインドに限らず、親が子どもに夢を託すのは、世界中、どこでも同じことでしょう。そして、それが混乱した時代、混乱した社会であれば、なおさら、親がそれを強く願うのは当然でしょうが、じつは、釈尊がお生まれになられた二千五百年前のインドの社会も、まさにそういう時代だったんですね。長いインドの思想史の流れをみても、この時代は最も混乱していた時代ではなかったかとみられるのです。

「このままでは、この世の中はどうにもならない。だれか、新しい価値観を示してくれる人が出てきてほしい」という期待が人々の胸に高まってきていたんですね。

森　インドの社会を救ってくれる人、キリスト教的に言うならば、救世主《メシア》を待望しておったわけですね。

奈良　ええ。新しい教えが期待されていた時代。そこへ子どもが生まれてくると、占い師を呼んで、その子どもの将来を占わせる。

釈尊が生まれられたときも多くの占い師が呼ばれたのですが、特にアシタという仙人の「この子は俗世界にとどまれば転輪聖王になるであろう」という予言が有名になって残っているのですね。

◆世界の王となる者の三十二の相

森　転輪聖王とは、どういう王様なんでしょうか。

奈良　文字どおり〝輪を転がす王様〟ということで、この輪とは、もともとは武器なんです。王様が進んでいくと、その王様の前を中空高く黄金の輪がクルクル舞いながら進んでいく。その輪が進むところ敵はことごとくひれ伏し、征服されてしまうという象徴的な文章も残っています。そうして世界中にこの輪を転がして世界制覇を成し遂げる王様……それが転輪聖王であるわけです。釈尊は行政に携わる王族の家柄に生まれられたのですから、人々が「全世界を統治する王になってほしい」という願いをいだいたのは当然だったでしょうね。けれども、釈尊は転輪聖王ではなくて法の王となられた。武器の輪でなく法の輪を転じて世界を救う王となられたわけです。

森　その転輪聖王になるのは、三十二相を具《そな》えた人だと考えられていたようですね。

奈良　ええ。三十二相とは大人物の三十二の身体的特徴ということなのですが、これが奇妙なものもありまして、髪の毛は一本一本が右巻きにウズを巻いており、頭の頂が髪を束ねた髻《もとどり》のように盛り上がり、眉間《みけん》には白毫相《びやくごうそう》があって、耳は肩まで垂れ下がり、舌は顔を覆うほど大きく、手はヒザまで届き、足は偏平足、そして手のひらには水掻《みずか》きがついている……などというものまである相だというのです。

こういう相が何を現すものか、どこから出てきたものなのか、分かっておりません。

森　たとえばお釈迦さまの頭が盛り上がっていたというのを、脳細胞がふつうの人の倍あったんではないだろうか、という人がおるのです。ぼくたちの大脳には知識を得たり、判断したり、創造したりする新皮質という部分と、本能を扱う古皮質という部分があるのですが、これが百四十億個の細胞でできております。この細胞は、一個が二個に、二個が四個に、四個が八個にという具合に倍、倍と分裂を繰り返して、いまの人間の大脳新皮質の形になっているわけです。それがもう一度分裂したとすると一挙に二百八十億の脳細胞になるんですが、もし、そうなったら、これはだんぜん、ものすごい頭脳になるんです。

何百年も過去のこと、何千年もの未来のことまで手にとるように見とおせるとか、人の心の動きも、わがたなごころを見るがごとくに全部、読みとれる。百四十億個の脳細胞のぼくたちからみれば、いわゆる神通力を具えた人になるわけですね。

お釈迦さまは、そういう方ではなかったのだろうか。それだけの脳細胞を入れておくために、頭が盛り上がられたんじゃないだろうか、というんですけども……。

三十二相というのも、超人的な何かを具えておられるお姿を、何とか表現しようとしたもののようにも思われますね。

奈良　当時、父のスッドーダナ王を含めまして釈迦族の人たち、また、社会一般の要請として、インドの社会を統一してくれる人物の出現を待ち望んでおった。その願いが、このような伝承を生んだと考えていいと思いますね。

◆鉄という物質が人の心を変える

釈迦国はヒマラヤのふもと、ガンジス河の支流ローヒニー川に沿った山間平野にありました。土地は肥沃《ひよく》で水利の便もよく、水田、畜産を主とした豊かな農業国でした。

けれども、その国は、東西八十キロメートル、南北六十キロメートルほどの小さな国で、部族的な共和制がしかれ、強力な軍隊も持たない国でした。ところが、当時のインドは新興国家が次々に興って相争い、弱肉強食の戦乱が続いていました。社会は激しく揺れ動き、十六の大国が群雄割拠して小国は大国に生殺与奪《せいさつよだつ》の権を握られ、その属国とならされていました。釈迦国も当時の最大強国であったコーサラ国に隷属させられていたのでした。

森　現代でいえば、米ソ両大国に挟まれた弱小国という感じでしょうか。そこでどう生きていったらいいのか、というような深刻な悩みがあったんでしょうね。

奈良　当然、それはありましたでしょうね。ただし、当時の国というのは現代の国家とはかなり違ったもので、一種の部族社会なのです。

当時、北インド中央の文化の栄えた地方には、いろんな部族が独立を保っておりまして、釈迦族もその一つとしてタライ盆地に領土を持っていた部族であるわけです。その隣にはコーリャ族という部族がおりまして、この二つの部族はローヒニー川を挟んで盛んに水争いをやっていたんです。

あるときは、コーリャ族が川に毒を投げ込んだというんで釈迦国の人たちが怒って、「おまえらは、なんて野蛮なことをする連中なんだ！」とののしる。するとコーリャ族のほうも負けずに、「おまえの国は、近親相姦するような先祖を持っているじゃないか！」と言い返す。そうした争いに勝つために隣の大国に援助を求める、というような形で属国になっていったのでしょうね。当時、コーサラは強大な権力をもった専制君主国で、釈迦族はその保護領のようになっていたようです。

そして釈尊が出家されてから後のことになりますが、このコーサラ国によって釈迦族の町カピラバッツは武力でもって征服され、滅亡してしまったのです。釈迦国が置かれていた厳しい状態は、釈尊自身も、身にしみてお感じになられていたのでしょうね。

森　当時のインドが、そういう激動期を迎えた一つの大きな原因は、鉄が発見され、使われはじめたことにあるといわれておりますね。

奈良　インドで鉄というものが使用されだしたのは、前八世紀ないし九世紀ころだと考えられますが、そうなると、これまでの石や青銅に代わって、すぐれた農機具や道具ができてくる。その結果、農業生産が飛躍的に増大し、これまで自給自足でやってきた農村と農村の間で物々交換が行なわれるようになり、そこから貨幣経済が盛んになってきたわけです。

森　今日でいう技術革新、鉄という新しい物質が使われだしたことで、すごい変化が起こってきたわけですね。特に鉄というものは、ほかのどの金属にも見られない実用的な特性を具えていますから。

鉄は非常に強靭《きょうじん》で、それでいて弾性がある。鉄のネジはスパナで締め上げればキューっと締まって、微動だにしなくなりますが、これがコンクリートのネジですと、カチンカチンに硬いのはいいのですが、キュッと締めたとたんにポキンと折れちゃうんですね。

硬いと同時に弾性がある素材は、そうめったにあるものではなくて、そのために、さまざまな道具が造られてきた。人間の欲望にかなった材料がポコッと出てきてくれたっていう感じですね。

奈良　子どものマンガに、手に巨大な磁石を持った怪獣が出てきて、手をグイと伸ばすと東京から鉄という鉄が吸い上げられてしまうというのがありました。それを見ていて、私たちの生活から鉄というものがそっくりなくなったとしたら、どうなっちゃんだろう、とひょっと考えたんですが、これは大変なことになってしまいますものね。

森　ぼくたち、鉄がないと生きていけません。それほど人間にとって鉄というものは貴重な材料なんです。そういう新しい材料がポコッと出てきますと、人間の意識まで変わってしまうんですね。その結果、思想が混乱して、次のステップになる。ぼくたちが生きている現代がそのとおりで、鉄をプラスチックや半導体などに置き換えてみるとよく分かりますね。お釈迦さまがお生まれになられた当時のインドも、まったく同じで、物が変わって人間の心も変わっていった時代ですね。

◆新しい時代に対応するための価値観

奈良 そのとおりなんです。鉄の道具によって大量生産、物々交換が行なわれるようになれば、隣の村や町へ出かけて行く必要が起こってきて、交通路を整備してほしいという要求が出てきます。

現代のインドは、広々とした平野が広がっていて木が少ないんですが、当時は、もっと気候も湿潤で、ジャングルとまではいかなくても、ずっと林が連なっていまして、その深い森や林の中に盗賊が住みついていた。それが旅人を襲う。

ですから、交易のために隣の地方へ旅する商人は護衛を連れて行かなければなりません。それでは費用がかかりすぎるというんで、商人が時の権力者と結びつき、お金を出して道路を整備させるということになっていくわけです。

そんなふうにして経済活動が活発になってきますと、貨物の集積場も必要だというんで、川沿いの市場を中心に都会が出来上がってくる。その都会には非常に金力を持った資産家が生まれてくる。それと王様が結びつく……。

森　いわば、これまでの部族的な閉鎖社会に対して、開放的な都会というものができてきて、新しい気運がみなぎってくるのですね。そこに新しい思想、新しい宗教も芽生えてくる……。

奈良　ええ。そうした都会の資産家は、当時は大家族制ですから、兄弟をはじめ、たくさんの使用人を抱えていまして、そういう人をガハパティと呼びました。「ガハ」は家のこと、「パティ」とは主人のこと、日本でいえば家長ですね。それを漢訳したのが「居士《こじ》」なんです。

日本ではお弔《とむら》いのときの戒名にしか使われませんが、本来、居士とは経済が発達し、都市ができて、新しく生まれてきたお金持ち階級のことを呼ぶ名だったたんです。

そういう、まったく新しい階級を生み出すほど社会が急激な変化をしているわけですから、当然、ものの考え方も変わってくるわけですね。そうした新しい気運というものは、古くからの文化の中心で、伝統的な考え方が行なわれてきた北インドの中央部よりも、その周辺の地方、比較的伝統的な文化による締めつけが少ない土地で活発になってきたのです。その中心となったのがマガダ地方、東北インドですね。

同時に、このマガダという地方は有名な王舎城がある所で現在のビハール州ですが、このビハール州は鉄鉱石の産地なんです。だいたいインドの歴史を見てみますと、インドを征服した王朝のかなり多くが、このマガダから出ているんです。たとえばアショカ王のマウリヤ王朝がそうですし、グプタ王朝もそうですね。

森　なるほど……。鉄鉱石が採れ、鉄の製錬技術を持ったものがインドを制する、というわけですか。

奈良　伝統文化の中心からはずれ、旧い考えに縛られない自由さがあるところへ新しい鉄という資源に恵まれて、にわかにマガダを中心とする東インドが生き生きとしてきた。そこは新しい気運にわき返っていたと思われるのですね。商業活動も活発になる。お金も動く。ものの考え方も自由になってくる……。

一方には従来の伝統的な考え方を守ろうとする人がおり、すると、それに極端な形で反発し、批判を加える人も出てくる。まともなもの、まともでないもの、さまざまなものの考え方が、一挙に、ちょうど雨が降ったあとの春の野原にパッと花が咲き揃うがごとくに出てきたんですね。そういう意味で、旧来の伝統的な価値が改めて問われだしてきた。

森　仏典によく出てまいります六師外道《ろくしげどう》という人たちも、それらの中の一派なのでしょうね。

奈良　そうです。当時すでに、唯物論から唯心論、観念論、苦行主義など、すべてありました。六師外道に代表されるような突拍子もない議論を唱える人であっても、それなりに弟子を持ち、信者を集めていたのです。仏教もその一つで、いってみれば当時の新興宗教の一つであったわけですね。

◆古来の権威が失われていく中で

当時のインドの主な宗教はバラモン教と呼ばれ、知識階級であったバラモンが、ヴェーダ聖典に基づいて、祭祀《さいし》儀礼を司っているものでした。当時は、社会や人間の運命は神や祭祀に左右されると考えられていて、その運命を好転させるため、神に穀物や家畜の生贄《いけにえ》をささげ、神の恩寵《おんちょう》を得る祭儀が盛んに行なわれていました。この祭儀をバラモンが司っていたのです。

しかし、バラモンの祭祀は次第に形式化されて、人々はバラモンが説く、祭祀による現世利益に飽き足らなさを感じるようになり、バラモン教の宗教的権威もその価値が問われる面が現れてきたのでした。

森　そういう思想と深く関わっていると思うのですが、当時のインドの宗教には、どういうものがあったんでしょうか。

奈良　当時の一般の宗教というのは、簡単にいえば、神さまにお祈りして現世利益を頂戴するというう、きわめて素朴なもので、それが当時のヒンズー教ですね。しかも、取り立ててそれを宗教だなどと考える意識もない。

たとえて言いますと、仏教や儒教が入ってくる以前の日本人、私どもの先祖の生活には、大昔からごく自然の形で禊《みそぎ》をしたり、お祓《はら》いをしたり、礼拝、お祭りをするという習慣があったわけです。そこへ中国から仏教や儒教が入ってくると「おれたちのやっているのは仏教や儒教のやり方と違う」というんで、かんながらの道とか神道という名がつけられるようになりました。

当時のヒンズー教は、この神道と同じように、インドの地に根づいていた宗教的観念や儀礼、社会習慣が一緒になったものだったのです。当時はまだ、たとえばキリスト教の「右のほおを打たれたら左のほおも差し出せ」というような教え、あるいは、南無阿弥陀仏《なむあみだぶつ》のお念仏だとか、坐《ざ》禅《ぜん》というような、レベルの高い宗教はありません。

神さまにお願いして、「どうぞ旱魃《かんばつ》がなく、作物がよくできますように」「子牛が無事に生まれますように」とお祈りする。それをキチンとした形で神さまにお供えし、祭祀をすれば、神さまは必ずお聞きとどけ下さるというんで、その宗教的儀式を司るバラモン僧というものが現れてきたわけです。

逆にいえば、バラモン僧を通じてお賽銭《さいせん》を上げなければ功徳は与えられないという形で、宗教的特権の上に立って社会的な権威を打ち立てることでバラモン階級が成立したともいえます。そして、そのバラモンたちが当時のインド社会の最高の地位を占めるようになっていったわけです。

ところが新しい時代になって、人々のものの考え方が変わってくると、そういう古いタイプの宗教――お布施をもらって「おれが神に祈ってやったから、必ずおまえのところの家畜は増えるぞ」というような宗教――では、人々に信じてもらえなくなってきます。古い宗教に飽き足らないものを人々が感じはじめたわけですね。

そうして、釈尊の時代には、もう一つレベルの高いもの、「いったい人間とは何なのだろうか」だとか、「永遠の生は、どのようにして得られるんだろうか」という問いに対して答えてくれるもの、それをハッキリ意識した希求が急激に表面化してきた時代といえるんですね。

森　そううかがってまいりますと、お釈迦さまの時代が、ぼくたちが生きているこの現代を、そっくり二千五百年前に戻したような身近さで感じられる気がします。もちろん現代とお釈迦さまの時代とは二千五百年の開きがあるわけで、つまり、この二つの時代の体《たい》は違っている。けれども相《そう》や性《しょう》は似ているわけですね。

ぼくはいつも思うのですが、歴史とは過去の事実を忠実に記録するということだけではなくて、その真実をたずねていくと、それは常に現代史になってしまう。歴史を訪ねることは現在の自分の姿を過去に求めることであり、それによって現在を振り返ってみることで歴史が現代に生きてくる、と考えるのです。

そういう意味で、お釈迦さまの生き方も、現代の技術革新の時代、最大の激動期を精いっぱい生きぬいて人間の真実の生き方に到達していく生き方と重なり合ってくるような気がするのです。そこで、お釈迦さまは何を求め、何を訴えかけられたのか、その要《かなめ》はどこにあったのか……ですが。

◆真実の生き方を求めて最高の悟りに

奈良　当時の人々は、新しい思想、新しい価値観、新しい宗教を求めて、いわば百家争鳴し、さまざまなイズムが説かれているわけですが、その一人として釈尊が現れて訴えられた、いちばん大切なこと、それは、「私は、さまざまなイデオロギー論争をいっさい拒否する」ということではなかっただろうか、と私は考えるのです。

イデオロギーとかイズムというものは、結局は人間の頭で考えた主義主張でしかありません。そうして人間の頭で考え出したものは、十人いれば十色に分かれます。それを、それぞれが「自分の考えたことだけが絶対であって、おまえの考えは間違っている」と固執したら、どうなるか。相手は「おれはそうは思わん。おれは、おれの考えこそ絶対だと思う。おまえの考えのほうが間違っているんだ」と言い返すしかなくなりますね。

森　その言い合いが、現代のぼくたちの社会でも、政治の世界、学問の世界、国と国の間で、そっくりそのまま繰り返されているわけですね。そして、そこに何の解決も見いだせないでいる。たとえ一時の解決が見いだされたと思っても、すぐ、それが次のゴタゴタの原因となって、いつまでたっても本当の解決にはならないんですね。

奈良　ということは、議論のための議論で決着をつけてみたところで、それは何のためにもなりはしない、ということなんですね。それを釈尊は拒否されたと思うのです。

ですから、釈尊は「人間は死後どうなるのか？」だとか「この世界は有限であるのか無限であるのか？」などという問いにはいっさい答えられませんでした。それらは、すべて議論のための議論にすぎないからですね。それでこそ、当時、さまざまな思想が輩出してきた中に仏教というものが生まれてきた最も重要な意味がある、と私は思うのですよ。

森　それは大変、大切なことですね。世の中が悪くなりはじめますと、その世の中を善くしようと思って、さまざまなイズムが生まれてくるんですが、そのイズム、イデオロギーが乱立すると、それぞれが自分の主義主張を強烈に主張する。そのイデオロギー、イズムにたてこもって、そこに自分と他人を二つに分け、分割線を描いてしまいます。世の中を善くするために考え出されたはずのイデオロギーが、逆に世の中を悪くしていく、という結果になってしまうわけですね。

その自他の垣根を取りはずしていくところにこそ人間の真実の生き方があるはずだ、と求めていかれたのが釈尊の求道のご一生といってもいいかと思うのです。

こういう時代背景の中で、いよいよ釈尊が釈迦国の太子としてお生まれになられ、青春時代をどのように過ごされて、求道の時代を歩みはじめられるのか……。話は、いよいよ佳境に入っていくわけですが、それは次回に——。

＊　二八頁、四行目に、「私は、さまざまなイデオロギー論争をいっさい拒否する」という釈尊のお考えがありますが、このお考えが如何に重要なものかは、この対談後四十年以上経った今日、やっと森は知ること

が出来たのでした。

　およそ表現できたものは、必ず、二分化されています。「赤」といえば、「赤以外のもの」は含まれなくなります。しかし、この含まれなくなった部分にも、それなりの存在意義や言い分があるのです。イデオロギーというものも、表現されたものですので、その主張以外の主張――別のイデオロギー――が存在することになり、この二つの論争がいつまで経っても絶えず、決着することがありません。

　そして、この論争の元は二元論という論理形態です。しかし仏教の論理形態は、「二元性一原論」というもので、これは「止められない車は、（危なくて）走れない」「走るには、止める作用が要る」といえるもので、二元論論理から見れば、矛盾なのです。この点が仏法の最も難しい点です。しかも、この論理に打ち勝つ論理はありません。つまり仏法は絶対ということです。

第二話
釈迦国の王子としての生活と青春時代の苦悩

ゲスト——奈良康明（駒澤大学教授）

童子敬白

釈迦国の王様の家柄に王子としてお生まれになられ、多くの人々にかしずかれた何不自由ない生活の中で、幼年時代、青年時代を送られたお釈迦さま。そのお釈迦さまが、あの〝偉大なる放棄〟といわれる出家をされ、ひたすら悟りを求めていかれる求道のご生涯を決意されたのは、何が契機だったのだろうか……。前回に引き続いて奈良先生にお尋ねしてみた。

◆侍女にかしずかれた豪奢な生活

〈釈迦国の王子としてお生まれになった釈尊は、生後、間もなく実母を亡くされるという大きな悲しみに遭《あ》われました。釈尊の母后のマーヤー夫人《ぶにん》は、出産のため里方のコーリャ国へ帰られる途中、ルンビニー園で釈尊を産み落とされたのですが、その産後の肥立ちが悪く、それから七日後に亡くなられたのでした。そして、その後添いとしてマーヤー夫人の妹のマハーパジャーパティーが継母となられたのですが、その後の釈尊の毎日の生活は、大変に恵まれたものでした。その幼年時代の生活について、釈尊はのちに、こう語られています。

「私は青年であったころには、たいへん体がデリケートで華奢《きやしや》であった。私の父の住まいには、あちこちに蓮池《はすいけ》があり、青や赤や白の蓮が植えてあって私を楽しませてくれた。私はカーシー産の栴《せん》檀香《だんこう》以外は用いなかったし、衣類は下衣上衣などすべて、カーシー産の〔軽い立派な〕絹のものだけを身に着けていた。

私が邸内を散歩する時は、夜も昼も、私の上には白い傘が差し掛けられたが、これは暑さ寒さを防ぎ、雨露をしのぎ、チリやホコリが降りかからないようにするためであった。

また私のために三つの宮殿が建てられたが、一つは冬に適し、一つは夏に適し、一つは雨期に適するものであった。雨期の四か月間は、私は雨期用の宮殿にあって美しい女たちだけで奏でるいろいろの歌舞音曲を楽しみ、宮殿から下りることもしなかった」〉

森　政弘　さすが王様の家柄だけあって、豪奢《ごうしゃ》な生活だったのですね。冬を過ごすための宮殿、夏を過ごすための宮殿、さらに雨期を過ごすための宮殿が与えられていて、その宮殿の前には、美しい蓮の花が浮かぶ池が広がっている。そこで、多くの人に仕えられて地上に下りられることもない生活。これがいわゆる〝三時殿〟でのご生活ですね。

奈良康明　たいへんなものですね。そこでカーシー産の香、カーシー産の着物しか用いないというような生活をされていたわけですが、このカーシーというのは、現在のベナレスのことです。ベナレスは、現在でも有名な絹の生産地で、当時から、ベナレスで造られる絹織物や装飾品は、すぐれたものだったんですね。それをわざわざ取り寄せて使われていた。

カーシー産の栴檀というのは、お香のことです。

森　その栴檀のお香は、非常に貴重なものとして経典によく出てまいりますね。

奈良　はい。香というと、われわれは、炷《た》いて香りを楽しむものと考えがちなのですが、それだけではなくて、粉にして体になすりつけるのです。もちろん、いい香りがするんですが、同時に、塗りつけた皮膚がひんやりとして気持ちがいいんですね。

暑い国ですから毎日、水浴をいたします。そのあとで、この栴檀香の粉を体に塗ると体がすべすべして、同時に、ひんやりした感触で、しのぎやすくなるわけです。

森　なるほど、一種の添加粉ですね。あせもよけにお風呂から上がったときにつけるのと同じ効果がある。もちろん、そんなチャチなものとは大違いでしょうけども……。

すごくいい香りがするということは、栴檀香の中の香りの成分が気体として蒸発するということですから、体に塗ると香りと一緒に熱（気化熱）も奪っていってくれるわけですね。

釈迦国というのは、かなり暑いのでしょうか。

奈良　釈迦伝などを読みますと、「雪を頂く霊峰ヒマラヤのふもとに、釈迦国という清らかな国があった……」というふうに描かれておりまして、いかにもさわやかな地方という感じがするんです。ところが、実際にそこへ行ってみますと、ヒマラヤの山並みなどまったく見えません。

インドのガンジス平原よりは、いくらか高くなっているのですが、見渡す限り果てしなく広がる平原で、山麓などという感じはまったくないのです。暑い時は、ものすごい暑さですね。

◆共和国の長老会議の議長を務める家柄

森　そこで、赤い蓮の花、青い蓮の花が咲いている池で水浴したあと、栴檀香を体に塗って涼まれる生活……。いかにも王子様の生活らしい実感がありますね。

奈良　ただ、釈迦国の王様、王子様といいましても、私たちが思い浮かべる王様、王子様のイメージとは、かなり違うのですね。

当時のインドには、いわゆる強力な権力を持って王様らしい王様が治める専制君主国と、そうではなくて、一種の共和制を布いた国とがありました。釈迦族とリッチャヴィ族という国は後者のほうで、いってみれば部族政治を行なっている国だったのです。

この部族政治というのは、各部族から長老を選び出して会議をもち、その長老会議で、さまざまなことを決定していく政治です。ですから、今の言葉で言えば民主的な国柄で、そこで当然、議長が必要になってきます。この議長を務める人が、家柄によって定まっておって、それが専制君主の国王と同じに「ラージャン」と呼ばれたんですね。釈尊がお生まれになったのは、そういう家柄だったわけです。

農業を主とした地方の豪族の家柄に生まれられて、大切に大切に育てられたと考えたほうが事実に近いと思うのですよ。

森　なるほど……。それで、当時の専制君主国の一つであるコーサラ国の保護領のような形になっていたんですね。

それにしても、現代のわれわれの生活とはスケールが違いますね。広大なお屋敷で、たくさんの召使いに取り囲まれ、大切に大切に育てられた。「私は優しくデリケートであった……」と語られるお言葉と思い合わせてみると、いわゆる現代でいう過保護的な感じもなきにしもあらずですけども……。

奈良　うっかりすると、そう考えられがちなんですが、多くの召使いにかしずかれて、大切に育てられたことは事実であっても、大切に育てられることと過保護とは違うと思うのですね。

当時、インドの上流階級の子弟は、しつけの面でも、教養の面でも、かなり厳しくたたき込まれていたのですが、釈尊の場合も、その訓練、勉強はしっかりやらされたと思うのです。決して、やるべきことをやらないで甘やかされていたという意味の過保護ではなかったはずですね。

森　いってみれば、物質的にも環境的にも、欠けることのない生活。しかも、教育もキチンと受けられた……。

現代の青年も中学校までは義務教育で国や地方自治体がちゃんと面倒をみてくれるし、高校や大学も、たとえ受験地獄とはいえ相当な数に上る。そういう（外側の――客体の側が）満ちたりた生活を送っていると、人間というものは、いつのまにか内側の心のほうにガタがきて遊惰に流れがちですね。何の問題意識も持たず、ついには感覚的な快楽のみを求める方向へ走りがちになるのがふつうだと思うんです。

現代の青年は、まさにそうであるわけですが、お釈迦さまの場合、そういう生活の中から、人間存在の恐るべき深淵《しんえん》をのぞき込まれ、その解決のため、悟りを激しく求めていかれるのですね。その契機となったのが、生老病死への疑問だと考えられるのですけれども……。

◆人類の苦悩をわが苦悩とする力

〈釈尊はのちに、人間の欲望の生活について次のように述懐されたことがありました。

「私が悟りを開く以前、まだ正覚に達しておらず、求道者《ぐどうしゃ》であったとき、次のことを正しい智慧によって見透した。われわれ人間の欲望というものは楽しみの少ないものであり、苦しみ多く、悩み多く、それは禍《わざわい》がはなはだしいものであるということを。

しかし、私は欲望以外のところ、悪のことがら以外のところに喜び楽しみを体験しなかった。その意味において、私は欲望に魅せられないでいると言いうるものではなかった。

しかし、もはや私は、欲望は楽しみの少ないものであり、苦しみ多く、悩み多く、そこには禍がはなはだしいということを、正しい智慧によって如実に、よく見透したのである」……と〉

奈良　四苦八苦という言葉は、ご承知のように、生老病死の四つの苦しみと、愛別離苦《あいべつりく》（愛する者と別れねばならない苦しみ）、怨憎会苦《おんぞうえく》（怨み憎む者と会わねばならない苦しみ）、求不得苦《ぐふとっく》（欲し求めるものが得られない苦しみ）、そして五陰盛苦《ごおんじょうく》（体や心の働きから常に起こってくる苦しみ）——の四つの苦しみのことですね。その中の求不得苦というのが、人間の真実をズバリと言い当てているように思えるのです。

どんなに恵まれた環境におかれていても、どんなに物が与えられていても、私たちはそれで満足できない。十万円欲しいと思って、その十万円が与えられると、「ああ、よかった」と満足するのですが、しばらくすると、またしても、もう十万円あったらなぁ、と考える。

お金が欲しい、家が欲しい、地位がほしい。だけど得られない、という苦しみよりも、それが得られても、さらに、もっともっとと求めないでいられない……これが人間の本質的な問題ではないかと思うのです。それが人間の本質であるかぎり、苦は常住であるわけです。

森　お釈迦さまの場合であってさえも、その苦しみから自由であることはできなかったと語られているわけですね。そこから、この苦しみはどのようにして克服されるのであろうかと考え詰められていった。それがお釈迦さまの求道の出発点になったと考えてよろしいわけでしょうね。

奈良　そうだと思います。お釈迦さまの場合は、人間はどうして死ななければならないんだろう。どうしてこんなに苦しまねばならんのだろう、という疑問から入っていって、それをギリギリまで突き詰めていったとき、「ああ、人間は欲望に振り回されていたんだ」という結論に達せられたに違いないと考えるんですよ。いわば実存の悩みであるわけですね。

このあいだ、あるお医者さんから非常に感動させられる話を聞かされたことがあったんです。

それは二十五歳でガンで死んでいった青年の話なのですが、この青年は、自分がガンで助からないことを知っていた。「おれは、もう助からないんだ」と、たまらなくなって、やけをおこしてみたり、急にふさぎ込んでしまったりするんですが、どうしても死の恐怖からのがれられない。この死が怖いというのも欲望があるからなわけですね。

宗教関係の本を読みあさってみても、苦しみから解放されない。そうしているうちにも体はだんだん衰弱していくんですが、ときに、ふっと体の調子がよくなることがある。すると、「待てよ。医者は助からないと言ったけども、おれは助かるんじゃないだろうか」と、はかない希望にしがみつく。と思っているうちに、またしても体の調子が悪化してきて、「こんどこそダメなのか」と絶望する。

こうして上がったり下がったりを繰り返しながら、どんどん衰弱していって、そして亡くなる一か月前くらいの、もうギリギリのところまできてしまったとき、この青年はふっと、何か底の抜けたような、一つの転機があったというのですね。

森　それはお医者さんの観察ですか。

奈良　はい。あれほど死から逃げ回っていた青年が、死を真っ向から受け止められるようになったというのです。ニコニコして、「君たちは元気でやってくれ。私は死んでいくけれどこれでいいんだ」などと言えるようになった。この青年の姿を見ていて、その医師はしみじみ思ったというのです。「人間の体には、傷を負えば自ら治療する力が具《そな》わっているが、人間の心にも、傷つけば自ら治そうという力が具わっていたんだなぁ」と。

◆人間への慈しみから生まれた先取り

森　なるほど……。私の専門の制御工学では、それをネガティブ・フィードバックというのですね。結果を原因へ戻してやるわけですが、その戻し方をネガティブにする。ほっぺたを殴られた時、「なにを！」というんで殴り返すのはポジティブのフィードバックで、これはものごとをエスカレートさせてしまいます。逆に、右のほっぺたを殴られたら、左のほっぺたも差し出す――これがネガティブのフィードバックなんですね。それで、ものごとは無事に収まっていく。

体がちょっと切れると、傷口がどんどん広がり、血があとからあとから吹き出てくる、というようなふうにできていたら、その生物は、すぐ死滅してしまうわけです。十万円与えられれば、二十万円欲しくなる。満腹になればなるほどもっと欲しくなるというようなのもポジティブ・フィードバックです。ネガティブ・フィードバックの原理を具えていないものは、どこかで発展が終わってしまいます。逆に、長く生存が続いてきているものは、必ずこのネガティブ・フィードバックの原理を具えているのですね。

まったくうまくできているんですが、お釈迦さまが発見されたのも、この原理を具えている自己に気づくことではなかったかという気がするんですけれども……。

奈良　たとえば、さっきのガンで死んでいった青年の場合、死に直面して、どうにも逃げ場がなくなって、そこから求道をはじめていくわけですね。これが私たち一般の場合だと思うのです。ところが釈尊の場合は、豪華なお屋敷で大事に大事に育てられて、自分が病気になられたわけでもなければ死に直面されたわけでもないのに、その求道を始められた。

いうなれば、何の極限状況にも直面されているわけでもないのに、人間の実存の苦悩を持たれたわけですが、それは、ずば抜けた感受性の鋭さ、偉大な宗教性がなければできることではないと思うのです。

森　いってみれば、それは時間的・空間的な先取りをされたということではないんでしょうか。

ご自分は広大な邸宅で豪奢な生活をされていながら、民衆の苦しい生活をわがこととされていかれたというのは、いうなれば空間的先取り、諸法無我の世界ですね。それから、町へ出かけられて、老い、病む人をチラリと見かけられただけで、「自分にもやがて老・病・死がやってくる。この苦はどのようにして克服できるだろうか」と考えられていくのは時間的先取り、諸行無常の世界といっていいように考えるんです。

その驚異的な先取りができたということ、その鋭い感受性とは、ものすごく大きな慈悲の心ではなかっただろうか……。

お釈迦さまは、そこですでに諸法無我、諸行無常の世界、〝空〟の世界を予感されておられたに違いない、という気がするんですけれども……。

◆青春の中に老・病・死を凝視して

〈こうして、ともすれば、この世に生存するものの厳しい現実を思っては心が沈みがちになる釈尊の気を紛らわせようと、スッドーダナ王は釈尊に対して郊外の遊園地に遊びに出かけるようにすすめました。

けれども、その郊外へ出かける道すがらに釈尊は、髪は白く、歯は抜け落ち、腰が曲がって力なくやせ衰えた老人を見たのです。また、あるときは、病み衰え、苦しみにあえいでいる病人に出会い、また、あるときは死者を葬う近親や知人たちの悲しみの姿に出会い、そのたびに釈尊の御心は、ますます思い悩みを深めていったのでした。

「私は若くてぜいたくな生活を送っていたけれども、しばしば次のような思いにふけることがあった。人々は、他人が老いさらばえ、または病気で苦しみ悩んでいても、それを他人事として気に留めることもなく、これを忌み嫌うこともしない。他の人々が死んだ場合も同様に真に自分の身に引き当てて、死にゆくことを痛切に考えようとしない。

けれども私は、他人が老い、病み、死ぬのを見て、それをわが身に引き当てて悩み、慚《は》じ、嫌悪した。そして、自分の現在の壮年に対するおごり、健康に対するおごり、生命に対するおごりは、すべて断ち捨てられてしまったのであった」

このように、釈尊は、病について、死について自らを顧みていかれたのでした〉

森　人生について悩むのは、若さの特権でもあるわけですね。なぜ悩むのかというと、青年は、じつは未来に無限の可能性があると信じているからなんです。釈尊が、青年の意気といわれているのも、そのことですね。ところが、道で老いさらばえた人、病に苦しむ人を見て、自分の青春の中に、すでに有限を感じてしまわれた……。

奈良　私自身、子どものころのことを思い出してみますとね、老人を見ると、なんて汚らしいんだろう、なにをモタモタしているんだろう、と嫌悪する気持ちがありました。けれども、いま私は四十七歳なんですが、この年になってみてはじめて、自分もそのうちにああなるんだなぁ……という思いがわいてきた。

お釈迦さまの場合は、二十歳代にそういう思いをいだいて、それを自分の問題として真剣に考えずにいられなくなるわけですね。それを、もう青春の特権である異性への思いだとか、酒を飲んで楽しむなどといったことが、まったく無意味なこととしか感じられなくなってしまわれたわけです。

現代に生きる青年であっても、「人間は永久に生きられるものだろうか?」と問われれば、「バカを言え。人間は死ぬに決まってらぁ」と答えます。けれども、それを自分の問題としては、全然、考えていないわけですね。

「人間なんて所詮《しょせん》は死ぬものさ」と言ってるうちはいいんですが、「おれは必ず死んでいくのさ」と、それを実感をもって突き詰めて、そこで「さあ、おれはどう生きたらいいんだ」とはなかなか考えない。たまに、そういう悩みをいだいても、じきに何かで紛らわせてしまう。なかには、禅寺を訪ねて坐禅《ざぜん》を組んだり、教会で牧師さんの話を聞いたりする人もいますが、そこで何らかの解答というか、教えが得られるわけですね。ところが釈尊の場合は、そういう答えがまったく与えられていなかったんです。

ですから、二人の仙人を尋ねて教えを聞き、その教えを完全にマスターしても、まだ満足できない。そして、ついに自分一人の力で悟りを求めていかれるんですね。

森 その結果、永遠の生命というものを見いだされ、縁起の原理を発見される。そうして、お釈迦さまによっていちど見いだされてしまえば、あとの人は、なるほどなるほどと納得できるのですが、それを自分で見つけ出していくということは、これはものすごいエネルギーが必要になりますね。いってみれば現代の自然科学・社会科学の学問のすべてが包含されるような世界の発見なんですから。

たとえば、私は、自分たちが造っているロボットをとおして、病気という現象は理解できるんです。しかし、老いるということ、まして死ぬということになると、まったく分かりません。

テープレコーダーをどんどん使っているとトランジスタがいかれて動かなくなりますが、これは病気です。トランジスタを取り替えれば治ります。生物は現在の機械とはまるで異なって、代謝ということを時々刻々行なっていることはご承知のとおりですが、その代謝能力が劣化する老化という現象、システム全体が崩壊してパッと変質してしまう死という現象は、少なくとも現在の機械技術では真似ができません。うんと遠い未来には可能になるかもしれませんがね。
死が分からないのですから、生まれることはなおさら分からないわけです。

◆生の不思議を突き詰めて至った世界

森　私たちは、この世界のことが、ある程度分かったつもりになっています。研究すればするほど、だんだん分かっていくような気持ちでいる。けれども、ほとんど何も分かっていないと言うほうが正しいのですね。研究して対象に一歩近づいたと思うと対象は十歩遠のく、十歩近づいたと思うと百歩逃げていくんです。

たとえば桜の花は関東地方では四月上旬になると一斉に咲き始めて、毎年一週間くらいしか誤差がありません。一年は三百六十五日あるんですから、これは大変な精度です。桜の木の中に時計が入っていて日時を知らせるのか、気温を感じて咲くのか。気温だけが原因ならば秋にも満開にならなくちゃならないはずなのに、そういうことはありません。では、隣の木が咲いたのを見て咲くのか……どうも分からないのです。

だいいち、あの枝の出方ですね。どうして枝があそこからでなくちゃならんのか。動物なら中枢があって全体を管理していて「そろそろ、このへんから枝を出せ」と命令がくるわけです。ところが植物には中枢がないのに、ちょうどうまいところから枝が出てくるんです。
この植物の不思議が分からないと、死ぬことの本当の意味が分からないと思いますね。

奈良　なぜ、そこから枝が出ているのか、全然、不思議に思わないことが不思議なわけですね。ですから、人間というものは、ずいぶんいいかげんなものなんだと気づくこと、それが、この世界の実相を究める出発点になっていくのでしょうね。

森　はい。ぼくたちは、なにもかも自分が承知して、ハッキリ考えて生きているように思っていますが、とんでもありません。人間が意識してやっていることなんて、ほんのわずかなことに限られるんですね。

ロボットを造ってみますとわれわれ人間が無意識のうちにやっていることも、人間のほうからの命令なしには一つとして動かないんです。左右の足を交互に前に出しながら上体のバランスを崩さずに歩くことも、手で物をつかんで、しかも潰さず落とさず持っていることも、すべて、こっちがそうなるように造ってやり、教え込んでやらないとできない。そこで改めて、そういうことを私たちは全部無意識のうちにやっていたことに気づかされる。

意識下の世界の広大さを、ひしひしと感じさせられるんですが、意識の世界に加えて、その何万倍かの無意識の世界が存在する。これがつまり、仏教心理学「唯識論《ゆいしきろん》」でいう、「阿頼耶識《あらやしき》」ですね。

奈良　ヨーロッパ的思考の特徴は、概念化されていないものは真実にあらずという考え方なわけです。自分の意識として、頭で考えて考え抜いて概念化されたものでなければ真実ではないんだ、という考え方。

デカルトの「われ思うゆえにわれあり」という有名な言葉がありますが、いま考えている自分がいるから自分というものが存在するんだ、というのは、まさにそれで、自分の意識をとおさなくては人間の存在は把握できないと考える。それに対して仏教では、頭の中で考えたことは単なるイズムであるにすぎない。人間の真実とは、無意識のうちに二本の足でバランスをとって歩き、夜になれば眠くなり、春夏秋冬に合わせて対応する……そういう存在そのものだと教えるわけですね。それが縁起の世界であるといっていいわけです。

森　いわば超無意識の世界ですね。その世界をめざしてお釈迦さまは驚異的な宗教的資質をもって、われわれが楽だと考えている生が苦であるということを、しかも青春期という最も恵まれた時期に突き詰められて求道へ出発されていくわけですが、それは次回のテーマといたしたいと思います。奈良先生、いろいろお教え頂きまして、ありがとうございました。

＊　三八頁中程、「それが得られても、さらに、もっともっとと求めないでいられない……これが人間の本質的な問題ではないか」――。

この言葉について、申したいことは、欲望そのものは大自然から与えられた性質ですから、無記（善・悪超えたもの）で、健全ならば、その傾向が、得られれば欲求が減るようになっています。しかし、これが逆に、得られれば更に欲しくなるのは病的で、これを仏教では、「貪欲《とんよく》」と言っているわけです。

第三話 約束された王位を捨てる出家の決意

ゲスト――常盤勝憲（壺阪寺住職）

ゲスト
常盤勝憲（ときわ・しょうけん）

一九三〇年―一九八八年。大阪府に生まれる。大正大学卒業。壺阪寺（壺阪山平等王院南法華寺）住職を務めるかたわら、目の不自由な高齢者向けの福祉施設の運営や、インドのハンセン病患者の救済事業などに尽力する。著書に『思いやりの心 広く深く』（ＰＨＰ研究所）などがある。

童子敬白

盲目の夫・沢市の眼病を治してほしいと願をかけ、三年もの間、一晩も欠かさす壺阪《つぼさか》観音へはだし参りを続けるお里の不憫さに、沢市は、わが身を谷へ投じた。その夫を追ってお里も谷底へ身を投げたが、観音さまの霊験で二人は命を取り止めたばかりか、沢市の目が開いたのだった……。

ご存知、壺坂霊験記で知られる壺阪寺は、千二百年前の飛鳥《あすか》時代、この地に建立されたときから目の病に霊験あらたかと伝えられてきた。この壺阪寺のご住職である常盤勝憲師（当時）は、その壺阪寺境内に世界で初めての盲老人ホーム「慈母園」を建てられ、人間が生きることの真の意味について説き続けておられる。そしてさらに、インドにおけるハンセン病患者救済の父と慕われた故・宮崎松記博士に協力して、しばしばインドを訪れ、黙々とハンセン病患者の救済事業に取り組んでこられた。

今回のロボット童子の旅は、この常盤師を奈良県高取町の壺阪寺にお訪ねしてみた。

森　政弘　『華厳経《けごんきょう》』の善財童子にあやかりまして、さまざまな師をお訪ねし、釈尊のご生涯をたどらせて頂こうという〝ロボット童子〟の旅を続けております、森でございます。

前回は、釈迦国の太子として何欠けることのない豊かな青春時代を過ごされながら、そのなかでお釈迦さまが、老・病・死を背負わされた人間の苦しみを凝視され、次第に苦悩を深めていしかれるところまで勉強させて頂いてまいりました。

今回は、そのお釈迦さまが、ついに決意されてカピラ城を出られるご出家。そして自ら厳しい修行を求めていかれる時代を中心に、和上《わじょう》さまからお話をうかがいたいと思うのでございます。

◆与えられた命の自覚からの決意

〈人は老い、病み、死んでいかねばならない。だれもがその苦しみからのがれることはできない……人間の根源的な苦悩について次第に深く思い沈まれる釈尊を見て、父のスッドーダナ王は憂えました。少年時代から、釈尊は一つの疑問をいだくと、その答えが得られるまで徹底的に思い詰める性格であることを父王はよく知っていました。

「わが子が出家を思い立つようなことがあってはならぬ。この子こそ釈迦国の偉大な王となってほしい」

そう願うスッドーダナ王は釈尊に妃《きさき》を迎えました。そして結婚後十年ほど経ったとき、このヤソーダラー妃《ひ》との間に一子・ラーフラが誕生したのですが、その新しい生活も釈尊を世俗の生活に繋ぎとめる力とはなりませんでした。

いよいよ二十九歳の年を迎えられたとき、釈尊は、ついに王宮の生活を捨て、出家求道《ぐどう》へ旅立たれることになったのでした〉

森　そのご出家のときの模様を、お釈迦さまはのちに、このように語られたと経典に遺《のこ》されておりますね。

「私は、まだ若い青年であり、漆黒《しっこく》の髪を持った人生の春に、父母は欲せず、涙を浮かべて泣いていたのに、その漆黒の髪を剃《そ》り落とし、袈裟《けさ》を着て家を出、出家者となったのである……」

お釈迦さまのご決意に満ちたお顔、そして、それを嘆き悲しまれる人々のご様子が、まさに目の前に浮かび上がってくる思いがいたすのですが……。

和上さまは、救ライのお仕事でしばしばインドを訪れられ、インドの各地をご自分の足で実際にお歩きになられているとうかがいましたが、さらに実感がおありになるんではないでしょうか。

常盤勝憲　とにかくインドは暑い国ですね。ものすごい暑さです。それから、とにかく広い。現在のインドでさえ日本の九倍の面積があるのですから、当時のインドは、もっと広かったはずですね。お釈迦さまがお生まれになられたのは、現在のネパール領の近くですから、冬は寒いんですが、夏はものすごい暑さになります。そこで、夏は夏、冬は冬、雨季は雨季と、それぞれ快適に過ごすことのできる宮殿におられて、身にはカーシー（ベナレス）産の世界最高の絹の服をまとわれ、美しい妓女《ぎにょ》にかしずかれる生活……。そこにある楽しみのすべてを捨てられる。約束されている王位も捨てられる。そして自ら、熱と飢えとジャングルの中のしとねを求めて出ていかれるのですからね。

それを見送る人々が、どんなに悲しまれたか、お釈迦さまご自身が、どれほどのご決意であられたかを、まざまざと見る思いがいたしますね。

森　そのお釈迦さまのご出家は、俗世間の物質的な快楽を捨てられたこと、そして、お妃と愛児、父母というご家族をお捨てになられたことの二つの放棄がありますね。

常盤　出家というのは、文字どおり「家を捨て、家を出る」ということなんですけども、家の生活がいやになってしまったから家を飛び出す、いわゆる〝家出〟とは違います。重大な決意を持ったがゆえに家を捨てる――これが出家なんですね。

では、お釈迦さまの場合のその重大な決意とは何だったんだろうか。

結局、お釈迦さまは、ご自分が人間としてこの世に生を享《う》けたことの素晴しさに改めてお気づきになられたのではなかったろうか、と私は考えるんです。

「享けがたい人身というが、私がこの尊い生命を授かったのは、ただ釈迦族の長となるという、そのことのためだけであったのだろうか。いや違う。もっともっと大きな使命を背負っているがゆえに、この尊い生命が私に与えられたのだ」

そういう自分の生命に対する自覚から、ついに重大なご決意をされたのに違いないと私は思うのですね。

だからこそ、いくつもの快適な別荘を持ち、絹の衣に包まれて美女をはべらせる生活の中におられながら、なおも、その生活に飽き足らない。

私がこの尊い生命を授かったのは、もっと違うことをするためなんだという気持ちが頭から去らない。そして二十九歳になられたときに、それが、もう抑えきれないものとなって噴き出してきたのではなかったでしょうか。

それがお釈迦さまのご出家のいちばんの原動力だったように、私には思えるんです。

森　王宮の、何もかも自分の思いどおりになる生活にもう飽きてしまったとか、逆に、単に人の苦しみに対する慈悲からといったものではなくて、その奥に、自分を根源から揺さぶるものがあったわけですね。

◆生命のかけがえのなさと悲惨さの凝視

常盤　私は、お釈迦さまは哲学者としての資質を豊かに具《そな》えておられたお方だったと考えるんですよ。そして、自分に与えられた生命というものについて、思索を深めていかれた。父のスッドーダナ王がご健在であられたのですから、あれが欲しい、これが欲しいといえば、どんなものもすぐ手にすることができたでしょう。こうしたい、ああしたいと思えば、かなわぬことはない。これはいやだ、あれはいやだと思えば、それはすぐさま自分の目の前から遠ざけられてしまう……。王宮の生活では、いやなこと、苦しいこと、醜いものの一切から離れて生活してこられたわけですね。

ところが、そういう生活の中で初めて、老いさらばえた醜悪な老人、病に冒されて苦痛にうめく病人、そして、ついには死というものにつかまえられる人間の姿を見られた……。

さっきも申し上げたとおり、インドはものすごく暑い国です。インドの人は「タパス」と申します。これは熱ということです。私は宮崎松記博士のハンセン病患者救済事業のお手伝いをさせて頂いて十数回インドを訪れているのですが、その暑さは、あの大地を実際に歩いた人でなければ分からんでしょう。そこでの死が、どのような姿であるのか……。

昭和四十七年のことでした。宮崎先生にご一緒してインドへ行くことになっておったんですが、たまたまインドの厚生大臣が会いたいといってきましてね、私だけ一足先にインドへ飛んだんです。宮崎先生は翌日の便でインドへ向かわれたのですが、その日航機がニューデリー空港へ着陸する寸前に、墜落してしまったのです。六月十四日の夜八時、そのときの気温が四八度です。

翌朝、夜が白みはじめるとすぐさま現場へ駆けつけまして、インドの警察官と一緒になって、ともかくご遺体を近くの中学校の体育館へ収容したのですが、お棺がない。ドライアイスがない。もったいないことですが、床に並べたご遺体から水色の液が流れ出して、その臭気たるや息が詰まるほどなのですね。

そのとき、釈尊が見られたインドの老・病・死は、すさまじいものだったのではなかったろうか、と実感をもって思ったのです。

お釈迦さまは、自分に与えられた稀有《けう》な生の尊さと同時に、その悲惨さも見てしまわれた。そのときお釈迦さまの胸に、自分は何をなさねばならないのかということが、痛烈な思いとなって突き上げてきたんじゃないでしょうか。

◆世界を自分とするための出発

〈ついに出家以外に自分の道はないと決意された釈尊は、従者のチャンナに命じて白馬を中庭にひいてこさせ、その白馬に乗り、チャンナただ一人を供としてカピラ城を後にして東へ道をとられました。

城門を出てアヌーピャ村という所へ達すると、そこで釈尊はチャンナに向かい、「私は目的を達するまで決して国へ帰ることはないであろう。父母にそう伝えてほしい」と命じて、白馬を連れてカピラ城へ帰らせました。

そして、それまで身にまとわれていた豪華な衣服を、近くにいた猟師のみすぼらしい衣と取り替えてもらい、髪を切り落として、ただ一人、マガダ国の王舎城めざして歩を進めていかれたのでした〉

森　自分に与えられた生命の自覚からほとばしり出る重大なご決意の出家であるからこそ、両親の願いに背き、お妃や愛児を捨てることになるのは百も承知で、あえてなさねばならなかったのですね。

当時のインドでは、人生の疑問を解決するために妻子を捨てて家を出、道を求めて修行するということが一般に広く行なわれていたと聞きますが、しかしそれは、いわば一家の家長としての務めを終えてからの、いわゆる隠居時代のこととされておったようですね。釈尊の場合は、そんな悠長なことは言っておられない、せっぱつまった問題であったんでしょうね。

常盤　愛情についての考え方の違いもあるんでしょうね。現代の私たちは、知らずしらずのうちに、愛情についても狭い見方、考え方しかできなくなっておるんじゃないでしょうか。物質的なもの、経済的裏づけがないと愛情と認めようとしない。

一緒に暮らして経済的に面倒をみてやっているから愛情があるといえるかどうか。反対に、離れて生活しているのは愛情がないからなのかどうか。愛情が密であるがゆえに離れて生活するということもあるはずでしょう。愛情と物質は、まったく別のものなんですものね。

森　なるほど、そこにも現代人の近視眼的発想がありますね。

たとえば近代工業では能率が非常に重要視されます。それが、一般のビジネス、家庭生活にまで浸透してきて、能率は現代人にとっての大きな価値の一つになってしまっているんですが、近視眼的に見た能率と巨視的にとらえた能率では、これが、まったく逆になってしまうのです。

近視眼的な見方をしますと、可能なかぎり切り詰め、まったく無駄がないことが最高に能率的であるかのように見えます。ところが、そうしてどこにも余裕がないと、じきに、どこかが擦り切れてしまうんです。長続きさせるには余裕がある方が能率的であり、大きな目で見ると、一見すると無駄であり、役に立たないように見えるものを包含していくことが、能率を上げていくのに不可欠だということが分かってくるのです。

お釈迦さまは、この巨視的な見方に立っておられたんですね。そして、より大きな愛のために、敢然として決断をなされ、出家をなさった。

よく、出家というと、社会からのがれて隠遁《いんとん》すること、人里離れたところで自分だけの世界に閉じこもって瞑想することのように考える人がおりますが、お釈迦さまの場合は、まったく逆ですね。出家は、文字どおり出発《たびだち》であられた……。

常盤　現代でも、出家してお坊さんになるときは、得度式をやって、「今日からは、世のため、人のためにお尽くしさせて頂きます。お父さん、お母さん、これまでお世話になりましたが、これからは、すべて忘れさせて頂きます」と、お誓いするんですよ。

親のことも兄弟のことも、すべて忘れてしまうというのは、これまでは自分の親だけが親であったけれども、これからは、すべての親をわが親とし、すべての子どもをわが子としていきます、と決意するからなんですね。これが出家ということなのです。

森　小さな自分から出る、家族から出る。そして、この世界全体を自分とみていこうという大願……それが発菩提《ほつぼだい》の清浄願でしょうね。

常盤　その大願を起こされたがゆえに、お釈迦さまは王宮で召されていた絹の衣服を捨てて糞掃衣《ふんぞうえ》をまとわれるのです。糞掃衣といいますのは、道端に落ちているボロ切れを縫い合わせて作った衣のことですが、これを福田衣《ふくでんえ》ともいいます。この衣によって多くの人々の心に幸せをもたらしていきたいという願いがこめられているわけですね。その衣に着替えられて、お釈迦さまは、ただお一人、未知の荒野へ向かって歩み出されていかれるんです。

これは並大抵の決意ではありませんね。「おれは総理大臣になってみせる」「わたしはテレビタレントになりたい」などという決意とは次元が違います。最もすぐれた青年の二十九歳の決意。その決意が人類に仏教という救いの道を開くことになったんですね。

◆自分の役割を発見するための瞑想

森　まさに青年時代の決意というものが、いかに大切か、身をもって教えて下さっていますね。その大切さは、現代に生きる青年の場合も、まったく同じであるはずだと思うんです。その決意によってはじめて、自分の内に秘められている偉大な生命を自覚できるわけですから。

最近、大学でも無気力な学生が年々増える一方なんです。なにごともやる気になれないと言う。「じゃ、なんでキミはそこにおるのかね?」と聞くと、「親が産んだんだからしょうがない」と答えるんです。「じゃ、お母さんは、どうしてそこにいたのかね?」「おばあさんが産んだから」。「じゃ、おばあさんは、どうしてそこにおったのかね?」「そのまたおばあさんが産んだから」

……。

こうして、ずっと問いを繰り返して何万代もさかのぼると、わたしどもの祖先は、もう人間でなくてサルになります。その先へ、また何万代もさかのぼっていくと、バクテリアになってしまいます。さらに、その先へ何万代もさかのぼっていくと、というようにやっていくと、そこいらで、ようやく「自分の命も、この宇宙にみなぎっている生命によって与えられているのだなぁ」と考えられるようになるんですね。

お釈迦さまの場合は、二千五百年も以前に、二十九歳の若さで、自分の生命の本質を見いださんがために出家への道へ踏み出された。そのことを今日のわれわれの場合に当てはめて、自分はどうあるべきか考えてみることが大切ですね。

それは、必ずしも現代の青年が頭を丸め、法衣をまとって出家することではなくて、在家のままで、毎日の生活の中で、自分は天のどのような意志によって、何のために生まれてきたのか、この宇宙における自分の存在意義は何なのか、自分は何をなさねばならないのか、ぎりぎりまで自己凝視していく決意をすることだといってもいいように思うのですが……。

常盤　それが自分から出て、真の自己を発見するということですね。学歴だとか、地位だとか、財産だとかというワッペンが大事なんじゃないと気づいていくこと……。

森　ところが、見ておりますと、現代人は、みんなと同じになろうと汲々《きゅうきゅう》としているんですね。人がやっているとおりに自分もできないと不安でしようがない。けれども、私のようにロボットを研究していますとね、それがいかにバカげたことであるか、よく分かるんです。

たとえばロボットの手につける指を、五本とも同じ太さ、同じ長さにしたとします。すると、このロボットの手はものの役に立たないんですね。長さが違い、太さが違っていてこそ、互いに協力して仕事ができる。けれどもロボットに、それぞれ長さ、太さの異なる指をつけてやるということは、これは大変なことなんです。

ところが、私たち人間、そしてこの世界を、神さまは一つとして同一のものが存在しないように丹念に丹念に造って下さっておられる。その自分の尊さに気づかず不平等だなどと文句をつけているのが現代のわれわれなんですね。

私たちは、太郎は太郎の、花子は花子の役割を持ってこうして生まれてきた。それに気づいていくことが、自分に与えられた生命のかけがえのない尊さに気づいていくことなんですね。

常盤　その自分を見つめるために、いちど、社会から自分を引きはがして、自分を孤立させてみることが必要になるんです。ですから、出家の決意とは、まず世俗から離れること。自分をとことんまで寂しさの中へ突き出していって、そこで違った自分を発見し、その新しい自己が社会へ戻ってきて、その自分がどうなるかを確かめ、そこでまた重大な決意を持って一人っきりになる。この繰り返しが行《ぎょう》ですね。その行によって、少しずつ自分の人間構造が変わっていくのだと思うんですよ。

◆世のため人のため、どう生きるか

〈出家をされた釈尊がめざされたのは、マガダ国の首都・王舎城でした。マガダ国は当時のインドで最大の強国であり、その首都・王舎城は新しい文化の中心地になっており、その時代の最もすぐれた修行者たちが集まっていたのです。

釈迦国から王舎城までは、およそ六百キロメートルの道のりでした。剃髪《ていはつ》して出家修行者の姿となられた釈尊は、ただ一人、托鉢《たくはつ》によって食を得ながら、師とすべき人を求めて歩みを進めていかれました。

はるばると旅を続けられた釈尊は、やがてガンジス河を渡ってマガダ国に入り、首都の王舎城にたどりつかれました。そして、王舎城の町に入って托鉢されている釈尊の姿を、たまたまマガダ国の国王・ビンビサーラが目にしたのです。

ビンビサーラ王は、釈尊が常人でないことを一目で見抜き、下臣に釈尊の居所を調べさせると、自ら赴き、釈尊にあいさつをして、こう申し出ました。

「あなたは、まだ年若く、青春の頂上にある。才色兼ね具えた由緒ある王族であられよう。私はあなたに、あらゆる財物を差し上げよう。象軍を中心とする精鋭な軍隊もお任せしよう」

けれども釈尊は、そのビンビサーラ王の申し出に対して、キッパリと、こう答えられたのでした。

「私は世俗の欲にはかかずらいが多いことを知って、求道の道を歩む者です。ほかに、どのような

望みもありません」……と〉

森　当時、王舎城のような都には、かなりたくさんの出家修行者がおった様子がうかがわれるのですが、その修行者たちは、みんな町の人々の施物によって生活しておったのでしょうね。

常盤　出家者への施物は、喜んで心からささげるんですね。私もタイで、お坊さんたちと一緒に托鉢をしたことがありましたが、先を競うようにして施して下さるんです。お坊さんにお布施をするために、朝早くから起き出してご飯を炊いて待っていて下さいます。こうして今朝も食べ物に恵まれたことへの喜び、今日もお坊さんに会える喜び、それが施物にこもっているわけですね。

森　お布施を受けるお坊さんのほうも、お布施によって生活させてもらうだけの厳しい修行をされていかれる……。

常盤　その信頼感が大切なんですね。人々がお坊さんを心のよりどころとしている。お坊さんに対する敬愛の念は絶対のものなんです。

森　残念ながら、いまの日本では、そういう心が失われてしまっておりますね。

東京の三田に臨済宗のお寺がございまして、そこのご令息が大学を出られてブリヂストンへ勤めておったのです。ところがブリヂストンでは、時々、鎌倉の円覚寺の朝比奈《あさひな》宗源《そうげん》師をお招きして勉強会を開いていた。ある勉強会のとき、朝比奈師にいろいろ質問する役が、このご令息の松《まつ》原哲明《ばらてつみょう》さんに回ってきた。そこで哲明さん、「禅寺のお坊さんは、この忙しい世の中で坐禅《ざぜん》なんか組んでおって、どうするのですか?」というようなことを聞いた。

いろいろ禅について専門的な質問をしたことから寺の長男だということが分かった。すると朝比奈師が副社長に「あれはお寺の息子だというが、そんな男がこんな会社に勤めていることはいらん。お寺では後継ぎがなくて困っておるんだ。さっさと辞めさせなさい」と言って、会社を辞めさせられ、出家させられてしまった。

そんないきさつでお坊さんになって、修行をされて、あるとき静岡のほうへ説法に出かけることになって駅で待っておると、通りかかる人が「お坊さん、どうだね、儲かるかね」などとバカにする。静岡へ着いてタクシーを拾うと、またしても「お坊さんは、葬式さえしていれば金が儲かるんだから、いい商売だ」などと言われる。

これじゃ、いかにも負けっ放しだ、一言、こっちも言わせてもらわなくちゃ、と思って、哲明さんはタクシーを下りるとき、「今日は、いろいろ教えて頂きましてありがとう。これから説法にいく先で使わせてもらいますよ」と言うと、とたんに運転手さんの態度が変わって、「和尚さん、私も、仏さんというものは大切なものだと思っておるんですよ」と、しんみりと言ってくれた……。そんな話を書いておられるのですね(『無明——苦悩・不幸からぬけでるために』松原哲明著、光風社書店)。

どうも現代の日本人は帰依心が希薄になってきておりますね。求める心を失ってしまったせいでしょうね。

常盤　こちらが、まず信頼されるお坊さんにならなくちゃいけないんです。私もね、ついこないだのこと、東京駅で新幹線に乗ろうとプラットホームに立っていますと、小さな子どもが「おばあちゃん、クソ坊主がいるよ。クソ坊主がいる」って指さすんです。おばあちゃんが謝りにきましてね、「孫がえらい失礼なことを言いまして、申し訳ありません。このごろテレビで一休さんというマンガをやっておりまして、そこにクソ坊主という坊さんが出てくるもんですから……。本当にすみません」と言われる。

私は、「いいえ、クソ坊主と呼ばれようが、何と呼ばれようが、私はかまいません。小さいお子さんが、坊主のいることに気づいてくれただけでも、ありがたいことですわ」と申しまして、列車に乗り込んだんですけれども、すると隣の席に座った人が、言葉をかけて下さった。「いや、さっきの和尚さんの態度に感心させられました。最近のお坊さんは、みんな洋服を着ておられて、和尚さんのように衣を着けて堂々と歩いておられる方が少ないですからなぁ……」というようなことをおっしゃって下さいまして、それから、「どんな用事で東京へ」「実は、こういう用件を終えて帰るところなんです」と話が弾みまして、大阪へ着くまで仏教の話をさせて頂いたんですが、えらく感心して下さいましてね。「今日、はじめて仏教というものが分かりました」と言って、お布施までして下さったんですよ。

お坊さんは仏飯を頂戴しておるんですから、電車の中でも、町を歩いておっても、仏法を説かねばならんのですね。ちゃんと衣を着て歩いておれば、人さまのほうから聞きにきて下さるんですよ。

◆真心の施物によって生きる者の使命

常盤　お釈迦さまは、宗教の違い、民族の違い、国家の違いを乗り越えて、人々の苦しみを背負ってあげるのだよ、とお教え下さっておるわけです。そのお釈迦さまの教えによって人々に幸せをもたらす者となろうと、重大な決意をして出家をしたはずの自分が、いま、人さまに、どう役立っておるのだろうかと、かつて私は、真剣に考えさせられたことがあったんです。

「袈裟衣、有り難そうに見ゆれども、これも俗家の他力本願」

と一休禅師は詠んでおられる。袈裟衣をつけた和尚さんは偉そうに見えるけれども、その衣も在家の人たちから頂戴したもの。そのお布施に対して自分は何をしてお尽くししているか、考えてみなくちゃならん、という教えですね。

そう自分自身を振り返ってみますと、この壺阪寺は、文字どおりの〝零山〟で、何もない。これじゃいかん。何か人さまの心の宝になるものをつくっていこうと考えまして、この寺は目の不自由な人に関係があるんだから、目の不自由な人に役立つ何かをせんならんと考えたんです。

たまたま、ニューヨークのブルックリン植物園というところで〝匂《にお》ひの花園〟というものを造ったという記事を読みまして、手紙で問い合わせて、境内に「匂ひの花園」を造ったんです。すると、目の不自由な人がたくさんやってこられる。その人たちの中から「ぜひ盲人の老人ホームを造ってほしい」という訴えが出てきたのです。

「老人は、ホームに入っても自分のことだけで精いっぱい。目の不自由な私たちは、廊下を歩くのにも人に突き当たって叱られる。食事は遅くなって、食べられない。目の不自由な老人のためのホームがあったら、どんなに助かるかしれん」

というのです。それで私は行脚《あんぎや》を始めました。門ごとにお経を上げさせてもらって、十円からご喜捨を頂いて回った。一年間、乞食《こつじき》して回らせて頂いて三千万円の資金を頂いて、昭和三十六年に、世界ではじめての盲老人ホーム・「慈母園」を開くことができたのです。出家してお坊さんになるということは、世のために、人さまのためにお役に立たせて頂こうと決意して、必死に道を求めていくこと以外にないわけです。その求道に対して、人さまが真心からの施物を下さり、信頼を寄せて下さるんですね。その出家の真の意味を、お釈迦さまが身をもってお示し下さっているのを、しっかり見定めることが大切だと思いますね。

森　そのご決意が、ビンビサーラ王の申し出を断固としてしりぞけられた釈尊のお言葉に、そのままうかがわれる思いがいたします。

そうしてお釈迦さまは、この尊い生命を与えられたがゆえに、私は人類のためになさねばならぬことがあるというご決意をもって、輪廻《りんね》の苦悩からの解放を求め、禅定《ぜんじよう》と苦行の修行に打ち込まれていかれるわけですが、それは次回にうかがわせて頂くことにしたいと思います。今日は、ありがとうございました。

＊　六二頁にある五本の指もそうですが、植物の世界を観《み》れば、大木あり、その根元には灌木《かんぼく》や苔《こけ》が生えています。もしも灌木や苔がなくて、全部が大木でしたら、雨水を長く蓄えるものがないので、大木はいずれ全部枯れてしまいます。同様に全部が灌木や苔でしたら、直射日光を防ぐものがないので、灌木や苔は枯れてしまうのです。

大きいから良いのではなく、小さいから悪いのではありません。多様で、互いに助け合っているのが自然なのです。『法華経』薬草諭品《やくそうゆほん》には、このことが述べられています。

第四話

欲望に閉じ込められた人類を解放するための恐るべき苦行

ゲスト —— 常盤勝憲（壺阪寺住職）

童子敬白

畑の虫を小鳥がついばむように、激しい欲望に衝き動かされて生きている人間という存在は、自分の楽しみを得んがために、そして、自分の嫌なこと、苦しいことからのがれんがために、逆に、人と人が傷つけ合い続け、ついには自ら苦しみの中で老い、病み、死んでいかねばならない……。

人間であるかぎりすべての人が背負わねばならないこの苦悩から人々を解き放つ道を求めて出家されたお釈迦さまは、「自分とは何であるのか」……その真実の姿を求めて、自己凝視の瞑想の行から、ついに死の直前まで自己の肉体を追い込まれる苦行に取り組まれたのだった。

それは、どんな行であったのだろうか。お釈迦さまは何を求めてこの恐るべき苦行に挑まれたのだろうか。前回に引き続いて常盤勝憲師におうかがいしてみた。

◆死の寸前まで己を追い込む苦行

〈当時の新興国・マガダの都・王舎城に出られた釈尊が、この都に集うさまざまな修行者の中から、まず最初に師として選ばれたのは、アーラーラ・カーラーマとウッダカ・ラーマプッタという、二人の禅定《ぜんじょう》の修行者でした。当時のインドでは、輪廻《りんね》の苦悩から離れるための最もすぐれた修行法として禅定と苦行の二つが行なわれていました。禅定とは、森林などの静かな場所に坐《すわ》って瞑想にふ

け り、何物にも執《とら》われない精神の自由を得る修行です。まずアーラーラ・カーラーマに師事された釈尊は、わずかな期間にこの師が体得している「一切のものに執着しない心の状態となる禅定」の境地に到達されましたが、それで満足できませんでした。禅定の無思無想の状態から戻ると、生きることの不安、老・病・死の恐怖が依然として存在するからでした。

アーラーラ・カーラーマのもとを去った釈尊は、次に、これも当時の有名な師と仰がれていたウッダカ・ラーマプッタのもとを訪ね、この師が体得している「何も考えることすらもない禅定」の境地をも自分のものとされたのですが、そこにも絶対の平安はないことを知って、ついに苦行を決意されたのでした。

苦行とは、自分の肉体を責め、苛《さいな》むことによってその力を弱め、肉体に縛られている精神を自由に解放しようとするものでした。当時、この苦行による解脱《げだつ》をめざす人々が、王舎城の西のガンジス河の支流、ネーランジャラー河に沿った村の近くの林に集まって修行していましたが、釈尊も、この苦行林に入られたのでした〉

森　政弘　そこで、お釈迦さまはものすごい苦行をされたことが経典に遺《のこ》されておりますね。

「小食のために私の手足は草のようになり、私の臀部《でんぶ》はラクダの足のようになり、背骨は、あたかも紡錘《ぼうすい》の連なりのようになってしまった。私が自分の腹の皮に触れようとすれば背骨に触れてしまい、背骨に触れようとすれば腹の皮に触れてしまう。腹の皮と背骨がピッタリ一つにくっついてしまった……」
という表現で語られておりますが。

常盤勝憲　カラチのラホールの博物館に「苦行釈迦」の像があるのですが、経典の表現どおりでございますね。肉は完全にそげ落ち、骸骨《がいこつ》のようなお姿です。あれでよく生きておられる。よく心臓が止まらないものだ。心臓を動かす血液は、あの骨と皮だけの体のどこを流れておるのだろうか、と不思議な思いに打たれるほどの衰弱の仕方です。

森　どういう場所で、その言語を絶するような苦行をなされたのでしょうか。

常盤　人里離れた林の中、ジャングルですね。アフリカなどのジャングルとは違いますが、うっそうとして昼なお暗いところもありますね。恐ろしい獣も出没したでしょう。現在のインドでも虎や毒蛇などはしばしば見かけますから。

そういう森林の中で、あっちの岩の根に一人、こっちの洞穴に一人というように、まっ暗なジャングルに独りっきりで坐っているのですから、その恐怖だけでもすさまじいものでしたでしょうね。

そこで、「私は一日に一食を摂《と》り、あるいは二日に一食を摂り、七日に一食を摂り、半月に一食を摂るにいたるまで断食の修行をした。私は生米のみを食し、あるいは米汁の薄皮のみを食して暮らした。また私は、常に直立して座席を排し、棘《とげ》の床上に体を横たえる行をなし、また、多年にわたる塵垢《じんく》で私の体には皮の苔《こけ》が生じたが、私は、この塵垢を払いのけることをしなかった」と釈尊ご自身のお言葉として経典が伝えるような、ありとあらゆる方法で自分の肉体を苦しめていかれたわけですね。

◆燃え盛る火の上での禅定の境地を求めて

常盤　苦行のことをインドの言葉で「タパス」というのですが、この「タパス」が、前回もお話しいたしましたように「熱」のことなのですね。自分の肉体を死の直前まで、いや仮死状態に至るまで徹底的に苦しめていくことで体の中に熱をつくる。その熱によって大きな力が得られると考えるのが、当時の苦行だったようです。

それは、インドのものすごい暑さとの闘いでもあったんではないのでしょうか。お釈迦さまが、この苦行をなされたネーランジャラー河畔はインドの北部ですから、冬はやっぱり寒いんですが、夏は五〇度にもなります。熱い、ホットという感じでなく灼熱《しゃくねつ》、ヒートという感じですね。

森　カンカン照りつけるという感じなのでしょうか。

常盤　熱風です。日本ならば、夏の熱い日も、車で走るときは窓を開けておくと風がはいって涼しいでしょう。ところが、インドでは窓を開けていたら鉄工場の炉《ろ》の前にいるように、熱風が吹き込んでくるんです。

いってみれば焦熱地獄のようなその熱風の中で、二日に一食、七日に一食、半月に一食というように次第に食を減じられていって、ついには、麻の実一つで一週間の命を繋ぐという苦行を続けられるのですから、激しい衰弱に襲われますね。

森　また、当時の苦行には、人に手足を縛ってもらって、口も鼻の穴も土でふさいで息を止める、といった行もあったと伝えられております。まさに自ら意志して死の直前まで自分を追い込んでいくわけですが、それは、自分の肉体から精神を解き放つためでもあったのでしょうか。

常盤　はい。われとわが肉体を痛めつけ、衰弱させて禅定の境地を得ようとするんです。禅定というのは、たとえて言うならば、きれいな器に水をなみなみと汲んで、その水の上に顔を差し出してみると鏡のように映し出す——そんな心の状態になることなんですね。

森　自分がここに存在しているという意識すらもなくなった状態ですね。

常盤　はい。熱風の中に坐り尽しているのですから、鏡のように平らかどころか、逆に、なみなみと水をたたえた器を燃えたぎる火にかけたように煮えくり返って、思考力さえも失われていってしまいましょう。

森　当時のインドには、そうして肉体を痛めつけてギリギリのところまでいけば、そこに忽然《こつねん》として悟りの境地が開けるのだ、という考え方が、一般的にあったわけでしょうね。

常盤　当時の思想家、出家修行者はすべて、それを信じてやっておりました。しかし、悟りには至れない。けれども、その苦行をやめたのでは人々にそしられると考えて、そこから出ることができない。

お釈迦さまの場合も、その恐るべき苦行を、じつに六年間もお続けになられるのです。それでも悟りの境地には達しない。けれども、そこからが、お釈迦さまの場合は、やはり、ほかの人とは違うんですね。

「このままでは、私は思考力を失い、命さえも失ってしまう。私は何のために出家したのだ。これは私の行く道ではない。ほかの方法で道を求めなくてはならぬ……」自分に与えられた命の貴さの自覚、自分がなさねばならぬ使命感によって、「もういちどやり直そう」という決意をなされたのです。二十九歳で重大な決意をされてカピラ城を出られた釈尊が、ここでまた、もういちど重大な決意をなされるわけです。

◆仮死からの甦りの中に現れた己

森　「これまで、苦行によってどのように激しい苦痛を受けた沙門《しゃもん》、バラモンも、これからのち、どんなに激しい苦行をなす沙門、バラモンも、自分が行なったほど厳しい苦行をなす者はないだろう。それほど激しい苦行を続けてみても私は悟りに到達することはできなかった」というお言葉を遺されておられますね。

常盤　そこで、ネーランジャラー河畔へ出てこられて、河の水で衰弱しきった体を洗われる。そこへたまたま近くの農家の少女が乳がゆをささげてくれる。その乳がゆを召し上がられてお釈迦さまは生き返られた。自分を取り戻された。その勢いでネーランジャラー河畔のガヤーの菩提樹《ぼだいじゅ》の下で、もういちど禅定に入られたとき、ついに、あの偉大な悟りがやってきた……そう考えるのですよ。

森　苦行をやめられる直前の釈尊は、もう、一息吐くごとに死に、一息吸うごとに、かろうじて生き返る状態であられたのではないでしょうか。一瞬一瞬に死に、また一瞬一瞬に生き返るその中で完全に自分というものがバラバラにされてしまう。その状態は、スッと死んでしまったほうが、ずっと自然であり、楽な状態であって、そこで命を保っているということは、超人的な意志と集中がなければならない。その状態から苦行をやめられてよみがえられるとき、生命が、この世界に存在する真実の姿「色即是空《しきそくぜくう》」「諸法無我《しょほうむが》」「諸行無常《しょぎょうむじょう》」が体得されたのではなかろうか、という意味のことを作家の真継伸彦《まつぎのぶひこ》さんが書かれておられましたが、まさに実感できる気がいたしますね。

そうして悟りを開かれたあと、お釈迦さまは、その苦行について「いずれの極端に偏るのも悟りへの道ではない。悟りは中道にある」と言われて否定されるわけですが、これは決して妥協なんかではありませんね。死の直前までいく苦行をやってこられたからこそ中道がお分かりになったということだと思うんです。

常盤　東洋の哲学は、経験の哲学ですから、そのプロセス（過程）が大切なんですね。お釈迦さまは苦行を否定されたんではなくて、その苦行の体験があって、初めて中道が体験できたわけでしょう。いきなり結果だけ出てはきません。苦行とは自分が道を求めるための一つのプロセス、あたりまえなのだから、その苦行をことさらに立て、それに執着してはならない、というのが、お釈迦さまのお考えだったのでしょうね。
　現代人は、ともすると「苦行は悟りに至る道でない、中道こそ大切なんだ」などと言いたがるのですが、それは楽好みの心が言わせる言葉なのですね。

◆苦しみを試練と受け止める姿勢こそ苦行

森　なるほど……。現代人は、価値は快楽にあり、存在とは物質であると考え、そして、認識は客観だと思い込んでしまっておりますからね。つまり、陰に対する陽の世界というものを完全に忘れ去ってしまっているんですね。

　価値は、快楽にあるのではなく、逆に苦行と努力にこそあること、存在とは物質ではなく、それをあらしめている精神にあること、認識するときには客観でなく、主観こそ大切なのだということを知らないために、決楽を求めては苦しみを受けているわけです。

　たとえば、現代人は、自動車とか家とか環境とかといった客体の点検整備には力を入れるのですが、主観の、つまり心の点検整備の大切さに気づいていません。整備せずにほったらかしにされた心では、どんなよいものをもってきても悪い方向へ転がっていってしまいますね。

本当に幸福を願うのであれば、苦しみを避けよう、いやなことから逃げ出そうとするのではなくて、その苦しみ、いやなことに堂々と立ち向かってそれを克服する努力をしていく……。そこからしか真の楽しみは得られないんですね。これこそ苦行の意味といっていいでしょうね。

常盤　前回にもお話しいたしましたように、私もインドの救ライの仕事をさせて頂いたお陰さまで、熱との闘いという苦行をさせて頂きました。日中の五〇度という熱風の中をクルマに乗るのでなしに、自分の足で何キロも黙々と歩く。その苦しみの体験は、お釈迦さまの苦行の何万分の一にすぎないでしょうが、その体験が自分を強くしてくれるんですよ。五〇度の熱さの中で作業をやっていると、ほかの人たちは次々に倒れてしまうんですが、私は黒い衣を着て作業していて、平気でいられるのです。

いやだいやだと逃げ回ると苦しみになる。同じ苦しみに決意して立ち向かうと、それが苦行になるんですね。仏教というのは高邁《こうまい》な理論でなくて、経験の積み重ねの教えなんです。仏教徒の真の力というものは、経験を積んで「どんな苦しいことが出てきても平気なんだ。どんなに貧しくても心豊かに暮らしていけるのだ。どうしてもお金が必要になれば、必ず、仏さまがお手配して下さるんだ」という確信を持っていることであるはずなのです。ですから、お釈迦さまの何万分の一でもいいから、その体験は積まねばなりませんね。

森　現代のわれわれの場合は、苦行といっても、なにも火の中をくぐるとか、真冬の滝に打たれて水行をとるとか断食するとかといったことばかりではないはずですね。たとえば、私たちは毎日の生活の中で、苦しいことにいっぱいぶつかりましょう。病気も苦しみですし、会社でいやな上役にぶつかるのも苦しみなら、ご主人がワンマンだったり、子どもが言うことを聞かなかったり……みんな苦しみなわけです。それを自分への試練と受け取って、その姿勢で立ち向かっていくならば、それがそのまま苦行になるとも言えるんじゃないでしょうか。

常盤　病気を忌み嫌うんでなくて、「よくいらっしゃいました」と受け取っていくのも一つの苦行ですわね。在家の人の場合なら、自分に与えられた仕事を精いっぱい黙々とやること、それがすなわち立派な苦行です。

家庭の奥さんなら、毎日、朝早く起きて、家族のためにおいしいご飯を炊き、みそ汁を作り、お弁当を作ってあげる。夕方になれば、疲れて帰るお父さんのため、育ち盛りの子どもたちのために、心を込めて夕食を用意して迎える。これを一日も欠かさずに喜んでやる。……これも苦行ですよ。

森　なるほど。

常盤　「なんでわたしは、いつも台所ばかりやらされなきゃならないの」などと考えたのでは、それは、もう苦行でなくなっちゃうんです。一見単調な毎日の繰り返しに、自ら喜んで立ち向かう。その体験を積まないと一家の主婦としての自信は持てず、幸せはやってこないんですね。

◆人類に幸せをもたらすための行

〈これまで、だれもがなしたことのない命を賭《と》す苦行に取り組む釈尊を見て、人々は「ゴータマは死んだ」と噂し合いました。けれども、その行によっても、ついに悟りへの道は開かれないことを思い知られた釈尊は、六年間打ち込んでこられた苦行を、ついに捨てる決意をされました。

「このように衰えた私の体で禅定を得ることは難しい。私は滋養に富む食物をとろう」

そして釈尊は、まずネーランジャラー河で垢《あか》にまみれた体を洗い浄《きよ》め、村人のささげる乳がゆを口にされたのでした。それを見て、修行者たちは「ゴータマは堕落した」とさげすみの目を向けてきました。その人々の中には、釈尊の苦行のすさまじさに感動し「彼は必ず悟りを開く者となろう」と期待をいだいて釈尊に付き従っていた五人の修行者もいました。彼らも、釈尊が苦行を捨てられたのを見て、自分たちの期待が裏切られた、と去っていったのでした。

けれども、悟りへの最高の魔法であるとされていた禅定と苦行を徹底的に行じてみて、それが悟りに至る道でないことを自ら確かめられた釈尊は、自らの思索と体験による以外、真理に至る道はないと深く心に決して、近くの菩提樹の下で、再び瞑想に入られたのでした〉

森　ギリギリのところまで肉体を苦しめて、死の一歩手前まで行って引き返されてきた。いや、引き返すというより、死を超越したといったほうがいいのかもしれませんが、そのときワッと生の真実の姿、生かされている自分が分かってくるということがあるのでしょうね。

常盤　インドへ行ってみますと、インドの人たちが、あの炎のような太陽を「恵み」だというんです。あの、猛烈な暑さをもたらす元凶である太陽を拝むんです。また雨が降るとなったら、これはまた、バケツをぶちまけたような雨が、来る日も来る日も降り続きます。日本のようにシトシト降る雨なんてありません。たちまち道は水であふれ、家も浸かってしまう。それでもインドの人たちは、それを貰い雨だという。この雨が降り、この太陽が照りつけてくれるから穀物が育つのだ、と心に刻みつけているんですね。

時には自分を害するものとなるものすらも拝む、この感謝を知らないと、健康で楽しく生きているのは自分の力であり、それが当然のことであるかのように考えてしまいがちなんですね。自分がここに生きているというそのことのために、どれほどたくさんの恩恵が働いているのか、この自分の生命の貴さ、大切さが見えてこないのですよ。

前回もお話しいたしましたように、私どもの壺阪寺の境内に盲老人ホームがあるわけですが、そこにおられる人の中に、自分の目の見えないことをついに忘れてしまう人がいるんです。恩恵のほうだけを見、感謝だけで満たされていると、自分を苦しめる不幸がふっと消えてしまうんですね。すると、本当に幸せになるんです。

お釈迦さまは苦行をして苦行を忘れられたわけでしょう。目が見えない苦しみをとおして、目の見えないことを忘れることができるんですね。そこに悟りがあるんだと思うのです。盲目の老人たちがいちばん幸せに過ごせる生き方は、一生懸命奉仕をさせて頂く生き方なんですね。人から同情され、人の寄付による生活に甘んじていることほど不幸なことはないんです。ですから私は「目の見えないことを忘れてしまって、隠れた功徳を積ませて頂きなさい」と、お勧めする。目の見えないご老人が、雑巾《ぞうきん》作りをし、草取りをし、全国の有縁無縁のかたのためにお経を上げさせて頂く、それが自ら幸せをつくり出す生活なんですね。

太陽は、こんなに恩恵を施している。雨は、こんなにも恩恵を施している。その太陽が「さあ、これだけ照らしてやったから、なんぼ代金を払え」なんて言いはしません。雨だって「これだけ飲料水を降らしてやったんだから、あとで請求書を送るぞ」などと言いはしませんね。その恵みを享《う》けて生きているのですから、その万分の一でもお返ししなきゃならんでしょう。太陽のごとくに黙々とやらせて頂きますとね、すると目の悪いことを忘れさせて頂けるんですね。

森　なるほど、なるほど。それも苦行ですね。

常盤　そうして自分に与えられた命を大切にして黙々と生きていく。そこから人の命の大切さも分かってくるんです。人の悟りを耳で聞いて自分が悟ったつもりになっても何の役にも立たんのですよ。自分が実験台になって、苦しんでみて初めて、こういう仕打ちをされたら人はつらいだろう、苦しいだろう、と分かっていくのですね。

森　現代の若い人たちに「自ら苦行を求めよ」と言ったらみんな逃げ出してしまうでしょうが、苦行こそ楽しみのもとであるわけですね。苦行がないところに幸せはありえない。

それが仏教の行というものですね。求めさえすれば、どこでもやれる。だれもが幸せになれるんですね。

◆人類の心に永遠に生き続ける生き方

常盤　私は、思うのですけれどもね、最近の日本人の思考は、いわゆるピックアップ・システムになっているんじゃないだろうか、と。本を読むのも、勉強をするのも、図書館でピョンピョンとピックアップして覚えて、それを一列に並べれば、全体が出来上がると思い込んでいるみたいですね。仏典の読み方まで、そうなっているんです。ところが、精神的なものは、絶対にピョンピョンとは進めないんです。階段を一段一段足を踏み締めて上がるようにしか前へ進めない。時には、じっとそこで踏みとどまって考えなければならない。場合によっては逆戻りして、行きつ戻りつしながらきわめていく。その心を取り戻さないことには何も身につかないことになりましょうね。

森　お釈迦さまが苦行をされ、その苦行を忘れられたのも、まさに、そこのところを教えんがためだったのですね。私ども自然科学をやっておりますと、斜め読みの読書ばかりになってしまうんです。そして、えてして学者というものは重複を嫌う傾向が強うございます。しかし、これに偏しますと同じことを百回も千回も繰り返し繰り返し行なうという修練ができなくなってしまいますね。それではスケールが小さくなってしまいますね。

現在の時点でだけ有用というようなものでなく、三世にわたって通用する学問をやっていくにはピョンピョンの姿勢ではダメですね。


常盤 私がお手伝いをさせて頂いていた、インド救ライの父といわれた宮崎松記先生が日航機の事故で急死されたとき、先生はクリスチャンであられたのですけれども、私が導師をして、お葬式をやらせて頂きました。

インド式に茶毘《だび》の儀式をやったのですが、高く積み上げた薪《まき》に油をかけて、その周りをご遺族の方々が三回回られたあと、パッと薪に火を放たれる。そのとき、数千人の回葬者が、

「ドクター宮崎、アマルハイ!」

と叫んだのです。「宮崎先生は永遠に生きておられるんだ!」という意味です。

お釈迦さまのご生涯が、まさにそうであられたのですね。人類の苦悩を背負われてその苦悩からの解放のために死を賭され、さらにその死と闘われて人間の自由を約束して下さった。それによって二千五百年後の私たち、インドを遠く離れた日本の片田舎の私たちが、こうして、お釈迦さまの命を生きさせて頂くことができるのですね。お釈迦さまは、その苦行によって人類の心の中に、永遠に生き続けておられる。永遠に輝いて、求めれば必ず現れる……。

森 そうして、命を賭して苦行をされたことによって悟りを開かれたお釈迦さまのみ跡に続く人、苦しみを乗り越えた体験をもって語る人こそ、この現代に仏さまと成って人々に救いの手を差し

伸べていく人となるわけでございましょうね。貴重なご教示を頂きまして、ありがとうございました。

＊　七九頁、一行目、「東洋の哲学は、経験の哲学ですから、そのプロセス（過程）が大切なんですね」。仏教では、この大宇宙は、「動」を根本として構成されていると観《み》ます。一切は変化・流動を、し続けており、「諸行無常《しょぎょうむじょう》」はその表現の一つで、ここから、すべては把捉《はそく》できないと論究され、この性質を仏教では、「空《くう》」と言っているのです。

第五話
悟りは、どのようにしてやってきたか

ゲスト——増谷文雄（宗教学者）

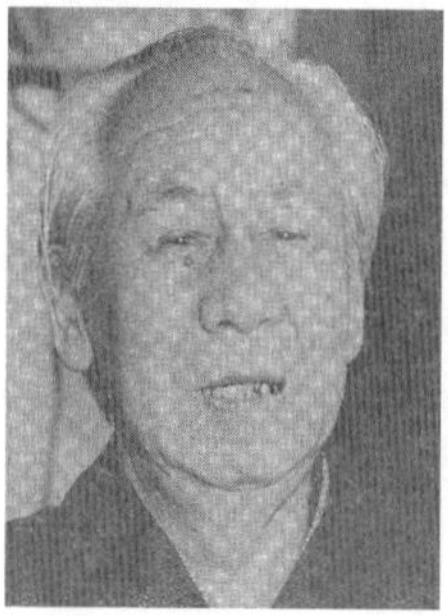

ゲスト
増谷文雄（ますたに・ふみお）
一九〇二年—一九八七年。福岡県に生まれる。東京大学文学部宗教学科卒業。文学博士。浜松高等工業学校教授、東京外国語大学教授、都留文科大学学長、日本宗教学会会長などを歴任する。著書に『仏陀』（角川新書）、『増谷文雄著作集（全十二巻）』（角川書店）ほか多数ある。

童子敬白

釈尊がこの世にあらわれられたのは、およそ西暦紀元前五世紀のことであり、現代の私たちとの間には二千五百年になんなんとする時間が介在している。その膨大な時間を超えて釈尊の生前のお姿と対面することは、もちろん不可能なことだ。だが、その釈尊のお姿やお声をそのまま伝えてくれているのが『阿含経《あごんきょう》』（阿含部の諸経典）である、と増谷文雄先生はいわれる。

そこには、ある時は風邪をひいて困っておられるお釈迦さま、ある時は、お疲れになられて「背中が痛いので横になりたい」と語られるお釈迦さま、そしてある時は、托鉢《たくはつ》に出かけられたのに食を得ることができずトボトボと帰路につかれるお釈迦さまのお姿が伝えられているという。その『阿含経』の研究にかけて、わが国の第一人者であられる増谷先生をお訪ねして、苦行をやめられたあと、お釈迦さまにあの偉大な悟りがどのようにして訪れてきたのか、そして悟りの内容はどのようなものであったのか、おうかがいしてみることにした。

◆命を賭した苦行を捨てる決意

〈じつに六年の歳月を費やし、文字どおり命がけの苦行によっても悟りには至ることができないことを思い知らされた釈尊は、決然として苦行をやめる決意をされたのでした。そして、村の娘・スジャーターがささげる乳がゆを飲みほされて体力が回復するのを待って、釈尊はガヤーの町の近くの一本の菩提樹《ぼだいじゅ》の下に坐られて瞑想に入られました。

「目的を達するまで、私は決してこの座から立つまい」——そう固く心に決せられて、じっと坐り尽くされている釈尊の前へ、ふっと悪魔が現れたのです。

「あなたはやせ衰え、死に瀕《ひん》している。あなたは生きるべきだ。精励への道は苦しく、行ないがたく、到達しがたい」

その悪魔のささやきに対して、釈尊は断固として、こう退けられたのでした。

「私は世俗の欲を求めない。私は、おまえと闘おう。私は決して、この場から動くまい」……と〉

森 政弘　増谷先生は『阿含経』、正しく申しますと「阿含部の経典」の権威でいらっしゃいまして、すでに半世紀の間、その研究に携わられてこられたとうかがっております。お説によりますと、『阿含経』というのは、いわゆるお釈迦さまが八十歳でお亡くなりになられてから間もなく、お釈迦さまから直接、教えを学んだ五百人の長老が王舎城の郊外の洞窟の精舎《しょうじゃ》に集まって、「私は師から、このように教えを聞いた……」と発表し合う形で、お釈迦さまが説き遺《のこ》された教えを編集して出来上がった経典だということでございますね。

増谷文雄　それが、いわゆる経典編纂《へんさん》の第一結集《だいいちけつじゅう》といわれるものですね。そのとき成立したものが、そのまま今日見る膨大な阿含部の諸経ではありませんで、その上に幾多の付け加えや再編集があって、現在の『阿含経』になっているわけです。けれども、この阿含部の経典が、お釈迦さまのお言葉を集録した最も原初的なものであることは疑いないのですね。集録された諸経は、きわめて短くて簡潔なものですが、目の当たりにお釈迦さまのお姿を見、お言葉を聞く思いがするのです。

森　それで、この阿含部の経典は、お釈迦さまが、どのようにして悟りに至られたのか、そのへんのところも伝えているんでございましょうか。

増谷　問題はそこなんですなぁ。お釈迦さまの言葉として阿含部の経典に遺っているのは菩提樹の下で瞑想に入られてからのことだけなんです。ですから、じつは、どのようにして悟りがやってきたのか、それはよくわからんのです。

森　悟りにいたるまでにお釈迦さまがたどられたプロセスを、もういっぺん振り返ってみますと、まず、お釈迦さまは釈迦国の太子の位を捨てて出家をなさり、アーラーラ・カーラーマという師、ウッダカ・ラーマプッタという師について禅定を修められますね。アーラーラ・カーラーマからは無《む》所有処定《しょうしょじょう》——これは何ものにも執《とら》われることのない無一物の状態となる境地といわれておりますが、その禅定の境地を学ばれ、さらにウッダカ・ラーマプッタからは非《ひ》想非《そうひ》非想処定《ひそうしょじょう》——つまり無念無想の精神統一の境地を学ばれて、その境地を完全に自分のものとされた。

　けれども、それだけでは悟りは得られない。そこで六年間の苦行に入られたけれども、その苦行をもってしても悟りには至れない。そこで苦行をやめられて、また菩提樹の下で瞑想に入られた。その禅定の境地に、ついに悟りがやってきた、というふうに伝えられておりますね。

◆自分自身の力で解決のカギを求めて

増谷　出家をされたお釈迦さまは、まずはじめに、いろんな思想家を訪ねて、その思想と実践について勉強してみられたんでしょうね。禅定というのは、いってみれば〝意識の彼方〟〝存在の彼方〟へはいりこもうとする努力であったともいえましょう。その思想と実践について勉強してみたけれども、当時の思想家の中には、お釈迦さまが求められていた人生の根本問題の解決のポイントをハッキリつかんでいる人は見当たらない。

そこで、その解決のポイントは自分自身で見つけ出す以外にないと決心して、その道を苦行に求められたのですね。当時のインドの修行者の間には、肉体の力をぎりぎりまで弱めていくことによって精神の力を強めることができる、という考え方があったんです。悟りというものは、とにかく、心を研《と》ぎ澄まし、鋭くしておかなくては得られるものではないわけですから、その心を研ぎ澄ますために、苦行をやって肉体を弱らせようとしたんでしょうね。

ですから、まったく食を断つというのではなくて、一粒の麻の実、一粒の米といった最小限の食糧で生命を繋いでいくということをするんです。そうすれば体が次第に衰弱していって、それとともに頭脳が明晰《めいせき》になっていかなくちゃならんのですが、それがそうならない。

森　肉体は煩悩の巣であって次から次へ欲望が頭をもたげてきて、正しく見、正しく考えるのを妨げることも事実でございますね。

ですから、その肉体の力を弱めて欲望を抑えることによって精神の鋭さを得ることは、ある程度までは可能なんでしょうが、しかし、私どもの脳の働きは、やはり生理によって支配されておるのですから、限度をこえた肉体の衰弱は、頭をもうろうとさせるばかりですね。

増谷　お釈迦さまは、きわめて合理的な考え方をされるかたでしたから、すぐその間違いに気づかれたようですな。『阿含経』に、こんなお釈迦さまの言葉が遺されているんです。あるとき、お釈迦さまは、ふっとこう考えられた。

「私は苦行から離れた。あの、何の利も伴わぬ苦行を離れてよかった」……と。ところがその時、悪魔波旬《はじゅん》がお釈迦さまのところへ近づいてきて、こう話しかけるのです。「まだ若いあなたは、苦行から離れずにいてこそ清らかになれるのに、その自らを清らかにするための道を離れてしまい、少しも清らかでないのに、自分一人だけ、清らかであるかのように考えている」

森　禅定の行で坐り尽くしている最中には、悪魔ナムチが現れて、「そんなに肉体を傷めつけて死んでしまったのでは望みは達することができない。早くやめるべきだ」とささやきかけてきて、苦行をやめられると、こんどは悪魔波旬が現れて、「苦行をやめてしまったのでは、自らを清める道は閉ざされてしまう」とささやきかけてくる……。

苦行を続けるべきか、やめるべきか……この問題をめぐって、お釈迦さまのお心は大きく揺れ動いたようですね。

◆自らの内なる妨害者を退けて

増谷　当時のインドにおける苦行に対する信仰は、われわれが考えも及ばないほど強いものだったに違いありません。ですから苦行をやめられたとき、お釈迦さまの心に「おまえは間違っているんじゃないか？」という疑問がふっと起こってきた。けれどもその疑念に対してお釈迦さまは決然として、こう答えられるのです。

「私は不死のために苦行を修して、それが、すべて利益のないものであることを知った。それは陸に上げられた船の櫓舵《ろかじ》のように、まったく利益をもたらすことがない」

そのお釈迦さまの言葉を聞きますとね、悪魔は「世尊は私を見破った」と、打ちしおれて姿を消していくんです。

森　そうした経典の叙述は、まさにお釈迦さまの心の中の葛藤《かっとう》を、そのまま伝えているようにも思えるんですが……。たとえば私たちの場合であっても、自分が信念をもってやってきたことが間違いであったことに気づいて、それを打ち捨てて新しい一歩を踏み出すというときは、なにか後ろめたい感じをいだかずにいられないものですね。そういった、まことに人間らしさにあふれるお釈迦さまのお姿が、ほうふつとしてくる思いがいたすのですが。

増谷　そのとおりなんです。まことに人間的なのですね、『阿含経』に現れてくるお釈迦さまというのは……。

この悪魔波旬の話は『阿含経』の中の「悪魔相応」という品《ほん》の中に出てくるのですが、「相応」とは、「同じ種類のものを一つにまとめた」という意味ですから、つまり、お釈迦さまのところに悪魔が現れてささやきかけたことを記録した経典が、ここに集められておるわけです。それが五、六十経もあるんです。じつにしばしば、お釈迦さまのところに悪魔が現れてくる。

そして、この悪魔というのが、客観的な、非人間的な存在じゃないんですね。しかも、悟りを開かれるまでだけではなくて、悟りを開かれたのちにも、しょっちゅう現れてくるんですよ。たとえば、お釈迦さまが祇園精舎《ぎおんしょうじゃ》で説法をなさっているとき、ひょこっと悪魔が現れてきて、こんなことをお釈迦さまの耳元でささやきかけるのです。

「あなたは恥ずかしげもなく大衆の前で堂々と説法しているけれども、それは果たして、あなたにふさわしいことであろうか」

すると、それに対してお釈迦さまが、「いや大丈夫だ。わたしは、むさぼりと、怒りと、愚かさを抑える力を具《そな》えておるから」と答えられる……。

お釈迦さまと私どものことを比較してみれるものではありませんけども、私など、講演をしている最中に、ふと「おまえは、わざわざ、こんな所まで出かけてきてヘタな説法をしているなぁ！」などと考えることがあるんですが、その自分の心と照らし合わせてこういう経典を読んでいくと、お釈迦さまのお心の中へ一歩だけ入ることができたような感じがいたすんですね。

森 お釈迦さまが、私どものすぐ身近にいらして下さるような気持ちがいたしますね。いわば「如来も修行中」、悟ったと思ったときには悟りから遠ざかってしまっている。常に迷いと闘う中にこそ悟りがあるんだ、ということでもありましょうね。

◆肉体と感覚と精神が悪魔なのである

増谷 私たちは、ひとたび悟りを開かれたら、もう迷いなどないはずだと考えましょう。それなのに、なおも悪魔がささやきかけてくる。これはどういうことなんだろうと思って読んでまいりますと、ラーダ（羅陀）という比丘がおりまして、これが、たいへん質問好きな男で、よく、お釈迦さまのところへ出かけていっては率直に質問をするのですけども、このラーダが、あるとき、お釈迦さまに、こう質問しているのです。

「大徳よ。あなたは悪魔、悪魔とよくおっしゃいますが、悪魔とは、いったい、どういうものなんでございましょうか?」

それに対するお釈迦さまの答えが、まことに明快なんですなぁ。

「ラーダよ。なんじの色《しき》が悪魔である。なんじの受《じゅ》が悪魔である。なんじの想《そう》が悪魔である。なんじの行《ぎょう》が悪魔である。なんじの識《しき》が悪魔である」

色とは肉体ですね。受とは感覚……つまり、人間の肉体、感覚、精神が悪魔にほかならないと、お釈迦さまは教えておられるんです。人間の内なる悪しきもの、人間の肉体と精神の中に巣食っている「内なる妨害者」、それが悪魔である、と。

森　現代流に申しますならば、私たちの肉体と心の迷いが悪魔ということでございますね。すると、お釈迦さまが悟りを求めて禅定の修行に励まれ〝意識の彼方〟〝存在の彼方〟へはいりこもうとされ、さらには苦行によって肉体と心の迷いを除き尽くそうとなさったのは、いってみれば心の悪魔を除き尽くして、というより、むしろ常に内なる悪魔と対決し続ける中で、人間存在の真実の相《すがた》を明らかにしたいとする願いだったともいえるように考えるのですけども……。

たとえば私たちがロボットを造っておりまして、このロボットになんとかして人間の思考をさせられないものかと考えたといたします。そのためには、まず五官を具えさせなければならないわけです。

ロボットの場合は人間と違いまして、なにも五官に限りませんで、たとえば赤外線をキャッチする六官だとか、宇宙線を感じ取る七官だって具えさせようと思えば具えさせられるのですけども、まず、その感覚器官の一つとして見る力を具えさせるためには眼をつけてやらなくてはなりません。

そこで、ロボットの眼としてテレビカメラをつけてやる。けれども、そうしてテレビカメラを具えて、それが映像をキャッチしているからロボットにものが見えているのかというと、どっこいそうはいかないんですね。テレビカメラは光の信号を電気の信号に変えているのにすぎなくて、ロボットに見えているかどうかは別問題です。

そこで改めて、そもそも見るとは何ぞや、ということが問題になりまして、それを突き詰めていきますと、「見るとは識別することである」ということが分かってくるんですね。

増谷　なるほど、そうでしょうね。

森　そこで、ロボットにものが見えるようにするのには識別する能力をつけなければだめなんだということになりまして、電気の回路を使って、たとえば三角形のものだけを判断する回路、四角のものだけ判断する回路、丸いものだけ判断する回路……というように、たくさんの識別回路、つまり眼ではなく、その背後にある脳の部分――を設けてやります。それを組み合わせますと多少の認識ができるようになっていくわけですね。

こんなふうにしまして眼がキャッチした光の信号が、どのようにして識別されていくのかを研究するために、動物、特にカエルの眼の研究をやりまして、それを参考にしていこうと考えたわけです。

ところが、そうして調べてみると、カエルの眼に映っている世界は、われわれ人間の眼に映っている世界とは、まるっきり違っていることが分かってきたんです。カエルは、自分の方へ向かって近づいてくるもの、しかもその中で出っ張っているものしか見ることができない。動かないもの、凹《くぼ》んでいるものは見えない。ですからカエルにとっては、そういうものは存在していないのと同じなんですね。

増谷　ほほう。そういうことになりますな。

森　それが、じつはカエルばかりではありませんで、犬は犬の目と、それに繋がった脳の識別のメカニズムによって、人間は人間の眼と心の識別のメカニズムによって、この世界を見ているのにすぎないことになるのですね。万年筆でも、洋服でも、クルマでも、私たちには自分にとって有用であり、好ましい一面しか見えていないんじゃないか。つまり欲望によって見ているだけで、客観的に、存在そのものの真実の相《すがた》というものは見えていないんですね。

この、欲望によって自分の都合のいいようにしか見たり、聞いたり、感じたりしないそのことを、お釈迦さまは悪魔におっしゃられたともいえるんじゃないでしょうか。その欲望に縛られた見方をなんとかして離れて、真実の世界、真実の人間を見たいという痛切な願望、つまり〝意識の彼方〟〝存在の彼方〟にはいりこんで、この世界の真実の相《すがた》を明らかにしたいという願い……。

増谷　そのための禅定の修行であり、苦行であったように考えるのですが……。しかし、そこから直接には悟りはやってこなかったんですね。

◆ついに真実の相を顕にした世界

〈釈尊が苦行をされていたとき、「もし修行者ゴータマが法を得たならば、われわれにも聞かせてくれるであろう」と、付き従ってきた五人の修行者がありましたが、この修行者たちも、釈尊が苦行を捨てられたのを見て、「彼は堕落した」と言って去っていってしまいました。

釈尊ご自身もまた、心にわき起こってくる迷いの悪魔のささやきと闘われながら、じっと菩提樹の下で坐り続けられていました。

やがて、あたりに静かに夜のとばりが下りてきました。夜は深々とふけ、中夜が過ぎて東の空が白みはじめました。

かなたの空に明けの明星がまたたきはじめたそのときでした。ついに、待ちに待った悟りが、釈尊のもとにやってきたのでした……〉

森　それは、まさに人類にとって偉大な瞬間でございますね。そのお釈迦さまの悟りによって人類の最大の財産の一つである仏教が誕生するわけですから……。そのお釈迦さまの悟りなんですが、それは忽然《こつねん》とわいてきたのでございましょうか。

増谷　そこが、いちばん大事なことなんですね。だれもがいちばん知りたい。けれども、自分がどのようにして悟ったのか、お釈迦さまご自身の言葉としては、阿含部の経典のどこにも、まったく出ていないのです。

その悟りの瞬間に、お釈迦さまの心に、どんな新しい考えがひらめいたのか、その瞬間に、どのようにして新しい考えが生まれてきたのか……私も長いこと考えたことがあったんです。

たしかに阿含部の経典の中にも、そのときの様子を記そうとしたと見られる記述はいくつかありまして、『ウダーナ』（自説経）という経典に、こういう記述があるのです。

「このように私は聞いた。初めて正覚を実現したもうた世尊は、ある時、ウルヴェーラーのネーランジャラー河のほとりの菩提樹の下におとどまりになられた。その時、世尊は結跏趺坐《けっかふざ》されたままで七日間、解脱のたのしみをうけつつ坐りたもうておられた」

これを読みますと、お釈迦さまご自分もその悟りの決定的瞬間のことは、どのようにも説明できかねることだったように思えるんですね。あえて申しますならば、それは直観であったと思います。直観というものは、論理をたどって、こちらから、そこに至るというものではなくて、向こうからパッとやってくる。こちらは、ただ受動的に受け取るだけですね。

森　はい。で、その直観がひらめく前に、たとえば禅定の前に意識せざる準備段階といったようなものがあったとは考えられないんでしょうか。たとえて申しますならば、私たちがロボットについて、オートメーションについて考えを進めてまいりますとき、どうにも解けなくなって行き詰まってしまうことがしょっちゅうあるのですが、そのとき、そこを何とか打開できないものかと苦しんでいるのは、つまりは念ずることだと思うんですね。そこで念じ続けておりますと、その思いがいつのまにか意識の下の深層心理にまではいりこんでいきます。そして、ある時、頭脳の中の雑物が払拭《ふっしょく》でき、そこへ何かのショックが与えられた時にパッと答えが現れるということがあるんですが。

そんなふうにして悟りがやってきたんではなかろうか、と推察するのですけども。

増谷　それに近いかもしれませんね。たとえばニュートンがリンゴの実の落ちるのを見てハッとして、日ごろ胸にいだき続けていた課題の答えのヒントを得た、という話がございましょう。それまで一刻も頭から離れないほど考え詰めてきていて、疲れ果てて、ふっと外へ散策に出かけた。そのとき、疑問でいっぱいだった頭がスッとからになる。空虚になる。そこへパッとひらめいた……それに似ていると思うんですよ。

禅で申しますと只管打坐《しかんたざ》ですね。只管打坐とは、結局は、空虚になることですね。そのとき世界が新しい相《すがた》で見えてくる。万法——つまり世界が自らをあらわにするという感じで、向こうのほうから迫ってくる。それがお釈迦さまの悟りだったんでしょうね。

◆すべての存在を成り立たせている原理

森　道元禅師が『現成公案《げんじょうこうあん》』（主著『正法眼蔵《しょうぼうげんぞう》』所載の一巻』の中で「自己を運びて万法を修証するを迷いとす。万法進みて自己を修証するは悟りなり」とおっしゃられておられるのが、そのことなんでございましょうね。

増谷　その「現成」が大切なんですな。道元禅師の『正法眼蔵』の中には、この「現成」という言葉が、じつに二百六十回出てくるんですが、その意味が、どうもよくつかめない。長いこと考えておったんですが、ある晩、風呂に入って頭がカラッポになっていたとき、パーリ語の「アビ」(abhi) という言葉がふっと浮かんできてアッと思ったんです。

風呂から上がり、夕食に晩酌を傾けまして、それから二階へ上がって調べてみますと、これが「現成」なんですな。この「アビ」というのは英語の「リアライゼーション」の意味でして、万法が向こうからその真相をあらわにしてくる、それを現成と訳しておったんですね。昔の人は悟りの本質を知っておったわけです。

森　頭を空虚にする、心をカラにするといっても、その前に、いっぱいに問題が詰まっていないといけないんですね。それでいながら、それに執われてもならない。いっぱいに詰まっていたものを全部出してカラッポになったとき、パッと向こうからはいりこんでくるという感じなんでしょうね。

私たちは、いわゆる情報によってものごとを考えたり、答えを見つけ出そうとしたりしているわけですが、そうした記憶に残っている、あるいは、意識に上っている情報だけではなく、いってみれば無限の過去から存在し、影響を与え続けている一切の働きによってパッとひらめいた直観、それによって、この世界がまったく新しい相《すがた》で見えてきたんでしょうね。

増谷　そうして、ついにこの宇宙の本質があらわになったとき、お釈迦さまは、そのたのしみをかみしめて七日の間、そこに坐っておられた。そしてやがて、その悟りの内容について、こう語りだされた、と経典は伝えています。

「七日を過ぎたのち、世尊はその座より立って夜の初分のころ、次のように順序に縁起の法を思いめぐらしたもうた。これあれば、かれあり。これ生ずれば、かれ生ず」

いわゆる諸法のあり方、この世界のありとあらゆる存在を成り立たせている法則、それが、お釈迦さまの眼にありありと見えてきたのですね。それが、「これがあるがゆえにかれがあるのであり、これが生ずることによって、かれが生ずるのである」ということなんです。

つまり、すべての存在は、ある条件によって生じているのであって、条件なしに存在しているものは、この広大な宇宙において一つとしてないのだ、という発見です。これを私は「縁起の公式」あるいは「釈尊の公式」と呼んでいるのですが、それをハッキリ見とおされたお釈迦さまは、これから以後、すべてを、この公式に当てはめて考えていかれることになるわけなのです。

森 その公式を、われわれ人間の苦悩の生起に当てはめて考えられたとき、それが人間の永遠の救いの原理となっていくわけでございますね。

縁起の公式が、いかにして人類の救いの原理となっていくか、次回は、そのいちばん大切なところをうかがわせて頂きたいと思います。今日は、いろいろご教示頂きまして、ありがとうございました。

＊ 一〇三頁中程に、「それは直観であったと思います。直観というものは、論理をたどって、こちらから、そこに至るというものではなくて、向こうからパッとやってくる。こちらは、ただ受動的に受け取るだけ

ですね」とありますが、何せこの対談は四十数年昔のことで、私は仏教については駆け出しの頃でしたから、気付かなかったのですが、増谷先生がおっしゃっている「直観」こそが、仏教の智慧の核心「般若《はんにゃ》」だったのです。これは「悟りの智慧」「無分別智《むふんべつち》」の別名を持っています。

第六話

〝縁起の公式〟がどのようにして人間の救いの原理となったか

ゲスト――増谷文雄（宗教学者）

童子敬白

「これがあることによって、かれがあり、これが滅することによって、かれが滅する」という、一見、あたりまえすぎるような釈尊の悟りから導き出された〝縁起の公式〟。それが、どのようにして、老・病・死という逃れようもない苦悩を背負わされ、幾度も幾度も痛い思いをしながらも、またしても突き上げてくる欲望に引きずられる、われわれ人間の救いの原理となっていくのだろうか。前回に引き続いて増谷文雄先生におうかがいしてみた。

◆縁滅するによって苦もまた滅す

〈ついに釈尊の前へ姿を現したこの世界の真実の姿は、「これがあるがゆえにかれがあるのであり、これが生ずることにより、かれが生ずるのである」という〝縁起の法則〟によって存在している姿でした。それは、たとえば暗闇に閉ざされた部屋にたいまつを持って入ったとき、闇が滅してすべての存在が明らかに浮かび上がってくるのにもたとえられましょう。いま、何ものにも覆われることのない眼を見開かれた釈尊の前に、この世界のもろもろの存在が、その真実の姿を露呈してきたのでした〉

森　政弘　いってみれば、お釈迦さまの眼のうつばりが取れたように、自分を取り囲んでいる世界がまったく新しい姿で見えてきた……それが悟りであるわけですね。

世界が、お釈迦さまの眼に覆いを取り除かれたように見えてきたということは、この世界、山や川が、どうしてそこにそういう形で存在しているのか、この人間の社会、そして私たち一人一人が、どうしてこういう姿でそこに存在しているのか、ハッキリ見えてきたということでございますね。

増谷文雄　宇宙の万物が、どうしてこのような姿であるのか、それが直観で見えてきたのですね。そこでお釈迦さまはその、いわゆる諸法のあり方、存在のあり方を整理して、そこに一つの法則を見いだされていかれた。それが、「これがあるがゆえに、かれがあるのであり、これが生ずることによって、かれが生ずるのである」という〝縁起の公式〟もしくは〝釈尊の公式〟になったわけです。

そして、この〝縁起の公式〟を発見されたとき、お釈迦さまは「これで自分の問題は解決できる！」と、まさに躍り上がらんばかりの心で考えられたに違いないと思うのですよ。

お釈迦さまが、自分に約束されていた高貴な社会的身分も、豊かな家庭生活もなげうって出家をされたのは、老・病・死という人間のすべてが背負わなければならない苦を、いかにして逃れることができるか、という課題を持たれたからだったわけですね。

それで、いま明らかになった〝縁起の公式〟を、まず、この問題に当てはめてみられたのです。

「何があることによって老・死があるのであろうか」……と。これが、悟りが訪れた後、そのまま菩《ぼ》提樹《だいじゅ》の下に座られて〝智慧のよろこび〟にひたっておられたお釈迦さまが、次にやられた作業だったのです。

「すなわち、無明《むみょう》によって行《ぎょう》がある。行によって識《しき》がある。識によって名色《みょうしき》がある。名色によって六処《ろくしょ》がある。六処によって触《そく》がある。触によって受《じゅ》がある。受によって愛《あい》がある。愛によって取《しゅ》がある。取によって有《う》がある。有によって生《しょう》がある。生によって老・死・愁《しゅう》・悲《ひ》・苦《く》・憂《う》・悩《のう》が生ずる。このようにして、すべての苦が生起するのである」

というように考えを進めていかれたわけです。

森　それが、いわゆる「十二因縁」でございますね。

増谷　この「十二支の縁起」を要約してみますと、「苦は、無明すなわち無知なるがゆえに、執着あるがゆえに生まれてくるのだ」ということなのです。そこまで原因をたどられてきて、「しめた！　これで老・病・死の問題は解ける」と、お釈迦さまは考えられたんでしょうね。

縁起というのは、すべてのものは条件があって起こっている、しかるべき条件があって存在している、ということですね。何の制約もなしに、ほかのものとまったく関係なしに、独立して、無条件で存在しているものは一つとしてないのだ、ということです。

ですから、老・病・死の苦も、この縁起の原理の外にあるものではない。それなりの条件があって生まれているものであるのだから、その条件がなくなれば苦もまたなくなっていく。つまり、苦もまた縁によって生ずるものであり、その縁が滅することによって、おのずと滅するものであることになるわけです。

そのようにしてお釈迦さまが問題の解決に到達されたさまを、経典は、こういう偈《げ》をもって伝えているのです。

「まことと熱意をこめて思惟《しゆい》する聖者に、かの万法のあらわとなれるとき、彼の疑惑はことごとく消え去れり。有因の法を知れるがゆえに」

◆世界をかくあらしめている条件の凝視

森　その有因というのが因縁のことですね。

増谷　はい。ところが、その「因縁」という言葉なのですが、これはパーリー語の「ニダーナ」という言葉の訳で、関係あるいは条件の概念を表す言葉であり、今日の言葉に訳せば、まさに「条件」ということなのですね。ところが、その訳語が「因縁」という二つの文字になったために、しばしば「主たる原因が因であり、それを助けるのが縁である」というように解釈されるんです。「ニダーナ」とは「因」と「縁」という二つの意味を含む言葉ではなくて、あくまでも「それが生起する条件」ということですね。

森　なるほど。「因縁」とは、いわゆる「原因」という意味よりも、むしろ「条件」、英語でいえば

「コンディション」と考えていいわけですね。

増谷　そうなんです。ですから、「縁起」を英語では「コンディションド・アライジング」と訳します。「条件による生起」――条件があったゆえに起こった、という意味です。

森　そのお釈迦さまのお悟りの内容をうかがいますと、私たちを取り囲んでいるもののすべて、人間の行動や反応であれ、社会の動きであれ、物質の変化であれ、ありとあらゆる生起が、条件があって起こっているんだなぁ……と、いかにもはっきりと分かってくる思いがするんですが、しかし、実際に自分自身の眼にそのように見えてくるかどうか。これは至難なことですね。

この悟りの境地は、やはり一人一人が自分で体験してみる以外、つかみようがないわけでしょうね。そこへ達するためには、たくさんの積み重ね――それを修行というのだと思いますが――それがあって、そのすべてが総合されて、あるときパッとひらめくように、それがやってくる。

そう考えてきますと、悟りというものほどロボットにとって苦手なものはないんじゃないか、という気がしてくるんです。悟りは電子頭脳ではいかんともしがたい、はるかかなたのことであるんです。

増谷　なるほど。そのへんのことをうかがってみますと、悟りというものの本質が、また別の角度から見えてくるかもしれませんね。

森　じつは、私どもが研究しておりますロボット工学の親類筋に当たる学問にアーティフィシャル・インテリジェンス（Artificial Intelligence　今日言うＡＩ）という部門がありまして、これが、いわゆる人工知能、つまり機械にどこまで知的作業をやらせられるか、という研究なんですが、直観のほうは、まだ、とても及びもつかないのです。

コンピュータが完全にこなせるのは、一つの原理をまったく論理的に推し広げて説明していく、いわゆる演繹《えんえき》の思考だけなんですね。ですから、コンピュータの生命は形式論理で、論理さえ明確であれば、すべてコンピュータにかかります。どんなに膨大なものでも、どんなに複雑なものでも、論理さえ明確になっていれば人間が及びもつかないような思考をして答えを弾き出します。

ところがこのコンピュータ、逆の帰納的な思考になると、からっきしダメなんです。たとえば、茶わんとボールとレコード盤を見せて、「これは形も材質もそれぞれ違うけれども、みんな円いものである」というように、ごく簡単な抽象をさせるのに膨大な操作が必要になります。

ところが、お釈迦さまの悟りは、この世界に存在するものは一つとして同じものはないけれども、そのすべての存在が、しかるべき条件があることによって生起しているのだ、というように、あらゆる存在に共通する本質を見とおしていくことですから、これ以上の抽象はないわけですね。とすると、コンピュータが悟りを開くということは、これはもう、気が遠くなるほど先の先のことであるといわねばならんのですね。

増谷　なるほど、そういう見方で、悟りの大切な側面が浮かび上がってきますね。

◆原因をあやまたずに見る難しさ

増谷　すべてのものは条件によって生起しているのだ、ということは、そう教えられてみれば、だれしも、「なるほど、そのとおりだなぁ」とうなずかされることであるわけです。私自身も、以前、うかつにも「そのとおりだ。言われてみれば当然すぎるほど当然のことだ。これで、この世界の本質が分かったぞ」などと考えたことがあったのですけども、この私みたいな考え方をして、お釈迦さまにそう申し上げて叱られたお弟子さんがいるんですよ。

それが、いつもお釈迦さまのお側に仕えておって多聞《たもん》第一といわれたアーナンダ（阿難）なんです。アーナンダが、あるときのこと、「すべてが縁によって生起しているということは、分かってみますと、いかにも簡単明瞭なことでございますね」と、お釈迦さまに申し上げた。すると、そのとき、お釈迦さまが「いや、アーナンダよ。そのように考えてはいけない。すべてが条件によって生起しているということを見るのは、これは、たいへん、難しいことなのだ」と、厳しくたしなめられたと経典に記されておるんです。

森　なるほど、そうですね。一般論として、「これがあるから、これが起こってきたんだ」という理論そのものは、簡単に分かりますね。しかし、いま、そこに起こっていることが、どういう条件によって起こってきたものであるのか、それを見定めるとなると、ごくささいな事件であっても、甲論乙駁《こうろんおつばく》、喧々囂々《けんけんごうごう》、互いに主張が違い、対立し合っているのが人間の社会ですから……、これは、難しいことですね。

増谷　たとえば十二因縁を例にとってみますと、起こってきている事実は老・死ですね。何ゆえに人間は老い、死んでいくという苦しみに遭わねばならんのかという、その条件として、ひょいと生が示されるわけです。何ゆえに老・死があるのか、それは生があるからだ、生きているから死んでいかなければならないのだ、という答えは、教えられてみれば、あまりにもあたりまえすぎる答えです。けれども、この答えを自分で考え出せる人が、どこにいるでしょうか。

お釈迦さまがアーナンダを戒められているのを見て、そのことにハッと気づかせられたんですよ。考えてみますと、十二因縁の、無明によって行があり、行によって識があり、識によって名色があり……というように、それがあることの条件をあやまたずにたどっていくのも、これはたいへんなことなのですね。条件は、そこに無数に存在しているように見えるわけですから……。

森　そのために、いざ苦に直面すると、私たちは、その苦の条件、その苦が何によって起こってきたものか見えなくなって、とにかく自分に都合のいい原因を探したがるわけですね。

自分にとって都合の悪いこと、たとえば、公害も、地震も、ロッキード事件も、みんな政治が悪いせいだ、あいつが悪いせいだと、よってきたる条件を外へ押しつけてしまう。そうすれば、自分は一見傷つかずに済むかもしれませんが、それでは苦しみはなくなりませんね。よってきたる条件を正しくとらえていないのですから……。そのため、苦しみから逃れようとして、自ら苦しみへ首を突っ込んでいってしまうんですね。

お釈迦さまが教えられたのは、それとまったく逆に、自分にとって不都合なこと、自分が苦しまねばならんことが起こったら、その原因のところに、いつも自分を置け。苦しみの本《もと》はいつも自分にあると受け止めていかねばならない、という教えであった。それが仏教であるわけですね。

◆人間として生存していることこそが苦

〈医師が病気を治すのには、まず何よりも病状を正しく見すえ、病気の原因は何であるのか、正しい判断が下されなければなりません。それと同じように、ただひたすら人間に背負わせられた苦しみから人々を解き放つ道を求められる釈尊は、その見開かれた眼をもって、人間の苦とは何であるのか、その原因はどこにあるのか、明らかに見とおされていったのでした〉

増谷　老・病・死の苦をはじめとして、われわれ人間の苦のすべては条件があって生ずるものであることを、しっかり見ていって、いったい、苦とは何であるのか、それが分かれば、その苦を滅する道はおのずから分かってくるわけです。「苦とは何ぞや？」という、その問いを、やはり一人の弟子が、お釈迦さまにお尋ねしているんですね。

それはラーダという比丘なんですが、このラーダは、たいへん質問好きな人物らしくて、しばしばお釈迦さまに質問をしておるんです。その問答が、阿含経《あごんきょう》の「羅陀相応《らだそうおう》」という品《ほん》になって集められていますが、「いかなるを苦となすや？」というラーダの問いに、お釈迦さまは、こうお答えになられているんです。

「ラーダよ。色《しき》は苦なり。受《じゅ》は苦なり。想《そう》は苦なり。行《ぎょう》は苦なり。識《しき》は苦なり」

色とは物質的要素、ここでは肉体のことですね。それから受とは感覚のこと、想は表象とか観念、行は意志、識は意識です。つまり、お釈迦さまは、人間を構成している五つの要素を挙げて、それが苦であるとされておられる。なぜならば、それらのすべては無常であるからなんですね。

森　なるほど。すべてが縁によって起こり、縁滅することによって滅するのであれば、すべてのものは一刻も同じ形であることはない。すべては時々刻々に変化し続けているのに、それを変化しないように考える、そのことの中に苦があるわけですね。

増谷　はい。それこそ、お釈迦さまが苦と考えられたものであるのですね。

あるとき、お釈迦さまの第一の弟子であったサーリプッタ（舎利弗《しゃりほつ》）のところへ、外道《げどう》の思想家ジャンプカーダカ（閻浮車）という人が訪ねてきて、お釈迦さまの教えの基本的な問題について質問してきたんですが、その問答の一つに、「釈尊がいわれる苦とは何であるのか？」という問いがあったのです。その問いに対してサーリプッタは、こう答えているんです。「友よ。苦とは次の三つ――苦苦《くく》と壊苦《えく》と行苦《ぎょうく》とである」

苦苦というは、激しい暑さ寒さ、飢えや渇《かつ》え、痛み・かゆみ……といった外的・内的条件による苦痛のことです。

次の壊苦というのは、楽しい境地が壊れていくことから生ずる苦。富や権力をほしいままにしていても、いつしか衰え傾いていかねばならないという苦。花の盛りと容色を誇っていたのに、やがて萎《な》え、散っていかねばならぬことから生まれてくる苦。楽しい境遇にはだれしも愛著《あいじゃく》しますから、それが失われ、壊れていくとき苦が生じてくるわけですね。

そして三番目の行苦というのは、すべてがうつろいゆくことから生まれる苦です。青年も年ごとに老いていかなければならない。生きてあるものは必ず死ななければならない。生・老・病・死は、まさにこの行苦であるわけです。

森　それらの苦も、すべてが縁生である。条件があって生じているものであるから、その条件がなくなれば、すべての苦はなくなるわけですね。

増谷　そうなんですが、この三つの苦の中でいちばん難しいのが行苦ですね。万物はうつろいゆく。一切のものは流れてゆく。「パンタ・レイ!」（万物流転）ですね。それを、どうやって抑えるのかが難しい。理屈として、すべてのものはうつろいゆくものであり、すべては流れてゆくものであるということは知っている。頭では理解できておるのですが、なかなか、それに執着せずにおられないんですね。

◆区別のない自他を分けて見る苦

森　すべてのものは条件によって起こり、条件なきによってない、という存在の本質から、すべてのものはうつろいゆく無常のものであり、われわれ自身も、そういう無常なる存在以外の何ものでもないがゆえに苦を背負ったものである、ということになるわけでございますね。

そういう存在であるわれわれを、さらに、もう一つの面から見てみますと、すべてが条件によって存在しているものであり、その条件がなくなれば存在しえない。つまり、無我の存在であるがゆえに、われわれは苦を背負った存在である、といえるのではないかと思うのですが……。

増谷　そのとおりなんです。無我という言葉は、我というものはないということです。そのことを、お釈迦さまは次のように教えられるのです。

まず、我所《がしょ》というものはない。我所とは我所有、〝わがもの〟ということです。我が所有しているなどというものはありえない。死んだあと自分で持っていけるものなどあるはずがないのだ、ということになりますね。

次に、我我《がが》というものはない。この我我とは、絶対的な、永遠に不変の我といったようなものです。当時のインドでは、そういう永久に変わらずにいる自己というものがあると考える思想家が多かったのですが、そういう絶対的・無制約的な自己というものはない、とお釈迦さまは否定されておられる。

次に、我体《がたい》というものはない。我体とは我の本体のことで、死んだのちにもなお残る我――霊魂といったものはありえない、と否定されているのです。

この無我こそお釈迦さまの人間観の根本だったのです。

森 そこのところが、ロボットの研究をやっておりますと、じつによく見えてくるのです。ロボットは、いうまでもないことですが、電気や機械の部品をたくさん組み合わせて造ります。トランジスタだとか、ICだとか、スイッチだとか、電池だとか……。それからモーター、シリンダー、歯車、ねじ……というように膨大な種類、膨大な数の部品を集めます。

ところが、これらの部品をバラしていってみますと、銅、鉄、アルミニウム、鉛、炭素、水素……といった、わずかな種類の元素になってしまうわけですね。このバラバラにされた元素の状態では、どこの原子を取り上げてみても、まったく同じ鉄の原子、銅の原子で、区別はありません。つまり「一様」の状態で、この状態のときには「おれ」だとか「おまえ」といった観念は生まれようがないんですね。

ところが、この「一様」の状態が次第に崩れていって、ある部分は原子が濃く集まり、他の部分は薄くなってその差がだんだん激しくなり、ついには、その濃い部分が植物になり、人間になり、ロボットになります。残った薄いところは空気や水になっていく。すると、これまで元素の段階では「おれ」「おまえ」などという観念がまったくなかったのに、その集まりの密度が際立って大きくなると、その部分が「おれ」「おまえ」と自他を区別する観念を持ち始めてくるんです。

つまり、密度の際立って濃い部分が自意識を持って、他の部分との間に一線を引いて自他を区別する、これが我の観念ですね。そして、この線の内側のものは自分のものと感じて大切に大切にするけれども、線の外側のものは他のものだと考えて粗末にするようになってしまうのです。ところが、これが大間違いなんですね。自分などというものは、宇宙の中で元素の密度が相対的に濃くなった部分であるというのにすぎず、それは自分を取り囲んでいるすべてのものと繋がっていて、しかも、その内も外も、同じ科学の法則にのっとって存在しているわけです。そのことに気づかずに、自分だけを大切にしようと考える、その心が苦の原因ですね。

◆真理にのっとって欲望に逆らって立つ

増谷　その間違った我の観念から欲望が生まれてくるんですが、その欲望について、お釈迦さまは、これもまた三つに分けて説かれているのです。欲愛——これは自分を拡張したいという欲望、性欲がこれです。有愛《うあい》——これは生存欲のこと、いつまでも生きたいという欲望です。無有愛——これは果てしない名誉欲や競争心です。すなわち、生に対する渇愛《かつあい》、所有に対する貪欲《とんよく》、権勢に対する激情、それが苦のよって生ずる本であるとお釈迦さまは教えられるのですね。

森　そうしますと、苦の本質は、つまりは矛盾であるといっていいんじゃないでしょうか。AとB

の両方を欲しているのに、Aならんと欲すればBならず、Bならんと欲すればAならずで苦しむ……。

増谷　そういう意味で、苦とは、思うとおりにならないことですね。いつまでも生きていたいと切に願うのに、あっという間に老いが、死が迫ってくる。より豊かな所有を願うのに、求めても得られない。

ですから、あまりにも激しい欲望こそ苦の原因であるのであって、それさえ滅すれば苦はなくなる。しかし、そのことは、私たち人間の願いと一致しないのですね。そのために、人はなかなか、その欲望を捨てることをがえんじない。

森　その、人間が最も強く欲する願いの中にこそ苦の原因がひそんでおり、その人間の常の願いに逆行する中にこそ平安があるのだという発見、お釈迦さまの悟りの偉大さは、そこにあったわけですね。

増谷　私が考えますのに、お釈迦さまが七年にわたる求道《ぐどう》によって得られた悟りとは人間の欲望を映し出す鏡だったといってもいいと思うのです。

私ども人間は、ありとあらゆる欲望を持っております。うまいものを食べたいと願う。きれいな着物を着、豪華な家に住みたいと願う。異性にひかれ、金銭をむさぼり、名誉・権勢を求めて飽くことがない……というように、人間の欲望には限りがありません。

その欲望に引きずられて幾度も幾度も痛い思いをしているのに、なおも、そこへ引きずられていってしまう。ふつうの手段ではダメだとなると、信仰さえも、その欲望を満たす手段にしようとするのが、お釈迦さまが世にあられた当時も、また現代も変わらぬ人間であるわけです。神さまにすがってでも、商売繁盛を願い、立身出世したいと必死になる、その自分の欲望こそが苦しみをつくっているのを見ようとしたがらないんですね。

それに対して、お釈迦さまは、この人間の願望、世の人々の流れに敢然《かんぜん》として逆らって立つこと以外には真の自己は実現できず、人間の真の自由は約束されないのだ、と悟られ、「あなたたちも、この道によるがよい」と呼びかけられた。これが仏教というものなのですね。

森 お釈迦さまが、ついに明らかに見られたこの世界の実相、人間の本質についての洞察によって初めて、そのように矛盾に満ち、自らを苦しみの中に閉じ込めているわれわれ人間の救済が約束されたといっていいわけですね。

仏教の最大の要《かなめ》であるお釈迦さまのお悟りの内容につきまして、大変適切なご教示を頂きまして、ありがとうございました。

＊ この第六話は、十二縁起がかなりの部分を占めていますが、その十二縁起はじつに難解な教義だと思います。後に第十一話と第十二話で、お話を伺う平川彰先生は、先生の集大成、『法と縁起』（平川彰著作集、第一巻、春秋社）四三一頁には、「無明」を発見するのに、このような十二支の順序をたどることが、どうして必要であったのか、……むしろ「五支縁起」の渇愛から、直ちに無明に至ってもよいように思うので

ある。……その意味で、十二縁起はきわめて難解な教理と言わねばならない。……と、書いておられます。

仏教の大学者さえこのように思われるのですから、私などが難しいと思うのは、当然でしょう。

第七話

この世のすべての人々のために
法を説く決意

ゲスト――水野弘元（駒澤大学副学長）

ゲスト
水野弘元（みずの・こうげん）

一九〇一年—二〇〇六年。佐賀県に生まれる。東京大学文学部印度哲学梵文学科卒業。文学博士。駒澤大学教授、東京大学教授、駒澤大学総長などを歴任する。著書に『釈尊の生涯』『仏教要語の基礎知識』『水野弘元著作選集（全三巻）』（いずれも春秋社）ほか多数ある。

童子敬白

仏教はお釈迦さまの悟りによって成立した。だが、もしお釈迦さまが、その悟りの内容をご自分の胸中にしまっておかれたとしたら、人類にとって仏教による救いはありえなかっただろう。しかも、お釈迦さまは最初、ご自分の悟りを人々に説くことをためらわれたのだった。そのお釈迦さまに、教えを説くことを決意させたものは何であったのだろうか……。

◆世の流れに逆う法を説いても

〈悟りを開いて仏陀となられた釈尊は、ついに自らの理想に達することができた喜びをかみしめられながら、ネーランジャラー河のほとりの菩提樹《ぼだいじゅ》の下にお座りになり瞑想にふけられていました。

最初の七日間は、老・病・死の苦がどのようにして生じ、どのようにして滅するかについて思いめぐらし続けられました。そして七日が過ぎると、釈尊はその座から立たれ、アジャパーラニグローダ樹の下に移られて、また瞑想を続けられました。そうして第二の七日間が過ぎると、釈尊はさらにムチャリンダ樹の下に座を変えられて七日を過ごされ、次の七日間をさらにラージャーヤタナ樹の下に座を移されて座られ、そして再びアジャパーラニグローダ樹の下に移られて瞑想を続けられているときでした。釈尊のお心に、ふっとこんな思いがわき起こってきたのでした。

〈「困苦して私が悟ったものを、どうして迷いの中にいる世の人々に説かねばならないのであろうか。欲と貪《むさぼ》りと闇に閉ざされた人々は、この法をとても見ることができないであろう」……〉

森 政弘 お悟りを開かれたあと、お釈迦さまが、こちらの菩提樹の下で一週間、あちらのアジャパーラニグローダ樹の下で一週間、ムチャリンダ樹の下で一週間というように、次々に場所を移されて瞑想にふけられたのは、悟りの内容について思いめぐらされるためだったわけでしょうね。

水野弘元 まず最初の一週間は、菩提樹の下で自分の悟りについて観察されておったんでしょう。二週間目、三週間目は、その悟りの内容について反芻《はんすう》された……。

森 お釈迦さまの深い深いみ心を少しでも拝察してみたいという気持ちに駆られるのですが、そのときに、いわゆる「これがあるがゆえに、かれがあり、これがないことによって、かれがない」という縁起の法則を、さまざまな事象に当てはめて考えてみられたんでしょうか。

水野 そうだと思います。そして四週間目にラージャーヤタナ樹の下に座っておられたときに二人の商人が、釈尊が瞑想にふけっておられる前を通りかかって、食べ物を差し上げるのです。釈尊は、その商人のささげる食を受けられた。そのとき、この二人の商人は釈尊に帰依して信者になったと伝えられておりますね。

森 「自分の悟りを説くべきか否か」と、お迷いになられたのは、その後のことになるわけですね。お釈迦さまが、なぜ、そんなふうにためらわれたのかですけども……。たとえば、当時、インドにはさまざまな思想家や宗教者がおって、瞑想を行じ、苦行を行なって、ある程度の境地に達した人が、かなりおったわけですね。そういう人たちの場合は、自分の達することができた境地を人々に説いておったのでしょうか。そういうとき、「説くべきか説かずにおくべきか」ということが常に問題になったんでしょうか。

水野　釈尊がお悟りを開かれた当時は、さまざまな師がおってその人たちは自分の弟子に対しては説いておったでしょうね。もともとインドでは正統バラモンの教えが長く続いてきたのですが、このバラモン教の奥義書とされていた「ウパニシャド」というのは、自分と弟子とがすぐ近くに相対して座るという意味なのです。師と弟子が二人だけで相対して秘密に法を伝える、一般の人々に広く公開しない、という風習があったのです。

しかし、この正統バラモンに対して非正統派に当たる沙門《しゃもん》と呼ばれる人たちは、二百人から三百人、五百人くらいまでの弟子を集めておって、この弟子に対しては法を説いていたようですね。それでも、一般の人たちに積極的に布教することはなかったと思います。

森　お釈迦さまの場合も、通りかかって食事をささげた二人の商人が帰依して、いわゆる在俗の信者になることを申し出ているのですから、そのとき、いくらか教えをお説きになられたのではなかったかと考えるのですが。教えを求めてくる人があれば説かれただろうけども、広く一般の人々への布教はためらわれた、ということであったようにも思うのですが。

水野　そのほかにも、いわゆる初転法輪の説法をされる前に、食をささげたスジャーターやセーナというような女の人たちも、釈尊に帰依して在俗の信者になったと伝えられているんですが、その人たちに釈尊が法を説かれたかどうかハッキリしておりません。

きっと釈尊の神々しいお姿に打たれて帰依したのではなかったでしょうか。いくらか法を説かれたにしても、ごく分かりやすいたとえ程度だったでしょうね。はじめから高度な教えは説かれなかったでしょう。

森　むしろ、そうして帰依する人が出てきたことによって、この法を説くべきか否か、改めて問い直されたということもあったんでしょうか。

水野　そうかもしれません。ところが、自分の悟った縁起の道理というものを人に伝えられるだろうかと考えてみると、それは、とても不可能なこととしか考えられなかったのですね。「自分が悟ったこの法は、きわめて奥深くて、見がたく、理解しがたく、人々のふつうの思惟《しゆい》では、とても考え及ばない。よほどの知者のみが理解できるものなのだ。ところが、この世の人々はといえば、執着を楽しみ、執着を喜び、我執に満ちている。この人たちに、私が悟った縁起の道理を説いてみたところで理解のしようもないであろう。はじめから人々に理解できないと分かっているものを、いかに努力して説いてみたところでそれは徒労に終わるだけだ。私は疲れ果ててしまうだろう」

このように考えられたと経典は伝えています。

◆空理の実体論とは次元の違う縁起観

森　「これがあることによって、かれがあり、これが滅することによって、かれが滅する」という道理は、科学の時代の今日では、言葉としては容易に理解できるようであるけども、じつは、お釈迦さまであってすら、その真の意味を人に伝えることは、とても不可能だと思い悩まれるほど、深遠な境地であったわけですね。事実、文化の進んだ今日においても、これとあれの間が少し遠くなると、その因果関係はつかめないことが非常に多いわけです。

お釈迦さまの場合、太子の位を捨てて出家をされたのは、老・病・死の苦を背負った人間が、いかにしてその苦しみから解放されるか、その解決を見いださんがためであり、その苦を滅する道を、ついにお悟りになられたわけですね。けれども、それを自分の身近にいる人に、時に応じて説き聞かせるということと、その真理を広く世の人々に説き示して救いをもたらしていこうと考えられることとの間には、当時のインドの社会においては、ものすごく大きなギャップが横たわっておったんでしょうね。

しかも、その釈尊の悟られた真理そのものが、当時の思想家、宗教家が考えていたものとは、かなり違ったものであったようにも思えるんですが……。

水野　それも一因ですね。釈尊の悟りは、まさに、いまだかつてだれもが説いたことのないもので、当時の哲学者や宗教家の説くものとは、まったく異質のものだったのです。

お釈迦さまの立場は、存在するものはすべて生滅変化するもの（諸行無常《しょぎょうむじょう》）であり、絶対に変わることのない本体というような存在はない（諸法無我《しょほうむが》）ということが出発点になっているわけです。

ところが、当時の思想家、宗教家であるバラモン・沙門の考え方は、たとえば、この宇宙・人生には、それを創造し支配する最高の神がおり、この世界の働きは、宇宙、自然から、社会・人生に至るまで、この永遠不変で全知全能の神の意志によって左右されている、という考え方であったのです。人間についても、心の奥に、こういう神の分身として永遠不変の実体であるアートマンというものが存在しているのだ、というような考え方が主流をなしていたんですね。

つまり、当時のインドの思想家や宗教家は、実体とは何であるのか、どのような実体が存在しているのかといった実体論ばかりやっておったわけです。ところが、それに対して釈尊は、そのような実体というものは、われわれの認識能力では認識することができないし、存在するのかしないのかすらも証明できない。そういう証明できないものについて、あれこれ論ずるのは独断にすぎない。永遠不変の本体というようなものは、われわれの運命とはまったく無関係であるし、また、われわれが苦しみ悩み、そして、そこから解脱していけるかどうかということとは、まったく関係がないことである。

知らねばならぬことは、存在するものが、どのようなあり方で生滅変化しているか、そこでどのようにあるのが最も理想的なあり方であるかを探ることであるはずだ……というのが、釈尊の立場、考え方であったんですね。

森　そういうところが、現代の私どもも非常に陥りやすいところなんですが、いってみれば、当時の学者・宗教家が空理空論をもてあそんでおったのに対し、そのようなものは問題とされず、有効に苦を断じる道へ向かわれたのが釈尊の悟られた内容だったのですね。

水野　架空のことを論じているから、正反対の、まったく相矛盾する学説が、平気で飛び出してきておったんですよ。

神の懇請を受けて人々のために

森　かなり学問を究め、修行を積んだ人が、そういう状態だったわけですから、自分の悟りの内容が一般世間の人々に理解できるはずがない、とお釈迦さまがお考えになられたのも無理はなかったのでしょうね。けれども、もし、そこでお釈迦さまが悟られたこの世界のあり方を自分一人の胸にしまい込まれて、そのまま、この世間から隠遁《いんとん》されてしまわれたら、仏教の救いはついに人類のものとはならなかった。もちろん、いま、われわれがその救いの縁に繋がるなどということも不可能であったはずなんですが、そこで梵天《ぼんてん》が現れてお釈迦さまに法をお説き下さるようにとお願いすることになるのですね。

水野　梵天といいますのは、当時のインドの最高の神なのです。宇宙・世界を創り出す創造主であり、われわれ人間の運命もすべてこの梵天によって支配されていると考えられておったのです。

森　その宇宙の最高の神が現れて、釈尊が悟られた法を説いてほしいと請われるのですね。それは、お釈迦さまの心の中に、たくさんの人々が私に法を説いてほしいと願っているのだ、という思いがわき起こってきたことのあらわれ、と解釈してよろしいのでしょうか。

水野　この、だれもがまだ知ることのない法を、どうしても人々に説かねばならないという気持ちが、釈尊のお心にふつふつとわき起こってきたのでしょうね。と同時に、実際に釈尊の目は梵天の姿を見られたのかもしれません。そこに、だれかほかの人がおったとしても見えなかったでしょうが、釈尊にはハッキリ見えたのかもしれません。

のちに釈尊が入滅される直前のことでしたが、自分の前に立って仰ぎ見ているウパヴァーナという弟子に対して、「私の前に立ってはならぬ。去れ！」と厳しく命じられたことがあったんです。いつにない厳しいお言葉だったので、後になって従者のアーナンダが、そのことについてお尋ねすると、釈尊は、「四方から神々が仏の最期に会いに集まってきているのに、ウパヴァーナが私の前に立ちはだかっているために神々が仏を見ることができないからだ」と答えられたといいます。ですから、このときも、あるいは梵天の姿を見、声を聞かれて問答されたのかもしれません。弟子やほかの人に見えない神が、釈尊のように高い精神統一が可能な人には明瞭に見えるということもあるのですね。

さてその梵天が、釈尊のお心に法を説くことをためらう気持ちがわいたことを知って、こう考えるのです。

「悟りを開いた仏陀が、ただ座り続けるだけで法を説こうとしないのでは、この世界は滅びてしまうであろう」

そこで、梵天は、またたく間に釈尊の前に姿を現して、こうお願いするんです。

「どうぞ法をお説き下さい。この世の人々の中には、煩悩《ぼんのう》の汚れの少ない者がおります。この者たちが、もし法を聴かないままでいるならば堕落してしまうでしょうが、もし法を聴くことができれば、必ず、その法を理解する者となるでありましょう」と。

それに対して、釈尊は、こう梵天に告げて言われた。

「梵天よ。私が悟った縁起の法は非常に分かりにくく、また、涅槃《ねはん》の法も見にくいものである。このような法を私は人に説こうとは考えない。黙してそのまま過ごしてしまおうと思う」

すると梵天は再び懇願し、釈尊は再び拒まれる。そして梵天が三たび懇願したとき、釈尊は、仏眼をもって世間を観察されて、この世に、さまざまな人がいることをその仏眼をもってこう見とおされた、と経典は伝えています。

「そこには、煩悩の少ない者、多い者、智慧のすぐれた者、鈍い者、善い行ないの者、悪い行ないの者……さまざまな者があった。それはあたかも蓮《はす》の池に、青い蓮、赤い蓮、白い蓮があり、ある蓮はまだ水の中に没し、ある蓮は水中からつぼみを出し、ある蓮は見事に花を咲かせているようであった……」

このように世にはさまざまな人々がいることを見てとられ、そこで釈尊はついに「自分の悟った法をこの世の人々に説くであろう」と梵天に約束されたのですね。

森　テレビなどで解説したときよく感じるのですが、分かりやすい科学上のことでも、説明を誤って受け取られますと、非常に危険なことがよくあるんです。当時のインドでは、それはまさに大変な決断であったでしょうね。これまで長い間、法というものは、ごく限られた弟子にしか伝えてはならないものだとされていた、その考え方を根本から変えるものだったわけですから……。

◆最初の説法のために選ばれた人々

〈こうして、ついにご自身が悟られた縁起の法を人々に説き広めようと決意された釈尊は、「では、この法を、だれがよく理解してくれる者となるのであろうか」と思いめぐらされたのでした。

まず、かつて自分が師として禅定を学んだアーラーラ・カーラーマとウッダカ・ラーマプッタを思い浮かべ、「あの師たちならば、私の悟りの内容を理解してくれるであろう」と考えられました。

しかし、その釈尊に、ある神の声が「その二人の者は、すでにこの世にはない」と教えました。

釈尊は、再び「では、だれが、この法をすみやかに理解する者であるのであろうか」と考えられて、そして、かつて自分が苦行をしたとき、自分について世話をしてくれた五人の修行者のことを思いつかれたのでした。「私は最初に、あの五人の修行者に法を説こう」と考えられた釈尊は、そ

の五人の修行者がカーシーのベナレスにいることを知って、ベナレスの地めざして旅立たれたのでした〉

森　五人の修行者といいますのは、お釈迦さまが、六年間にわたって、ものすごい苦行を続けておられたとき、「この人は必ず悟りを開くであろう」と期待して、ずっと一緒につき従っていた人たちですね。

水野　コーンダンニャ、バッディヤ、ワッパ、マハーナーマ、アッサジの五人です。ところが、釈尊が、苦行によって私の理想は達成されない、と苦行をやめてスジャーターという村娘のささげる乳がゆを飲まれたのを見て、この五人の修行者は、「ゴータマは、堕落してしまった。このようなゴータマについていってもしょうがない。自分たちだけで修行しよう」と釈尊から離れて、カーシー地方のベナレスの鹿野苑《ろくやおん》で修行しておった。この地は昔から仙人たちが集まって修行する場所だったらしいですね。

森　お釈迦さまが悟りを開かれたネーランジャラー河のほとりの菩提樹下から、そのベナレスまでは、二百五十キロメートルほどの距離だそうですね。東京—名古屋間が三百五十キロメートルですから、東京—浜松間くらいの距離に当たるわけですが、その間を托鉢《たくはつ》をされながら徒歩で歩いていかれたんでしょうか。

水野　釈尊がお悟りを開かれた地であるブッダガヤー付近を流れているネーランジャラー河という

てこのはガンジス河の支流で、ガンジス河の南側に位置しております。ベナレスの鹿野苑はガンジス河の北側にありますから、どこかでガンジス河を渡られたわけですが、ガンジス河のどっち側をどうお歩きになられ、どのへんでガンジス河を渡られたのか、そのへんのことは経典には記されておりません。

ただ、その旅の途中で、おそらく河の南側だったろうと思われますが、ウパカという外道の修行者に会われたことが記録に残っています。そのとき、釈尊のお姿があまりにも神々しいものですから、ウパカは、こう尋ねるのです。「あなたの五官は非常に清く澄んでいる。あなたの皮膚の色も清く輝いている。あなたは誰について出家され、誰を師として、誰の教えを信奉しておられるのですか」。

すると、そのウパカの問いに、釈尊はこう答えられた。「私は自ら悟りを開いたので、師と呼ぶべき人はいない。この人間世界、天の世界で私に比ぶべきものは一人もいない。私は完全な悟りを開いて身心ともに清らかで静かであり、この教えを説くためにカーシーの都へ行くのである」……と。

この釈尊のお言葉が、のちに「天上天下唯我独尊《てんじょうてんげゆいがどくそん》」というお言葉になったのですが、その威厳に満ちた釈尊のお言葉に、ウパカは、「あなたは最高の勝利者でありましょう」と申し上げた。それに対して釈尊は、「だれでも心の障害を除き尽くせば、自分と同じ勝利者になるであろう」と教えられ、このウパカも、のちに仏弟子になったと伝えられております。

◆仏陀を〝君よ〟と呼んではならぬ

森　そのときの釈尊のお姿は、よほど威厳のあるものだったのでございましょうね。法というものは、理論的に説かれ、それを完全に理解しなければ悟れないものでしょうけども、同時に、説く人の顔つき、態度、言葉といった、その人が醸し出すムードも大きな説得力をもつものと考えます。それが、五人の修行者に最初に法を説かれるときにも、決定的な力になったように思うのですが……。

水野　そうなんですよ。釈尊が遊行《ゆぎょう》されてついにカーシーの国へ入り、鹿野苑に近づいていかれると、遠くからその姿を認めた五人の修行者たちが、互いにこう約束するのです。

「あそこにくるのは沙門のゴータマだ。彼はぜいたくに陥って修行を捨て去った者だ。われわれは、彼に対して礼をしたり、立って出迎えたり、彼の衣服や鉢《はち》を受け取ったりしてはならない。ただ座席だけ設けてやろう。ゴータマが座りたければ座っていい」

森　五人の修行者のほうは、お釈迦さまが最高の悟りを開いて、仏陀になられたなどとは、まだ夢にも知らないわけですからね。

水野　はい。ところが、そう互いに約束していたのにもかかわらず、いよいよ釈尊が彼らのところへ近づいていかれると、彼らはじっとしていることができないんです。

ある者は自然に立ち上がって出迎え、ある者は衣や鉢を受け取り、ある者は足を洗うための水を汲んでくる……。

森　お釈迦さまの全身から、醸し出されるものが、そうさせてしまったのでしょうね。頭のほうで否定しても、体が自然に動いてしまうという感じなんでしょうね。

水野　ですからね。心の中では一生懸命、釈尊のことを軽蔑しなければならないと考えているものだから、釈尊を呼ぶのに、「ボウ、ゴータマよ」という言葉をもってした。

この「ボウ」とは自分の同輩か、それ以下の人に呼びかけるときの言葉で、日本語でいえば「きみ」に当たる言葉ですね。すると釈尊は、

「比丘《びく》らよ、おまえたちは如来を呼ぶのに「ボウ」というような言葉をもってしてはならない。比丘らよ、よく聞くがいい。私は最高の悟りを開いて仏陀となったものである。私はいま、そなたたちに私が悟った法を説く。その教えをよく聞き、その教えのとおりに実践するならば、出家の目的である最高の悟りを必ず得ることができるであろう」

と、毅然として説かれた。けれども、それでも、五人の修行者のほうは、まだ素直に受け入れられない。

「ゴータマよ。あなたは、あれほどの苦行をもってしてすら悟りを開くことができなかったではないか。いま、さらに堕落してぜいたくに陥っていて、どうして悟りが得られるのであろうか」

と釈尊の言葉を信用しないのです。

そこで釈尊は、さらに言葉をはげまして、五人にこう教えられた。

「私はぜいたくに陥っているのではない。精進努力を放棄したのでもない。よく聞くがよい。私は悟りを開いて仏陀となったのだ。自分は涅槃を得た者である。だから私の説く法のとおりに実践すれば、必ずそなたたちも悟りに達することができるのである」……。

◆努力して積み上げたものを捨てる勇気

森　そこが頭の切り替えの問題なんですね。われわれのような、創造工学、ロボット工学というものをやっております者も、新しい機械を造り出すとか、実験をやって新しい法則を発見していくという場合に、常に、その問題が起こってくるわけです。

人間というものは、自分が考え、研究し、努力している、その延長線上にのみ解決があると思い詰めてしまうのですね。その線の上で、自分はまだ努力が足りないから解決が得られないのだ、と考えて馬車馬のようにつき進み、解決に到達しようと力んでしまう。それが、私たちの日常生活のいたるところ、社会生活のいたるところで衝突を引き起こす原因になっているんではなかろうか、と考えるんです。

じつは、自分がこの方向だと思い込み、努力している線上には解決がなく、まったく違った方向に解決があるといったことがしばしばあるわけでございますね。けれども、これまでの自分の考え方、努力してきた一切を捨てて、まったく違った考え方に素直に耳を傾けるということは、よほどの勇気、よほどの心の柔軟性がないとできない。お釈迦さまが苦行を捨てられたことの真の価値も、そこにあったんではなかったでしょうか。

水野　そこを分からせるのが大変なんですなぁ。五比丘はどうしても分かろうとしない。そこで、釈尊はこういわれるんです。

「おまえたちは、今より以前に、私がこのように自信を持ち、威厳をもって説くのを聞いたことがあるであろうか。比丘らよ、私は悟った者、仏陀なのである」

その、毅然たる態度、威厳に満ちた言葉によってはじめて、五人の比丘は心から釈尊の言葉に耳を傾ける気持ちになるのですね。

森　そして、そこではじめて法が説かれ、この初転法輪によって、はじめて仏教が仏教として成立したといってもいいわけでございますね。まさに人類の歴史の偉大な一瞬がはじまるわけですが、それは、次回におうかがいすることにしたいと存じます。ありがとうございました。

＊　一四〇頁の後ろから二行目に、「だれでも心の障害を除き尽くせば、自分と同じ勝利者になるであろう」という釈尊のお言葉がありますが、これは、仏教では修行して条件が整えば、だれでも仏になる（つまり悟る）ことができる、とおっしゃっておられると考えてよいと思います。人間は絶対に神にはなれないと言う宗教がある中で、この点も、仏教の大きな暖かい特徴ではないでしょうか。

第八話 苦行をともにした五人の比丘たちへの初転法輪

ゲスト——水野弘元（駒澤大学副学長）

童子敬白

お釈迦さまのご生涯で最も重要な四つのこと――仏の四大事として、お釈迦さまがこの世にお生まれになられた誕生、八十歳で涅槃《ねはん》に入られたご入滅、そして、お悟りを開かれた成道《じょうどう》、さらにもう一つ、最初に説法をされた初転法輪《しょてんぼうりん》が挙げられている。

「いまだかつて悟った者がいないこの悟りを人々に説いても、だれも分かってはくれないであろう」と、いちど思い諦められたお釈迦さまが、その悟りを、どのように人々に説き出されたのだろうか……。

◆理想に達するために中道を歩め

〈ベナレスは、当時の宗教者にとっての聖地で、その郊外の鹿野苑《ろくやおん》には多くの修行者たちが集っていましたが、釈尊が自分の悟りを最初に説こうとお心に決められて、はるばると訪ねていかれた、かつて苦行を共にした五人の比丘《びく》たちも、その修行者たちの仲間に加わっていたのでした。

釈尊は、五人の比丘たちに、こう語りかけられました。

「私はすでに最高の悟りを得た。不死に到達した。そなたたちは私の悟った法を聞くがよい。そして、その教えのとおりに実践するならば、そなたたちも、出家の目的である最高の悟りを、必ず、この世において、自分の身に完成することができるであろう」

　しかし、五人の比丘たちは最初は素直に耳を傾けようとしません。釈尊は三たび同じ言葉をくり返され、次のような自信に満ちたお言葉で呼びかけられたのです。

「比丘たちよ、そなたたちは私が以前に、このように自信をもって説くのを聞いたことがあるだろうか」

　その釈尊の威厳に満ちたお言葉に、五人の比丘たちもついに耳を傾ける気持ちになったとき、釈尊はご自分の悟りについて、こう説きはじめられたのでした。

「修行者たちよ、出家して道を求める者が従ってはならない二つの極端がある。その二つの極端は何であるか。一つは、さまざまな欲望にふけることであり、そして、もう一つは、身を苦しめる苦行に専念することである。私はこの二つの極端を離れて、智慧の眼を開くことができ、人々を安らぎと静けさと英知に満ちた涅槃の理想の境地に至らせる中道を体得したのである」〉

森　政弘　いよいよ人類の歴史に仏教の教えが誕生する最初の説法が始まるわけでございますね。そこでお釈迦さまは、まず、五人の比丘が「苦行を捨てて、ぜいたくに走ってしまったゴータマの説くことなど聞けるものか」と、かたくなに心を閉ざしている、その心を解きほぐされることから始められておりますね。私ども、大学で学生に教えている者にとって、この初転法輪の入り方に、とても感心させられるのです。

学生のほうに教授の話を聞こうとする心が起こってこなくちゃ、どんなに高邁《こうまい》な教えを説いても、それは何の役にも立たないわけです。ですから、まず教授自身が学生に信頼されるだけの何ものかを——言葉では言いにくいのですが、あえて言うならば、重みと深さと親愛と厳しさとが総合されたような魅力をもたなくちゃならない。それだけの人格を具《そな》えなくちゃ教師とはいえないということを、お釈迦さまは教えられているように思うんです。

そこで、まず中道から説きはじめられたわけですか。

水野弘元　そう、まず中道から説きはじめられました。というのは、五人の比丘は、釈尊のことを苦行を捨てて、ぜいたくに陥ったとばかり思い込んでおるわけでしょう。その比丘たちの心を見とおされて、その誤解を解きながら、自分がどのようにして悟りに至ったか、それを具体的に示しながら悟りの内容について説かれていかれたんですね。

「そなたたちは間違った考えにとらわれてしまっている。私は六年もの間、苦行に打ち込んできたけれども、それは極端な道であって、本当の理想へ到達するための道ではなかった。そこで私が苦行をやめてしまったのを見て、そなたたちは私が自分の欲望のままに従う生活に戻ってしまったように考えているけれども、もちろん、それも理想への道であるはずがない。そのいずれの極端にも偏らない中道にあるのだ」

と説かれるのです。本当の涅槃を得る道は、この中道しかないのだと示されたのですね。

◆二つの極端を超えた〝第三の立場〟

森　その中道というものが難しいですね。簡単に受け取ると、両極端を離れてほどほどにすることを中道のように考えてしまうのですが、中道とは、そんな簡単なものではありませんね。

たとえば、子どもを教育するのに、親や先生が「中道が大切だ。極端になってはいけないんだ」というんで、厳しく叱りもしなければ、ほめもしない。それで子どもが健全に育っていくかというと、そうはいきません。叱るべきところでは厳しく叱り、ほめるべきところでは、心からほめてやらなければならない。それが中道なわけですね。

私たちが中道について誤解しがちなのは、中道を一次元で考えてしまうためのように思うのです。そうでなくて、両端を踏まえながら、そこから一段階高次なものへ高めていく、アウフヘーベン（止揚《しよう》）していく道——それがお釈迦さまが示された中道の教えではなかろうかと考えるのですけども……。

水野　そうなんです。次元が違っていくんです。私たちは、ものごとを並べて見たり、比較してみたりするとき、つい一次元的に見てしまうんですが、仏教では、段々と次元が変わっていくのです。形式論理学的な見方でみると、矛盾とされてしまうようなこと、どうも意味がとらえきれない、といったところが出てくるのはそのためです。空《くう》の思想がその典型ですね。

中道というのも、二つの極端を超えた第三の立場、より高い立場なのですね。

森　中道の「中」という字を、うっかり中間だとか、平均値というように解釈してしまいがちですが、たとえば「忠」という字の解説では、「中」は矢が的《まと》に的中したことであって、心に矢が的中するのが「忠」という字の意味だといいます。中道とは〝中間の道〟でなく、〝的中した道〟なんですね。真の平安に至るために、すべての人がよらなければならない道……。

水野　ですから、中道とは即八正道なのです。釈尊は、「私は八正道という中道を実践したことによって悟りを開き、仏陀となったのである」と説き示されたわけですね。

◆苦を滅するための四つの真理

〈釈尊は、五人の比丘に対して、さらに、こう説きすすめられました。

「比丘たちよ、中道とは何であるか。それは〝聖なる八支の聖道〟なのである。すなわち、正しい見解、正しい意志、正しい言葉、正しい行為、正しい生活、正しい努力、正しい思い、正しい精神統一――である。これが真理を悟った者の理想への道であり、人々を涅槃に導く道である」

そして釈尊は、この中道――八正道――こそが、この世の人々が等しく背負わせられた老・病・死の苦悩から人々を解き放つものであることを、次のように説き示されたのでした。

「比丘たちよ、じつに生は苦であり、老いは苦であり、病は苦であり、死は苦である。また、憎しみをいだく人々に会うことも苦であり、愛する人々と別れることも苦であり、求めるものが得られないことも苦である。その苦しみはいかにして生起するのであるか……」
と、苦の生起の原因についての真理、その苦を滅するための真理の道について、次々に、詳しく説き示していかれたのでした〉

森　そこで、はじめて、有名な「四諦《したい》の法門」が説き示されるのですね。

水野　まず、釈尊は、この人生にはどのような苦悩があるかを、こう列挙されていきます。「生は苦であり、老・病・死は苦である。憎い者に会うのは苦であり、愛する者と別れるのは苦であり、求めて得ることができないのは苦である……」——つまり、われわれの五蘊《ごうん》（色蘊《しきうん》・受蘊《じゆ》・想《そう》蘊・行《ぎよう》蘊・識《しき》蘊、つまり肉体と精神）はすべて苦であるというのが、いわゆる苦諦《くたい》（苦についての真理）です。それから、その苦がどのような原因によって起こってくるのであるか、その原因についての真理が集諦《じつたい》なのです。

森　その苦悩の原因こそ渇愛《かつあい》の煩悩《ぼんのう》であるとお釈迦さまはお示しになられたのですね。

水野　その渇愛の根本には無明《むみよう》があるわけです。その渇愛や無明を基礎として世の中を見ているから、この世界の真実の姿を見ることができず、そこから誤った欲望が起こってきて、その欲望に振り回されることによって、現実のさまざまな苦しみや悩みが起こってくる、と釈尊は教えられるのですね。

そして、それを踏まえて、次に、その苦しみがなくなった理想の状態を滅諦《めつたい》として説き示され、その苦を滅した理想の状態に到達するのにはどのようにすればよいのかという真理、その理想へ至る方法を明らかに示されたのが道諦《どうたい》であるわけです。

森　その、いわゆる「四諦の法門」では、まず初めに苦諦が出てくるわけですが、若い人が、よくこんな質問をしてくるんです。「仏教は、この世はもともと苦なんだと説くけども、それは消極的、悲観的にすぎて、世の中を暗くするばかりではないですか」と……。

水野　一見、そんなふうに見えるかもしれませんね。しかし、これは決して悲観的な見方なんかではないんです。仏教は、まず現実を正しく見つめるということから出発します。その現実がいかに理想に反しているかということを明らかに見るのが苦諦なんですね。

そして、その理想に反している状態をまざまざと見るということは、われわれがめざすべき理想とは何か、それをハッキリさせることなんです。それがハッキリ見えてきたところから、理想をめざす努力が生まれてくるわけですからね。

◆理想からはずれた現実の凝視から

水野　仏教には「顛倒《てんどう》の見《けん》」という言葉がありますが、これは、迷いの世界、理想に反したこの現実の世界をそのまま理想の世界であるかのように考えてしまうことなのです。この社会の一般の人々は、自分の欲望が満たされる欲楽の生活をそのまま理想の生活であるかのように受け取ってしまっていますが、それが、この「顚倒の見」なんですね。その「顚倒の見」をひっくり返すのが釈尊の教えであったのです。

釈尊は、自分の欲することが満たされない現実の世界を苦と感じて出家されて、悟りを開かれた。われわれ一般の人間は、それを苦と感じていない。その「顚倒の見」を正しい見方にひっくり返すのには、やはり、この世は苦であるというところから出発しなければならないわけですね。

森　私は、苦とは矛盾であると考えているんです。矛盾があるから苦が生じる。矛盾がなければ苦は生じない。たとえば、健康になりたいのに病気が治らないというのは一つの矛盾ですし、物が買いたいのに金が無いというのも一つの矛盾です。ですから、それは苦しい。その矛盾に、無性に腹が立つ。

そこで、はじめから、この世とは矛盾に充ち満ちた世界なのだと思い込みなさい、と教えるのがお釈迦さまの苦諦ではなかろうかと考えるんですね。合理的にものごとを考えようとするから矛盾にぶつかると腹が立つのであって、逆に、この世は矛盾があたりまえのことなんだ、矛盾は特別な状態ではないのだと考えてしまえば、少なくとも腹が立つということはなくなります。そして頭にこなくなれば、ものごとが冷静に見られるようになって、うまく処理できる。

水野　たしかにそうですね。矛盾を解決するのには、まず矛盾を受け入れてしまわなくてはならないです。

森　四諦の法門は、自分が置かれている現実と理想とのずれを直視し、どうすれば理想へ近づくことができるかを教えられたものとも言えるわけですね。そして、精神が脆弱《ぜいじゃく》な時は、嫌な現実から逃避しようとして、結局は現実のとりこになって苦しむのに対し、精神が強固になれば醜い現実に堂々と立ち向かって、苦のほうを退散させられる。この精神の強さを得る道が宗教の修行とも言えるのではないでしょうか。その具体的な道が八正道《はっしょうどう》である……。

水野　はい。まず理想とは何ぞやと、真の正しい理想を示して、その理想へ向かうための実践を釈尊はハッキリと示していかれるのです。まず正しい見解、正しい意思、正しい言葉、正しい行ない、正しい生活、正しい努力、正しい思い、正しい精神統一――この八つの正しい態度こそ大切なのである、と。そして、この八正道のいちばんの基礎になっているのが正見《しょうけん》――つまり正しいものの見方、社会や人生について正しく知る、ということなんですね。

その正見を基礎にして、正しい考え方をし、正しい意志を持つ。その正しい意志が、実際に正しい言葉を語り、嘘を言わない、悪口を言わない、さらに積極的に真実のみを語る、といった正しい言葉の上の行為になっていく。それが正語です。

次の正業《しょうごう》とは体の上での正しい行為であって、盗みをしない、人を殺さないといった行為から、さらに積極的に慈悲の活動をしていくことまで含まれます。そして、正命《しょうみょう》とは正しい生活法のことであり、正精進《しょうしょうじん》とは、理想に向かって努力をすることであり、そして最後の正定《しょうじょう》は心が静かに定まり統一していることです。

森　その八つの正しい道の〝正しい〟ということが、また難しいですね。若者たちと語り合ってみると、現代の若者がいちばん迷っているのは、何が正しいのかがさっぱり分からないということなんです。いまの世の中、正しいことが行なわれないから、うまくいかなくなっているのはもちろんなんですが、さらに困ったことには、大部分の人が何が正しいのかが分からないままでいるんですね。

水野　正しいということの基準がなくなってしまっているんでしょうね。人によって正しさの基準が違いますし……。これは、かなり相対的なものですから。われわれの考えで絶対に正しいというようなものはないのです。それは、最高の悟りに到達して初めて言えるものだと思うのですよ。ですから、私たちにとっていちばん大切なことは、最高の悟りに達した釈尊が理想へ至る道として示された、人間としての正しい生き方・八正道を、日常の社会生活においてどう実践していくかだと思うのですね。

森　そういう見方で、まず実践の道として八正道を見てみますと、その八つの道を全部キチンと行じないと理想に到達できないというのではなくて、八つの中の一つをキチンと踏み行なっていけば、残りの七つのことも、ひとりでに備わってくる、といったようにできているように思うんですけども……。

学校の入学試験のように八問のうち七問しか解けないんでは落第だというのではなくて、仏教の場合は、八問のうち一問がキチンとできれば入学させてもらえる、という感じがします。そこが仏教の有り難いところだと思うんですよ。

水野　釈尊の説かれる仏教の教えは、すべて釈尊の悟りの縁起の道理から発しているものですから、それは、すべて有機的に繋がった教えであるわけです。本当は理想へ到達する一つの道を、分かりやすくするために、さまざまに説き聞かせられたものなのですね。

まず、釈尊が菩提樹下《ぼだいじゅげ》で悟られた縁起の理法について、自分自身で考察されるために分けられたのが十二縁起説です。そして、この縁起説を他の人々のために分かりやすく説き示したのが四諦説であるわけなんです。すべて縁起説から出発しているんですね。

◆「コーンダンニャよ、よく悟った」

〈釈尊が中道について説かれるのを、なかなか理解できないという表情で聞いていた五人の比丘も、「四諦」「八正道」と説きすすめられていくうちに、次第に理解を深めていくことができました。その五人の比丘に釈尊は、さらに、こう言葉を重ねられました。

「比丘たちよ。このようにして苦しみの生起とその原因、苦しみの止滅とその止滅に至る道はこれである、といまだかつて聞いたことのない明知《みょうち》がわたしに生じたとき、この世に生きとし生けるものどもの中で、わたしは無上の正しい悟りを得たのだと言ったのである。もはや、わが心の解脱は不動であり、これが最後の生存である。もはや後の再生はありえない」

そう釈尊が語り終わられたとき、釈尊の言葉にじっと聞き入っていた五人の比丘の中の一人、コーンダンニャという修行者が、思わず叫んだのでした。

「およそ生起するものは、すべて滅び去るものなのだ！」

そのコーンダンニャの言葉を聞いて、釈尊が心の底からの感動をその言葉に込めて言われたのでした。

「ああ、コーンダンニャは悟った！　ああ、コーンダンニャは悟ったのだ」

そのコーンダンニャに続いて、残る四人の比丘も次々と悟りに達することができ、そのときから五人の比丘たちは、釈尊が示された八正道にのっとって無我の実践に入っていったのでした〉

森　五人の比丘たちの中で、まずコーンダンニャが四諦の真理を悟ったとき、お釈迦さまの喜びは、たいへんなものだったのでしょうね。

水野　そうでしょう。初めて自分の悟った真理によるものの見方が、人に正しく伝わったのですからね。思わず「アンニャー、ワタ、ボー、コーンダンニャ！」と叫ばれたと伝えられていますが、これは「コーンダンニャは、じつによく悟った」という意味なのです。

コーンダンニャは漢訳では阿若憍陳如《あにゃきょうじんにょ》と書かれますが「悟ったコーンダンニャ」の意味です。それがそのまま名前になってしまったんです。

森　このとき、はじめて仏教が成立したともいえましょうね。

水野　釈尊が悟りを開かれたところで仏教の基礎が出来上がり、その教えを聞いてアニャコーンダンニャが悟りを得たところで僧伽《サンガ》というものの一つの核が生まれ、世界の人々にその教えを及ぼそういう発展のきっかけになったといえましょうね。

この五人の比丘たちは、六年間も釈尊と一緒に修行をしてきた人たちですから、すでに相当の境地に達していたんでしょうが、一般の人々の場合には、四諦を説く前に、実は二段階のステップがあるのです。

まず、第一の段階は、施《せ》・戒《かい》・生天《しょうてん》の三論というものでして、これは、「布施をしたり、戒律を守って生活するならば来世において天に生まれ変わることができ、幸福になることができる」ということを教えます。つまり、善因善果、悪因悪果の業報説《ごっぽうせつ》を教えるのですね。これは当時のインドで一般的に常識化されていた考え方だったのです。

そして、次の段階として欲を離れることの大切さを教える。「諸欲は過患《わざわい》であり、その欲を離れることによって功徳がある」と、欲という自己中心的なものの考え方から離れさせるわけです。この二段階を経てはじめて釈尊の本心の説法である四諦が説かれるんです。ですから前の二段階を修得してないと、四諦を本当に理解することはできないんですね。

たとえていうならば、染物屋さんが布に色を染めるとき、その布が汚れ、しみがついていれば、まず洗濯をして汚れを落とし、それから、しみついているいろんな色をしみ抜きして漂白し、真っ白にしてはじめて、自分の染めたい色に染め上げることができる。それと同じに、われわれには因果業報を知らなかったり否定したりする邪見や自己中心の考え方がしみついていて、偏見という色めがねで見ているから、ものごとが正しく見えないわけなのですから、まず、この心を洗濯して邪見を除き、さらに漂白して真っ白な、すなおなものとしなければならないんですね。

◆〝下がる〟修行に徹して縁起を体得する

森　仏教の教えで心を美しく染め上げるために、まず心の汚れを洗い、心を漂白する二段階の教えが説かれたのですね。その心の汚れを洗い落とすために布施や戒律を守ることを教えた。そのあとに説かれる仏教独自の教えである八正道の中にも、布施とか戒律を守ることが含まれているように思うのですが……。

水野　善因善果、悪因悪果の因果業報説で教える戒律とか布施は、天に生まれんがために善因を積むという、自分の利害損得が計算されているわけです。そこには、まだ自己中心性が存在しているのですが、仏教独自の教えである八正道や、六波羅蜜《ろくはらみつ》の中の布施、持戒は、自己の利害損得を超えて、無我の立場で行なうものなんですね。

じつは、この自己中心性を離れることの大切さについては、当時のインドの宗教者はほとんど教えていなかったんです。むしろ逆に、苦行をやるのも、純粋な我というものを確かめるためであったようです。ところが釈尊が悟られた縁起とは、固定した我というものは存在せず、したがってそれに執着すべきでないことを明らかにされたものであったんですね。それこそが仏教の教えの核心であったといっていいでしょう。

コーンダンニャが、お釈迦さまの説法を聞いて「およそ生起するものは、すべて滅び去るものである」と答えたのは、その縁起の根本を悟ったということだったのです。

森　その無我という真理は、まったくスバラシイものでございますね。まさに「我執、妄想あるを以ての故に証得するを得ず」で、ほとんどすべての人生の難問は無我になればサッと解決いたします。無我の考えが分かり、実践できさえすれば、世の中、本当によくなりますね。

水野　そのとき、コーンダンニャをはじめ五人の比丘たちは、そういう縁起によって成り立っているこの世界、人生の真相を理論的に理解することができたんです。それを法眼《ほうげん》を得たと表現しているのですが、五比丘に対してはそのあとに、無我の教えが説かれた。これは、われわれの肉体と精神であるところの五蘊を無常―苦―無我と観察して、それに対する無我、無執着を実践していくものです。

われわれが、縁起によって成り立っている無常の世界を理論的に理解できたとしても、これまで長い間、自己中心の、間違った見方、考え方をしてきて、それが身にしみついてしまっているわけですから、そのような習慣的な誤りや迷いを除くことは容易にできません。その習慣的な迷いを取り除くために五蘊無我相の実践修行に入っていったんですね

この修行こそが〝下がる心〟を身につけることなのです。〝下がる心〟とは、人に頭を下げることではなくて、我見を徹底的に離れることですね。

森　つまり、「おれが、おれが」という気持ちを取り去ること。これが、なかなか難しいんですね。その無我の修行が完成したとき阿羅漢となるわけでしょうが、五人の比丘は、どれくらいの修行をされて阿羅漢《あらかん》になられたのですか。

水野　文献には「やがて」と書いてあるだけで、はっきりした日数は記されておりませんが、一週間か十日くらいだったのでしょう。目犍連《もくけんれん》は法眼を得てから、一週間で悟りを開いたといわれますし、舎利弗《しゃりほつ》は二週間かかったと記されています。五比丘も、そんなに長い日数がかかったとは思われません。

ともかく、ここではじめてお釈迦さまを含め六人の阿羅漢がこの世に誕生して僧伽が成立し、ここから世の人々への伝道がはじまるわけです。

森　いよいよ仏教教団の歴史がはじまるのですね。それは、また次回のテーマとさせて頂きたいと思います。今日は、ありがとうございました。

＊　一四九頁後ろから五行目以下に、「中道」についてのお話がありますが、そこに、「次元が違っていくんです。私たちは、……つい一次元的に見てしまうんですが、仏教では、段々と次元が変わっていくのです。形式論理学的な見方でみると、矛盾とされてしまうようなこと、……」とありますが、この「次元が変わる」ということが、仏教哲学の大特徴で、この点をつかむことが仏教教理を身に付けるコツで、そのための智慧が「般若《はんにゃ》」だと思います。詳しくは、拙著、『般若——仏教の智慧の核心』（佼成出版社）を参照さ

れたい。

第九話 ベナレスの豪商ヤサ一家の三帰依

ゲスト——前田惠學（愛知学院大学教授）

ゲスト

前田恵學（まえだ・えがく）

一九二六年―二〇一〇年。愛知県に生まれる。東京大学文学部哲学科卒業。文学博士。東海学園女子短期大学教授、名城大学教授、愛知学院大学教授などを歴任する。著書に『原始仏教聖典の成立史研究』『現代スリランカの上座仏教』（いずれも山喜房佛書林）ほか多数ある。

童子敬白

お釈迦さまが初めて法を説き聞かせられた五人の比丘《びく》はいずれも出家修行者で、いわば道を求めるプロの修行者たちであった。もし、お釈迦さまの教えが、このようなプロの修行者たちにしか理解されない難解なものであったとしたならば、おそらく仏教は一般の庶民とは無縁なものとなり、後世に伝わらなかったことだろう。だが、お釈迦さまが五比丘に次いで法を説き聞かせられたのは、ベナレス（バーラーナシー）の豪商の息子ヤサだった。そして、このヤサの悟りによって、仏教に在家信者が誕生することになったのだ……。

◆現代の若者にも似たヤサの苦悩

〈鹿野苑《ろくやおん》における初転法輪《しょてんぼうりん》で五人の比丘たちを阿羅漢《あらかん》の境地に導かれた釈尊は、その年の夏をそのまま鹿野苑にとどまりになられ、五比丘と共に修行されておられました。そうしたある日の朝のこと、釈尊がいつものように早朝の坐禅《ざぜん》を終えられて、その疲れをいやすために苑林内を遊歩されていると、そこへ一人の青年が、「ああ、悩ましい。ああ、煩《わずら》わしい」と嘆きながら近づいてきたのでした。

青年は名をヤサと言い、ベナレスの豪商の息子でした。ヤサは金にあかせてぜいたくな暮らしをし、美しい妻や侍女たちにかしずかれて歓楽に明け暮れていたのですが、そのような生活の中にあっても、なお心はいつも満たされないのでした。

日ごと夜ごとの歌舞音曲もかえって煩わしく、しまいには、世の中のすべてのことが空しく感じられてきて、生きる希望すら見失ってしまっていたのです。思い悩むヤサは、ある夜、家人に知られぬように家を脱け出し、ベナレスの郊外をさまよううちに夜が明け、鹿野苑に迷い込んできたのでした。

そのヤサの姿を目にされると、釈尊は、やさしく声をかけられました。

「若者よ。ここには一切、悩ましいことも、煩わしいこともない。ここへ来て坐《すわ》りなさい。そなたのために法を説いてあげよう」

その釈尊のお言葉を聞いた途端、突然、ヤサの心に大きな喜びと期待がわき起こってきたのです。ヤサは履いていた黄金造りの履物を脱ぎ、うやうやしく釈尊を礼拝して、そのお側に坐したのでした……〉

森 政弘　ベナレスの地における初転法輪によって五人の比丘が阿羅漢の境地に達することができて、お釈迦さまを中心とする六人の阿羅漢による初の仏教教団が誕生していたわけですね。ヤサがお釈迦さまのいらっしゃる鹿野苑を訪れてきたのは、それを知ってのことだったのでしょうか。

前田惠學　いや、特別な理由はなかったでしょう。しかし、この鹿野苑は、正しくは仙人堕処《せんにんだしょ》鹿野苑といいまして、多くの修行者や仙人が集って坐禅を組み、瞑想にふけって修行する修行地でした。五人の比丘も、そういう修行者にまじって鹿野苑で苦行していたわけです。ヤサが悩んで鹿野苑に来たというのも、鹿野苑に行けば、だれか、自分の悩みに解決を与えてくれる聖者に出会うことができるかもしれない、という期待があったかもしれませんね。

森　当時、このベナレスの町は、かなり栄えていたようですね。

前田　ええ。ベナレスは古い歴史をもった町で、経典にもしばしば登場してきます。この町はガンジス河のほとりにあって、水路の要衝を占めていましたから、当時は、商業貿易の中心地としてずいぶんにぎわっていたようです。経典にも、たくさんの豪商が住んでいたことが記されております。鹿野苑は、そのベナレスの町から十キロメートルほど離れた北方にあるんですね。

鹿野苑に限らず、当時の有名な修行地というのは、たいてい大都市から少し離れた郊外にあったのですが、それにはわけがあったんです。まず瞑想をこらし、修行に打ち込んでいくのに喧騒《けんそう》に満ちた町中は不適当なことはいうまでもありませんが、かといって、あまり人里から離れすぎた山奥では托鉢《たくはつ》することができなくなってしまいます。それで、鹿野苑のような、都会から少し離れた静かな山林の中などが、最適の修行地として選ばれたのでしょうね。

森　ところで、お釈迦さまの前に迷い出てきたヤサなんですが、富豪の息子に生まれ、人のうらやむような生活を享受していながら、何をやっても心が満足しない。外面的には欠けるところのないその生活が、かえって空しく、思い悩んでいる……。実は私、大学でいろいろな学生に接して痛感するんですが、近ごろ、このヤサのような悩みをもった青年が非常に増えておりますね。彼らは、マイカーを乗り回し、豪華なステレオを買い込み、気軽に高級レストランに出入りするというように、昔なら一流会社の重役にでもならなければできないような生活をしている。それでいながら、何をやっても満足できない。何をやっても空しい……。

前田 そういう傾向は強いようですね。できることがいっぱいありすぎて、一つのものを深く追究することが、かえって難しくなっているんでしょうか。

森 そうなんです。心の中では、何か目的をもち、充足した生活をしたいと願っているんですが、具体的に、どんな生き方をしていいか分からない。車を乗り回したって空しいし、マージャンをやっても心が楽しまない。ヤサもこの現代の若者たちと同じような思いだったのかもしれないと思うんです。

前田 そうかもしれませんね。ただ、ヤサの場合は、これではいけないという激しい希求があったようですね。

◆在家者に対しての〝初転法輪〟

森 そこのところは非常に大切でございますね。徹底して悩み、苦しみ、その苦悩から救われる道を希求したからこそ、お釈迦さまの教えを自分の苦悩を解決してくれる有り難い法として吸収することができた。この希求こそが悟りに至る第一歩であるのでしょうね。

お釈迦さまは、そうして悩み、生きる希望を失ったヤサに、「ここへ来て坐りなさい。そなたに法を説いてあげよう」とやさしく声をかけられますが、自分の悟った真理が果たして理解してもらえるだろうか、といったためらいはもはやなかったんでしょうか。

前田　五比丘に説かれるのと、ヤサに向かって説かれるのとでは、たいへんな違いがあるのは、もちろん、釈尊はよくご存知だったはずです。

なぜかといいますと、五比丘たちは、もとは釈尊と一緒に苦行した修行者仲間であり、鹿野苑に去ってからも、ずっと苦行を続けていた出家修行者です。ですから、すでにかなり高い境地に達していたはずですね。ところがヤサは、それまでいちども修行したことのない商人の息子ですから、そのヤサに法を伝えられるかどうかということには、かなり懸念がおありになったのではないかと思いますね。

森　なるほど。初転法輪で悟りに達することができた五人の比丘たちは、いわば修行者としてのプロですね。お釈迦さまのお悟りの内容をじきに理解することができても、それほど不思議はない。それに比べてヤサの場合は、修行に関してはズブの素人なわけですね。

そうしますと、五比丘に対する説法は、出家に対する初転法輪、ヤサに対する説法は在家者に対する初転法輪というように受け取っても差し支えないでしょうか。

前田　そう捉えて差し支えないと思いますね。ところが、そうしてヤサにお説きになられてみると、ヤサは実にすばやく、その場で、ほとんど瞬時に悟ることができた。

それには、やはり、それなりの条件が整っていたと思うんですよ。といいますのは、ヤサの生い立ち、環境は釈尊の若いころ、出家以前の生活とよく似通ったところがあるんです。釈尊は王族の生まれですし、ヤサは商人の生まれですから身分は違うんですが、いずれも経済的に大変恵まれていた。それなのに釈尊の場合もヤサの場合も、五欲を満たしてくれる、その恵まれた生活にひたり切っていることができず、むしろ、それを苦痛と感じて、その生活から逃れ出ようと、道を求めるわけです。そこが、そっくりなんですね。

かつて、そのヤサとよく似た悩みをいだかれていた釈尊だったからこそ、ヤサの悩みを的確につかむことがおできになられたのでしょうね。そしてヤサもまた、釈尊の説かれる教えを瞬時にして理解できたのではなかったんでしょうか。

けれども、そのような条件があったとしても、修行経験のまったくないヤサがその場で悟りを開くことができたということは、驚くべきことなんですね。そして、それは非常に大きい意味があることだと思うんです。

といいますのは、釈尊は悟りを開かれる前に、六年間も、ほとんど死の一歩手前まで行かれる苦行をなされましたし、五比丘のほうは、釈尊が苦行をおやめになられてからも、鹿野苑で苦行を続けていた比丘たちであったわけです。そういう厳しい修行によって開かれ、理解された悟りの世界であったのに、釈尊がお説きになると、全然、修行を積んだことのない人までが瞬時に悟りを開くことができる……。つまり、釈尊がお悟りになった内容を、いつでも、だれにでも、どこでも説き弘《ひろ》めうることが、ヤサの開悟によって立証されたことになるのですね。

森　天地の真理を見いだされたお釈迦さまのご苦労・ご努力は、想像を絶するものがあったに違いありませんね。ところが、私たちは、そのお釈迦さまが発見して下さった悟りへの道を、回り道せずに歩むことができる。こんな、有り難いことはないわけですね。

そこで、お釈迦さまがヤサにお説きになった教えの内容は、どういうものだったのでしょうか？

前田　最初に、まず、〝施し〟と〝戒め〟を守って生活し、天に生まれることを願っていくことの大切さ、つまり、「施論《せろん》」「戒論《かいろん》」「生天論《しょうてんろん》」の三論の教えを説かれました。欲情をコントロールし、穢れを絶っていくならば、人は天界に生まれる喜びを受けることができ、やがてほんとうの幸せな人生がひらけるのだ、という教えですね。その三論を説かれた上で、五比丘に説かれたように、「四諦《したい》」の教えを説かれていったのです。

◆ヤサの父が初めて唱えた僧帰依

〈一方、ヤサの家では、ヤサの姿が見えず、朝になっても家に帰ってこないので大騒ぎになりました。ヤサの父は、人を頼んであたりを探させ、自らもヤサを探して鹿野苑までやってきたのですが、すると、そこに見なれたヤサの黄金の履物が脱ぎ捨ててあります。それを見てヤサの父親はようやくホッとして、林の奥へ歩を進めました。

ところが、こうして、ヤサの父親がヤサを尋ねて釈尊のおられるところまできたとき、釈尊は、神通力《じんずうりき》をもってヤサの姿を父親の目から見えないように隠してしまい、ヤサの父親に向かって、「そなたがここに坐るなら、息子のヤサを見つけることができるであろう」と語りかけられたのでした。そして、釈尊の前に坐ったヤサの父親に、釈尊はヤサに説かれたのと同じように、まず、「施論」「戒論」「生天論」の三論を説かれてから「四諦」の教えを説き聞かされました。すると、ヤサの父親も、すぐその場で真理を悟り、あらゆる疑いを超えて惑いを去り、釈尊を師と仰ぐ境地に達することができたのでした。

「素晴しいことです、尊師よ。素晴しいことです、尊師よ。尊師は、あたかも倒れたものを起こし、覆われたものを顕《あらわ》し、迷ったものに道を示し、「眼あるものは物を見るであろう」と、暗闇の中に燈火を掲げるように、さまざまな方法をもって教法を明らかにされました。尊師よ。わたくしはここに、尊師と教法と比丘教団とに帰依いたします」

ヤサの父は、大きな感動につき動かされて、こう三帰依の誓いを唱えました。すると、どうでしょう。それまで見えなかった息子のヤサの姿が、忽然《こつぜん》と目の前に現れ出たのでした……〉

森　お釈迦さまが、神通力をもって目の前にいるヤサの姿を隠し、父親の目に映らないようにされたというそのことが、むしろ、われわれ自然科学を勉強しておる者には、よく分かるのですね。たとえばカエルは、自分のほうに向かってくるものしか見えないんです。われわれに物が見えるのは眼球の網膜の裏側に視神経がありまして、それが情報を脳に伝達して物が見えるわけなんですけども、カエルの眼玉の場合は、自分のほうに向かって動いてくるものでないと、たとえ網膜に像が映されていても視神経と脳細胞からなる回路が映像を認識しないようにできているんですね。

人間のわれわれだって、机の上にちゃんと置かれている文鎮が見えなくなって探し回るといったことが、よくありますね。

何かに気を奪われているとき、よく、こういう経験をするのですね。

前田　「心ここにあらざれば見れども見えず」ですね。つまり、父親は、ヤサがいなくなって気が動転している。その動転している心を釈尊は巧みに利用されたのでしょうね。そして教えを説き聞かすために、ヤサの父親の心がご自分に集中するように、神通力を使われたとも考えていいでしょう。

森　そこで、お釈迦さまの教えによって法眼《ほうげん》を開いた父親によって、初めて、「仏と法と僧伽《サンガ》《そうぎゃ》に帰依いたします」と三帰依文《さんきえもん》が唱えられたと伝えられておりますね。

ヤサの父親がお釈迦さまの教えを受けて、すぐに三帰依を唱えたということは、仏・法・僧への帰依が、仏教信者であることの基本と考えていいのでしょうね。

前田　仏と法と僧への三帰依が仏教徒の基本ですね。それまでは僧伽がなかったから二帰依でした。釈尊がブッダガヤーで悟りを開かれた直後に、静かに瞑想しておられたとき、二人の行商人がやってきて、釈尊の尊いお姿にうたれ、「私は仏に帰依いたします。法に帰依いたします」と二帰依を誓っていますね。けれども、ヤサの父親のときは、五比丘が弟子になって僧伽が成立していましたから、僧伽に対する帰依が加わって、仏と法と僧への三帰依となったのです。

この〝帰依する〟という言葉は、パーリ語の「サラナン、ガッチャーミ」に当たります。「サラナン」とは被護所、すなわち、依りどころのこと、「ガッチャーミ」とは「私はまいります」という意味です。ですから、「ブッダン、サラナン、ガッチャーミ」といえば、「私は仏を依りどころにしてまいります」ということになるわけです。

◆拝み合う社会を築くための僧伽

森　その新たに加わった僧帰依こそ、仏帰依・法帰依におとらず、きわめて大切なことではないだろうか、と考えるのですね。

ちょっと考えると、仏と法の尊さが分かり、それを依りどころにしていれば、それでも十分に悟りうるように考えられるんですが、けれども、そこに仏と法を、みんなが一つになって守っていく僧伽という集団があると、修行にも入りやすい。お互いに磨き合い、支え合っていけるわけですね。

しかも、僧伽は社会の縮図であって、その内に社会をすっぽりと包み込んでいるものということもできますね。

前田　僧伽とは、僧伽を形成するもの同士、お互いが相手に手を合わせ、相手の中に仏を見いだしていこうという修行をしていく場なのです。そして、そうした相手に手を合わせていける社会は、憎しみ合いや、いがみ合いに満ちている俗世間とはまったく次元の違う崇高な世界であるはずなのです。ですから、このお互いが手を合わせていく世界を社会全体に広げていくのが僧伽の役割ですね。相手を軽んじていたのでは、相手のすぐれた面は見えませんし、どんなに立派なことを説いても聞いてもらえません。まず、相手に帰依していく心がなければ、信心も信頼も生まれてきません。教えは伝わっていかないのです。このように、僧帰依は仏道修行の基本なのですが、それは、相手に「帰依せよ」と求めるものではありませんね。自らすすんで帰依する心を起こしていかなければ意味がありませんし、そういう願いを起こさないで仏道修行ができるわけがないことになります。

ヤサの父親も、釈尊に求められて三帰依を唱えたのではありません。心の眼が開けたとき、釈尊だけでなく、その傍らに侍している五比丘の気高い姿、奥ゆかしい態度が見えてきて、思わず三帰依の言葉がほとばしり出てきたのに違いないと思うんですよ。

森　私、学生によく言うんですが、先生といえども完全な人間なんていないわけで、専門分野の知識だって実に不完全なものですね。ところが厄介なことに、学生もそうなんですが、世間の人は完全な人、完全な知識でないと、心から教えを請う気になれない。ほんとうは、素晴しいものを内にたくさん持っている先生であるのに、表の欠点のほうばかりみて、あんな教授の授業は受けたってしょうがない、とはじめから嫌ってしまう。けれども、そういう態度では、結局、一生涯、だれからも、何も、教えてもらうことができずに終わってしまうわけです。こんな損なことはないと思うんですよ。むしろ、不完全な先生から、いかに完全な教えを得ていくかが弟子たるものの務めではないかと思うんです。

ですから、先生に帰依するというのも、教えてくれる先生が完全だから帰依するというのでは、ほんとうの帰依になっていない。不完全な先生を、人間として信用し、信頼していってこそ、初めて帰依といえるんじゃないでしょうか。

おいそれと信じ切ることのできないもの、裏切られる可能性も多分に秘めているものに対しても、そういう危惧や懐疑を乗り越えて、相手の善なる心を拝んでいってこそ、初めて帰依といえる。分からないからこそ信じてかからなくてはならないんだ、という気がするんですけれども。

前田　まさに、おっしゃられるとおりですね。そういう三帰依の面から釈尊の教団を考えてみますと、教団を成り立たせている柱が二つあるんです。一つは師弟の関係、もう一つは法臘《ほうろう》、弟子になってから何年経っているかという関係ですね。この二つの秩序によって釈尊の教団は成り立っていたのです。

教団ないし僧伽に帰依することは、この秩序を認め、従っていくことでもあったのですね。ですから、釈尊に帰依するだけでなく、そこにいる先輩の弟子にも敬意を表し、不完全なもの同士、互いに磨き合い、手を合わせ合っていく。それが僧帰依であり、そこに僧伽の和が保たれ、平和な寂光土《じゃっこうど》がひらかれていくのですね。

◆ヤサ一家の帰依で僧伽の原形が

〈法眼を得たヤサの父親は、釈尊に対して「尊師よ。なにとぞ、私を在俗信者として受け入れたまえ。今日からは、命終わるまで帰依いたします」と、改めて釈尊に願い出て、釈尊教団の在俗の信者になる誓いを立てました。そして、釈尊がその申し出をお許しになられると、

「尊師よ。わが子ヤサは、いまあらゆる執着、あらゆる煩悩から解き放たれ、安心の地に住することができました。願わくは、尊師。わが子ヤサを尊師に随順する修行者となし給い、これより、私の供養の食をお受け下さいますように……」

と、息子ヤサの出家と供養の布施を申し出たのでした。

釈尊は、黙然としてその申し出をお受けになり、ヤサをともなわれて、ヤサの家を訪れられたのでした。そして、釈尊をうやうやしく礼拝してお出迎えするヤサの母親と妻に対しても「施論」「戒論」「生天論」の三論と「四諦」の教えをお説きになられたのですが、すると、ヤサの母も妻も、

次々に法眼を得ることができ、もろともに三帰依を唱え、在家信者になることを願い出たのでした。こうして、釈尊に許されて、仏教教団初の在家信者となったヤサの一家は、大きな悦《よろこ》びにつつまれ、心をこめて、釈尊と、五比丘と、出家した息子のヤサをもてなしたのでした〉

森　このときに、小規模ながらも、出家者の比丘と、男性在家信者と女性在家信者による僧伽の原形が出来上がったようですね。

前田　女性の出家者である比丘尼《びくに》は、まだ存在していませんでしたが、一とおりの形が整ったといえるでしょう。

教団というものは、出家者だけでは成り立たないものなのですね。原始仏教では、出家者だけの僧伽を指していう場合は、わざわざ比丘僧伽と断ります。ただ僧伽という場合には、在家信者も教団の成員に含めて考えていいんですね。

ヤサのように、真理を見とおすことのできる法眼を具えた上、さらに、煩悩を断じてしまうところまでいくと、欲望追求の世俗生活ができなくなり、出家する以外になくなってしまうんですが、ヤサの父親のように、法眼を得て仏教に帰依したけれども、まだ煩悩は断じ切っていない、そしてその人が出家してしまったのではあとの人々が困るというような、社会的責任があって出家できない人の場合は、在家信者としてとどまることになるわけです。

在家信者というと、出家者より気軽な立場のように思うかもしれませんが、そうではありません。僧伽の中で、非常に大きな役割を担っているのです。つまり、出家者が支障なく生活し、修行に打ち込んでいけるようにする責任が課せられているわけなんですね。

出家者は、修行に専念し、在家信者の人たちに教えを説いて法施をする代わりに、在家信者は、出家者の修行を見守り、生活に困らないように財施を施すという相互関係にあったのです。

森　それが授受一環ですね。

前田　比丘、つまり出家僧は戒律の上で、自分たちが炊事をして食事をすることができません。在家信者が供養してくれるものだけしか口にすることが許されないのです。ですから、三帰依を唱えて在家信者ができることは、個々の出家者にとってはもちろんのこと、教団全体にとっても、たいへん大切なことなんですね。在家信者がいなければ、空をつかむように、当てもなく托鉢して回らなくてはなりませんから。

現在でもスリランカに行きますと、森の中で独りで坐禅をしている修行者を見かけますが、独りでいるようでも、近くの町や村に、ちゃんとその修行者に食事を供養する在家信者がついています。ですから、出家修行者は、衣・食・住に何の心配もなく修行が続けられるのです。在家信者がいなければ、餓死することもあるわけで、安心して修行に打ち込めません。

経典にはあまり記されていませんが、当時の修行者たちにも、在家信者がついていまして、出家修行者は、禅定《ぜんじょう》の修行のため森の中に入っていくときには、「私は、これから森に修行に行ってきます」と、在家信者の了解を得てから修行に入ったこともあったと思われます。うっかりすると、その修行によって、命が危険にさらされることもあるからです。
釈尊が五人の比丘とともに苦行されていたのも、互いに助け合うためだったのでしょう。しかし、悟りを開かれたブッダガヤーで禅定に入られたときは、苦行仲間の五比丘からも見放され、食事を供養してくれる在家信者もないまま坐禅に入られたようです。悟りを開くことができなければ、「これで最期だ」と、死を覚悟されて一人で禅定に入られたことを意味しているのです。これは、よほどの決意であったに違いありません。

森　それだけの決意をもって悟られたものを、修行もしたことのないヤサでも悟れるように分かりやすくお説き下さるところに、お釈迦さまのお慈悲の深さがにじみ出ているように思うのです。その広大なお慈悲をすべての人々に及ぼされようと願われる、伝道宣言がいよいよ発せられるわけですが、それは次回にうかがわさせて頂きたいと思います。ありがとうございました。

＊　この対談が終わってから、前田先生と私は歓談しましたが、その時、『一夜賢者経《いちやけんじやきよう》』の話が出ました。このお経は簡明に要点を示したお経で、その偈《げ》の部分を左に示しておきます。

過ぎ去れるを追うことなかれ
いまだ来《きた》らざるを念《ねが》うことなかれ
過去、そはすでに捨てられたり

未来、そはいまだ到らざるなり
されば、ただ現在するところのものを
そのところにおいてよく観察すべし
揺《ゆら》ぐことなく、動ずることなく
そを見きわめ、そを実践すべし
ただ今日まさに作《な》すべきことを熱心になせ
たれか明日死のあることを知らんや
まことに、かの死の大軍と
遇わずというはあることなし
かくのごとく見きわめたるものは
心をこめ、昼夜おこたることなく実践せん
かくのごときを、一夜賢者といい
また、心しずまれる者とはいうなり

（パーリ仏典『中部経典』第百三十一経。『南伝大蔵経』第十一巻下、二四六―二五〇頁所収。なお、右に示したものは増谷文雄氏の訳による。）

第十話

一切衆生の利益と安楽のための「伝道宣言」

ゲスト——前田恵學（愛知学院大学教授）

童子敬白

それまで静寂そのもののような、瞑想と托鉢《たくはつ》の修行を続けておられたお釈迦さまが、六十人の阿《あ》羅《ら》漢《かん》が誕生したところで、突如、「あまねく各地を巡って、世のため、人のためにこの法を説き弘《ひろ》めよ」と「伝道宣言」をされたのだった。お釈迦さまが言葉を励まされて六十人の弟子に呼びかけられた真意は、どこにあったのだろうか。

◆若者が中心の六十一人の僧伽

〈豪商の子息として豊かな生活に恵まれながら、生きることの意味が見いだせずに出家して釈尊の弟子となったヤサには、四人の親友がいました。この四人の友も、ヤサと同じベナレスの町の富豪の子弟たちでしたが、ヤサがお釈迦さまの下で出家したと聞いて、「あの聡明《そうめい》なヤサが師と定めた釈尊の教えは、よほどすぐれたものに違いない」とヤサを訪ね、ヤサの導きによって釈尊から教えを受けたのでした。

そして、釈尊の教えを聞いた四人の若者は、間もなく法眼《ほうげん》を得、出家して阿羅漢となることができたのでした。すると、その四人に続いて、同じベナレスに住むヤサの他の友人五十人が、相次いで釈尊のもとに至って教えを請い、出家を願い出て弟子に加えられると、真剣に行じ、やがて阿羅漢となりました。

こうして、釈尊の教団は、釈尊を含め六十一人の出家修行者からなる僧伽《サンガ》《そうぎゃ》になったのですが、それから間もないある日、釈尊は六十人の弟子に向かい、こう語りかけられたのです。「そなたら、これより遍歴して世の人々のために教えを説き弘めよ」〉

森 政弘　「世の人々のために教えを説き弘めよ」というそのお言葉が、お釈迦さまの「伝道宣言」でございますね。その時、お釈迦さまの教団の六十人の阿羅漢のうち五十四人はヤサの友人だったということですが、彼らは、若い青年僧だったと考えてよろしいんでしょうか。

前田惠學　そうだったと思います。ヤサ自身も、まだ若かったようですからね。

森　そのヤサの友人たちが、ヤサの出家に続いたのは、ヤサがベナレスの町の多くの青年たちから、かなり尊敬され、信頼されていたことを物語るものでしょうね。

前田　この若者たちは、真剣に何かを求めていた青年たちだったと思われますが、ヤサはその青年たちのよきリーダーだったようですね。

森　そういう青年たちが次々にお釈迦さまのもとに出家したということは、お釈迦さまの説かれる教えが、当時の青年たちの希求に応えるものであり、心をとらえるものであったからでしょうね。

前田　ヤサも、その友人たちもベナレスの町の裕福な家庭に育った青年たちですから、人一倍、富の恩恵を受けていたでしょうし、だからこそ、物質的な豊かさの空《むな》しさも味わい尽くしていたのでしょうね。そして、富によって人は真に満たされることがない。何か命を懸けても惜しくないような、真実な生き方はないのかと、激しい希求を募らせていたのではないでしょうか。

その青年たちに釈尊は、人間の苦の根源を明らかに示してやられた。そして、どのようにしたら、その苦を根源から滅し去ることができるのかを説き示す「四諦《したい》」の教えを説かれていかれたわけです。その秩序だって説かれた「四諦」の教えが青年の求めにピタリと応えるものだったのですね。

森　ともすると、現代の青年たちは、仏教は老人の信仰するもの、自分たち青年の生き方にはまったく関係ないもののように思っていますが、本来は、多情多感で、未知なる人生への不安や、社会の矛盾に対する怒りなどで悩み、苦しむ青年期の苦悩に応えてくれるものがお釈迦さまの教えであったわけですね。当時の青年が、そのことをハッキリと知ることができたのは、自分の青春の苦悩を真剣に突き詰めていたからだったのではないでしょうか。

前田　釈尊が悟られた仏教本来の教えが説かれたなら、青年の心をひきつけずにはおかないはずなんです。ですから、当時の釈尊の僧伽には、ヤサの友人たちの後も、続々と青年たちが出家してきて、あまりにも多くの青年たちが出家してしまうので、「大事な息子や兄弟たちを釈尊に取られてしまう」という非難の声が肉親の人たちから起きてきました。そのため、釈尊の教団では「親の承諾なしの出家は許さない」というきまりを設けなければならなくなったほどなんですね。それくらい、青年たちの求めにピッタリかなっていたわけです。

森　もちろん、お釈迦さまの説かれる教えそのものが、青年の心をとらえるものであったんでしょうが、同時に、「法は人に因《より》て貴《たつと》し」と言いますように、人類のために法を発見されたお釈迦さまご自身のお人柄に、人をひきつけずにはおかない、何か不思議な力が具《そな》わっていたのでしょうね。

前田　経典には釈尊がヤサに「四諦」の教えを説かれるとき、「諸仏の本真の法説なるものを説かれた」と記されております。これは、いくつかの過去の世界においても、また未来の世界においても、仏が現れて説かれるのはこの「四諦」の教えであるということなのですが、それは、「四諦」の教えは釈尊が作り出されたものではなく、釈尊ご自身も、永遠の過去から永遠の未来に至るまで貫かれている真理の法の前に深く頭を下げておられたことを示すお言葉とも考えられるのです。そして、釈尊のこの謙虚な姿勢が、「四諦」の教えをよりよく生かし、そこから青年に分かりやすい説き方が生まれてきたのではないかと思うのです。

◆「この苦しむ人々の救いのために」

森　さて、「伝道宣言」ですが、それまで釈尊教団での修行は坐禅《ざぜん》と托鉢が主だったようですね。そこへ「遍歴し、世の人々のために教えを説き弘めよ」という伝道宣言が出てきたのは、一見、唐突のようにも思えます。

悟りをお開きになられたときお釈迦さまは、人に説いても分かってはもらえないだろう、とためらわれましたね。その後も、求める人々があればそれに応じて教えを説くという、いわば消極的・静的姿勢を持してこられたお釈迦さまが、こちらから出かけていって法を説き弘めよと、突然、積極的な行動に転じられたように思うのですけれども。

前田　たしかに、伝道宣言をされるまでの釈尊の日常のお姿は、静寂そのものなのです。めったに声を立てて笑われることもない。歩かれるときも、一点を見つめて静かに一挙手一投足の動きを観察し、反省しながら歩まれる。その釈尊のどこから「そなたたちは、行ってすべての人々に法を説き弘めよ」、というような積極的な姿勢が出てきたのか、だれしもが不思議に思うでしょうね。けれども、静寂そのものであるその釈尊の内に、実は、あかあかと燃える太陽のような情熱がみなぎっていたのです。そのあかあかと燃える情熱が〝如来の自覚〟にほかならなかったんですね。

如来とは、真理の世界から来た者、という意味です。そして、これは釈尊ご自身のことを指す呼び名で、釈尊以外には使われません。

五比丘《ごびく》に初転法輪《しょてんぼうりん》をされたとき、釈尊は、「比丘らよ、〝如来〟に対して名をもって呼んだり、〝友よ〟と呼びかけてはならない」と、毅然として語られていますが、このとき釈尊は、すでに〝如来の自覚〟に立たれていたのですね。自分は遍く世の人々に真理を伝えるために真理の世界から来た者であるという自覚に……。

釈尊はブッダガヤーで悟りを開かれましたが、それは真理と合体し、永遠の法を身に体し、ものごとの実相を明らかに見とおす智慧が具わったということです。この段階では釈尊ご自身の悟りであったのですが、しかし、その永遠の真理の立場に立たれた釈尊が、再びこの娑婆世界を観《み》られたとき、心の中にふつふつとわき起こってきたものがあったに違いありません。

真理を知らずに、悩み苦しむ衆生の姿を見られたとき、この人々を救うために、自分は永遠の真理の世界からこの娑婆世界に赴かねばならぬのだという思いが、胸いっぱいに広がってきたのではないでしょうか。それが〝如来の自覚〟だったと思うのです。いわば、如来とは、仏が対社会的な働きかけをされていこうとする姿なんですね。

森　すると、それまで、お釈迦さまは「伝道宣言」を発する機の熟するのを、じっと待っておられたのですね。

前田　そうだと思います。ヤサやヤサの友だちのように、釈尊から教えを受ければ誰もが阿羅漢の境地に達することができることが証明されたところで、内に秘めてこられた〝如来の自覚〟をお弟子の人々に明確に打ち出されていったといっていいでしょうね。

◆有形無形のすべてを救う真理

〈釈尊の伝道宣言のお言葉を聞いて、いざ伝道に向かわんと決意を固める六十人の弟子たちに対して、釈尊は、さらに、じゅんじゅんと、こう語り聞かせられました。

「比丘らよ。わたしは神々の絆《きずな》からも、人間の絆からもすべて脱することができた。比丘らよ、そなたたちもまた神々の絆からも、人間の絆からも、すべて脱した者である。比丘らよ、遍歴するがよい。衆人の利益のため、衆人の安楽のため、世間に対する哀れみのために、神々と人間の福祉、利益、安楽のために。

一つの道を二人して行くことのないようにせよ。比丘らよ、初めも善く、中も善く、終わりも善く、内容もあり、言葉も具わった教法を説き示せ。完全円満で清らかな修行を人々に知らせてほしい。世には汚れの少ない人々がいる。その人たちは、教法を聞かなければ退歩するが、教えを聞くならば必ず真理を悟る者となるであろう」

そう説き聞かせられたあと、釈尊は、

「私もまた、ウルヴェーラーのセーナー村に行こう。そこの人々に教えを説くために」と言い残され、単身、マガダ国のウルヴェーラーに向かわれる旅に出発されたのでした〉

森　〝如来の自覚〟から、衆生の利益のために、世間への哀れみのために、まだ真理を知らずにいる人々に教えを説き聞かせよ、という呼びかけのお言葉からお釈迦さまのお慈悲が、ひしひしと伝わってくるのですが、その中に、「神々の絆」とか「神々の安楽」というお言葉がございますね。この場合の神とは、どのような存在と考えたらいいのでしょうか。

前田　ここで使われている神という言葉は、パーリ語の「デーヴァ」（deva）の訳語で、「神」とも「天」とも訳されます。

当時のインドの人は、人間は生と死を繰り返して輪廻していくものと考えていました。そしてこの世で善い行ないを積んだ者は次の世には神々の住む天界に生まれ変わる。天界に生まれても、悪行をなしたものは、次の世で地獄界に堕《お》ちることもある、と考えていたわけです。この娑婆世界に、実際にそういう天界や地獄界があるという実感を持っていたようですね。

森　そのことを「六道（六趣）を輪廻する」とも言うわけでしょうが、それは、一方では人間の心が作り出す世界であるとみることもできるわけですね。

前田　いわば内なる天界、内なる地獄界ですね。けれども、当時は、そうした哲学的な考え方は強くはなかったでしょう。そして、この天界は、楽も苦も存在する人間界と違って楽しか存在しない。ただし、天界に生まれ変わっても人間世界で積んだ善根功徳の種が尽きれば死ななくてはなりません。そうすると、楽しかないはずの天界にも死に対する苦は抜きがたく存在しているわけで、そこに生に対する執着、愛着が生じてくる。これが神々の絆なんですね。阿羅漢とは、人間界の愛着の絆ばかりでなく、こうした天界における神々の絆をも脱することができた人々なのです。そうして一切の絆を離れ去ることのできるこの教えを一切の衆生に説き弘めていかねばならない、と説かれたのが「伝道宣言」であったわけです。

森　〝神々と人間〟という表現は、結局、生きとし生けるものすべてを伝道の対象にせよ、ということになりましょうか。

前田　そうです。ただし、私たちがふつう考えているような、目に見える、形ある生きとし生けるものだけではないんです。仏教でいう一切衆生には、人間の観念の世界、想念の世界も含まれているのですね。

森　なるほど、自分の悟った真理は、人間はもちろん、普通には生命がないと思われている道具や水や空気をはじめとして、有形無形のすべてを生かす真理、一切合財を救っていく真理である、という自覚と自信が、お釈迦さまにおありになったことが、よくうかがえますね。

◆慈悲の心によって言葉が生きる

森　そう分かってみると、一切衆生に対する「伝道宣言」とは、まことに壮大な宣言であったことになりますね。そして、弟子の人たちにとってみると、それは一つの大きな修行が課せられたことだったように思えるんです。なぜなら、これまで、お釈迦さまが説かれる教えのとおりに修行をしていればよかったのが、こんどはお釈迦さまのもとを離れ、自分が教えを説いていかなくてはならない……。

そこで、どう教えを説いていったらいいか。それに対して、お釈迦さまは「初めも善く、中も善く、終わりも善く、内容もあり文句も具わった教法を説き示せ。完全円満で清らかな修行を知らしめよ」と、伝道の心構えを説かれておられますね。

前田　伝道の要《かなめ》は、要するに、法を説く言葉と、説く者の態度・姿勢にあるわけです。常に心の中に正しい思いをいだき、ぐらつかない。そして、自己を失わず努め励んでいく……そうした態度や姿勢が言葉に劣らず大きな感銘を人々に与えていくのですね。

のちに釈尊のお弟子の筆頭に挙げられるようになった舎利弗《しゃりほつ》と目犍連《もくけんれん》も、釈尊の弟子となったきっかけは、王舎城を托鉢して歩くアッサジという釈尊の弟子の折り目正しい姿を見たことからだったのです。その姿に他の修行者と違ったものを見てとって、「あなたはどのような師について修行しておられるのか」と尋ねる。それがきっかけで釈尊の教えを聞き、その教えの深さを知って、一緒に修行していた二百五十人の修行者もろとも釈尊の弟子に加わったのです。

森　態度や姿勢は非常に大切ですね。自らが求める姿勢を失ったら、人を教化することはできなくなりますね。教えることは学ぶことなのですが、とかく、人に教えるようになると、いつの間にか学ぶ心を忘れてしまって、教えよう教えようとしてしまう。そして相手が分かってくれないと、さらにやっきになって説得しようと試みる。ところが、その高慢さと硬直した姿勢が相手の反発を招き、かえって聞いてもらえないことになってしまうんですね。

前田　言葉で何かを人に伝えていくことは本当に難しいことですね。伝道するということは、言葉をもって教えを伝えていくことなのですが、ところが、伝えるべき教えは、この場合、釈尊が悟られた無限の内容をもった永遠の真理です。それに対して、言葉は、人間の約束ごとの上に成り立っている不完全なもので、相対的な、有限の世界のものでしょう。

言葉による描写、表現にはおのずと限界がありますね。その限界のある言葉で、どうしたら永遠の真理を人に伝えていくことができるか。釈尊自身が何度も迷われたのも、その点だったわけで、これはまことに至難のわざなんです。悟りの周辺に近づくことはできても、核心に至り着くことは到底できない。どうしても観念的な説明の域を出られないんですね。

けれども、どんなに難しくても、言葉で伝達していく以外に伝道の方法はありません。言葉のもつ能力を最大限に活用して、できるだけ正確に悟りの内容を伝えていかなくてはならない。そして、そのように、無限な真理を正しく伝えていく言葉は方便ということになりますね。

方便は、パーリ語で「ウパーヤ」といいまして、これは「近づき行く」という原義ですが、それが転化して「目的に向かって近づいていく手段」を意味するようになりました。つまり、言葉は方便、悟りへ近づく手段であり、道しるべであるのですね。

そして、その言葉の限界を補って言葉をよりよく生かし、無限の悟りへ到達させるものが慈悲利他の精神なんです。釈尊が、その人、その人に応じて、分かりやすい具体例を挙げられて対機説法をされたのも、〝如来の自覚〟から生まれた、この慈悲心があったからこそだったと思うんですよ。

凡夫のわれわれには、釈尊の説かれた言葉が、ときに常識を逸脱した非情な言葉に聞こえることがよくあります。ところが、その非情とも思われる言葉が、いつのまにか人を真に生かし、救う言葉になっていることに気づかされ、アッと思うことがしばしばあるんです。慈悲が働いてはじめて、言葉が、初めも善く、中も善く、終わりも善いものとなるのですね。

森　他を善くし救おうとほとばしり出た慈悲を、智慧のフィルターを通して外へ出す。これが初めも善く、中も善く、終わりも善いということなんでしょうね。それが逆に自分の利益のためになってしまうと、そこから、もろもろの争いが生まれ、初めも、中も、終わりも悪い結果になってしまう。人々の利益のための智慧ある伝道こそが慈悲の活動と言えるんですね。

◆「一角サイの如く一人で歩め」

森　そこで、六十人の弟子が、お釈迦さまから使命を授けられて、伝道の旅に出発していくわけですが、「伝道宣言」のなかでお釈迦さまが「一つの道を二人して行くことのないようにせよ」と戒められているのは、できるだけ広い地域に行きわたり、一切衆生を一人でも多く救えという慈悲の願いによるものと解釈してよろしいんでしょうか。

前田　そうだと思います。一人でも多くの人を救え、と教えられたものであるのは確かでしょうね。それに、二人、三人で連れだって歩けば、その比丘たちの托鉢に供養する在家の人たちの負担もそれだけ大きくなりますから、それも考慮されたのかもしれません。

また、このお言葉は、伝道する弟子たちの姿勢がいかにあらねばならないかを示されたものであるとも言えましょう。経典には、弟子に対して、釈尊が「あたかも一角サイの如く一人で歩め」という言葉をしばしば使われていますが、この一角サイというのはインド特産のサイで、頭部にガッシリした一本の太い角を持ち、全身が硬い皮でおおわれていて、あたかも鎧《よろい》を着た勇者のような堂々たる風格を具えているんです。そして、目標に向かって走るときは、わき目もふらず一直線に突き進む。ですから、「一角サイの如く」という言葉は、一人であっても、しっかりと目標をめざして、わき道にそれることなく、怠らず修行に励め、という教えなのですね。

森　わき道にそれることなく励むということは、その時、その場の条件において自分の全力を出し切って学んでいく、ということでしょうね。

イラストレーターの真鍋博《まなべひろし》さんは、最近マラソンをやっているんだそうですが、トップを切って走っている時、二番手で走る時、一番後ろで走る時と、その時々で考え方を変え、自分の置かれている状態や立場をよりよく生かすことを考えられるというんです。たとえばトップに立てば、それにふさわしい努力をしていこうと考える。二番手になれば、トップの人を手本にして、いいところを学ぼうと考える。そして、そのような考え方、生き方を、仕事や家庭生活の中で生かそうと努めておられるんだそうですが、さすが一流のプロになる人は、心構えが違うと感心させられました。

お釈迦さまの弟子の富楼那《ふるな》尊者も、未開の辺地に伝道に出発する際、お釈迦さまから「もし、かの地の者に手でなぐられたらどうするか」と尋ねられると、「棒でなぐらない彼らは善人だと思います」と答えた。「では、棒でなぐられたら……」と問われると、「ムチで打たない彼らは善人だと考えます」と答える。そして「もし、殺されたらどうするか」と尋ねられると「仏弟子のなかには自分の生命を厭《いと》うて、だれか殺してくれる人はいないかと求める者さえいるのに、私は求めずして殺してくれる人に巡り会えてよかったと思います」と答えたと伝えられていますね。これこそ伝道の根本精神なんでしょうね。

　伝道によって仏教の教えを弘めていこうとすれば、さまざまな相手に出会わねばなりません。ときには悪罵《あくば》されることもある。ある時は言い負かされて答えられなくなる時もあるかもしれない。その中で、自分の信仰をより深め、より確固たるものにしていく。「一人して行け」というお言葉は、個の修行というものを根底にすえての心構えを打ち出したものと考えてもいいように思うんですよ。

前田　釈尊にとっては、あくまでも一切衆生を救うのが最終目標だったんですが、それを実現していくに当たっては、自分の身近なもの、有縁のもの、つまり個の教化から出発していかれましたね。

森　ヤサの場合も、最初、ヤサ一人を教化されたことが縁になって、ヤサの家族の帰依、ヤサの友人の弟子入りと、教えが広がっていったわけですからね。

　私の携わっている教育の場でも、学生全員に理解してもらうように教えることが理想なのですが、現実には一人一人の能力、機根に合わせて教えることは不可能ですから、学生のだれかを標準にしなくてはならない。けれども、一番後れている学生に合わせていくと、教課が間に合わなくなる。では、どこに照準を合わせていけばいいのかとなると、どこに合わせてもダメなんです。平等な教育をしようとして、かえって不平等な結果を生んでしまうことになりかねないんですね。ところが、仏教の説く縁起観に基づいて、有縁のものから分からせていくという方法をとりますと、一見、不平等のようですが、結果は、その人、その人の能力、機根に合った説き方ができることになるんです。

◆社会的試練に立ち向かっていく伝道

森　有縁なものを大切にし、まず、その人々を法の縁にふれさせていく伝道に、お釈迦さまご自身も、お一人でウルヴェーラーのセーナー村へ向かわれたわけですが、ウルヴェーラーを目ざされたのには何か理由があったんでしょうか。

前田　ウルヴェーラーで「三迦葉《さんかしょう》」と呼ばれて千人の弟子を持っている三人の兄弟の修行者に会われるんですが、初めから、そのために行かれたのかどうか、文献でもはっきりしておりません。

ウルヴェーラーは釈尊が悟りを開かれたブッダガヤーの付近一帯を指す地名で、当時のインドの強大国マガダ国の都・王舎城に近いところにあります。ウルヴェーラーもベナレスの鹿野苑《ろくやおん》と同じに、修行者たちが集まって修行していた場所であったのかもしれません。

それに、釈尊は、五比丘を別にすれば、まだ他の宗教家には教えを説いておられませんでしたから、釈尊の教えは、まだ広く社会的な試練を通り抜けていないわけです。釈尊が伝道宣言をされた直後に、悪魔が現れて釈尊に伝道活動を思いとどまらせようとしたと伝えられていますが、それは、釈尊が積極的に伝道活動を推し進められた場合にどのような社会的な圧力が加わってくるか、いろいろ推し量られたものだと考えられるんですね。

その社会的な圧力の一つに、他宗教との関係や身内のものに出家をされて家庭の支えを失った家族からの非難などがあったと考えられるんですが、このような社会的な試練は、仏教が世に弘《ひろ》まり、一切衆生を救っていく教えとなるために、どうしても通り抜けていかなければならない試練だったのです。その試練を通り抜けてこそ、はじめて、広く社会に認められる、普遍的な宗教となっていくことができるんですね。

釈尊は、その試練に、自ら立ち向かわれていったのではなかったでしょうか。

森　伝道には、多くの試練がつきまとってくるに違いありませんが、お釈迦さまのマガダ国の首都での伝道活動が、どのように実を結んでいくか、次回のテーマとしてうかがわせて頂きたいと思います。今日は、どうもありがとうございました。

＊　一九〇頁の三行目に、「……神々の絆からも、人間の絆からも、すべて脱した者である」との釈尊のお言葉がありますが、私はこの対談から四十年以上経た今、やっとこのお言葉が、仏道最後の姿勢、「あらゆる

ことにとらわれない。とらわれない、ということにもとらわれない」という、非常に重いお言葉だったことを知りました。これが「空《くう》」に則した姿勢です。

第十一話

一挙に千二百五十人の僧伽を確立した釈尊のマガダ国への伝道の旅

ゲスト――平川　彰
（東京大学名誉教授、早稲田大学教授）

ゲスト
平川　彰（ひらかわ・あきら）
一九一五年―二〇〇二年。愛知県に生まれる。東京大学文学部印度哲学梵文学科卒業。文学博士。東京大学教授、早稲田大学教授などを歴任する。著書に『律蔵の研究』（山喜房佛書林）、『インド仏教史（上・下）』『平川彰著作集（全十八巻）』（いずれも春秋社）ほか多数ある。

童子敬白

ただ一人、マガダ国へ布教に向かわれたお釈迦さまは、その胸中にどのような思いを秘められていたのだろうか。お釈迦さまにとってマガダは、かつての修行の地だった。そして、そこは当時のインドの中心をなす国であり、インドを代表する宗教者、思想家が割拠していた。より広く、より早く人々への救いをもたらしていくために、それはかけがえのない拠点であったのだ。

◆マガダの聖者・三迦葉の帰依

〈「あまねく各地を巡り、世のため人のために、この法を説き弘《ひろ》めよ」と伝道宣言をされて六十人の比丘《びく》を伝道に向かわせ、自らもただ一人、伝道の旅にのぼられた釈尊がめざされたのはマガダ国でした。

マガダ国は当時のインドの最大の強国で、その首都・王舎城《おうしゃじょう》からほど遠からぬネーランジャラー河のほとりガヤーは、釈尊が悟りを開かれた地でした。そのガヤーの近くのウルヴェーラーという村を中心に〝三迦葉《さんかしょう》〟と呼ばれる三人兄弟のバラモンが多くの弟子を擁して住んでいたのでした。

長兄のウルヴェーラー迦葉は五百人の弟子、次兄のナディー迦葉は三百人の弟子、末弟のガヤー迦葉は二百人の弟子と、合わせて千人の弟子を持つこの迦葉兄弟は、マガダ国で最もすぐれたバラモンとして、ビンビサーラ王を初めマガダ国の人々の絶大な尊敬を集めていました。釈尊はただ一人、自ら悟られた真理を説かれるために、この千人の弟子を擁してマガダの聖者とあがめられる迦葉三兄弟の住むウルヴェーラーを訪ねられたのでした〉

森 政弘 お釈迦さまが釈迦国の太子の位を捨てて出家されたとき、修行の地として選ばれたのがマガダ国でしたね。そこで、さまざまな苦行を続けられ、そして瞑想に入られてついに悟りを開かれたのが、王舎城に近いガヤーの地。

しかし、この地ではお釈迦さまは悟りについて説かれず、かつての修行の友であった五比丘を訪ねて、はるばるとベナレスへ向かわれる。そしてベナレスで六十人の人を教化されたところで改めて、かつての修行の地・マガダへ布教にとって返された、ということになるわけですね。

平川 彰 マガダ国は、文字どおり当時のインドの政治、経済の中心でしたから、ここに教団を確立しなければ発展がないと考えられて、ベナレスから戻ってこられたんでしょうね。そのマガダ国で迦葉三兄弟は恐らく最もすぐれた宗教者として人々に認められておったのだと思います。

当時のインドには、さまざまな出家修行者、哲学者、思想家といった人たちが群雄割拠するといった感じでおったようですが、彼らを大きく分けると、自由思想家と伝統的な『ヴェーダ』を奉ずる宗教者の二つに分かれるのです。自由思想家が沙門《しゃもん》と呼ばれる人たちであり、『ヴェーダ』の宗教者がバラモンと呼ばれる人たちです。迦葉三兄弟は伝統的なバラモンの最高の宗教者として尊敬を集めておったんですね。

森　その迦葉三兄弟は、火に仕えるバラモンといわれておりますね。

平川　バラモンの聖典である『ヴェーダ』によって出家修行しながら、神聖な火の神を祀《まつ》ることを務めとしていたようです。そして、国王をはじめとして一般の信者から寄進を受けて、さまざまな祭りを行なっていたのですね。

森　当時、火は非常に神秘的な力をもつものと考えられていたんでしょうね。

平川　インドでは火を非常に尊いものとしてあがめます。一軒の家に竈《かまど》を三つ作って、親から伝えられた火を息子が絶対に絶やさないように守っていく。火を中心にした祭りがたくさんあるんです。そうした祭りを司っていたんでしょうね。

森　すると、その宗教は、いうなれば国王をはじめ一般の民衆の生活に密着した宗教として深く浸透していた、伝統的な、既成の宗教だったように思えますね。それに対して、お釈迦さまは、いわゆる沙門、新興の宗教家であり、しかもまだ何の力も持っておられない。そのお釈迦さまがお一人で三迦葉のところへ法を説きにいかれたというのは、たいへんなご決意だったと思うんですよ。

平川　当時の最大の大国で、その国の国王をはじめ人々の帰依《きえ》を受けている宗教者を帰依させることができれば、自分の教団を人々に認めさせることができる、と考えられたのでしょうね。

◆よく得るためよく捨てさせる対機説法

森　なるほど、そうですね。そこで、まずウルヴェーラ迦葉《かしょう》の住む庵を訪ねられたお釈迦さまは、「聖火堂で一夜過ごさせて頂きたい」と申し込まれる。するとウルヴェーラ迦葉は、「それはかまわないがその聖火堂には恐ろしい毒を持ったヘビ、竜神がいる。あなたに害が及ぶことがなければいいが」と言う。お釈迦さまは、「どんな毒蛇であろうと、私を害することはないだろうから、ぜひ一夜の宿をお願いしたい」と重ねて申し出られる。ウルヴェーラ迦葉が三度、繰り返して止めるのを振り切って、お釈迦さまはその聖火堂で一夜を過ごし、火を噴きかけてくる毒蛇に対して憐れみと慈悲をもってその毒蛇を調伏されてしまわれる。

一夜明けて、ウルヴェーラ迦葉が、「あの端正な修行者も竜神の毒によって害されたであろう」と見にいくと、逆にお釈迦さまが毒蛇を鉢《はち》におさめて示された。ウルヴェーラ迦葉は、「この修行者はたいへんな神通力《じんずうりき》を具《そな》えている」とびっくりする。だが、「彼は真人ではない」と、なかなか自分よりすぐれているとは認めない。

そこでお釈迦さまは、四大天王が教えを聞きに現れたり、帝釈天《たいしゃくてん》がお釈迦さまの衣の洗濯を手伝ったりするさまを現じてみせるなど、さまざまな神通力を示して、ついにウルヴェーラ迦葉を帰依させてしまわれた……そう経典は伝えておりますね。

ここで、火に仕えるバラモンの聖火堂に竜神——毒蛇がいるんですが、火を祀る信仰とヘビの信仰と何か関係があったのでしょうか。

平川　バラモンの信仰は、火に仕える、水に仕える、というように自然神に仕える信仰が中心ですが、このバラモンの信仰は、インドの北部から移住してきたアーリア人種の信仰なんです。それに対して竜神の信仰は土着の民族の信仰です。それが、当時すでに中インドで一緒になってしまっていたようですね。

森　その毒蛇を調伏されたのを初め、お釈迦さまはさまざまな神通力を現されますが、そうした神通力というものを、現代の若い人たちは、なかなか信じようとしないんですね。私は、神通力というものは、無我になり切り、悟りを開かれた人に自然に具わる根本的な無言のコミュニケーションの能力、というふうに考えているのです。お釈迦さまが、その偉大な人格によって火の信仰を持った人、ナーガ（竜神）の信仰を持った人々をも説得してしまわれたことの比喩と考えてもいいと思うのですが……。

平川　そう考えていいと思いますよ。当時の出家修行者はみんな神通力を具えていたのですね。ですから釈尊も、自分は最もすぐれた宗教者だと信じ込んでいるウルヴェーラ迦葉を帰依させるためには神通力をもってするしか方法はなかったのではないでしょうか。こうしてウルヴェーラ迦葉が釈尊を師として帰依すると、その師に従っていた五百人の弟子も、すべて釈尊の下で出家することになりました。それで、これまで火に仕える儀式に使っていた道具を、すべて川へほうり込んでしまったのですね。

次兄のナディー迦葉というのは、ナディーという川のほとりに三百人の弟子とともに住み、末弟のガヤー迦葉はガヤーという村に弟子二百人とともに住んでいたんですが、上流から火に仕える儀式の道具がどんどん流れてくるのを見て、ビックリしてしまった。「何ごとならん！」と駆けつけてきて、長兄から一部始終を聞いて、この三人兄弟が弟子とともに、ことごとく釈尊への帰依を誓い、教団に加わることになるのです。

森　そうしてお釈迦さまに帰依するために、迦葉三兄弟をはじめ千人のバラモンたちが、これまで自分たちが火に仕えるために使ってきた神聖な道具をすべて川へ捨ててしまった、というところに大切な教えがあると思うんです。これまで自分たちが歩んできた道から、より正しい真理の道に入るためには、まずこれまでのものを捨ててしまわなければならない。その捨て方が大事なんですね。

捨てるというと、われわれは、使いものにならなくなった物、邪魔な物だから捨てるんだと考えがちですが、それが大間違いなんです。たとえば、生け花で梅の一枝を活けるとき、余分な枝は切り取らなければならない。そして余分なものとして切り取った枝や葉のほうをゴミとして捨てるんですが、それと必要な枝として残された枝とどう違うかというと、ちっとも違わないんです。

また、掃除してゴミを捨てるといいますけども、物質不滅の法則が存在するかぎり、ゴミをなくしてしまうなんてことはできない。物のあり場所を移す、すまないけれどもどいてもらうというだけなんです。そこのところをよく知っている人であってはじめて、よく捨てる人となれるんじゃないだろうか、そう思うんですね。

仏教では、捨てることは、よりよく生かすことであると言いますが、千人のバラモンが、それまでの信仰を捨て切ったとき、お釈迦さまはそのバラモンたちに、ご自分が悟られた真理の教えを説かれるのですね。

平川　三迦葉とその弟子を率いられて、釈尊は、いよいよマガダ国の首都・王舎城へ向かわれますが、その途中の象頭山《ぞうずせん》にとどまられたとき、新たに弟子となったバラモンたちに、有名な「燃える火の教え」を説かれるんですね。

「比丘らよ。すべてのものは燃えている。眼は燃えている。耳も燃えている。鼻も燃えている。身も燃えている。心も燃えている。それは何によって燃えているのであろうか。それは、貪《むさぼ》りの火によって燃え、怒りの火によって燃え、愚かさの火によって燃えている」

森　人間の欲望を燃える火にたとえて、それはわれわれを焼き尽くすものだと説かれる。火はコントロールがきかない。いったん燃えはじめると、どんどん燃えさかっていく。憎らしい相手の家を焼こうとして放火したその火が村全体を焼いてしまう。自分の家まで焼き尽くしてしまう……それが火の恐ろしさですね。

これまで、神秘な力をもつものとして火に仕えていたバラモンたちに対してですから、この火のたとえは何よりも有効な対機説法となったのでしょうね。

平川　よく捨てさせるための対機説法ともいえましょうね。この説法によって、迦葉三兄弟をはじめ千人の比丘たちが阿羅漢《あらかん》の悟りを得たと伝えられています。

◆最高の権力者マガダ国王の帰依

〈こうして三迦葉をはじめとして千人のバラモンを弟子に加えられた釈尊は、この大集団をもって、いよいよマガダ国の都・王舎城に至り、郊外のラッティ園に滞在されました。そのうわさが王舎城に広まりました。

「いま、王舎城のラッティ園に住している釈迦族出身の修行者ゴータマは、あらゆる修行者、バラモン、神々を含めて、生きとし生ける者に最高の教えを説く尊師である」

そのうわさを聞いたマガダ国の王、ビンビサーラは、すぐさま多くの家臣を引き連れて、釈尊に会うためにラッティ園へ向かったのでした〉

森　この、マガダ国のビンビサーラ王は、お釈迦さまが釈迦国の太子の身から出家され、修行の地を求めて王舎城へ出て来られたときに、いちど会っているのですね。

平川　はい。釈尊は、その容姿が常人とまるで違っておられた。まれに見るたくましい体軀と端正な容貌《ようぼう》をされておられたのですね。その常人と異なる釈尊が王舎城にこられたのを、たまたまビンビサーラ王が見かけたのです。そして「この若者が自分の家来になってくれたら、千人力だ」と考えた。そこで、自分から釈尊のところへ出向いて、「ぜひ私の家来になってほしい。私の家来になってくれるのならマガダの国を半分やってもいい」とまで申し出たのですが、釈尊は、「私は世俗の欲は願わない。ただ悟りを開くことのみを願っているのです」と断られた。

ビンビサーラ王は、たいへん残念がって、最後に、「いつか悟りを開いたならば、必ずこのマガダの国へ来て、法を説いてほしい。私を教化してほしい」と約束して別れていたのです。

森　お釈迦さまとビンビサーラ王は、ほとんど同じ年ごろだったそうですね。一方は、やがて法の王となられる、浄《きよ》らかな若い修行僧。一方は、インドの最強の国を背負う若き国王……。その若き日の約束を果たす再会ともいえるわけですね。

平川　釈尊が伝道の地としてまず王舎城を選ばれたのは、このビンビサーラ王に対して親近感をもっておられたことが一つの大きな原因だったと思われますね。そこで王の帰依が得られれば、教団の名声はいっぺんに上がるわけです。打算でなく、法による救いを一人でも多くの人に浸透させるために、最も有効な手だてと考えられたのでしょうね。

森　マガダ国は当時、大王国だったんでしょうからね。

平川　面積では五百キロメートル四方くらいあったんではないでしょうか。アーリア人が北インドから中インドに入ってくるときには、食糧の調達の必要から小集団で移動してきたのです。そうして安定していくにつれて大きな勢力に併合されていき、釈尊が生まれられたころのインドには十六の国ができていたのですが、それが当時は四大国になっていました。

ガンジス河の北にヴァッジー国とコーサラ国、そしてガンジス河の南にマガダ国とヴァンサ国。その中でマガダ国が最大の国で、やがてマガダ一国に統一されていくのです。

◆より多くの人を救うための国王の教化

森　ビンビサーラ王は、ものすごい権力を持っておったわけですね。

平川　マガダの国は米などの穀物は非常によくできた土地のようですね。伝染病などがなければ、王舎城の人口も相当のものになっていたと思われます。

森　そうして交易、技術が起こってくると、商工業者が大きな力を得てきますね。伝統的な束縛が弱まって新しい思想、宗教を受け入れる土壌が醸成されていたように思えるんですが、お釈迦さまは、そのへんのことも緻密《ちみつ》に計算され、ビンビサーラ王の人となりにも大きな期待をいだかれて、王舎城にお着きになられたように思うのですね。そのお釈迦さまのご期待どおり、ビンビサーラ王は、マガダ国の多くのバラモン、資産者たちを引き連れて、お釈迦さまがいらっしゃる王舎城の入口の前にあるラッティ園を訪れられたのですね。

平川　けれども、人々は、そこに迦葉三兄弟と弟子たちがおるのを見て、これは迦葉三兄弟が若い沙門の釈尊を弟子としてきているのに違いない、と考えてしまった。そこで、釈尊はウルヴェーラ迦葉と問答をする形で、迦葉三兄弟がどうして自分に帰依するようになったか、ビンビサーラ王をはじめ、マガダの人々に知らせるのです。

マガダで最高のバラモンであったウルヴェーラ迦葉が、「あなたこそ私の師であり、私は弟子です」と答えて釈尊を礼拝する姿を見て、マガダの人々は、改めて釈尊の偉大さを知って礼拝する。そのビンビサーラ王をはじめ、マガダを代表するバラモン、長者たちに、釈尊はご自分の悟った真理について説かれていかれたのです。

森　その教えを聞いて、ビンビサーラ王が、あの有名な帰依の言葉を表白されますね。

「尊師は、あたかも倒れた者を起こすように、覆われたものを開くように、方角に迷った者に道を示すように、暗闇の中に燈火を掲げるように、尊師は、さまざまなしかたで法を明らかにされた。私は尊師に帰依したてまつる。法と僧伽《サンガ》《そうぎや》に帰依したてまつる。尊師よ、私を在俗信者として受け入れたまえ」

そして、お釈迦さまとその千人の弟子たちに供養の食事をお受け下さるように申し出て、その席で、お釈迦さまに住んで頂く地として竹林精舎の地を寄進される……。

平川　当時は、まだ建物はなかったでしょう。竹がいっぱい生えている林を比丘たちの住居として寄贈されたんですね。インドでは雨期の四か月が過ぎると雨はほとんど降りませんから、草木が非常に育ちにくい。たまたま地下水の上に生えたものだけが翌年の雨期までもちこたえて少し伸びる。そんな厳しい条件の中で成長する木ですから、木には不思議な霊力がこもっていると考えられていたんです。

森　その木の生え繁る地は非常にすぐれた地として珍重されていたんでしょうね。それと同時に、祇園精舎《ぎおんしょうじゃ》の場合も竹林精舎の場合も、都の町から適当な距離が選ばれていますね。

平川　世俗の騒音を離れて瞑想できる地でありながら、都の町へ托鉢《たくはつ》に訪れたり、また町の人が教えを聞きにいったりするのに便利な地……そういう条件がちゃんと考慮されています。

森　そういうふうにして、マガダ国王の帰依を受け、その首都・王舎城の郊外に、国王から土地を寄進されて僧団の定住の地が定められた。ビンビサーラ王にとってみても、一国の政治を行なっていくのに宗教の力は大切なものだったのでしょうね。

平川　政治とか道徳の根拠には、どうしても宗教が必要ですからね。民衆が最も尊敬する宗教者はだれであるか、そういう宗教者に帰依することで政治の核ができていくわけですね。

しかし、釈尊の教えが、教団が成立してまもないのに、そうした国の為政者に認められるようになったということは、これはたいへんなことだったのでしょうね。

◆釈尊を師と選んだ三人の弟子

〈こうして王舎城の郊外・竹林精舎での修行をはじめられた釈尊と千人の弟子たちは、樹の下、石の上、洞窟などを、それぞれ自分の住居と定めて静かに瞑想の修行を続け、朝、適当な時刻になると、内衣を着け、重衣と鉢を持って王舎城の町に托鉢に出かけるのでした。

その一人にアッサジという弟子がいましたが、そのアッサジの姿を、当時、王舎城で高名な懐疑論者・サンジャヤの門に学び、第一の弟子となっていた舎利弗《しゃりほつ》が、たまたま目にしたのでした。

舎利弗は、アッサジが王舎城の町を托鉢して歩く姿が他の沙門に見られぬ清らかで落ち着いたものであるのに目を見張り、アッサジに尋ねました。

「あなたは誰について出家し、誰を師としておられるのか。あなたの師は、どのような教えを説かれるのか？」

「私は、出家してまだ日が浅く、詳しく説くことはできないが、わが師は、すべてのものは原因があって生ずるのであり、如来は、その原因とそれらを滅する道を説かれる、と教えられる」

そうアッサジが答えたとき、舎利弗は、その言葉の中に、それまで自分が必死に求めてきたものが説き明かされていることを瞬時に悟り、ともにサンジャヤの門に学んでいた目連《もくれん》と、二百五十人の弟子を伴って釈尊の下に出家してきたのでした〉

森　その舎利弗と目連が、やがてお釈迦さまの弟子の中の第一人者となるわけですが、サンジャヤの門に学んでいるとき、すでに弟子の指導を任せられて師範代をしておったようですね。

平川　舎利弗と目連はマガダ国のバラモンの家に生まれ、子どものころからの友人だったと伝えられています。やがて舎利弗は、釈尊の教団の中で智慧第一、目連は神通《じんずう》第一と言われるようになったのですが、舎利弗は、非常に頭のいい人で、釈尊に代わって法を説き、あとで釈尊が「舎利弗の説くとおりである」と承認される場面が、経典によく出てきます。それに対して目連は、実践的な人で、行の力を具えていました。神通第一というのは、修行によって神々の言うことが耳に聞こえ、精霊の言葉を聞き分けることにかけて第一人者だったということですね。

アッサジから釈尊の教えについて聞いた舎利弗は、目連に話し、師のサンジャヤにも釈尊に帰依することを勧めたのです。けれども、サンジャヤは聞き入れなかった。舎利弗を思いとどまらせようとした。それで、舎利弗と目連は、やむなく師とたもとを分かって釈尊の下に赴くのですが、師のサンジャヤには大ショックだったでしょう。血を吐いて悲嘆にくれたと経典に伝えられています。

森　サンジャヤが説いていた懐疑論というのは、どんな説だったんでしょうか。

平川　真理というものは言葉で表現できない。だから判断を中止しているべきだ、といったような考え方です。言葉で真理を表現しようとすれば必ず矛盾が起こり、相手に誤りを指摘される。だから判断を中止しているしかないのだ。論議をしかけられたら詭弁《きべん》を説いて煙にまくのだ……というのがサンジャヤの説だったようですね。

◆最もすぐれた知能と人格を集めた僧伽

森　いわゆる六師外道《ろくしげどう》の一派だったわけですね。

平川　その六師外道と呼ばれる自由思想家の六人の師に共通している考え方は、業《ごう》の力を認めないことなのです。ジャイナ教では、われわれの行為は必ずのちに見えない力を残していく。善業は善の結果、悪業は悪の結果を招来する。だから修行すれば必ずそれだけの効果が現れてくると考えるのですが、ジャイナ教以外の自由思想家は、業の結果を認めないのです。目に見えないものを信用しまいとする、実証主義の立場から出発して真理に至ろうとしていたわけです。

森　二十世紀の今日の状況と似ているところがございますね。

平川　サンジャヤの立場は、つまりは知識論なのです。言葉を越えて真理を求めようとしたけれども、それがつかめない。真理は言葉では表現できないことは分かっても、では真理とはどういうものなのか、暗中模索の状態でおったんですね。そこへ、アッサジから、真理を体得した釈尊の言葉を聞いて舎利弗はハッと悟った。もう真理のすぐそばまで近づいていたんですね。

森　意識下のポテンシャルが相当上がっていた。たとえてみれば、ヒヨコが卵の中でかえるばかりになっていたところへ、外からカラを割る働きがあった……というような感じだったのでしょうね。それだけの力を具えた舎利弗と目連を、お釈迦さまは「きたれ比丘よ」と手を差し伸べられて、受け入れられる。こうして、舎利弗、目連の弟子二百五十人を加えて、釈尊教団は一挙に千二百五十人に膨れ上がるんですね。

平川　それと、もう一人、それから間もなく、マハー迦葉が釈尊教団に加わってきています。

このマハー迦葉は、迦葉三兄弟とは関係ありません。やはりマガダ国のバラモンの家に生まれ、結婚したのですが夫婦ともに世俗の生活を楽しまず、ともに出家修行者となった人です。まず夫のマハー迦葉のほうが釈尊教団に入り、後に比丘尼《びくに》の出家が許されてから妻のバッダカピラーニーも釈尊教団に入っています。

森　そのマハー迦葉が、頭陀《ずだ》第一といわれた人ですね。

平川　舎利弗、目連と並んで釈尊教団の中心をなす人ですが、苦行主義、厳格主義の人だったのですね。

ジャイナ教は非常に厳しい苦行をしますが、釈尊はあまり極端な苦行は説かれませんでした。しかし、苦行したい人はやってもよい、というのが釈尊の立場だったのです。その苦行主義の代表者です。着る衣も、墓場や道に落ちているボロをつづったものしか着ない。食事も一座《いちざ》食《じき》といって、一度しか食べない。そういう十三項目にわたる厳しい戒律を自分に課していったのです。

森　そうして、いよいよ千二百五十人の教団が出来上がり、それぞれ、当時のインド随一のすぐれた能力を具えた弟子たちを擁して、いちやく大教団となった釈尊教団が、僧伽として、どのような修行と成長を遂げていったか……。それは次回にうかがわせて頂きたいと思います。どうもありがとうございました。

＊　二一七頁四行目に、「われわれの行為は必ずのちに見えない力を残していく」と平川先生は言っておられますが、この言い方は「業」のとても分かりやすい表現だと思います。

これに関して、こんな言い方が出来るのではないでしょうか。「行為というものは後に見えない力を残す。たとえば、約束をしても、その約束の言葉は瞬間に消えてしまうが、その言葉は見えない力を後に残しているから、約束の実行を迫られた時、いやとは言えないわけだ。これが「業」である。たとえば、自衛隊もそれなりの役割を持った必要な立場のものだが、社会的にすんなりと受け入れられないのは、かつての日本軍隊のつくった巨大な悪業をしょっているからだといってよい」。

第十二話

平和を実現するための僧伽が守らねばならない戒と律

ゲスト——平川　彰（東京大学名誉教授、早稲田大学教授）

童子敬白

お釈迦さまは悟りを開かれたのちの第二年、第三年、第四年の雨期を王舎城《おうしゃじょう》の近くで過ごされたと伝えられている。ビンビサーラ王から寄進された竹林精舎《ちくりんしょうじゃ》を中心に釈尊教団としての僧伽《サンガ》が確立し、マガダ国のすぐれた青年たちが次々に出家し、在家の信者も増えていったのだが、その僧伽《そうぎゃ》の生活は、どのようなものであったのか。当時のすぐれた青年をひきつけずにおかなかった僧伽の魅力は、どこにあったのだろうか。

◆平和の根源の平等を示す集まり

〈当時のインド最大の王国・マガダの最高の宗教者であった迦葉《かしょう》三兄弟とその弟子、さらに舎利弗《しゃりほつ》、目連《もくれん》とその弟子など千二百五十人の大教団となった釈尊教団は、マガダ国王・ビンビサーラから寄進された王舎城郊外の竹林を精舎として、そこに定住することになりました。

釈尊の教えに随《したが》う比丘《びく》たちは、この竹林の中で、それぞれが木の下、大石の上、洞窟などで静かに坐禅《ざぜん》を組む修行に打ち込んでいきました。

釈尊教団での比丘たちの毎日は、まず、早朝に起き出して、掃除、洗面をすませたあと坐禅を楽しむ。そのあと内衣《ないえ》を着け、重衣《じゅうえ》と鉢《はち》を持って二、三キロメートルの道を歩いて王舎城の町へ托鉢《たくはつ》に出かける。寄進された食物を郊外の静かな場所で食べる。精舎に帰ると、しばらくの休息をとったあと、午後は、また坐禅と経行《きんひん》（食事の後など身心を整えるために静かに歩く）とで過ごし、ときには釈尊の説法を聞いたり、互いに法について談じ合ったりする。夜は四時間ほど睡眠をとり、そのほとんどを坐禅観法によって過ごすという修行生活を続けていったのでした〉

森　政弘　仏教の僧伽の毎日は、およそ、このような生活だったと考えてよろしいのでしょうか。

平川　彰　はい。朝、托鉢に出かける前に精舎でおかゆを食べるということもあったようですね。

森　そういう形で、釈尊教団、仏教の僧伽というものが、はっきり目に見える形をとってくるのですが、その仏教の僧伽の結合は、何によっていたのでしょうか。

平川　僧伽というのは、サンスクリットの「サンガ」の訳で、これは組合とか集団という意味です。けれども仏教の僧伽とは、単なる人々の集団のことではなくて、仏教の理念に基づく社会のモデルを示したものなのですね。

その仏教が理想とする社会が和合僧――つまり平和を実現するための人々の集団なのです。ですから、仏教の僧伽とは、平和を実現するための人々の集まりであり、仏教の修行者の生きている目的は、平和の実現のためにほかならない、ということになるわけですね。

では、その平和、和合は、どういう形で実現されるのかというと、第一に教えを同じくすること、釈尊を師として帰依し、同一の信仰を持つ——これが教理上の和合です。それから、もう一つは生活の面での和合——つまり、食べ物や衣類などを平等に分配し、精舎の部屋や道具の利用を平等にする。それによって僧伽の生活が成り立っていくわけです。

森　平等によって和合がある、平和の本質は真の平等であるということを、生活をもって示そうとしたのが仏教の僧伽であったともいえますね。その真に平等の社会を、いかにして現実のものとなしうるかは、二千五百年後の現代社会においてもなお、最大のテーマとなっているのですから。そうした仏教の僧伽が、具体的にどんなものであったか。その特色を、八つに示した法があるそうですね。

平川　「大海八未曾有法《だいかいはちみぞうほう》」といいまして、仏教の僧伽を大海にたとえて説明しているのです。

まず、第一に、大海はだんだん深くなっていくが、仏教の僧伽の修行もだんだんに深まっていくものであって、急に悟るということはない。

第二には、大海には定まった水位というものがあって水が岸を越えることがないが、それと同じに、仏陀が弟子のために定めた戒律は、たとい弟子が命を失う因縁があろうとも、それを越えることはない。

第三には、大海は屍《しかばね》があれば必ず岸へ運び陸へ上げてしまうが、それと同様に、もし僧伽に戒を破る人、不浄の人があれば、僧伽はすみやかにそうした人々を挙げ、共に住しない。

第四には、大海は、さまざまな名の川が流れ込んでも、ただ大海という一つの名で呼ばれるが、それと同じに、バラモン、クシャトリヤ（王族）、ヴァイシャ（庶民）、シュードラ（奴隷）など、四つのいずれの階級の人も、出家して僧伽に入れば釈尊の弟子の沙門《しゃもん》という一つの名で呼ばれる。
そして、第五には、大海は水に増減がないように、僧伽の比丘たちがどんなに涅槃《ねはん》を現じても、涅槃界に増減があるということはなく、また第六には、大海はただ一つの味をしているが、僧伽の法と律もただ解脱という味しかないのであり、そして第七には、大海には無限の宝があるように僧伽も無限の宝を持っており、第八には、大海に巨大な生物が住むように仏教の僧伽もすぐれた人々を擁している――というように示されているのです。

◆何のために生きるのかへの答え

森　大海の大きさをもった僧伽の包容力と深さを表したようにも考えられますね。それを大きくまとめていうと、平等と平和、つまり、それぞれの天分を百パーセント活《い》かして全体がみごとに調和するという精神に貫かれていることになりますね。
当時、すでに四姓――カーストが存在しておったのですね。

平川　カーストは、アーリア人がインドに入ってきたことで生まれたものですね。まずアーリア人は北インドに定着し、そこからクルパンチャーというあたり、現在のデリーの近くの山岳地帯ですが、そのへんに進んで定着し、それから中インドへ入ってきました。それが千年くらいかかっているんですが、その間に土着の人種との混血を防ぎ、血の純潔を守ろうとして、特に女性の結婚、貞操に家長が厳しい制約を課したのです。

男性の場合は、たとえば奴隷階級の女性を何番目かの妻にするということも認められましたが、アーリア人の女性が奴隷階級の男性と駆《か》け落ちなどしたら、カーストの外へ出されてしまう。そうして、次第に四つの階級が定着化していったのです。

森　ところがお釈迦さまは、その四つの階級がすべて平等であると説かれたのですね。

平川　釈尊は、一切の人間は同じ価値をもっていると認められた。すべての人は仏性において平等だ、ということですね。ですから、釈尊は法の師としては、ほかの比丘とは比較を絶する存在でしたが、僧伽の中での物質的生活では、ほかの比丘とまったく平等に過ごされたのです。食事でも着物でも「釈尊は一分を受けられた」といわれます。十人の比丘がいれば十分の一、二十人の比丘がいれば二十分の一を受けて特別に余計にとられるということはなかったのですね。涅槃に入られるときも「僧伽が物を平等に分け合って生活している間は、仏教の教団に衰亡はないであろう」と説かれているのですが、それが僧伽のめざす姿であったんですね。

森　世間では人間を四つの階級に分けて差別しているけれども、バラモン階級も王族階級も奴隷階級も、人間としての価値に変わりはないのだと認められた。そういう人が現れると、たとえば現代の社会ですと、自分は社会の下積みだと思い込んでいる人たちのほうが、より強く共鳴しますね。ところが、お釈迦さまが、バラモンも王族も奴隷も同じ人間として尊重されなければならない、と説かれたとき、それに共鳴して僧伽に入ってきたのは、むしろバラモンや王族といった、いわば上流階級の人たちのほうが多かったように思いますが……。

平川　たしかに舎利弗、目連、大迦葉といった釈尊教団を代表する弟子たちは、バラモンでしたし、名前の残っている人はバラモン階級出身の人、王族出身の人が多いですね。それは、やはり、そういう階級の人が、より強く当時の社会の矛盾を認めていたからではなかったでしょうか。現代の社会を見ても分かるように、豊かになればなるほど、逆にその社会では生きがいというものがなくなってしまうんですが、釈尊がおられた当時のインドの社会も、たいへん豊かだったのです。食糧が非常に豊富だった。ガンジス河の氾濫《はんらん》で、上流から肥沃《ひよく》な土砂が運ばれてくる。米作の技術も急速に進歩した。現在のインドの稲は小さくて実も少ないんですが、あれは二千五百年も同じ土地に肥料も与えないで米を作ってきたからで、当時はまったく違っていたのです。

そうして食糧さえ豊富であれば、暑い国ですから、着る物は豪華な衣装、絹の着物など必要ない。汗をびっしょりかいて毎日、洗濯しなければなりませんから木綿がいちばんいいんです。住居も、なまじバラックなんかだと外からの暑さを遮《さえぎ》れない。住める家を建てようと思ったら壁は三十センチメートルくらいの厚さに造らなくちゃならない。そんな家を作るにはべらぼうな金がかかります。それより、木の下に寝たほうが、ずっと気持ちがいいんですよ。

森　なるほど、なるほど。だれかの笑い話に、こんなのがありました。日本の商社が南の開発途上国へ経済進出していきましてね。モーレツ社員がモーレツに働く。それを椰子《やし》の木の下に寝ころがって見ていた原地人が、こう尋ねるんです。

「何している?」「仕事している」「仕事して、どうなるか?」「社会のためになり、会社のためになる」「会社のためになると、どうなるか?」「会社が儲かる」「会社が儲《もう》かると、どうなるか?」「月給が増える」「月給が増えたら、どうするか?」「別荘を建てる」「別荘建ててどうするか?」「休みに木陰で昼寝する」「そんなこと、わたしはもうしてる」……。

生きること、働くことの目的を物質的な面だけ、外面的なものだけに求めていくと、結局、なにもしないほうがいいことになってしまうんですね。

ところが、社会が物質的に豊かになるのに比例して人は、さらに物質的なもの、外面的なものだけ追求するようになっていくんです。そして行き詰まり、何のために生きているのか分からなくなってしまう。

平川 そうして物質的に満たされると、精神的な面を求めないではいられなくなるように人間の社会はできているんですな。

当時のインドでも、豊かな生活に包まれていた人たちの中で、その社会の矛盾をとりわけ鋭く感じ取る人たちが、何のために生きるのか、その意味を求めずにいられなくなった。それに釈尊の僧伽が明確に答えを与えていったわけです。「人がこの世に生きるのは平和を実現するためである」……と。

◆法の親〝和尚〟を師と定めた修行

〈仏教の僧伽に入ってくる人たちは、釈尊の人格に対する帰依と、その教えこそ真実であるという信念と、僧伽の生活の素晴しさへのあこがれを持っていた人々でした。

僧伽の団体生活は厳しい規則がありましたが、比丘たちはそれを承知の上で僧伽に加わってきました。また、僧伽には富もなければ、快楽もなく、逆に、そうした世俗的なものを一切捨てなければ入団を許されない世界でしたが、人々は自ら志願して入ってきたのでした。それは世俗的な生活に意味が見いだせなくなって、人間は何のために生きるのか、その真実を求めるためだったのです。

釈尊の教えを聞き、僧伽で修行して、それを究めたいという自らの願い——それこそが僧伽の団結力の根源だったのでした〉

森　世俗の生活を捨てて、ただひたすら「人生、何のために生きるのか」の答えを求めていきたいという〝志願〟がありさえすれば、だれもが僧伽に入れたんでしょうか。

平川　最初は、「私は仏と法と僧に帰依します」という誓いだけでも、「来たれ比丘よ」と釈尊が出家を許されたこともあったようです。けれども、比丘の数が多くなると、いちいち釈尊が許可を与えるわけにまいりません。そこで具足戒《ぐそくかい》という儀式によって出家を認めるようになったのです。

この儀式は十人の比丘によって行なわれました。まず、出家を願い出る人は和尚《おしよう》（ウパーデャーヤ。宗教的な師の意）を決めます。「あなたに私の和尚になって頂きたい」「よろしい。和尚になりましょう」と決まると、具足戒の儀式の議長をつとめる羯磨《こんま》師《し》一人、それから、資格審査をする教授師一人、そして、他に証人になってもらう比丘七人、計十人に集まってもらう。すると、それが部屋の中でも、舟の中でも、そこが独立した僧伽となり、戒壇《かいだん》となって、具足戒の儀式が行なえるのです。

のちに辺境で比丘が集まらないときは、五人でもいいことになりましたが、二百人、三百人という僧伽全体が集まるわけにはいきませんし、かといって誰も知らないうちに一人、二人でかってにやってもいけないのです。当時は戸籍などありませんから、自分がいつ、誰を師として具足戒を受けたか、証人になってもらう人、記憶しておいてもらう人が必要で、その証人に七人の比丘になってもらう。あまり老人の比丘ばかりだと、みんな死んでしまって誰も証人になってくれる人がいなくなりますから、なるべく同年配の人を集めたのですね。

議長の羯磨師は、「これから、この人を仏教の僧伽に入れたい。和尚は某《なにがし》である。教授師が調べたが障害になる条件はなかったので、この人を希望どおり僧伽に入れることを許可したい。反対の人は発言してほしい。賛成の人は沈黙していて下さい」と三回繰り返し、反対する人がいなければ、それで入団の許可が与えられます。

森　教授師が調べた結果、出家が許可されない条件というのは、どういう場合なんでしょうか。

平川　第一は、和尚の引き受けて手がない者。第二は満二十歳に達していない者。第三は比丘の三枚の衣を持たない者、第四は鉄鉢《てっぱつ》を持っていない者。第五は、父母の許可を得ていない者。第六は負債をかかえた者。これは出家して比丘になってしまうと借金を取り立てることができないからです。それから第七は、お金で買われた奴隷の場合。第八は官吏、軍人の場合。第九は、男でない者。第十は、伝染病など病気を持っている者……が挙げられています。

しかし、これらの条件は、それが整いさえすれば、すぐ出家が許されるものです。

これとは別に、たとえば父母を殺すといった五逆罪《ごぎゃくざい》を犯した者は出家が許されない、といった条件がありました。そういう条件について、戒律にくわしい比丘が教授師となって聞き出し、いわゆる資格審査をするんです。

森　和尚さんは、何をするんでしょうか。

平川　出家して僧伽へ入ると、世俗の世界での父親はなくなってしまいます。それに代わる僧伽の父親が和尚、法の父親、比丘として育ててくれる親ですね。

僧伽は教育の場、修行の場であるのですが、その教師が和尚です。弟子は和尚について、まず食事のしかた、托鉢のしかたから始まって、行儀作法を一つ一つ教えてもらいます。和尚が外出するときは、弟子が和尚のお衣を持ち、鉄鉢を持って、あまり近くもなく、あまり遠くもなく、その後について歩く。

こうして、行住坐臥《ぎょうじゅうざが》、和尚に付き従って、戒律について、坐禅観想のやり方について、説法のしかたについて習っていくのです。

この和尚と弟子の関係は、たいへん厳しいものでして、弟子は誠心誠意、和尚に仕える。和尚は責任をもって弟子を教育する。病気のときは互いに看病し合う。和尚が年老いて托鉢に出かけられなくなったら、弟子が托鉢してきたものを分け合って食べる。

いったん和尚と決めた人は終生変えることができません。和尚が死んでも別の和尚につくわけにいきません。依止《えじ》の阿闍梨《あじやり》（アーチャーリヤ）となってくれる人を頼んで、その人について修行するのです。

森　仏教は「行ずる宗教」といわれますね。いわゆる全知全能の神の前にひれ伏して救済を願うのでなく、仏教に帰依したならば、その教えのとおりに行じて自らを浄《きよ》めていく。それによって救いが約束されるのが仏教であるわけですね。その行というのが、僧伽という集団に加わって、しかも身近にいる和尚の人格をとおして、毎日の一挙手一投足を戒律によって整えていくことであり、その実践そのものが仏教の信仰であったことがよく分かりますね。

仏教の信仰は観念的に真理を理解するというだけではなく、また大衆に向かって声を大にして説教することでもなかった……。

平川　仏教の僧伽というのは、そうして和尚から弟子へという形で教えを伝えていく役割が一つ、そしてもう一つ、一人一人の比丘が戒と律に基づいて実践していく、その姿を世の人々に示すことによって、「なるほど、仏教とは人間の真実の生き方を示すものなのだ」と、社会の人々に影響を与えていく役割を果たしていったわけですね。

森　戒律によって自分を整えていくことによってはじめて真の自己が実現可能になる、それが仏教の救いですね。

◆よき習慣を体するための戒と律

〈竹林精舎を中心に、マガダ国での伝道が、一年、二年と続けられていきました。マガダの国では、すぐれた若者たちが次から次へ釈尊を師として出家し、仏教の僧伽に加わってきました。そのために、「沙門ゴータマは、親から子を奪い、妻から夫を奪ってしまう」という非難が浴びせられたことさえもあったほどでした。

このように仏教の僧伽が膨れ上がってくると、教団の統制のための規則が必要になってきました。そして、その統制を乱すものがあることに、一つ一つ規則が定められていき、それが二百五十戒といわれるものになっていったのでした〉

森　戒律といいますと、教団が制定して、僧伽のメンバーがそれに強制的に従わされる、いわば法律と同じもののように受け取られがちですが、仏教の戒律は、人から押しつけられて、いやいや守っていくというものとは本質的に違うはずですね。

平川　僧伽というものは、僧伽に入って修行したいと願う比丘個人の意志によって成り立っているわけですね。しかし、そうして人々が集団をつくると、その人々が一定の団体行動をとるための客観的な規範がなくては、僧伽の結合が維持していけなくなります。僧伽といえども、この二重性を常に忘れてはならないわけで、その比丘個人の決意が「戒」であり、僧伽の規則が「律」なのです。

戒は「シーラ」の訳語で「善き習慣」の意味です。『大智度論《だいちどろん》』には、「好んで善道を行じて、自ら放逸ならざることを戒という」と教えています。

森　たとえば「五戒」をうけて、自ら「殺生はしない」「邪婬は行なわない」「盗みはしない」「嘘はつかない」「酒は飲まない」と決意すれば、その戒によって酒を飲みたいと思っても、飲むことができない。それを押して飲めば心を安らかに保つことはできないわけですね。

みんなが定めたことを自分が定めたごとくに守る、というところに修行の意味があると思うんです。それが仏教の戒律というものではないでしょうか。誰が見ていなくても自発的に守る、それによって自分の心を洗い浄めていく……それが戒ですね。

平川　はい。それから「律」は「ヴィナヤ」つまり「調伏《ちょうぶく》」です。間違った心をたたき直すためのものが律です。千人を超える人が集まるようになった僧伽の、そのすべての人が釈尊のような立派な人格者であり、常に自らを律して過つことがないというふうには、なかなかいきません。ですから、ときには強制的に、それを直していかなくてはならない。教団の秩序を乱す人は、規則によって罰せられたのです。

この戒と律が、うまく調和したところに仏教の戒律の意味があるのですね。

森　そこが、むずかしいとこですね。自発的意志の戒だけだと、妥協してしまう。お酒を飲んでも、飲まれなければいいんだ、戦争で人を殺しても、より多くの人を救うためだ、というように自分に都合のよい解釈は、いくらでも勝手につけられますから。

かといって、たとえば殺生は絶対に犯してはならんのだからというんで、道を歩くのに無意識にでも虫を踏み殺してはならないとノロノロ歩く、肉食は絶対いかん、とあまり厳しく戒律の一か条、一か条に固執したことで、小乗仏教国の近代化が後れてしまったわけですね。

平川　仏教の戒律は釈尊がつくられたことになっているのですが、それは随犯随制で、好ましからぬ行ないがあったそのたびに、「こういうことをしてはいけない」という形で定められていったものなのです。

たとえば、インドのような暑い国では、お酒を飲むと寿命を縮めてしまうんですね。ですから、これは、仏教の戒律ばかりではなくて、政府のレセプションの席にもお酒は出ません。肉食も体に悪いのです。

森　そういう禁止というものは相対的なものであって、時代や場所によって、適切であったり不適切なものになったりしますね。結局、出家の目標である悟りにいたるために、それを妨げるものは排除し、有用なものは積極的に進めるという決意が大切なんでしょうね。

たとえばスポーツの選手が一人前になるためには、正しい練習を続けるという〝よい習慣〟を自ら決意して守りとおさなければなりませんし、また体調を維持するためには、暴飲暴食したり、夜ふかししたりしたら厳罰をもってのぞまなければならない。
この戒と律が名選手に育てんがための慈悲そのものであるわけですね。

◆理想社会のモデルを示した僧伽

森　当時、二百五十戒という戒律が定められていたと伝えられていますが、具体的に、どんなことが定められていたのでしょうか。

平川　仏教の僧伽でいちばん重い罪は「波羅夷罪《はらいざい》」（パーラージカ）といわれるものでしたが、これは教団から追放することです。僧伽は、その罪と共に住することはできないという考え方ですね。

この教団追放に処せられてしまう罪の第一は、男女の性関係の過ちです。次が人の命を奪うこと。この中には堕胎も入ります。自殺もいけないのです。死んでしまったら罰するわけにはいきませんが、生き残ったら、この罰を受けなくてはなりません。次は盗み。当時のインドでは人の命がきわめて軽くて五銭以上のものを盗むと死刑に処せられたのですが、それに相当する盗みを犯したとき教団から追放されました。それから大妄語《だいもうご》。これは悟っていないのに悟ったと偽《いつわ》りを言うことで、この罪を犯すと僧伽の中においてもらえない。

森　大学を卒業していないのに大卒だと学歴を偽るようなものですね。

平川　頭を剃《そ》って、衣を着て鉄鉢さえ持っていれば、人々がその鉄鉢に食べ物を入れてくれて生活ができるわけです。修行する心なんかまったくないのに、ただ食うために僧伽に紛れ込む人もいたんですね。悟ってもいないのに悟ったといいえば、人々の尊敬が集まる。名声を博し、供物も多くなる。けれども、これほど教団の秩序を乱すことはないわけです。

森　そういう罪を犯した人は、仏教の僧伽をもってすらも救いえなかったことになるのでしょうか。

平川　「縁なき衆生」というものが、やはり存在したのですね。僧伽の結合をくずす人は、僧伽がどう考えようと追放しなくてはならなかったんですね。

しかし、この波羅夷罪以下は、僧伽でマネジメントできる罪として、一定の期間の謹慎で再び罪を犯さないと認められれば、許されます。それが僧残罪《そうざんざい》です。けれども、その謹慎が、たいへん厳しいものだったんです。

僧残罪の第一に挙げられているのは自慰行為ですが、それを犯すと、これまで僧伽でみんなと一緒に生活していたのが、別住という小さな部屋に移されます。懲役みたいなものですね。そして七日の間、みんなが食事をとるために集まる場所で、「私は、このような罪を犯して七日間の謹慎をしている者です」と、懺悔《さんげ》を繰り返さなければならないんです。

僧伽の中ではふだん、弟子が師に対して足を洗う水を用意します。目下の人のほうから目上の人に対して礼拝し、あいさつするのですが、僧残罪を犯して謹慎中の比丘は、自分の弟子でも目下の人でも礼拝しなければなりません。
こうして恥を忍んで七日間の謹慎を終えると、法の親である和尚が、弟子の罪を解いてやるために僧伽を集めて、「この比丘は、七日間、このように謹慎した。今後は罪は犯さないから、許してほしい」と懇願するのです。
すると戒律にくわしい、羯磨師が立って、「皆さんは反対ありませんか？」と三たび問います。このとき、実際に謹慎していないようなことがあって、それを知っていたら、必ず、それを言わなければなりません。もし、知っていて黙っていると、それは沈黙の妄語という罪を犯すことになってしまうんです。

森　心の制御を失わせる状態、自分で自分を汚していくような行為が戒律として禁止されていたわけですね。そうした行為は、悟りとはまったく逆の方向へ自分を向かわせてしまう元凶であるわけですから。
それにしても、相当厳しい謹慎、懺悔が課せられたわけですが、そうした罪に相当する行為は誰かが告発したのでしょうか。

平川　そうした罪に相当する行為をなした場合は、人に指摘されて懺悔するんではなく自発的に懺悔するのです。それは自分を浄めるためなのですから。
戒律を犯す行為をなしていながら、それを隠していることは、その行為によって自分を汚し、それを隠すことで、さらに自分を汚していくことになってしまいますね。それでは、自分が何のために僧伽に入っているのか分からない。僧伽に入って修行しているのは、自分を浄めるためなのですから、そこで自分を汚していたのでは、教団にとどまる意味はまったくなくなってしまうわけです。

森　そのとおりですね。仏教の僧伽にありながら、仏さまの教えのとおりに行じる努力をしようとしない。自分の内面がアウト・オブ・コントロール、つまり制御を失って放逸になっているのであれば、僧伽に加わっている意味は、まったくなくなってしまう。また、そういう人を、そのまま放置しておいたのでは、人々を真の救いに導く僧伽ではありえなくなってしまいますね。

最初に、僧伽とは平和の実現、真の平等の世界を創り出していくことをめざす以外の何ものでもない、とうかがったのですが、その平等、平和は、日常の一挙手一投足を互いに厳しく見守り合い、磨き合うことを続ける中にのみあるのであり、その僧伽の姿があればこそ、マガダの都のすぐれた若者たちが、われもわれもと釈尊教団に加わってきたのであったことが、よく分かりました。いろいろ、ご教示頂きまして、ありがとうございました。

＊　二二四頁の九行目に、「大海八未曾有法」という言葉がありますが、これに関して、仏教には海の広大さに喩えた言い方が種々ありますので、その内、有名なものを、左記に挙げておきます。

・「法《のり》の海」「法海」――仏法の広大なことを、海に喩えた語。

・「苦海」――現実の苦の世界を海に喩えた語。苦海に溺れる、というように使う。

・「海は如何なる川をも拒まず」――懐の大きさと同時に、川は海へ流入すれば個々の名も消え去る（無の世界へ入る）ことも表す。
・三帰礼文に――「智慧海の如くならんことを」、の言葉あり。
・海印三昧――大海がすべての生き物の姿を映し出すような智慧を得る三昧。華厳宗では、この三昧の力で、事事無礙法界(1)が成り立つとされている。
・盲亀浮木《もうきふぼく》――大海に住む盲目の亀が、百年に一度海中から頭を出し、そこへ風のまにまに流れてきた板の穴に、その頭がはまるくらい、仏法に巡り会うことは希《まれ》という意。

（1）この内容は高度難解ゆえ、ここでの説明は略します。

第十三話

新興都市の在家の人々の間に広まっていった仏教

ゲスト——奈良康明（駒澤大学教授）

ゲスト

奈良康明（なら・やすあき）

一九二九年—二〇一七年。千葉県に生まれる。東京大学文学部印度哲学梵文学科卒業、カルカッタ大学大学院比較言語学科博士課程留学。文学博士。駒澤大学教授・学長・総長などを歴任する。著書に『仏教史Ⅰ』（山川出版社）、『仏教と人間』（東京書籍）ほか多数ある。

童子敬白

マガダ国を中心に遊行《ゆぎょう》を始められたお釈迦さまの僧伽《サンガ》には、出家者とともに在家の帰依者も次第に増えていった。その在家信者となった人々の多くは、当時のインドの社会に新しく生まれつつあった都市生活者であった。お釈迦さまは、その都市生活者を中心とした在家信者にどのような教えを説かれていったのだろうか。

◆都市を中心に広がる在家信者

〈マガダ国の都・王舎城《おうしゃじょう》を中心にして、当時の最もすぐれた宗教者を集め、マガダ国王ビンビサーラから竹林精舎《ちくりんしょうじゃ》を贈られて僧伽《そうぎゃ》の形をととのえた釈尊教団に、さらにすぐれた若者たちが次々に投じていきました。

釈尊は、そうした出家修行者とともに、ビンビサーラ王をはじめとする王宮の人々、重臣たち、さらには、村長《むらおさ》、家長など在家の信者にも法を説き示され、在家の信者が次第に増えていったのでした。

当時のインドの社会は、大きな変動期で次第に都市が形成されつつありました。流通経済が盛んになり、貨幣経済が急速に発展してきて、大工、石工、漁夫、料理人、理髪師など、職種の分業化が進み、職種別の組合がつくられて、新興資産家の台頭がみられるようになりましたが、そうした人々に広く釈尊の教えが広まっていったのでした〉

森　政弘　前回は、当時の人々が、お釈迦さまの教えにどのように吸い寄せられてきたのか、出家して比丘《びく》となった人々を中心にうかがってきました。それと並行して、在家の信者も増えていったようですね。

お釈迦さまは、出家してくる人々に対してだけ教えを説かれたのではなく、世俗の生活を続けながら教えを求めてくる一般の人々にも教えを説いていかれたわけですね。在家の人々は、どのような形で、お釈迦さまの教えに触れていったのでしょうか。

奈良康明　釈尊を師として出家し、修行を続けていた釈尊の教団も、精舎ができるまでの最初期のころは、当時の出家修行者一般と同じように、町の中や屋根のあるところでは暮らさず、大きな樹の下や大きな石の上で坐禅《ざぜん》を組む、という生活をして、町から町へと遊行を続けていました。

そんな遊行の生活の中でも、比丘たちが、しばしば使う場所がありました。たとえば、王舎城の近くの霊鷲山《りょうじゅせん》などは、洞穴がたくさんあって、修行のための居住に適していましたから、しばしばここで釈尊と比丘たちが修行することがあったのですね。

森　そういう場所へ、在家の人が訪ねていって教えを聞かせてもらう、ということがあったんでしょうか。

奈良　はい。釈尊が霊鷲山におられるとき、マガダの国王ビンビサーラが釈尊に教えを頂くために、しばしば出向いたことが経典に書かれています。途中まで車で行き、あとは歩いて登って行くのです。これは当時の宗教者に対する敬意の表し方の一つでした。

こうした霊鷲山のような場所では、釈尊が説法をされる時間を決めておき、その時間に在家の人々が聞きに行くということもあったようです。そうして町から離れた場所で修行している比丘たちも、毎日、托鉢《たくはつ》に出かけます。また信者から食事の供養の申し出があれば食事をご馳走《ちそう》してくれる家へ出向き、そこで、その家の人をはじめ縁者や隣近所の人たちに説法をする、ということもありました。

また遊行される途中で釈尊が出会った人に説法されるというケースも多かったようですね。『スッタニパータ』という古い経典に、釈尊が遊行をして町を歩いていかれると、貧しい掘っ立て小屋に一人の老婦がいた。釈尊はその老婦に声をかけられ、そこで教えを説かれた、と書かれています。

森　在家信者の中からえりすぐった人に教えを説いて、その人たちが一般の人たちに教えを広めていくようにする、といったような方法はとられたんでしょうか。

奈良　そうした、在家者の講とか組合みたいな組織による布教はなされていません。やはり、釈尊をはじめとしてお弟子の人たちが各地を遊行しながら、その折に縁あって触れる人々に、「あなたは何をくよくよと悩んでおられるのですか。私の話を聞いてみなさい。そうすれば、安心《あんじん》の生活ができるんですよ」と言う形で説かれていったのですね。

森　釈尊が三迦葉《さんかしょう》を弟子に加えられてマガダへ入られ、竹林精舎に住まわれるようになられたそのときは、マガダにどのくらいおられたのでしょうか。

奈良　何年間、マガダにおられたか、記述されたものがありませんから正確には分からないんですが、三、四年は滞在されたのではないかと思われます。それを調べる唯一の手がかりは、一年のうち、六、七、八月の三か月の雨期を過ごす雨安居《うあんご》をどこで過ごされたかをたどるしかないのですが、当初、マガダで三回ほど続けて雨安居を過ごされているのです。

この雨安居の記録からみると、釈尊がいちばん多くおられたのはコーサラ国で、このコーサラ国とマガダ国の間を何回となく往復されたことが分かります。当時、マガダとコーサラの間には商業交易路が開けていて、釈尊はその道の途中にあるパータリプッタ、ヴェーサーリー、クシナーラーなどの町を遊行されながら教えを説かれておられます。

森　当時、すでに都市が形成されてきていたんですね。

奈良　釈尊が世に出られる二、三百年前まで、インドの社会は自給自足の閉鎖的な村落共同体が中心だったのですが、釈尊の時代になりますと、技術革新がなされて、農業生産や各種の手工業生産が飛躍的に増大してきました。消費を上回って生産が増えると、その余剰品が商品化され、商人が誕生してくる。

この商人が商品を輸送するとき、盗賊に襲われるのを防ぐために護衛者が必要となって、商人と武力を持った権力者とが結びついていきます。権力者に守られて交易はますます盛んになり、各地にマーケットができる。そのマーケットを中心として、やがて都市が形成されていくわけです。そうして、これまでの自給自足の村落共同体の生活から離れた、まったく新しい都市生活者が生まれてきたのです。仏教は、そうした新興都市を中心に広まり、都市の人々に受け入れられていきました。ですから、仏教は当時は都市型の宗教だったといえますね。

森　お釈迦さまが説かれた教えは、在来の宗教にない新しい思想だったのですから、伝統に縛られがちの小さな自給自足の村落共同体だと、そんなに急速に教えは広まらなかったでしょうからね。

奈良　釈尊を外護《げご》した人たちをみますと、圧倒的に大商人、組合の組合長、手工業者の主だった人が多いんです。そうして、コーサラ国の舎衛城やマガダの王舎城に精舎が建てられてからというもの、仏教の在家修行者は急速に増えていったんですね。

◆あらゆる階層に求められる教え

森　マガダのビンビサーラ王をはじめ、村長、家長、長者、バラモンなど、さまざまな階層の人たちが在家信者としてお釈迦さまに帰依していますね。そうして在家信者となった長者や組合長の職種が、理髪業、料理人、調馬師、洗濯屋さんと、当時、すでにこんなにも職業の分業化が行なわれていたのかと、びっくりするくらい多種多様ですね。

奈良　村落形態のときから、職業の分化はある程度なされていたのですが、都市ができると、非常に職業分化が進んでいきました。

森　その職業について、貴い職業、賤《いや》しい職業という見方があって、それがいわゆるカーストになっていくのでしょうか。

奈良　カーストの問題は仏教がインドの社会にどのように浸透していったかを考えるときに避けてとおれないものですが、それが職業にも大きな関係を持っているわけです。

当時のインドの社会、特に生活の中に深く溶け込んでいたヒンズー教の考え方の中には浄・不浄の観念があって、これが基本的な価値観になっているんです。そのことを理解しておかないと、カーストはなかなか理解しにくいのですね。

この浄・不浄と職業の関係は、たとえば、死や人間の排泄物《はいせつぶつ》は汚れとされていますから、それに関係している職業は不浄の職業であり、それに携る人は下層に属することになります。死体運搬人はもちろんですが、漁夫も魚を殺すから汚れた職業であり、植物を殺す菜種の油しぼりも汚れた職業に入れられます。また洗濯屋は人間の排泄物である汗やアカの付いた着物を扱いますから、これも不浄の職業とされるわけです。

こういうふうに職業を浄・不浄の観念で差別していくと、上層の人は汚れの強い職業に就こうとしない。下層の人は、汚れの少ない職業に就くことができなくなってきますので、どうしても世襲の形がとられていきます。このように浄・不浄の観念と職業が絡み合ってカースト制が固定化されていったわけです。カーストといいますと、よくインドにはバラモン（祭官）、クシャトリヤ（武士、貴族）、ヴァイシャ（商人）、シュードラ（奴隷）という四姓制度があって、生まれによってそれが決められるように考えられていますが、この四姓制度は、実は古代のインドの社会についてバラモンが自分たちの都合がいいように作りあげた理想像だったんです。

もとはアーリア人が原住民と差をつけるために生まれたものなんですが、いわゆるカースト制度とは別ものなのです。社会の実質をもつカースト制度は職業集団、血縁関係をもとにしながら世襲職業化していくことで固定化していったのです。そうしたカーストが一緒になって都市や村落共同体を構成していく。

不可触賤民といわれる最下層の人は村外別居といって村内に住むことができませんでしたが、あとのカーストは一つ村内に一緒に住んで交流していたわけです。ですから、異なった階級の者の間では、汚れが移らないようにしなければなりません。たとえば上の階層の人は下の階層の人から手でものをもらうことができないんです。

森　一切平等の教えを説かれるお釈迦さまは、当然、このカースト制を否定されておられたんでしょうね。

奈良　出家してきた比丘を出身のカーストによって差別するようなことは一切なさっていません。そのことをうかがい知るよい例だと思うんですが、仏典に、こんな話があるのです。

ある日、釈尊のお弟子のアーナンダ（阿難《あなん》尊者）が遊行先で喉が乾いてたまらない。とある家の娘さんに「水を飲ませてほしい」と頼まれた。すると、その娘さんは「私はマータンガ（最下層の階級の職業の一つ）の娘ですので、私の差し上げる水を飲まれると汚れますから」と言って、お断りした。するとアーナンダ尊者は「私は出家して比丘となった身。そんな心配は無用です」と言って、娘さんから水をもらって飲まれるのです。

森　だからこそ、身分が賤しいとされていた理髪師から王侯・貴族に至るまで、各階層の人々が釈尊教団に帰依していったわけですね。

奈良　ただ、お釈迦さまはカーストについて問われれば、「そのような差別は意味のないことだ」とキッパリおっしゃられましたが、カーストという社会制度そのものを改革していく行動はとっておられません。あくまでも、世俗を捨てた出家修行者の立場にあられたわけです。

といって、もちろん、社会がどうなってもかまわない、というのではありません。釈尊は、社会の実相を見とおす透徹した眼を具《そな》えられて、カーストに苦しむ人々に対してもあわれみの目を注いでおられたのですが、その社会を根底からよくしていくのには、あくまでも個人の心を調え、改めていかなければならない、という点に教えの力点を置かれていたわけです。

◆どのように我執を取り去るか

森　閉鎖的な村落共同体が流通経済の発展にともなって次第に都市に形成されていく、という社会の変動期には、人々の考え方も大きく変わってきますね。ちょうどそのころ興った仏教が急速に人々の間に広まっていったのは、仏教が、その新しい時代に即応した、新鮮なものとして受け止められたからでしょうね。

奈良　釈尊は、「心を調えて生きていこう」ということを強く打ち出されたんですが、それは、当時、非常に新鮮な教えだったんですね。

というのは、それまでの宗教は、バラモン僧が祭司となって火を焚《た》き、護摩《ごま》を行じ、神に祈りをささげて豊作を願う、といった呪術的な要素の強いものだったのです。ところが、閉鎖的な社会が崩れてきて、部族や種族間の交流が行なわれるようになり、それぞれの部族や種族が持っていた神や宗教的観念、さらには、さまざまな宗教的儀式が持ち込まれてきて宗教形態が多様化してきました。

と同時に、それまでバラモン僧を中心に行なってきた旧来の宗教儀礼に、疑いが持たれるようになってきたのですね。そこへ新興資産家が台頭してくる。巨大な金の力を持った資産家によってバラモンの社会的優位性がますます崩されていくことになるわけです。

こうした社会の趨勢を反映して、新しい思想、新しい宗教運動が興ってくるのは当然だったのです。実際、当時のインドには、さまざまな宗教家、思想家が現れて新しい説を唱え、百家争鳴の状態でした。仏教も、そうした反バラモン的新興宗教の一つだったわけです。

特に釈尊の教えは、新興資産家などの一般の在家信者に対して、「正しい法に則《のっと》った正しい生き方」を、人間関係のあり方から財産管理の仕方についてまで具体的に説き示したものでしたから、人々の心にピカッと光るものが感じられたのでしょうね。

森　外道《げどう》と言われる人々も、そのころの宗教家や思想家だったのでしょうか。

奈良　当時は数多くの外道がいました。仏典には、ある外道の供養をしていた在家信者が、釈尊の教えを聞いて釈尊に帰依するようになり、外道に見向きもしなくなったため、外道が怒って釈尊を非難する、という場面が数多く出てきます。

森　ライバル意識を持っていたけれども、お釈迦さまには及ばなかったわけですね。そのように当時の社会の人々の心をとらえていったのは、お釈迦さまの教えの、どのようなところだったのでしょうか。

お釈迦さまの教えは、いわゆる「縁起の道理」の教え、無我の教えですね。出家して比丘となった人たちに対して、お釈迦さまは徹底して無我になる修行を説かれましたが、在家者に対しても、無我説を説かれたのでしょうか。

奈良　はい。在家の人々に説かれたのも、基本的には出家者に説かれたものと同じものでした。基本は、「人間の歩むべき道は、苦行にも快楽にもはまりこむものでなく、縁起に基づいた「四諦《したい》」の教えに随《したが》って、中道である「八正道」を踏み行なうこと」だったのです。

自分の心を調えて、我執を捨て去るように努めることこそ、安楽に暮らす道であると示されていったのです。〝我執を捨てる〟ということは〝無我〟になることですが、〝無我説〟といいますと、ともすると「霊魂とは……」だとか、「死後の世界は……」といったような哲学的な論議であるかのように思われがちなのですが、釈尊が説かれたのは、そんな形而上的な論議ではありません。

一人一人が、自分の毎日の生活の中で、〝おれが、おれが〟と考える、その〝おれ〟を取り去れ、〝おれのもの〟という〝我執〟を捨てよ、と教えていかれたのです。

〝おれが〟だとか〝おれのもの〟という観念は煩悩欲から生まれてくるものですが、互いに〝おれが〟〝おれが〟を振り回せば、〝おれが〟と〝おれが〟がぶつかり合って、そこから争い、嫉《ねた》み、憎しみ合いが生じてくる。苦悩の絶え間がなくなる。

そこで、苦悩のない人生を歩むためには、この我執を捨てる努力をしなければならない、と釈尊は教えられるわけです。けれども、〝我執を捨てよ〟という教えは理屈では分かっても、容易なことで身につけられるものではありません。だからこそ、真の解脱、悟りを求める人とは世俗の生活のすべてを捨て去り、社会を捨てて出家し、禅定《ぜんじょう》の修行に専念してそれを求め続けたわけですが、教えを守って努力しさえすれば、在家者でも、一歩ずつ、その出家者の到達する境地へ近づいていくことはできるのです。

在家者に対しては、具体的に、両親を敬い、師を尊敬し、他の人々を尊ばねばならぬ、というように社会生活の規範として、この〝無我の教え〟が説かれましたが、それらの教えが、すべて〝我執を捨て去る〟ための実践の道を示したものだったのですね。

こうして毎日、積み重ねていくべき努力の基本が「八正道」であり、その努力自体が「中道」を歩むことになっていたわけです。

森　在家生活者にとっても、我執を捨てた生き方のほうが、より生活がスムーズにいくわけですからね。

私、いつも手の指を見て感心させられるんですが、五本の指の一本一本は、それぞれ独自の動きと働きをしながら、全体として実に調和のとれた動きをするんです。親指と人さし指と中指が協力してペンを持ち、小指と薬指が紙面をリードしていくというように、無意識のうちに実にみごとに協力している。どの指も、「おれが」「おれが」などと我を張らない。手の指を見ていますと仏教そのものだなぁ、とつくづく感心させられるんですよ。小指なんか、とかく存在を無視されがちですが、小指がないと金づちでクギを打つことすらできません。

五本の指の機能がそれぞれ違っているのも素晴しいことなんですね。ロボットで五本の指を同じ長さ、同じ太さに造ってみたことがあったのですが、役に立ちませんでした。五本の指がそれぞれに違っていて、それぞれの役割を果たしているから調和していけるんですね。人間の社会もそれと同じだと思います。

奈良　人間の社会は複雑に絡み合っていますから、一つの道徳律だけ当てはめていこうとすると、社会に対応していけなくなります。立派な教えも不自由な、教条的な教えになってしまうんです。釈尊は一人一人の人の立場に応じ、それぞれの人の生活に密着して具体的に無我の教えを説いていかれた。これが、いわゆる釈尊の対機説法です。

たとえば、国の統治について教えを請うてくる国王に対しては、「国土の中で農耕、牧畜に励む者には種子や食物を給し、商業に励む者には食事と俸給を準備しなさい。こうして人々がそれぞれの職業に専念するなら、国土を悩まされることはなく、大きな富を蓄積することができよう。災厄や苦難もなく、国土は安穏であろう」と説かれる。

また、毎日、汗を流して働く者へは、「戒を保つ賢者は燃える火のように輝く。蜂が蜜を集めるように働くなら、財は自《おのずか》ら集積するであろう」と説かれる。

一人一人の生活に密着した教え、そこに釈尊の慈悲が示されているんですね。

◆教えを守る努力の中にある安楽

〈そうして、安らかな生活を願って三宝に帰依し、仏教の在家信者になった人たちは、まず五つの戒を守ることを自らに誓っていきました。「私は生き物を殺さない。私は嘘をつかない。私は夫または妻以外の異性と関係しない。私は酒を飲まない」――それを守っていくことが、自らを安らかに保つ道だったのです。

そして、在家の人々は毎日の生活の中でこの五つの戒律を守りながら、特に、月に六回ある六斎《ろくさい》日《にち》の日には一日中、出家者が守る八斎戒《はっさいかい》という八つの戒めを守って、心身を浄《きよ》らかに保つ修行をし

ていったのでした〉

森　在家信者になると、まず「五戒《ごかい》」を守り、六斎日には、「八斎戒」を守っていったようですね。

奈良　五戒というのは、不殺生戒《ふせつしょうかい》、不偸盗戒《ふちゅうとうかい》、不邪婬戒《ふじゃいんかい》、不妄語戒《ふもうごかい》、不飲酒戒《ふおんじゅかい》——の五つの戒め、いわゆる、殺さない、盗みをしない、淫らな行為はしない、嘘をつかない、酒を飲まない、ということですね。この中で、お酒を飲まないことが五戒の一つに挙げられていることに、日本人は奇異の感を受けるかもしれませんが、インドの地に行ってみますと、「なるほど」と、うなずかされるんです。

あの熱帯の地でお酒を飲みたいだけ飲んだら、身も心も乱れに乱れて、どうにもならなくなってしまう。今日でも、インドでは酒を飲まない人が多いのですが、それは、「酒は飲むべきものではない」ということが社会通念になっているからです。ところが、下層の人たちは、そういう社会慣習がなかなか守れませんので、お酒とセックスが大変な問題になっているんです。釈尊ご在世の当時も同じであったろうと想像されますね。

森　不殺生の場合、害虫などに対してはどんな考え方をしていたのでしょうか。

奈良　それに答えている仏典はありませんが、釈尊の教えに基づいて忖度《そんたく》して申し上げますと、おそらく、「なるだけ殺さんほうがよろしい」「無用な殺生は避けよ」と答えられたのではなかろうかと思うんですよ。

釈尊は托鉢に行かれて、肉が出されればその肉をお食べになっておられます。仏教が菜食主義をとったのは、ずっと後世のことなんです。

けれども、ブタやニワトリは人間に食べられるために生存しているのだ、というような西欧的な考え方ではなくて、動物や植物など、生き物の命を殺さなければ生きていけない人間の業というか宿命に心の傷みを感じ、「すみません」という気持ちで頂く。日本にも針供養、うなぎ供養などの習慣がありますが、それは、この仏教的な考え方、世界観に基づいたものなんですね。

森　私たち凡夫が戒律を守って生活するということは、大変なことだなあ、と私、常日ごろ感じておりまして、あるとき、ある会社を訪れましたところ、社長室にりっぱな社是が掲げられていて、たいへん素晴しいことが書かれているんです。

なるほど、一流の企業になる会社の社員たちは違うもんだ。ここに書かれていることをちゃんと守っているんだから、とホトホト感心して、そう社長さんに申し上げると、その社長さん、「なに、みんなが守れれば、社是なんて掲げておく必要はない。守れないから掲げておくのですよ」とおっしゃられた。そこで、もう一つ、なるほどと感心させられたわけなんです。

ある人が、「われわれが神を求め、神に近づこうと努力する、その方向に神がいる」といっていますが、五戒を守ろうと努力する、その中に安らかな生活がある、と考えてもいいように思うのですね。

奈良　いつも五戒を守って正しい生活を持続していくことは、在家の信者にとって大変難しいことだったと思います。どうしてもゆるみがちになる。ですから、八斎戒を守る日を決め、ときどき身心を引き締めていったんですね。

インドには、昔から太陰暦の満月の日、新月の日、その中間の日に精進潔斎するという習慣がありました。それを仏教が採り入れて、その日一日は、五戒に加えて、花飾りなどの装飾品を身につけることをしない、歌舞音曲もしりぞける、といったように、一切の贅沢《ぜいたく》を慎み、質素で清らかな生活を送る。比丘と同じような生活をするわけです。

これは、タイやスリランカでは現在でも実施されています。スリランカでは太陰暦の満月の日はポーヤといって休日になっていまして、その日は、最高裁の長官も、銀行の総裁も、みんな白い質素な衣を着て、お寺にお参りに行き、説法を聞き、戒律を守る生活をするんです。夜も、柔らかいベッドに寝ず、固い床に布を敷いて寝ます。

そうしたことによって、正しい見方を常に忘れないよう心掛けるのですが、その努力を制度化したのが六斎日の八斎戒ですね。

森　今日のわれわれ在家の信者にとっても、毎日、読経するとか、お題目を唱えるといったように、毎日の生活の節々にアクセントをつけてリズムを持たせ、自分を教えに合致させるように努力していくことが、生活の質を変えていくうえで、きわめて大事なことですね。生理学にもかなっていると思うんですよ。

奈良　理想はこうだ、と分かっていても、毎日、一分《いちぶ》のゆるみもなく実行していくことは難しい。

やはり、月に一日でもいいから、こういう斎戒日を設けて精進へ向かわせる、それが教えを守り、無我を実践していく原動力となっていくわけですね。

森　今日は、私ども在家者にとって非常に有意義なお話を、ありがとうございました。

＊　二五一頁、四行目に、「釈尊は、「心を調えて生きていこう」ということを強く打ち出された……」とありますが、この、「心を調える」ということは、別の言葉で言えば「心を制御する」となります。キリスト教的な表現になりますが、私はこのことを、「はじめに制御あり」と表現しています。仏教は心を制御する教えです。

第十四話
在家信者に対する人間完成のための釈尊の教え

ゲスト――奈良康明（駒澤大学教授）

童子敬白

お釈迦さまがご在世のころのインドの民衆たちは、古くからインド社会に伝えられてきた民間信仰・バラモン教を信じ、その宗教習慣が深く日常の生活の中に根を下ろしていた。祈禱的、呪術的要素の強いその民間信仰を信ずる人々の心を、お釈迦さまはどのようにしてひきつけられて、ご自身の悟りの内容である「縁起の道理」を説き広めていかれたのだろうか……。

◆悟りの教えを大衆にどう説くか

森 政弘 釈尊教団ができて、お釈迦さまの教えに帰依する在家の信者が次第に数を増してきたわけですが、彼らは、これまでバラモン教などの信仰をしていた人たちだったわけですね。そうした在来の信仰とお釈迦さまの教えである仏教の信仰とは、どういう関係になっていたのでしょうか。

従来の信仰は、いわゆる呪術的、祈禱的な要素が強かったと思うのですが、それに対してお釈迦さまが説かれたのは、我執を取り去る教えであり、在来の宗教儀式とは一見、相容《あいい》れないものであったようにも思えるんですが……。

奈良康明 つまり、釈尊のお弟子になり、仏教徒になったとき、その人がこれまでやってきた信仰はどうなるのか、ということですね。じつは、そこに釈尊が当時の一般社会の人々にどう仏教を説いていかれたか、その特徴が現れていると思うんです。

当時のインドの社会では、仏教が出てくるまでは、人々はヒンズー教徒であったわけです。ヒンズー教というのは西暦前千三百年ころインドに入ってきたアーリア人が、原住民とさまざまに関わりあいながら作り上げてきた信仰で、この祭祀《さいし》を司るのが、いわゆるバラモンですね。これは、いってみれば日本の神道のようなもので、インド人にとって大昔から、宗教も、社会習慣も、社会構造までも含んだ、いわば一つの世界であったのです。

生まれたときから、すでにその世界が存在していて、その中で育つわけですから、特に宗教だという意識もなしに、お寺参りにいったり、お祭りをしたり、結婚式、受胎式、誕生祝い、命名式などを、ヒンズー教の儀式でやってきているわけです。

旅立ちのときにはヒンズー教の星占いをして出かけ、家を新築するときにはバラモンにきてもらってお祓《はら》いをする。宗教生活と社会習慣が混然一体となっていたんですね。そこへ、釈尊が仏教の教えを説きだされたのですが、釈尊の宗教は、そうした呪術的、祈禱的な信仰に対して、「心をととのえて生きよ」という、きわめて倫理的な教えであったわけです。

釈尊の教えの要《かなめ》は、「涅槃《ねはん》にいたるために四諦《したい》、八正道《はっしょうどう》を実践しなさい」というところにあって、それ以外に、これが仏教式の結婚式だ、これが仏教式の祈禱だ、これが仏教式のお葬式だ、といったものは、まったく示されておりません。そうした特別のものを示されていたら、仏教が従来の宗教と相容れないものとなったかもしれませんが、釈尊は、そういうことは一切ふれられなかったのです。

ですから、在家の仏教信者という人々は、毎日の生活はさまざまな在来の宗教儀式にのっとって生活していながらも、釈尊が説く教えに感動して、「心をととのえ、正しい倫理観を持ち、正しい努力の生活をしていこう」と決意し、実践していった人々だったといっていいでしょうね。

それは、現代のインド人の考え方の中にも残っておりましてね、私の知人の一人のクリスチャンは日曜ごとに教会に行き、キリストの教えを守っていて、しかも自分の故郷の農村へ帰ると、ちゃんとヒンズーの服を着て、ヒンズーのお祭りに参加します。クリスチャンでありながらヒンズー教徒としての生活をキチンと守っているんです。

森　お釈迦さまがご在世の当時の在家の仏教信者の生活も、おそらく、そんな形だったんでしょうね。当時の宗教と仏教とは、次元が違っていた。お釈迦さまの教えは、当時行なわれていた宗教より一つ高いレベルの教えであったといってもいいようですね。

奈良　現代の私たちは、キリスト教の神に対する祈りであるとか、仏教のお念仏、お題目、坐禅《ざぜん》といった、いわば〝実存レベル〟での宗教を知っているわけです。真にそれを体得しているかいないかは別として……。けれども、当時のインドでは、そういう高度な宗教は、まだ完全にはできていなかったんです。

◆民間信仰を肯定しながらも、真理に導く

森　なるほど。ですからお釈迦さまは一つレベルの高い宗教を示されながらも、それを理屈としてではなく、日常生活で具体的にどう実践していくか、一つ一つ示されていく努力をされたのですね。

たとえば、例の有名な「シンガーラカへの教え」がありますね。

王舎城の長者の息子のシンガーラカという若者が、朝早く郊外へ出て六方を礼拝していた。まず東西南北に向かって合掌礼拝し、それから天と地に向かって合掌礼拝する。ところが、そこへたまたまお釈迦さまが托鉢《たくはつ》のため通りかかられて、シンガーラカに尋ねられた。

「どうして、そなたは、そうして六方を礼拝しているのか？」

シンガーラカは、「私は、ただ亡父の遺言を守って六方を礼拝しているのです」とお答えした。すると、そのときお釈迦さまは、仏教の正しい礼拝の意味を、こう説き聞かせられるわけですね。

「まず、四つのよごれ――生き物の命を奪う、盗みをする、嘘をつく、人の妻に近づく――といった罪から離れ、また、貪《むさぼ》り、怒り、愚痴などの煩悩から離れ、さらに、酒におぼれ、悪友と交わり、怠惰にふける、といったことを深く戒めたうえで、六方を礼拝すべきである。

六方のうちの東方は父母、南方は師、西方は妻子、北方は朋友、上方は宗教者、下方は使用人であるとして、それぞれの人々を正しく遇するようにつとめたいと自らの心に誓っていく。それ

こそが正しい六方礼拝なのである」……と。

この教えの説き方の中に、お釈迦さまの絶妙な説法の典型が示されているように、私は思うんです。つまり、これまでの宗教儀式をそのまま借りて、お釈迦さまの悟りの内容である「縁起の教え」を体して「人間いかに生きるべきか」をハッキリと示されていますね。

奈良 早朝に衣服や髪を浄《きよ》め洗って六方を礼拝するということは、当時の民間信仰として一般に広く行なわれていたようです。その宗教的習慣を利用して、じつに巧みに仏教の教えを伝えられていく……。シンガーラカに対して、「六方礼拝は結構なことだ」とまず認めておいて、そこに、人間関係における実践的な教えを盛り込んでいかれる。いってみれば釈尊は換骨奪胎の名人であられたといえますね。

たとえば、当時の人々の中にはバラモンに対する批判がかなりあったのですが、それをちゃんと心得ておられて、「真のバラモンとはどのような人のことであるか。バラモンの母から生まれた人をバラモンと呼ぶのではない。無一物であって執着から離れた人、それをバラモンと呼ぶのである」と説かれるんです。

森 お釈迦さまは、仏教の本質は悟りなのだから、それに関わるものしか認めない、といった偏狭なお立場はとられなかったんですね。さまざまな他の考え方を肯定的に採り入れながら、けれども、それをとおして仏教の究極の涅槃への道をハッキリと説き示されていく。それが大衆の救いをめざす宗教のあり方ですね。

◆「天に生まれて悟りを目ざせ」

奈良　その大衆の救いのための法の説き方を、いちばんよく示しているのが、当時の人々に広く信じられていた「天に生まれる」ということに対する釈尊の態度であったように思うんです。

当時の民間信仰では、「この世で功徳を積めば、死後、天に生まれられる」ということが説かれていました。この考え方は現在でも、南方仏教の基本的な考え方になっているのですが、この「天に生まれる」ということは、仏教の悟りとは本質的には関係ないものなんです。

天界は、地獄、餓鬼、畜生、修羅《しゅら》、人間、天——の六道輪廻《ろくどうりんね》の一環であり、悟りとは、この輪廻から出てしまうことですね。けれども、当時の人々は、死後、この天界に生まれることを最大の目標として、一生懸命に功徳を積んでいたのです。

インドの人たちは、人間の一生は死でもって終わるとは考えないんです。何らかの形で死後も存在し続けるというのが一般的な考え方で、すでに釈尊がお生まれになる百年から二百年も以前に、そうした輪廻説があったことが文献に残っています。

この輪廻説が、ヒンズー教になると、人間の本質は霊魂であって、人が死んでもこの霊魂は不滅であり、別の生へと流転していく、という考え方になるのです。そして、生前になした行為の善悪によって、その霊魂に業という力が付着し、功徳を積んで善い業を得たものは天国に生まれ、悪い行為をなして悪業を得たものは地獄、畜生に生まれると信じられていたのですね。

ですから、天界に生まれるために善いことをする。宗教者に食事の供養をし、お布施をする。そうして積んだ功徳によって天界に生まれられるんだと努力していたのです。

森　なるほど。死後、自分がどうなるかは、人間にとっていちばんの関心事ですからね。死後、善いところに行けるという約束は、善根を積ませるのに強い説得力をもつわけですね。

奈良　ところが、この天というのが、どういうところかといいますと、まことに俗な言葉になりますが、ひところはやった「天国よいとこいちどはおいで、酒はうまいし、ねえちゃんはきれいだ」というところなんです（笑）。

森　「天の羽衣」の伝説などでも、天国では、美しい天女が、すきとおる衣をひるがえして舞っている……。

お釈迦さまのお弟子さんの難陀《なんだ》という人が、出家してからも家に残した釈迦国一の美人といわれた奥さんのことが忘れられないで、家へ帰りたがる。そこでお釈迦さまが、難陀を天に連れていって、天女を見せて悟りを開かせたという話がありますが、あれがその天界だったわけですね。

奈良　天界は、この世の快楽を理想的に拡大した世界なんです。とにかく、そこの天女を見たら釈迦国一の美人の奥さんがサルに見えたというんですから……（笑）。

人々が、その世界へ生まれ変わることを強く願うのも当然だったのですね。現世はつらくても、功徳を積んで来世は天で楽をしたい、と庶民が真剣に願ったわけです。

それに対して釈尊は、はじめは比丘《びく》たちに「天へ生まれることを願いとしてはならない」と説かれました。安楽な世界といっても、天界が、六道輪廻の世界であるかぎり、そこに永住することはできません。現世で積んだ〝功徳の貯金〟が尽きれば、他の世界へ輪廻していかねばならない。ですから仏教徒は、天界ではなく、輪廻から離れた解脱の境地をこそ求めなければならないわけです。

◆その時代、その社会の人々を救うために

奈良　けれども、当時の在家信者の中には、釈尊の説かれる「正しい生き方」を守って至る涅槃こそめざすべき境地なのだ、と理解できる人はそう多くなかったのですね。五戒・八斎戒を守り、布施の功徳を積んで天に生まれるために仏教の教えを聞き、教団に寄進をし、供養をするんだ、という人が多かったのです。

当時の一般の人にとって、かりに悟りの境地こそ最高の境地だと理解できたとしても、それは自分たちには到底、至ることのできない境地、というあきらめがあったのでしょうね。そこで天界に生まれることを望んだ。

それを釈尊もお認めになられるのです。「功徳を積んで天に生まれることを願うのもよい。そして、そこでさらに善根を積んで心を浄め悟りの境地をめざすべきである」と説かれていくのです。「天界へ生まれたい」という願望をそのまま容れられて、その天界の内容を悟りの世界へす

りかえていかれたわけです。

森　人々が、それによって正しい生活の努力を続けていけば、悟りへ近づいていくわけですからね。そうした巧にして妙ともいえるお釈迦さまの説き方の中に、後に生まれた大乗仏教の萌芽《ほうが》が見られる気がしますね。

大乗仏教の大切なところは、お釈迦さまが悟られた未来永劫《みらいえいごう》変わることのない真理を、その時代に合わせ、その社会に合わせた教えとしていったところにあると思うのです。その説き方こそ、お釈迦さまの教えの説き方の根本姿勢だったわけですね。とすると、私たちも、お釈迦さまの真理に立って、お釈迦さまの説き方のとおり、時代の要求に合わせた説き方をしていかなくてはならない。それが、さまざまな時代にさまざまな祖師が出られて法を説かれたゆえんでもあるわけですね。

奈良　昨年、スリランカに行きまして、コロンボの少し北に行ったところにケラニアという大きな寺院があるんですが、そこへまいりますと、ちょうど布薩《ふさつ》の日だったんです。広い境内を信者がびっしり埋め尽くして説教を聞き、五戒を受けている。そこのご住職が、こう言うのです。「ここに集まっている信者は、こうして功徳を積むことによって天に生まれ変わることを信じているのです。それによって、この人たちは死を恐れなくなっています」

そのご住職は、功徳を積んで天に生まれたいと願うことが仏教の本来の願いと違うことは百も承知しておられるわけですが、その人々の天に生まれ変わりたいという素朴な信仰心と、死を克服するという実存レベルの高い宗教的境地を上手に結びつけて与えることに成功しているんです。

◆布施によって成り立つ経済生活

〈釈尊がマガダの東にあるアンガ国の首都チャンパーを遊行されていたときのことでした。ある村のラーシャという村長が、釈尊にこう質問をしてきました。

「沙門《しゃもん》は難行苦行は無益であると非難排斥しておられると聞きますが、それは事実でしょうか」

それに対して、釈尊は、「理想への到達の道は中道である」と説かれたのち、在家者の生活のあり方について、こう教えられたのでした。

「暴力を用いずして、正当に財を求め、その財によって自分を楽しませ、幸福にするだけでなく、その財を他にも配分して、善根を積み、すべての財に対して貪愛・執着がなく、財のために心が乱れたり、罪を犯したりすることがあってはならない」……と。

その教えを聞いてラーシャは釈尊に帰依し、在家信者となったのでした〉

森　お釈迦さまが新しい悟りへの道を人々に説きはじめられたとき、その教えに帰依するようになった人々は、特に新興の都市生活者が多かったわけですが、その中には、経済活動に従事する人も多かったと思うのです。出家修行者に対して徹底した無所有を説かれていたお釈迦さまは、在家の人々の経済活動、金銭の所有については、どのように説かれたのでしょうか。

奈良　釈尊ご自身も含めまして、当時の出家修行者の生活には、四つの生活規範が示されていました。

①屋根のあるところに寝泊まりしない。②信者に招待されて食事をしない。③糞掃衣《ふんぞうえ》（道に落ちている布を拾い集めて継ぎ合わせた衣）を着る。④牛のいばりを発酵させてつくった薬を持つ――これを「四依止《しえじ》」というのですが、そのため糞掃衣を縫うための針筒と、水を飲むときに虫を殺さないようにする水こしだけを持つことが許されていました。それ以外は、まったくの無一物……。これが出家修行者の生活なのですね。お金も財産ですから、絶対に身につけてはならない。人から受け取ることすら許されていませんでした。

森　出家者には、たいへん厳しかったのですね。我執を離れるための修行は、まず欲を離れることからはじまるわけで、出家者はそこまで徹底していたわけですね。

奈良　ただし、そうして出家者が金銭を持たないのも我執を離れるためであって、日本の徳川時代の「士・農・工・商」の考え方の底にあった、金を扱う商人はいやしい人間、といった考え方は、インドにはまったくなかったようですね。

釈尊の場合も、在家者に対しては、むしろ「正しい努力精励によって大いに財を得るがよい」とすすめられています。ただし、その財を独占してはならない。その一部を人に与えよ。必ず社会に還元しなければならない、と教えられるのです。この「与える」という言葉が「布施」と訳されたんですね。

森　そこに在家信者の我執を取り去る修行の出発点が、また仏道修行のすべてがあるといっていいわけですね。

奈良　この場合も、当時のインドの一般的な考え方を釈尊が受け入れられて、そこに新たに仏教の考え方を注入された教えといえるでしょうね。

インドには、当時から現代にいたるまで、自分の得た収益の何分の一かは必ず自分よりもっと貧しい人に対して布施をする、という考えがあって、それがわれわれ日本人には考えられないくらい深く浸透しています。

よく、現代のインドに行った日本の商社マンたちが「インド人は意地がきたない」とか「机の上に物を置いておくとすぐなくなってしまう」などと悪口を言うんですが、たしかに、そういった一面もありますが、その半面、どんなに貧しい人でも人に恵むということを忘れていないんです。

たとえば、千円しか収入のない人でも五百円しか収入のない人に何らかの形で布施をしますし、その五百円しか収入のない人も、さらに下層の人に布施するんです。

釈尊ご在世の当時は、国王が、人民のために道の両側に木を植えて木陰を作ってやったり、孤児院や養老院を建ててやるという布施をしていますし、長者なども村の中に集会所や病院を建てたりしてあげています。

インドでは、そうした布施が、ごく一般の習慣として行なわれているんですが、その心の底に、さきほどの功徳を積んで天界に生まれたい、という希求があるわけですね。お金や物を人にあげるときは、ともすると、「これをしておけば何か見返りがある」と考えてしまったり、「相手がかわいそうだから、与えてやるのだ」という、自分を一段高い所に置いて、いわば一方通行的に恵んでやるという考え方に陥りがちなんですが、布施の場合は、相手に差し出したとき自分も功徳を受け取っている、という考え方なんです。

仏教では「三輪清浄《さんりんしょうじょう》」と言いまして、布施をする人、布施を受ける人、差し出す物の三者が清浄な人間的な触れ合いのなかで到達した自他一体の世界からおのずとほとばしり出てくる慈悲心の発露として布施するのだ、という考え方なのです。

こうした釈尊の布施の教えも、古来のインドに伝わる、功徳を積んで生天するということを根底にした布施の社会習慣をもとにして、それをさらに洗練された形にし、在家信者の倫理とされていったものなのですね。

森　お釈迦さまは、当時の人々のものの考え方、社会習慣に必ずいちど合わせられて、そこから一段高い真実の道へと導かれていくというプロセスを踏まれていますね。それが人を心から納得させるやり方でしょうね。

◆フロー思考で成り立っている世界

奈良　布施はもともと「ダーナ」といって、金に限らず〝人に与える〟ことですから、人に優しい言葉をかけることも布施の行為であったわけです。それが大乗仏教になって中国、日本に伝わってくるとき、その金銭以外の布施が強く意識されるようになってきたのです。

たとえば、塀を作るのに大工さんを頼む。大工さんは仕事の依頼主を「だんな」と呼びますが、この「だんな」というのが「ダーナ」からきているんです。大工さんは「だんな」から仕事をして金をもらうから「だんな」と呼ぶ。

では、「だんな」のほうは金を支払うだけで何も得ないかというと、大工さんから塀を作ってもらうという布施を頂いている。ですから、「だんな」にとって大工さんが「だんな」になるわけですね。大工さんも「だんな」も、互いに塀をつくるという仕事を通して布施をし合っていることになるわけです。

森　それは、まさにフロー思考というやつですね。自分のところに貯めておくのではなく、入ってきたものは次に流していくというフロー思考。私たちの財についての考え方には、ストック思考とフロー思考の二つがあると思うんです。物でも金でも、貯めて持っていなければならないというのがストック思考で、取り入れたものは使わなければならない、というのがフロー思考です。そういう観点から、自然の現象を見てみますと、これがすべてフロー、つまり流動を基調にして成り立っているんです。

血液にしても、いくら量が多くても、流れていなくては人間死んでしまいます。電気でも静電気のままだとたいした役に立ちませんが、モーターを回し、スピーカーから音が出る。ニュートンの運動方程式にしても、熱エネルギーにしても、方程式を立ててみますと、これが、すべてフロー思考で成り立っていることが分かるんですね。

布施は、まさにフロー思考そのものです。お釈迦さまはフロー思考の強い方だったんでしょうね。ところが、それとまったく逆に、現代人は自分の財産だけ貯め込めばいいと考えるものですから、社会全体がうまく動かないんです。

流すことによってはじめて、すべてが生きてくるわけですからね。たとえば情報なんかでも、いくら集めても一人で持っていたのでは何の役にもたちません。

奈良 そうですね。私どもの研究にしても、数多くの文献や資料を集めても、積んで置くだけだったら、一文の価値もない。それを社会の人々に発表して役立ててもらってはじめて、価値が出るわけです。そうして社会に役立つことが布施になるんですね。

森 布施というとお寺さんにお金を出すこと、困っている人に恵むということだけ考えがちですが、商売などの経済行為も、布施と考えていいわけですね。ただその場合、金銭や物に心がとらわれてしまって、人間関係という〝心の繋がり〟を忘れてはならないわけですけども……。

奈良 社会には、いろんな職業の人がいて、それぞれの持ち場を分け合ってはじめて社会が成り立っているんですから、私たちは直接間接に、いろんな職業の人から与えられて生きている。目に見えない形で無数の布施を受けているわけです。ですから、自分の与えられたその役割、その仕事を一生懸命に成し遂げることが、社会に布施をすることになっているわけですね。

森　それをフロー思考で考えてみますと、流すことから一歩進めて、積極的に回すことだと思うんですよ。回す輪が大きくなると、その繋がりが見えにくいもんだから、いちど流してしまうと、それはもう自分のところへは戻ってこないように見えますが、そうではありませんね。海の水が大気に蒸発して雨となって、川を下ってまた海に戻ってくる、というように必ず戻ってくるんです。

輪というのは行き着くところがなくて、無限に回り続けるんです。魚を水槽で飼うにしても、四角い水槽ですと四方に突き当たって魚が育たないんですが、回遊式の水槽にしますと、突き当たりがないものですから魚がグングン育つんです。回して輪にすると、有限のものでも無限の働きが生じてくるわけです。

社会のなかで自分の仕事を真剣に行なうことによって、無限の布施ができますし、また無限の布施を受けていることにもなるわけですね。

奈良　日本人のあいさつの中に〝お陰さま〟という言葉がありますね。その本来の意味は、私たちは多くの人々の有形、無形の布施を受けて生きているんだ、という考え方からきているものだと思うんです。

インドにも、やはりこれと同じ考え方があるんです。

森　私の研究室にいる秘書のお嬢さんが、チューインガムを買って、店のおやじさんに「ありがとうございます」と言ったら、その店のおやじさんが、けげんな顔をして、「ありがとうというのは、売ったこっちが言うことで、お客の言うことではない」と言い出したというのです。そうじゃないんですね。互いに布施をし合っているわけですから、売ったほうも、買ったほうも「ありがとう」でいいわけですね。

それが、布施の世界に生きている、お陰さまによって生かされている、ということであるのですね。

＊　二六四頁の八行目以下に、「クリスチャンでありながらヒンズー教徒としての生活をキチンと守っている……」とありますが、これに関して、二つの例をご紹介します。

①神父さんが海禅寺に坐禅に来る

私が親しく教えを頂いている海禅寺（臨済宗）には、毎年フランスからカトリックの神父さんたちが、泊まり込みで坐禅をするために何十人も訪れました。当時のご住職の後藤榮山老大師は、「これからはキリスト教ではだめだから、仏教に宗旨替えせよ」などとは申されず、「坐禅をするとキリスト教の信仰が深まるからな」と言って坐禅の指導をされるのでした。「「こうでなくちゃならん」ということを仏教ではいちばん嫌うからな」とは、老大師のお言葉でした。これは仏教が大切にする、とらわれない姿勢の代表です。

②キリスト教を徹底的に学ぶことが仏教です

『法華経』を所依の経典とする立正佼成会という新宗教の大教団があります。そこのメンバーS氏が、米国へ留学することになり、庭野日敬開祖様のところへ出発の挨拶に行き、そのついでにこう質問したのです。「私はこれから米国へ留学させて頂きますが、向こうはキリスト教ですので、キリスト教の勉強もしてきたいと思います。ついては、どの程度キリスト教を勉強してくればよろしいのでしょうか」と。そうしたら開祖様から、「どの程度などというものではありません。徹底的に勉強して来なさい。それが仏教というものです」という答えが返ってきたということでした。

この二つの現代の話からも、仏教の包容力と奥深さが推察できましょう。仏教は他の宗教を信じながらでも、帰依することが出来る宗教です。

第十五話

故郷・釈迦国訪問と父・スッドーダナ王の教化

ゲスト――舟橋一哉（大谷大学名誉教授）

ゲスト
舟橋一哉（ふなはし・いっさい）

一九〇九年―二〇〇〇年。愛知県に生まれる。大谷大学卒業。文学博士。京都大学講師、東海同朋大学講師、大谷大学教授などを歴任する。著書に『釈尊』（大谷出版社）、『業の研究』『原始仏教思想の研究』『倶舎論の原典解明 業品』（いずれも法藏館）ほか多数ある。

童子敬白

ついに、釈尊が生まれ故郷・釈迦国を訪れられる日がきた。太子の位を捨ててカピラ城を出られてから、すでに十年近い年月が流れていた。そのカピラ城には、父・スッドーダナ王をはじめとして、妻のヤソーダラー妃、一子・ラーフラなどの肉親、そして幼年時代を共に過ごした多くの友がいる。

その釈迦国への道をたどられる釈尊の胸中には大いなる決意が秘められていたのだった。

◆故郷と肉親へのやみがたい思い

〈釈尊が悟りを開いて仏陀となられ、マガダ国ですぐれた弟子を集めて法を説いておられることが釈尊の父である釈迦国のスッドーダナ王にも伝えられていきました。

スッドーダナ王は、出家して以来、まだ一度も会っていないわが子に会いたいという思いに駆られ、マガダ国の都・王舎城《おうしゃじょう》郊外の竹林精舎《ちくりんしょうじゃ》におられる釈尊のもとに使者を送ったのでしたが、その使者が、いつまで待っても帰ってきません。スッドーダナ王は次々と使者を送るのですが、その使者が一人も戻ってこないのです。

じつは、この使者たちは、釈尊のもとに至り、釈尊の説かれる法を聞いて心を揺さぶり動かされ、そのまま出家してしまっていたのでした。

九人目の使者として、釈尊の幼友だちだったウダーイが送られました。けれども、このウダーイもまた、スッドーダナ王の命を忘れて釈尊の下で出家してしまったのです。そしてウダーイは修行に励んでいましたが、ある日、ふっとスッドーダナ王から受けてきた自分の使命を思い出し、釈尊に父のスッドーダナ王の願いを申し上げたのでした。

その申し出を聞かれると、成道後も釈迦国の人々のことを深く心にかけられていた釈尊は、さっそく、多くのお弟子を伴われて王舎城を発《た》たれ、釈迦国へと向かわれたのでした〉

森 政弘　お釈迦さまは太子の身分を捨てられ、妻子を城に残されて出家されたのですね。そして苦行のすえに菩提樹下《ぼだいじゅげ》においで悟りを開かれ、仏となられたわけですが、こうして、親、子、妻、兄弟を捨てて道を究められたお釈迦さまは、この肉親の人たちに対して、どんな思いを懐かれていたのでしょうか。

舟橋一哉　肉親を捨てて出家された釈尊でしたけれども、肉親に対しては、やはり特別な感情をもっておいでになられたんですね。そこのところは、われわれと少しも変わっていないのです。

人間は年を重ねるにしたがって生まれ故郷に対する愛着が強くなってくるものですね。近ごろ、先輩の先生がたの話をうかがっていましても、それを強く感じるんです。

私の知り合いのご住職で最近、老齢になられて目や耳が不自由になってこられた人がいるんですが、息子さんにしきりに「自分の生まれた寺へ連れていってくれ」と頼むんだそうです。それで、息子さんが車に乗せてご住職の生まれた寺に連れていって、家へ帰ってくると、また、すぐ「あの寺へ行きたい」と言い出すんだそうですね。息子さんが、ほとほと弱っておられましたが、それほど人間というものは生まれ故郷にひかれるものなんですね。

釈尊も、故郷の釈迦国のこと、その故郷の人のことを、ふつうわれわれが懐くのと同じような愛着を持って見ておられたのですね。これは釈尊の晩年のことですが、釈迦国が隣国のコーサラ国のヴィドゥーダバ王の率いる軍隊に攻められて滅ぼされてしまうという悲劇が起こるのです。

その時、ヴィドゥーダバ王が釈迦国に攻め入ろうと馬に乗って軍隊を率いて進撃していきますと、釈尊が道のかたわらで坐禅《ざぜん》を組んでおられる。ヴィドゥーダバ王は釈尊の前を素通りするわけにいきませんので、馬から下りて、釈尊に挨拶しようと釈尊を見ると、釈尊は激しい日射しが照りつける枯木の下で坐禅を組んでおられるんですね。

インドは猛暑の国ですから、出家修行者たちは樹下石上といって、大石の上や枝葉のこんもり茂った樹の下で坐禅を組んで三昧《さんまい》に入るのがふつうなんです。また、木陰に入ると信じられないくらい涼しいんですね。

ところが、その時の釈尊は、すぐ近くに葉の生い茂った木があるのに枯木の下で坐禅をされている。それでヴィドゥーダバ王が不思議に思って、こう尋ねたんですね。

「尊いかたよ。なぜ、こんなに暑い時に、この葉陰の疎《まばら》な樹の根元にお坐《すわ》りになっておられるんでしょうか。あそこにある葉陰の濃いバニヤンの樹の根元にお坐りなさるがいい」

けれども釈尊は、その場から一歩も動こうとせずに、こう答えられた。

「ほっておいて下さい。大王よ。親族の葉陰は涼しいのです」

釈尊のお気持ちとしては、「隣国のコーサラ国は大国であって葉の茂った木の下のように依《よ》りどころとなる国ではあるけれども、私はコーサラ国のやっかいになることをいさぎよしとしない。釈迦国は小国で滅亡寸前であり、この倒れかかった枯木のような国であるけれども、私は自分の生まれ故郷である釈迦国に愛着をもっているのだ」とおっしゃられていたのですね。

これが悟りを開かれたおかたか、と不思議な思いがするくらい、ご自分の生まれ故郷に対して愛着をもたれておられます。われわれと同じ人間の立場に返っておられるんです。

森　こう言っては、もったいないことなのかもしれませんが、動物によく見られる帰巣本能というようなものが人間にもあるんでしょうね。有名な『法華経』信解品《しんげほん》の長者窮子《ちょうじゃぐうじ》の譬《たと》えでも、足は不思議と父のほうへ向かうということが説かれておりますが、それがお釈迦さまにもおありになった。むしろ、ふつうの人より強くお持ちになられておられたように思えますね。

舟橋　悟りを求め、悟りを開かれた仏としてのお立場と、私どもと変わらない人間性を持ったお立場の、両面を具《そな》えられておられたんですね。

人生の一切の苦悩を克服されて悟りの世界に生きておられるということは、非常に尊いことには違いないんですが、もし釈尊が、その一面だけしかお持ちでなかったとしたら、われわれとはまったく異なる世界におられ、縁もゆかりもない人になりかねませんね。われわれなど思いもよらないおかたになってしまうわけです。ところが、私たちとも共通な一面を持たれているお身だからこそ、近づきやすさを覚え、私たちも釈尊の歩まれた道を、教えのとおりに歩んでみよう、という気持ちになれるのですね。

私は釈尊が、「肉親を教化するのは自分に課せられた使命だ」とお考えになられてカピラ城に向かわれる、ここの場面に、特に釈尊の人間性を強く感じるんです。

森　どの縁も大切にしなければならないというのは理屈の上のことであって、たとえば私が森家に生まれたということは深い因縁があってそうなったわけですね。お釈迦さまも、釈迦国にお生まれになる因縁があってお生まれになられた。その因縁を大切にされることは、お釈迦さまの悟りが導く当然の実践だったとも考えられますね。一方、釈迦国の人にしてみれば、お釈迦さまが出家されたのち、どうされておられるか、気がかりであったんでしょうね。

舟橋　釈尊が悟りを開かれたことは、釈迦国の人々のところへもうわさとなって流れてきていて、いちど説法を聞いてみたい、という願いをみんなが持っていたと思うんです。とりわけ釈迦族の出身であるということで、強い関心を持ったんでしょうね。

といいますのは、この釈迦族というのは、自分たちの血統を重んじて、それに対して大きな誇りをもっている種族だったからなんですね。

森　釈迦族の祖先は、やはりアーリア人だったんでしょう。

舟橋　はい。釈迦族の祖先はアーリア人の系統でして、そのアーリア人の系統を純粋に守っていくことに力を尽くしてきた種族なんです。

釈迦族がそうした〝由緒正しい一族〟であるところから、コーサラ国のパセーナディ王が釈迦族から王妃を迎えたいと考えて、釈迦族の娘をと求めたことがあったのですが、釈迦族にはコーサラ国へ嫁ごうという娘がいないんです。普通ならコーサラ国という大国の王妃になれるのですから、王妃を望むものが何人も出てきてもおかしくないのに自ら進んで王妃になりたいという娘が一人もいないんです。

そこで、しかたなく、当時の王の代理を務めていたマハーナーマが下女に生ませた卑《いや》しい身分の女を王女と偽ってパセーナディ王のもとに嫁がせた。それが原因となって釈迦国がコーサラ国に滅ぼされることになってしまうんですけども、それほど釈迦族は、自分たちの血統にプライドを持っていたんですね。

◆決意を秘めてカピラ城をめざす

森　お釈迦さまの父上であるスッドーダナ王は、何人もの使者をお釈迦さまのもとに遣わして、お釈迦さまに釈迦国へ帰られるように要請されたと伝えられておりますね。

スッドーダナ王の場合は、お釈迦さまの説法を聞きたいということと、わが子に会いたいという気持ちの両方が働いていたんでしょうね。

舟橋　スッドーダナ王は、わが子に会いたいという思いのほうが強くて、その説法を聞きたいという気持ちは薄かったように思うんです。

肉親にとってみると、わが子、わが夫、わが兄弟が仏陀となったといっても、なかなかそうは思えないんですね。やはり、血を分けたわが子、わが夫、わが兄弟としか見られない。それだけ、肉親を教化するということは容易なことではないわけですね。

森　スッドーダナ王にしてみれば、出家する前のシッダルタ太子としてのお釈迦さましか知らないんですからね。仏さまだなんて思いもよらないわけですね。

だいたい人間というのは、肉親のように近くにいるものの言うことは、なかなか聞かれないものなんですね。私の子どもでも、幼稚園の若い女の先生の言われることは一言もたがえないようにキチンと守るんですけれども、親の私の言うことは、なかなか聞こうとしないんです。親しみ深すぎるというんでしょうか。執着が強すぎて、真実が見えなくなってしまうんでしょうね。

舟橋　肉親とは四六時中一緒に生活しているのですから、裏も表も見られてしまっていますね。よほどしっかりしてかからないと、教化はむずかしくなってきます。

釈尊の場合も、そうして故郷に帰られるについては、よほどの覚悟をされておられたのですね。故国や肉親に対する思いが、それほど強かったにもかかわらず、成道後すぐに故郷に向かわれずに、マガダ国で一年くらい準備をされ、名声を得られてから、ようやく故郷へ向かわれた。肉親の教化のむずかしさ、そしてその故郷の人々、釈迦族の肉親を救うのは自分しかないという使命を、しっかり見すえられておられたのでしょうね。

森　マガダ国で最も偉大なバラモンといわれていた三迦葉《さんかしょう》をまず教化され、それから舎利弗《しゃりほつ》尊者、目連《もくれん》尊者という優秀なお弟子を得、マガダ国王・ビンビサーラをはじめ多くの在家信者を得て、いわば〝社会的信頼〟をしっかりと確立した上で故郷へ向かわれたわけですね。

釈迦国のカピラ城に向かわれるときには、たくさんのお弟子さんを伴われたようですが、どのくらいの人数のお弟子さんを連れていかれたんでしょうか。

舟橋　カピラ城はコーサラ国の舎衛城から東へ少し行ったところにあるのですが、当時、舎衛城から南へクシナーラー、パータリプッタを経て王舎城へ着く幹線道路がありました。王舎城と舎衛城は当時のインドの二大文化の中心地でした。王舎城は新興都市、舎衛城は古い都。日本でいえば昔の江戸と京都のような関係にあったんですね。

その二大都市を結ぶ、いわば東海道のような幹線道を釈尊は歩かれてカピラ城へ向かわれたんですが、その間の距離は五、六百キロメートルくらいだったでしょうね。

経典には、千二百五十人の弟子を引き連れて歩かれた、と書かれていますが、実際に千人以上のお弟子子を引き連れて五、六百キロメートルの道のりを托鉢《たくはつ》しながらぞろぞろと歩くということは考えられません。それでも二、三十人の弟子は伴われていかれたんだと思います。

◆仏であることを知らせる神通力

〈釈迦国に着かれた釈尊は、すぐにはカピラ城内には入らず、まず、城外のニグローダの樹林に入られました。そのニグローダ樹林において、釈尊は数々の神通奇蹟《じんずうきせき》を現され、釈迦国の人々を心服させたのち、スッドーダナ王の招待によって王宮に向かわれたのでしたが、そのカピラ城へ向かう道すがら、釈尊は家なに立ち寄られて托鉢をされたのでした。

そうして釈尊が民家から乞食《こつじき》されるのを見て、スッドーダナ王は、釈迦族の王族の誇りを恥ずかしめるものだと考えました。そして、釈尊に会われると、まず第一に、そのことについて尋ねたのですが、その父王に対して、釈尊は、

「私は如来の行ないを受け継いでいるものである」

と、答えられ、父のスッドーダナ王に法を説きすすめられたのでした。

その釈尊の説法を聞くうちに、スッドーダナ王も次第に慢心の心が折れ、わが子釈尊に心から帰依するようになったのでした〉

森　お釈迦さまが二、三十人のお弟子を伴われてカピラ城に行かれたということは、「私に帰依する人々がこのようにあるのだ」ということを釈迦国の人々、とりわけ、スッドーダナ王をはじめとする肉親に示し、教化する方便とされたとも考えられますね。

舟橋　そうだと思いますよ。

森　カピラ城にお着きになられても、すぐには城内にお入りになられないで、城外のニグローダ樹林におとどまりになられたのは、何かわけがあってのことだったのでしょうか。

舟橋　ニグローダというのは榕樹《ようじゅ》といって、バニヤンの木のことなんですが、出家修行者たちはニグローダ樹林で生活することが多かったんですね。スッドーダナ王の招待を受けてカピラ城に入られたときでも、釈尊とお弟子の人々は、夜はこのニグローダ樹林に戻ってこられて休まれていたのです。

いちばん大切なことは、カピラ城に入られる前に、このニグローダ樹林において釈尊が神通力《じんずうりき》を現されたことにあるんです。

森　その神通力によって、高慢な釈迦国の人々をお釈迦さまは、ご自分にひきつけられたわけですね。

舟橋　そうです。この神通力を示されたということが、釈尊が肉親の教化にどれほど強いご決意を持たれていたかの一つの現れだと思うんです。

森　このときは、お釈迦さまはどんな神通力を現されたのでしょうか。

舟橋　神通力には、普通の人には見えないものを見とおすという天眼通《てんげんつう》や、人の聞くことのできない声や音を聞き取るという天耳通《てんにつう》などがありますが、こうした神通力ですと、一般の人にはその神通力の働きが見えませんから、この場合は、神変といって肉体でもって現す神通力を示されたのだと思うんですよ。

たとえば空中を飛んだり、水の中にもぐったりする神通ですね。実際に釈尊が空中を飛んだり水にもぐったりされたかどうか分かりませんが、そういう伝承が残っているということが、釈尊が肉親を教化するためにいかに心を砕かれて、手段、方法を考えられたかを物語るものだと思うんです。

森　一般の人々に真理をいきなり説いて聞かせても分かってもらえない。まして肉親の場合、聞こうとする気持ちさえ起こさないことがあるわけですから。それを、まず耳をこちらに傾けさせる、顔をこっちへ向けさせることから始めなければならないわけですね。イエス・キリストの場合も、〝神の子〟を信じようとしない人々を信じさせるために水の上を歩いて渡られたり、足の立たない人を立たせたりする奇蹟を人々に示されていますね。

舟橋　わが子であるとしか見えない人に「私は仏なのだ」ということを知らせるためには、奇蹟、神通力をもって、まず威圧することが必要だったんでしょうね。

初転法輪《しょてんぼうりん》のときも、釈尊は五比丘に対して「自分は如来《にょらい》、応供《おうぐ》、正等覚者《しょうとうがくしゃ》であるから、友よと呼んではならない」と言われていますね。あの時も五比丘は釈尊と共に苦行をしてきた仲間であり、しかも、釈尊のことを苦行を捨て去って堕落した者という見方をしていたわけです。その見方を打ち消すために、あえて釈尊は、あのような態度に出られたわけですね。

その釈尊の毅然《きぜん》とした姿勢が、「民家で乞食をするようなことは恥ずべきことだ」とスッドーダナ王が言われたときの、釈尊の答えにハッキリ示されていると思うんです。

森　当時のインドの風習からすれば、出家者が托鉢をして歩く、それに対して人々がお布施の供養をするということは、いやしい行為というよりむしろ清らかな行為とみなされていたんではないかと思うんですが、スッドーダナ王は、なぜ、お釈迦さまに言われたんでしょうか。

舟橋　托鉢をする人には二通りがあったんですね。釈尊のように純粋に出家者の本来の規律を守って托鉢をしていた人々ばかりではなくて、なかには、在家では食べることができないために出家をして、托鉢によって食い繋ぐという、不純な動機で托鉢をする人もかなりあったようなのです。だからスッドーダナ王は、「ゴータマ家では、いまだ一度も乞食を出したためしはない」と釈尊を責められたわけです。とりわけ釈迦族の人々は血統を重んじる種族ですから、そういうことに関して神経をとがらせたんでしょうね。そして、このことからもスッドーダナ王が、あくまでも釈尊のことを釈迦族の王子、わが血を受けた子としか見ていないことが分かるんですね。

◆父の前に如来として立った釈尊

森　それに対してお釈迦さまは、「私は成道後は、釈迦族の王系にかわって如来の系譜を継いでいるのです」と、毅然として答えられたんですね。

舟橋　あれほど釈迦族の人々のことを深く思っておられた釈尊が、ここでは仏の立場に立たれて、カピラ城の王子であるという立場をまったく捨て去られるのです。「私は人間を超えて如来の家を継いでいるものであるから、如来の家を継ぐものの生き方として托鉢をして歩くのだ」と、はっきりと示されたんですね。

森　なるほど。

舟橋　血の繋がりの上に立った愛情関係を、「私は骨肉の愛執」と言っているんですが、これは人間である以上、そう簡単には捨て切ることができないんですね。けれども、それを一度捨ててみないと、仏教は分からないと思うんです。

　私どもの宗派で得度の儀式を行ないますときには「流転三界中《るてんさんがいちゅう》、恩愛不能断《おんないふのうだん》、棄恩入無為《きおんにゅうむい》、真《しん》実報恩者《じつほうおんしゃ》」と唱えながら剃髪してもらうんです。

「恩愛不能断」というのは、骨肉の愛情というものは、断てといっても断つことのできない愛情であるけれども、それを勇気をもって断たなければならない。それが恩を捨てて無為に入る「棄恩入無為」なのだ、というのです。

　恩を捨てるというと、いかにも親に対して不孝ものになるように思われるかもしれませんが、それが本当の親孝行になるんですね。

森　世俗的な、道徳的な見方で見ますと、親を捨てて出家し、「私は家系を継ぐものでなく、如来の系譜を継ぐものである」と宣言するのは、親不孝のように思えますけども、悟りを開かれて一切衆生を済度するという無我の立場に立たれたお釈迦さまだからこそ、それが最高の親孝行であり、ご恩返しである、と言えるんでしょうね。

しかし『維摩経《ゆいまぎょう》』の中に、維摩居士は在家の仏教徒ではあるが、家族をこよなく愛しながら家族に執着していない修行を積んだ人である、と語られていますね。私ども在家者は、貪愛《とんない》に陥らないで強く家族を愛していく。そのために肉親を教えに導く縁になるということがいちばん大切なんでしょうね。それが最高の孝行ともいえますね。

私は、うちの大学の学生諸君に、よくこんな質問をしてみるんです。「十円玉は、丸いか四角いか？」と……（笑）。「十円玉が丸いと思う人？」と尋ねると、ほとんどの学生が手を挙げます。ところが「十円玉は四角いと思う人？」と尋ねると五、六人しか手が挙がらない。そこで、十円玉の図面を描かせるんです。すると、平面図は丸ですが側面図と正面図は四角になるんですね。図面の上では四角の図のほうが多くなってくるんです。

ですから、たとえばロボットに十円玉を識別させるときには、上から見ると丸いものであり、同時に横から見ると四角いものであるというふうに仕組みます。ところが人間の多くの人は、丸としか見られない……。

それだけならいいんですが、自分が丸だと見たものは四角とは絶対に違うんだ、というかたくなな固定観念を持ってしまう。お釈迦さまの場合は、自分は釈迦族の一員であるというお立場をとられていながら、「私は如来の立場にいるのだ」ときっぱり言われるんですね。

そこが、無明《むみょう》の中にいて、渇愛《かつあい》が取り去られていない私たちと、それを捨て切られていらっしゃるお釈迦さまとの違いであるわけですね。ですから、同じ肉親を思う気持ちといっても、その質的なものがわれわれとは大きく違っておられたんでしょうね。

舟橋　私は、無明と渇愛を一緒にして「無理な欲望」と言っているんです。無明というのは、われわれの心の働きの一面を表したものです。その一面が、道理に合わない心の働きなんですね。たとえば、ものごとは諸行無常であることは少し説明を聞けば、だれでも分かることなんですが、自分の生命のことになると「どうしても死にたくない」という執着にだれしもとらえられてしまう。真理からみると道理に合わないんですが、しかし、その執着は簡単に断つことはできない。ですから勇気をもって断つことが必要になってくるんです。

森　お釈迦さまは大いなる勇気をもって出家をされ、肉親の愛執を断たれたのですから、父王に対しても「如来の系譜を継ぐもの」と言い切れるんですね。

舟橋　「如来の系譜を継ぐもの」というのは俗世間を超えて出世間にあるということですから、肉親の愛執は断たれているわけです。

特に「如来」という場合は、利他の一面を強く表現しているのです。「仏」というときは「真理を悟った人」ということですから、どちらかというと、自利の意味のほうが強い。如来は「真如から来たもの」の意ですから、衆生済度の使命が強く表されて慈悲の立場に立っているのですね。それはすでに釈迦族の太子という立場を大きく超えているわけです。

森　「真理を悟ったもの」という仏の立場だけですと、自然科学のような非常に冷たい面だけが残ると感じがちですが、如来の慈悲という立場は、その中にすでに人間の立場をふまえているわけで、釈迦国の太子の立場を超えられていながら、しかも、一面では〝人間お釈迦さま〟であられるわけですね。

そのお釈迦さまの態度に、スッドーダナ王もわが子に帰依される心を起こされたのでしょうね。そうして、釈迦国のすぐれた貴族の子息が次々とお釈迦さまのお弟子に加わることになるわけですが、それは次回にうかがわせて頂くことにいたしたいと思います。ありがとうございました。

第十六話
カピラ城での王族の青年たちの教化

ゲスト——舟橋一哉（大谷大学名誉教授）

童子敬白

故郷・釈迦国を真の救いに導くためカピラ城に帰られ、まず父・スッドーダナ王を教化《きょうけ》された釈尊は、さらに、わが一子・ラーフラ、異母弟のナンダをはじめ、釈迦国の王族の青年たちを教えの道に導き入れていかれた。その釈迦国の次代をになう王族の子弟に対する救いの手は、出家者として真理の道へ至らせる道だった。そして、未来に満ちた青年たちを教えに導き入れられるとき釈尊が示された姿勢は、いつになく厳しいものだったのだ……。

◆遺産を欲する子を出家させた父

〈誇り高い釈迦国の父王・スッドーダナ王に「私は如来の系譜を継ぐものである」と毅然《きぜん》と語られる釈尊に、真の仏陀を見て、わが子・釈尊に帰依して仏弟子となったスッドーダナ王は、改めて釈尊に食事の供養を申し出られました。

釈尊はこれを受けられて、比丘《びく》らとともに王宮に入られ、かつての妻であったヤソーダラー妃《ひ》に会われたのでした。そのとき、ヤソーダラー妃はわが子ラーフラに、父である釈尊のもとに行って「遺産を譲ってほしいと願い出るように」とすすめたのです。

すると釈尊は、そのわが子ラーフラに、沈黙されたまま一つの鉢《はち》を与えられ、自分のあとに従うように命じられてそのままニグローダ園に至られ、サーリプッタを呼んでラーフラを出家させてしまわれたのでした。

また、釈尊の異母弟のナンダは、太子の釈尊が王宮を去られたあとスッドーダナの王位を継ぐものと定められ、また釈迦国第一の美女と噂《うわさ》の高いスンダリーとの結婚が間近に迫っていたのですが、釈尊は、このナンダにも鉢を手渡されてニグローダ園に伴われ出家させてしまわれたのです〉

森　政弘　王宮を出られて出家修行者となられてしまわれたお釈迦さまの初めてのカピラ城への帰郷は、父・スッドーダナ王をはじめ、釈迦国の多くの人々が待ち望んでいたことであったわけですね。とりわけお釈迦さまの妃《きさき》であり、お釈迦さまとの間に一子ラーフラをもうけられていたヤソーダラー妃にとって、このお釈迦さまのカピラ城訪問は、さまざまな思いがあったのでしょうね。どんな気持ちで迎えられたんでしょうか。

舟橋一哉　ヤソーダラー妃は釈尊が出家されてしまったあとも、釈尊の形見となったラーフラを育てて貞節を守り続けてきていました。そのヤソーダラー妃の貞節ぶりに日ごろ感心されていたスッドーダナ王は、自分から釈尊に、こう語られています。

「太子が出家したあと、太子が黄色い衣を着られたと聞けば妃も同じように黄色い衣を身に着け、太子が装身具を捨てられたと聞けば、妃もわが身から装身具を取りはずす。太子が地に臥《ふ》されておられると聞くと、妃も寝具から下りて地上に臥しておった……」

このスッドーダナ王の言葉に、出家した夫へのヤソーダラー妃の思いがにじみ出ておりますね。それを釈尊に伝えて、スッドーダナ王はヤソーダラー妃の貞節ぶりをほめてやってほしいと頼んでいるのです。

森　そうして、心の底から夫、お釈迦さまを慕い、貞節を守ってきたヤソーダラー妃が、お釈迦さまがカピラ城に帰られ、宮殿の供養の席に見えられても自分からお釈迦さまに会いに行こうとされなかったのですね。

舟橋　ある経典によりますと、侍女が「釈尊のところへまいりましょう」とすすめても、「もし、釈尊が私をあわれとおぼしめしされるならば、釈尊のほうから訪ねてきて下さるでしょう」といって断られるんです。われわれ一般の生活でいいますと、男に捨てられた女性というものは、日ごろの寂しさからのひがみで、いざ会えるとなると、かえってすねることがありますね。あれと同じ心理なんでしょうか。

それで釈尊のほうから、会いにいかれたんですね。釈尊は、ヤソーダラー妃のことを、たいへん気遣われています。

釈尊はサーリプッタとモッガラーナの二人の弟子を伴われてヤソーダラー妃の部屋を訪ねられるんですが、その時、サーリプッタとモッガラーナに、「もしヤソーダラー妃が自分に礼拝供養をしなかったとしても、妃の心の赴くままにまかせ、ヤソーダラー妃に礼拝供養をするようすすめてはならない」と、注意を与えられています。

森　なるほど。お釈迦さまは、ヤソーダラー妃がすねているのを、ちゃんと見とおされておられたわけですね。ヤソーダラー妃が、わが子ラーフラに、「父のお釈迦さまから遺産を分けて頂くようにお願いしなさい」と言わせたという有名な話は、そのときのことですか。

舟橋　その後です。カピラ城へ帰られて七日目ごろのことと伝えられています。ヤソーダラー妃は城中の高楼でカピラ城内の町を托鉢《たくはつ》して歩かれている釈尊の姿を見て、かたわらのラーフラに、「ラーフラよ。あそこに大勢の比丘に取り囲まれて、ひときわ尊く見えるのが、あなたの父上です。お側に行って遺産を頂きたいと申し上げなさい」と教えられた。

◆太子の位を継ぐ弟ナンダも出家の道へ

森　出家されて無所有の生活をなさっておられるお釈迦さまに対して、遺産をもらうようにすすめているのはヤソーダラー妃に何か考えがあってのことだったんでしょうか。

舟橋　ヤソーダラー妃だって釈尊が財産を何一つ持っていないことは百も承知しているんですが、これもやはり、ヤソーダラー妃のすねた気持ちの現れですね。可愛いわが子に求められて、それに応えることができなければ、釈尊もさぞ困るだろうと、そんな女心が、ヤソーダラー妃の心にあったんでしょうね。

森　そう母親に言われたとおり、お釈迦さまのところへ財産をもらいにいったラーフラは、社会のことがまだよく分からない年齢だったんでしょうか。

舟橋　そのときラーフラが何歳だったか、釈尊が出家されてから何年目にカピラ城に帰られたかで決まるんですが、その説がさまざまで、はっきりした年齢が分かっていないんです。私は、成道後、早い時期に釈尊はカピラ城に帰られたんだろうと推測しています。ラーフラはおそらく満六歳か七歳でなかったかと思うんです。ですから、ラーフラは無邪気そのもので、ヤソーダラー妃に言われたとおりに「遺産を下さい」と釈尊に言いに行ったんでしょうね。

森　ところが、そのわが子にお釈迦さまは黙って鉢を渡される。

舟橋　当時は、出家者であるお坊さんから鉢を渡されたら、途中で鉢を置いて帰ってしまうわけにいかない。そのお坊さんのあとに従ってついていかなければならないという風習があったんですね。ラーフラも、その風習は知っていたんでしょう。それで釈尊のあとについていったのですが、それがどういう意味を持っているのかは知らなかった。おそらく、その鉢の中に何か物を入れてもらえるものと思ってついていったんではないでしょうか。

森　お釈迦さまとしては、わが子ラーフラを出家させようというお考えだったわけでございましょうが、それはラーフラ自身はもちろんのこと、ヤソーダラー妃にも考えてもみられないことだったんではなかったでしょうか。お釈迦さまは思い切ったことをなさったわけですね。

舟橋　釈尊は、ラーフラだけでなく、釈尊の異母弟であるナンダという弟も、ラーフラと同じように出家させておられるのです。

ナンダは、釈尊の跡を継いで釈迦国の太子となる立太子式を近く行なうことになっておりました。その立太子式に合わせて、スンダリー姫との結婚式が挙げられ、さらにナンダのために建てられた宮殿が落成して、そこに移り住む、という三つの祝い事が用意されていたのです。ナンダにとっては生涯でいちばん大きな節を迎えた時だったんですね。

しかも、釈尊がナンダを出家させられたのは、この三つの大きなお祝いの式典が行なわれる、その前日だったと伝えられているんです。

森　すると、もちろん、ナンダにも出家する意志はなかったと考えてよろしいのでしょうか。

舟橋　ラーフラと違って、すでに結婚する年齢になっていたのですから、ナンダは自分の考えというものは持っていたはずですが、出家する意志は恐らくなかったでしょう。出家してからも、ナンダは自分が結婚することになっていたスンダリー姫への愛着が断ち切れず、在俗の生活にもどりたいという心を、しばしば起こしているんです。

釈尊はそのたびに、さまざまな方便をもちいてナンダのスンダリー姫への愛着の念を思いとどまらせていますね。

釈尊のお心には、どうしてもナンダに出家をさせなければならないという一念があったのです。それで大事な式典をひかえた、気の弱いナンダに出家の意義を説明してみても、かえって障《さわ》りになって出家をためらうだろうと考えられて、強行手段に出られたんですね

森　予期せぬラーフラとナンダの出家に、スッドーダナ王、ヤソーダラー妃の動揺はたいへんなも

のだったと想像されますね。

舟橋　ヤソーダラー妃にしてもショックだったでしょう。スッドーダナ王も、老後を託す子や孫を出家させられた苦しみを釈尊に訴えられています。そのスッドーダナ王の訴えを容れられて、釈尊は以後、父母の許可なしには出家は許さないという規則をもうけられるんですね。

◆人の最善の道はこの道しかない

森　釈迦国の跡継ぎであるラーフラとナンダを、父・スッドーダナ王と、かつての妻のヤソーダラー妃がどれほど悲しむか知りながら、いってみれば一方的・強制的に出家させてしまわれたお釈迦さまには、法による絶対的確信に基づく大きなご意図がおありになったのでしょうね。あるいは滅亡する釈迦国の将来を見とおされて、この将来ある二人を見過ごしておくのに忍びないと思われたのでしょうか。

舟橋　たしかに、釈迦国はマガダ国とコーサラ国の大国にはさまれて危機に瀕《ひん》しておりましたし、事実、釈尊の晩年には釈迦国はコーサラ国によって滅ぼされていますから釈尊がそういう見通しを持たれていたことは確かでしょう。しかし、それがラーフラやナンダを出家させた理由かというと、それは釈尊にとっては二の次の問題であったのです。釈尊のいちばんの思いは、自分が悟った法に対する信念からのものだと思うのです。

釈尊ご自身が明らかに見ることのできた法に従って生きることが、人間にとって最上の幸せへの道なのである、という不動の信をもっておられたのですね。

ヤソーダラー妃は、わが子ラーフラに形ある財産を父・釈尊に求めさせたわけですが、釈尊にとっての財産は、法に従って生活することにあったわけです。

森　としますと、お釈迦さまは出家を人生の最高の道であるとお考えになられていたことになりますが、一方でお釈迦さまは在家の信者を認められていて、他の人には無理に出家を強制されていませんね。ラーフラとナンダに対してはどうして在俗信者でなく出家をさせられたのか……。

舟橋　現代の社会では大乗仏教による在家主義が主流になってきておりますが、釈尊ご在世の当時は、道を求めるのには出家でなければならない、という出家主義の考えが一般的だったのですね。

仏教の教えは、執着を離れることが中心に置かれております。けれども、釈尊は在家信者に対しては「一切の執着から離れよ」とは説かれませんでした。釈尊は、その時代の社会習慣や人々の機根を考えて、現在、大乗仏教の教えの基盤となるお考えは持たれながら、それを一般の人々には説かれなかったのです。

もし、現代の社会に釈尊が出現されたならば、おそらく在家主義をとられたに違いないと思われますが、当時の社会の考え方に習ってラーフラとナンダを出家させられたんですね。それが当時、道を求める者にとって最善の方法であったわけですから。

可愛いわが子、わが弟だからこそ、人間の最善の道を歩ませなければならない、という強い決心の上に立たれて、あえて強制的に出家をさせられたんでしょうね。
その結果、のちにヤソーダラー妃は釈尊の比丘尼《びくに》教団に出家して、比丘尼のなかでも「具慚愧《ぐざんぎ》（人と天に対する恥じらいを知ることにかけて）第一」と讃《たた》えられるまでの修行を重ねています
し、またラーフラは「密行《みつぎょう》（戒律を守ることにかけて）第一」と讃えられ、釈尊教団の十大弟子の中に入るすぐれた境地に達しています。それぞれが、自ら法に従った生活こそ最も幸せな道であることを身に体して、心から釈尊に帰依しているのですね。
釈尊が選び与えられた道が正しかったことが証明されているわけです。

◆本物を見せるための釈尊〝奪う愛〟

森　悟りをめざす道は我執を取り去る修行にあるわけですが、この世のさまざまなしがらみから切り離されないと、その我執は、なかなか取り去ることができませんね。それが出家であるといってもいいんではないでしょうか。お釈迦さまは、わが子、わが弟に世俗の一切のしがらみを捨てさせた。世俗の生活を奪い取られてしまわれた。
大学で教育するときも、その学生がいちばん大事にしているものを、まず奪い取ってしまう。たとえば、その学生が後生大事にしがみついている考え方を「その考え方は、なんだ！」と、強く言って奪ってみると、そこで学生は「おやっ？」と思って、激しく懊悩《おうのう》する。その苦しさの中

から新しい発想が生まれてきて、「こんな考え方もあったのか」と、別の一つの目が開けてくるんですね。

『観《かん》普《ふ》賢《げん》菩《ぼ》薩《さつ》行《ぎょう》法《ほう》経《きょう》』に「目を閉《と》ずれば則《すなわ》ち見《み》、目を開《ひら》けば則ち失《うしな》う」という教えがありますが、目を閉じることは奪うこと、捨てることなんですね。それによって、より真実なものが見えてくるんです。

　何よりも大切なもの、自分にとってかけがえのない大切なものを、一時でもいいから奪ってもらう、捨ててみることは、大切なことだと思いますね。現代は与えられることのみ多い時代でして、子どもたちを見ていても、母親が朝から晩まで、つきっきりで面倒を見る。品物は十分すぎるほど与えられている。

　ですから、現代人は与えられることには慣れっこになっているのですが、切り捨てられる、奪われることにはまったく不慣れなんです。それで何も見えなくなっている。

　先日も「自在研究所」ということで、「捨てる」ということをテーマにしてシンポジウムを開いたんですが、初めのうちは、参加者のほとんどが、不要になったものを捨てることしか考えていませんでした。「心の面において捨てる」ということには思い及ばなかったのですね。

　いま、われわれの社会全体が「捨てる」ということを真剣に考えてみなければならない時にきているのではないかと思うんです。

舟橋　人間は、得ることのみを望んでいる。そのために本質を見失ってしまうのですね。学術論文を書くにしても集めた資料を全部使いたくなりましょう。それではいいものはできない。説得力のある論文を書けるかいなかは、集めた資料をいかに切り捨てられるかにある、といってもいいわけですね。

森 女の人が、自分の持っているアクセサリーを全部いっぺんに身につけて街を歩いたとしたら、これは見られたものではありませんね。どんな高価なものでも、一つ一つのアクセサリーの値打ちはなくなってしまいます。

あの抽象画というものも、余分なものはすべて切り捨てていったとき完成するんだそうですね。

私は、毎日工業デザイン賞の審査員をやっておりますが、そこで、優秀なデザインの製品は「捨てる苦しみを味わってきているもの」であることに気がついたんです。捨てる苦しみを経て本物になる。法にそった生き方とは、それなんでしょうね。

お釈迦さまは、その大切な教えを、わが子・ラーフラとわが弟・ナンダをとおして、われわれ人類に教えられたといってもいいように思いますね。

◆真の人間を育てる厳愛の二法

舟橋 煩悩欲のなかに生きている人間に煩悩欲を断ち切らせるのですから、これは一つの方向転換をさせることですね。それは優しく対しているだけではできません。厳しい、強い態度で対することも必要になってきます。荒療治も、ときには必要なのですね。

仏教は、一見、弱いようにみえて本来は強いものなんです。柔軟というと、優しさ、弱さが連想されるんですが、実は、これほど強いものはないわけでしょう。どんな強風にも倒れない。もろくポキンといかない。

仏教の柔軟とは、中道の立場に立つことですから、優しさと強さの両端を踏まえて、あるときには優しく、また、あるときには強くなる。優柔不断とはまったく逆に、はっきりと言うべきことを言う強さがあってはじめて、柔軟な心が具《そな》わったといえるんです。

森　仏教の教化には、常に厳しさと優しさの二面がございますね。ラーフラとナンダを出家させるに当たられて、お釈迦さまは柔軟な心の強い面を現されて教化されたんですね。

舟橋　ですからね、強制的な態度でラーフラを出家させた同じ釈尊が、出家した後のラーフラに対しては、いとも優しい態度をとられているんです。

ラーフラは年齢が若かったものですから、出家してもすぐ比丘にはなれず、沙弥《しゃみ》として修行したわけですが、戒律によって沙弥は比丘と同じ寝所に寝ることができないのです。そこでラーフラは、釈尊が使用される厠《かわや》で寝ていたんですが、それを釈尊がご覧になられて、三日間に限って比丘と同じ寝所で寝てもよいという戒律に例外を認められておられます。

このように、釈尊の強く出るべきときは強く、優しくするときは優しくする態度こそほんとうの柔軟さですね。

森　医学で言えば、患者がどんなにいやがって泣き叫んでも、患部はムリにでもメスで切り取ってしまわなければならないときがあるわけですね。

舟橋　東洋思想の特色として挙げられるものに寛容の精神があり、これは尊いものなんですが、何でも相手の言うことを許してしまうという寛容になると、それは猥雑《わいざつ》に陥りやすいんですね。寛容にも純粋性が必要なんです。ところが、この純粋性は逆に偏狭になりがちです。猥雑にならない寛容、偏狭にならない純粋さを保つためには、常に寛容と純粋を兼ね備えるのが理想ですね。それが中道である。

たとえば聖徳太子なんか、寛容と純粋性を具えられたかただと思うんです。十七条憲法によくそれがあらわれていると思います。「この世に生を受けたものは、ことごとく仏法を信じなさい」という、第二条の「篤《あつ》く三宝《さんぼう》を敬うべし」という教えは純粋性の現れですが、第十条の「共に是《こ》れ凡夫《ぼんぷ》のみ」という一節は、どんな人の意見にも頭を下げて聞いていこうという寛容な精神の現れですね。

これが信仰者の理想の形だと思うんです。

森　時には純粋性の面が強く現れて、偏狭と見えることが必要な場合もあるんですね。子どもを育てるのにも、温かく抱きかかえる慈愛の面と、可愛い子には旅をさせよ式の強さがあって、子どもが育つわけですからね。

◆理髪師ウパーリを兄弟子と仰がせて

〈ニグローダ園でカピラ城のスッドーダナ王をはじめ親族を教化され、さらにラーフラとナンダを出家させられた釈尊は、カピラ城をあとにして、再び遊行の旅に出かけられました。すると、釈尊の教えを聞いて激しく心を揺さぶられた釈迦国の子弟たちが、その後を追ったのです。その青年たちは、釈尊のいとこのアーナンダ、アヌルッダ、パッディヤ、デーヴァダッタ、そして王族の生まれのキンビラとバグ、さらに、その王族に仕える理髪師のウパーリの七人でした。この若者たちは釈尊に追いつくと、その場で、自ら出家を願い出たのです。

釈尊は、この七人の青年の願いを聞き入れられ、まず身分の賤《いや》しいウパーリを第一番目に出家させ、それに続いて、六人の青年を次々に出家させていかれたのでした〉

森　七人の青年は自ら出家を願い出たのでしょうか。

舟橋　はい。おそらくこの青年たちは、釈尊の名声を釈尊がカピラ城に帰られる前から聞いていたに違いありません。ですから、出家に対する心の準備はすでに釈尊の説法を聞く以前にできていたのでしょう。それが実際に釈尊の説法を聞いて、ハッキリと決心がついたんですね。釈尊のほうも、このいとこたちの機根が高いことはよく知っておられましたから、特に目をかけて教えを詳しく説かれたのでしょう。

森　ラーフラとナンダの出家に影響されたこともありましょうね。

舟橋　いや、それはあくまでも自分自身の問題として出家したんだと思います。

森　出家した七人の中でウパーリだけが王族出身者でなく、当時のインドの社会では身分が賤しいとされていた理髪業の青年ですね。お釈迦さまがそのウパーリに七人のうちでまず第一番目に出家を許されたのは、何かご意図がおありになったんでしょうか。

舟橋　ここにも釈尊の強い部分が現れていると思うんですよ。インドはカースト制が根強くありまして、階級についての考え方は厳しいものがあるわけです。王族と理髪師では身分がまったく違います。

ところが、釈尊の僧伽《サンガ》《そうぎや》ではそうした出家以前の身分にはまったくかかわりなく、出家の順序に従って比丘の位置が決められるのです。賤しい身分のウパーリが一刻でも先に出家したことになりますと、釈尊教団にいるかぎり、王族出身の青年たちはウパーリを上座において兄弟子と仰いでいかなくてはならないわけですね。これは、私たち日本人には想像もつかないほど、たいへんなことなんです。

王族の青年たちにとっては、心おだやかならざるものがあったでしょう。釈尊が、どうしてそのようなことをされたかと言いますと、前回にもお話ししましたように、とりわけ釈迦国の人々は血統を重んじ、それに誇りをいだいて、そのために憍慢《きようまん》な心が強い。王族出身の青年は、なおさらなんですね。しかし、この憍慢な心は修行の最大の妨げになるものです。

それを取り去らせるために、ウパーリを兄弟子と立てる修行をさせようと考えられた。王族の青年たちの不満を承知で、あえてウパーリから先に出家を許されたんですね。

森　のちに、ウパーリ、アーナンダ、アヌルッダの三人がそろって釈尊教団の十大弟子に数えられるにいたっているのは、そのお釈迦さまの強さ、厳しさ、正しさの証明でもあるわけですね。

舟橋　そうなんです。修行していくうちに、釈尊はウパーリにだけ特別に愛情をそそがれているんじゃない、ということが、青年たちにも分かってきますからね。ウパーリは「持律《じりつ》第一」と讃えられる律の専門家になりましたし、アーナンダは「多聞《たもん》（教えを多く聞いて覚えていることにおいて）第一」と称せられる比丘となるんです。アーナンダは美貌《びぼう》の持ち主で、気立てが優しく、釈尊の侍者となって仕えた人ですね。それに記憶力がよかったので、釈尊の説法をすべて暗記してしまったと伝えられています。アヌルッダは釈尊が説法をされている最中に、つい居眠りをしてしまって、釈尊に厳しく叱られるのです。

森　お釈迦さまの厳しいところですね。

舟橋　そこで、アヌルッダは釈尊の前では絶対に眠らないという誓いを立てるんですが、その厳しい修行によって失明してしまったのです。しかし、そのかわりに天眼《てんげん》を得た。目の見えないアヌルッダのほうが目の見える人たちより、ものごとがよく見える。そして、「天眼第一」と讃えられる弟子になったのですね。

あまりに名誉心が強すぎたために、ついに仏を傷つけるという罪を犯すにいたってしまったデーヴァダッタを除いて、釈迦国の子弟は釈尊教団の中心人物として大きな功績を残す人たちとなったわけです。

森　寛容と純粋性を具えられたお釈迦さまの教化によって、誇り高い半面、憍慢に陥りがちの釈迦国の青年たちの、よい面がいかんなく発揮させられたわけでございますね。大切なことをいろいろご教示頂きまして、本当にありがとうございました。

＊　三〇九頁の後ろより三行目に、『観普賢菩薩行法経』に「目を閉ずれば則ち見、目を開けば則ち失う」とありますが、これは単なる逆説を超えて、この言葉には、仏法を知るのに、良いコツが示されていると思います。このお経には、「端坐して実相を思え」とのお言葉もありますが、私の体験から、最高の端坐は「坐禅」で、その要点は姿勢と呼吸だと申し上げます。

第十七話 祇園精舎を寄進したスダッタ長者の帰依

ゲスト――宮坂宥勝（名古屋大学教授）

ゲスト

宮坂宥勝（みやさか・ゆうしょう）

一九二一年―二〇一一年。長野県に生まれる。東北大学文学部印度哲学科卒業。文学博士。高野山大学教授、名古屋大学教授、智山伝法院院長、真言宗智山派管長などを歴任する。著書に『ブッダの教え スッタニパータ』『宮坂宥勝著作集（全六巻）』（いずれも法藏館）ほか多数ある。

童子敬白

釈迦国を訪れられたのち、釈尊は釈迦国と隣接する大国・コーサラ国に布教の足を向けられたが、それは、コーサラ国の首都・舎衛城《しゃえじょう》に住む豪商スダッタ長者が仏教教団のために莫大な黄金を積んで精舎《しょうじゃ》を寄進し、釈尊をコーサラ国に招待したためだった。

貨幣の流通がはじまり巨大な富を得るようになった新興階級を代表するスダッタ長者は、釈尊の教えに何を求めたのだったろうか。

◆新しい教えを求めていた長者たち

〈故郷・釈迦国に帰られ、父・スッドーダナ王を教化されたのをはじめ、一子・ラーフラなど釈迦族のすぐれた青年を仏教教団に出家させられた釈尊は、釈迦族を配下とする大国、コーサラ国に入られました。

釈尊のコーサラ国訪問は、首都・王舎城に住むスダッタ長者という豪商の招待に応じられたものでした。コーサラ国を代表する豪商のスダッタ長者は、よく施しをし、特に孤児や身寄りのない老人に衣食を与え、都の人々から「給孤独長者《ぎっこどくちょうじゃ》」と呼ばれ、敬われていました。

スダッタ長者は、商用で王舎城に出かけたとき、王舎城郊外の竹林精舎におられる釈尊のことを知り、さっそく出かけていったのでした。

そこで釈尊が説かれる法を聞いて、スダッタ長者は深く心を揺さぶり動かされ、その場で釈尊への帰依をお誓いしたのですが、そのとき「コーサラ国の人々のために、ぜひコーサラ国にお越し頂きたい」と懇願し、仏教教団のために精舎を寄進することを申し出たのでした〉

森　政弘　このスダッタ長者が寄進した精舎が有名な祇園精舎《ぎおんしょうじゃ》ですね。祇園精舎の名前は、『平家物語』の「祇園精舎の鐘の声、諸行無常の響きあり……」という有名な詞《ことば》で、特に日本人になじみが深いですね。

宮坂宥勝　「祇園」というのは、祇陀太子《ぎだたいし》（コーサラ国の王子）が所有していた園を給孤独長者が買い取って仏教教団に寄進した園の意味ですね。給孤独とは、「アナータピンディカ」の訳で、「孤独なる者に食を給する人」の意です。

森　スダッタ長者は、お釈迦さまの教えを受ける以前から、そういう慈悲の深い行為をしていたのですね。スダッタ長者は、長者といっても、ちょっとケタはずれの豪商だったように思います。祇園精舎の土地を買い求めるのにその敷地に金貨を敷きつめたという有名な話がございますね。

宮坂　スダッタ長者というこの「長者」は、パーリ語の「ガハパティ」という語の訳なのですが、ガハパティとは、当時の新興の資産者、商工業者のことなのです。しかし、スダッタ長者は、ただの商人ではなく、コーサラ国とマガダ国という大国の間に立って交易を行なう大商人だったようです。

釈尊がお出になられた当時、すでにインドには国内だけでなく、国と国との間の交易も行なわれるような経済体制ができていたんですね。そこでスダッタ長者のように遠い国々との交易で巨万の富を積む交易商人もいたわけです。

森　現在でいうならば、国際的な貿易商、商社の経営者といったところでしょうか。

宮坂　当時のインドで、いちばん身分が高いとされていたのは祭祀《さいし》を司るバラモンであり、このバラモン階級が農村地帯で大きな力を持っていました。ところが、西暦紀元前六世紀ころになって、ガンジス河中流域において、それまでとは比べものにならないくらい生産力が向上してきて、七万人から十万人くらいの人口を持つ都市が出現したのです。その生産の担い手が、これまでバラモンやクシャトリヤ（王族）の下の階級とされていた商工業者だったわけです。この新興階級が、バラモンや王族をしのいで都市経済の実権を掌握するようになってきていたんですね。

日本でも江戸時代には「士・農・工・商」と並べられて、いちばん身分が低いとされていた商人が、経済力を持ったことによって、表向きは武士の顔を立てながら、陰では武士に頭を下げさせていたことがありましたね。あれと同じような形で商工業者が力を得ていたんです。

森　中でも、スダッタ長者はすぐれた人だったんでしょうね。スダッタ長者が竹林精舎にお釈迦さまをお訪ねしたとき、経行《きんひん》しておられたお釈迦さまは、スダッタ長者を認められると、「スダッタよ、来たれ」とお声をかけられたと伝えられていますね。

すでにスダッタ長者のことをご存知だったようなんですが、当時の新興資産家である長者に対して、お釈迦さまは大きな関心を寄せられていたのではないかと思われますね。その時代と、次の時代を担う人たちを鋭く見透しておられ、その人たちに、仏教の教えを浸透させることの大切さを、心に刻まれていたようにも考えられるんですけども……。

◆布教の新天地を都市に求められた釈尊

宮坂　たしかに、釈尊は仏教の布教の地を商工業者が活躍する都市に求められていますね。釈尊に背き、釈尊を傷つけたと伝えられるデーヴァダッタが「煩雑な都市を托鉢《たくはつ》して歩く釈尊教団の比《び》丘《く》たちは、堕落した証拠だ」と非難したことが経典に遺《のこ》っています。

しかし、釈尊は、ガヤーで成道されて教えをお説きになられる、そもそものはじめから、農村でなく都市に赴かれているんです。ガヤーと目と鼻の距離のところにある王舎城《おうしゃじょう》へは向かわれず、はるばると一週間も歩いてカーシー国の都・ベナレスへ行かれているのです。ベナレスは、さまざまな宗教家が集まって修行する鹿野苑《ろくやおん》などがある伝統的な宗教都市であり、また、ガンジス河中流域の当時の商工業の中心地でもあったのです。釈尊は、そこの宗教家と話し合われるためにベナレスへ赴かれたのだとされていますが、私は、その胸中に、商工業者への布教というお考えもあったんではないかと思うんです。

ともかく、釈尊の周囲には、常に商工業者の姿があるんですね。ガヤーの地で成道されて菩提《ぼだい》樹《じゅ》の下に座られている釈尊に、はじめて帰依し、麦粉と「マドゥピンティカ」という小麦粉に蜜を混ぜた団子を供養したのは、タプッサとパッリヤという人だったのですが、この二人は鉱石を売買する商人でした。

それから、釈尊が入滅されたのは、チュンダが供養に差し上げた食事で下痢《げり》を起こされたのがもとなのですが、このチュンダも鍛冶《かじ》工であるわけですね。

釈尊は、「二つの供養の食物に最上の功徳がある。それは、悟りを開いた直後に供養された食物と、チュンダが供養した食事とである」という言葉を遺されていますが、この最高の供養の食事をいずれも商工業者がささげています。釈尊がいかに商工業者と縁が深かったかを象徴的に物語っているように思うんです。

森　もちろん、お釈迦さまはすべての人に教えをお説きになられますね。遊行の途中で農夫を巧みな対機説法で教化されたお話もさまざまに伝えられていますが、とりわけお釈迦さまの周辺に新興商工業者の姿が目立つのは、仏教が商工業者の求めに応えうる宗教だったからのような気がするんです。

たとえば私はロボット工学をやっていまして、そこでぶつかることがピタリとお釈迦さまの教えに合致しているのを発見するんですが、当時の商工業者も、これまでの宗教にない合理的な教えにふれ、これこそが自分たちが求めていたものだ、という気がしたんではなかったでしょうか。

宮坂　当時の社会や経済の状勢を、データを集めて分析されたわけではないのに、釈尊は鋭い直観力をもって時代の動きを洞察されておられたんですね。
しかも、単に商工業者が新しい時代の担い手になるということだけでなく、時代の先端を担っているガハパティが、いままで経験したこともないような問題にぶつかって危機を感じ、心が大きく揺れていることを鋭く感じとっておられたのです。その、時代が直面している最大の問題が貨幣経済が起こってきたことだったんですね。

◆精舎を寄進したスダッタ長者

〈コーサラ国に精舎を寄進することを釈尊に約束して帰ったスダッタ長者は、精舎を建立する土地を舎衛城の近郊に探し求めました。

そして、この地こそ、と選び出したのが、コーサラ国のパセーナディ王の太子・ジェータが所有しているジェータ林園だったのです。スダッタ長者は、さっそくジェータ太子にその土地を譲り受けたい旨を申し出たのですが、ジェータ太子はなかなか聞き入れてくれません。「もし、その土地いっぱいに敷きつめられる黄金を用意するならば譲ろう」という条件を出しました。それに対してスダッタ長者は、見事に土地いっぱいに黄金を敷きつめて、その土地を得たのでした。

ジェータ太子も、そのスダッタ長者の熱心さに感服し、スダッタ長者が敷きつめた黄金の一部を

精舎の建設費に寄進したのでした〉

森　スダッタ長者が買い取った祇園精舎の敷地は、約一万九千百七十坪（六百三十四アール）の広さとも伝えられていますね。そこへ黄金を敷きつめたというのですから、スダッタ長者が、どれほどお釈迦さまのお人柄と教えに心を揺さぶり動かされたかがうかがえますね。

宮坂　祇園精舎は現在のサヘト・マヘトにあって、バルランプール駅から車で十分くらいで行けるんです。舎衛城から二キロメートルの場所です。

経典に、「精舎は遠からず近からずの場所に」とありますが、まさにその条件にぴったりのところです。

舎衛城の都にあまり近くては、世俗の雑音がまぎれこんできましょうし、あまり遠すぎては、托鉢に行けませんし、町の人々が教えを聞きにくることもできません。

精舎の土地の面積は、そのくらいの広さだったんでしょうね。少し台地になっていまして見渡す限りといってもいいほど広いところです。

森　スダッタ長者がその土地に敷きつめた黄金というのは、貨弊のことでしょうか。当時、すでに貨幣が使用されておったわけですね。

宮坂　マガダ国とコーサラ国で使用された銅貨や金貨が二万個ほど発見されています。象、牛、魚、太陽、孔雀《くじやく》の羽などの模様が刻まれた打刻貨幣が流通していたんですね。

古い経典に、ガンジス河流域で土地が売買されていたことも書かれています。ジェータ太子は王族で、土地は持っていたけれど貨幣は持っていなかった。一方、ガハパティのスダッタ長者は莫大な貨幣は持っていたけれども土地は持っていなかった。その貨幣で土地を買い占めていく。伝統ある王族階級より新興資産者が社会の実権を握りつつある姿が、いかにもよく示されているんですが、それを見て当時の人々は貨幣というものの力に驚嘆するんですね。

貨幣が使われはじめた時、それは初め小さな金のかけらとしか見えないはずです。物を得る媒体にすぎない。ところが、その貨幣でどんなことでもできることが分かってくると、貨幣が魔法の力を持っているように思われてくる。貨幣そのものの価値ができてくるんです。

森　物々交換の時代ですと、その物の価値が直接的に判断できたわけですが、貨幣が流通すると物の価値も貨幣でしかはかれなくなってきますね。それで貨幣への激しい執着が生まれるんです。たとえば金貨ですが、現在、金《きん》がどれだけ実用価値があるかというと、工業材料としても電子機器のスイッチに使う程度で、装飾以外の必要度はグンと減ってしまっています。むしろステンレスのほうが貴重な材料になっているんです。それなのに、みんな金を買う。なぜかといいますと、いつでも売れるからだという。つまり、いずれ売るためとか、実用にならなくても金庫の中にしまい込んで安心するだけのために金が出回っている。非常にうつろな構造なんですね。だから、うっかりすると人の心がそれに振り回されてしまうんです。貨幣経済も大切ですが、金という物質に天賦されている特性を活かすことを現代のわれわれは創造しなくてはいけないのではないでしょうか。

宮坂　スダッタ長者も、お金こそ最高に価値あるものと考えていたんでしょう。ところが、だんだんにむなしさを感じるようになってきた。ガハパティは経済活動を優先させて宗教をもっていませんでしたから、そのむなしさが、どのようにしたら満たされるのか分からない……。

森　科学技術の物欲満足への利用だけに目を奪われてしまって、宗教に無関心な現代人のむなしさと同じですね。

宮坂　人間というものは、欲望を追求する経済活動だけでは、どうしても心の満足が得られないんです。そこで、ガハパティと呼ばれる人たちが自分の心のよりどころとなるものを必死に探し求めはじめたんですね。

それに、当時は盗賊が跋扈《ばっこ》していましたから、財が貯《た》まれば貯まるほど不安も募ってきていたでしょう。経典にも、経済力によって大地主になったガハパティが番人小屋を作って盗賊を捕えたというような話がよく出てきます。

森　スダッタ長者くらいの人になれば、当時のさまざまな哲学なども勉強していたでしょうが、自分の希求に応えてくれるものが、それまでなかった。そうして求めているところへ仏陀が出現されたことを聞いて、さっそく説法を聞きにいったんでしょうね。

宮坂　バラモン教は、さまざまな宗教的儀式や呪術が主でしたから、旱魃《かんばつ》、川の氾濫などで決定的打撃を受ける農村社会では必要とされましたが、都市の商工業者にとっては直接必要でない。商工業者が求める精神的充足を与えてくれる宗教でなかった。

ところが、釈尊は呪術をしりぞけられ商工業者が求めている倫理を説いていかれた。それにひきつけられたのですね。また、釈尊ご自身に、人を強烈にひきつけずにおかない輝きがそなわっていましたから、スダッタ長者は、ひと目お会いして心の底から釈尊に帰依し、どうしても自分の国へ来て頂きたいと考えたんですね。

◆種族社会を理想化した僧伽の生活

〈そうしてスダッタ長者によって寄進されたジェータ林園には、間もなく、香堂、僧房、門屋、台所、勤行堂などの精舎が次々に建てられて「祇園精舎」と名付けられました。

比丘たちは、長い雨期をこの祇園精舎にあって過ごし、釈尊の教えを聞き、冥想行に打ち込み、舎衛城の町へ托鉢して法を説くようになりました。こうして、祇園精舎は舎衛城を中心にしたコーサラ国における仏教教団の拠点となっていったのでした〉

森　かなりの規模の精舎のようですが、スダッタ長者が寄進したとき、すでにこれだけの建物が建てられていたんでしょうか。

宮坂　『律蔵』の中に、「精舎、房、門屋、勤行堂などがスダッタ長者によって建てられた」として、建物が列記されているんですが、これは、いちどに建てられたのではなく、だんだんに増築されていったんだと思います。

当時は、釈尊を囲んで説法を聞く講堂、釈尊が住まわれる香堂、それに、比丘が住む僧房くらいがあったのではなかったでしょうか。その建物も、あまりりっぱなものではなかったでしょう。現在も、インドの地方の民家は、ニッパヤシの葉で屋根をふいただけの家が多いのですが、おそらく、そうした感じの建物だったのでしょう。

森　祇園精舎には当時、どのくらいの人数の比丘が修行されていたんでしょうか。それまで、仏教教団の出家者は、樹下石上の生活をすることになっていたはずなのに、どうして精舎の生活を許されるようになったのか……。

宮坂　祇園精舎が建てられたのは、仏教教団が成立して、まだ、いくらも経っていない時代ですから、およそ百五十人くらいのお弟子がいたんではなかったでしょうか。インドは、ご承知のように雨期と乾期がありまして、雨期はおよそ三か月間も続くのです。その長い期間、百五十人もの比丘たちが過ごすために、どうしても精舎が必要になってきたんですね。

仏教教団が出現するまでの出家修行者は、集団生活することはなかったんですが、釈尊教団では出家修行者が集団生活をするのが特徴でした。

森　それが、僧伽《サンガ》《そうぎゃ》の誕生ですね。

宮坂　その仏教教団の集団生活を見習って、のちにジャイナ教をはじめ他の宗教も集団生活を取り入れるようになるんです。

森 同じ動物でも、トラなどは一頭で生活していますが、人間は、もともと集団で生活するようにつくられておりますからね。出家者であっても、集団生活をするようになるのが自然な成り行きであったのではないでしょうか。

宮坂 私は、その仏教教団の僧伽は釈迦族がつくっていた種族社会制度を宗教的な形に移したものだったと考えるのです。つまり釈尊は僧伽によって理想の社会のヒナ型を示されようとしたのだ……と。

◆理想社会のモデルを示す僧伽

宮坂 ご承知のように、釈迦族はコーサラ国によって釈尊の晩年に滅ぼされてしまうわけなのですが、釈尊が仏教教団を形づくられるころには、すでに釈迦族は内部崩壊を始めていたのです。釈迦族の種族社会の制度は自給自足の経済だったのですが、その社会が貨幣経済の発達という大波に押しつぶされて成り立たなくなってきかかっていたのですね。だからこそ、釈尊は貨幣の魔力を痛感された、ともいえるのです。そうかといって、いちど貨幣経済に入った社会から貨幣をのぞくわけにはいきません。

しかし、貨幣経済を黙って見ていたのでは、経済の媒体にすぎない貨幣に人が振り回され、貨幣の奴隷になり下がっていってしまう。そこで、どのようにして人間の主体性を確立していくことができるか、まず、仏教教団が理想的な社会のモデルを示していかねばならない、と釈尊は考えられたんですね。その僧伽の原型が種族社会の、すべてのものを共有し、共同生活をする集団生活であったわけです。

釈尊は、僧伽では直接生産に従事することを禁じられました。それは、生産を行なえば当然、お金を取り扱うようになり、お金に従属するようになってしまうことを恐れられたためなのです。僧伽の生活は、すべて寄進により、寄進されたものは、すべて教団のものとされました。

ですから、スダッタ長者が祇園精舎を寄進したとき、釈尊はスダッタ長者に対して「この精舎は、すでにやってきた、まだきたらざる四方僧伽にささげるがよい」と、精舎が釈尊個人のものでなく、四方からやってきた出家修行者で構成される教団（四方僧伽）のものであると明言されています。釈尊自身の私有物も認められなかったんですね。

在家信者が特定の比丘に寄進しても、比丘はその寄進されたものを私有することはできないんです。教団に託し、僧伽で会議を開いて共同分配できるものは分配し、分配できないものは教団の共有物として保管される。

もちろん、お金は、持ったり、貯えてはならないと固く禁じられていました。貨幣の流通が発達してくると、お金を寄進する信者も増えてきたのですが、釈尊は、そのお金を穴を掘って捨てたり、川へ捨てたりしておられたんですね。

森　そのようにして無所有の人々の集団である僧伽を、貨幣に縛られる人々の心のよりどころとされたわけですね。

宮坂　釈尊が亡くなられた後の仏教教団では、教団が大きく発展していくのに従ってお金で僧伽の必需品を購入するようになり、お金で教団を維持、運営するようになっていくのですが、その場合も、比丘の私的な所有は認めていません。生活に必要最小限のものを配分するに過ぎず、残りは貧困者を救済する社会事業に振り向けています。

森　仏教教団の比丘たちが、物や金に縛られずに生々としている姿を、スダッタ長者たちガハパティは、ややもすると経済生活の中でお金に象徴される貪欲のウズに引き込まれがちになる心の鏡とするために仏教教団に帰依して在家生活を送っていたんでしょうね。そのガハパティたちに対し、釈尊は経済生活については、どのように説かれておられたんでしょうか。

◆自らコントロールすることの大切さ

宮坂　釈尊のとられた僧伽の生活は、あくまでも理想を示したもので、世俗の人々は現実の貨幣経済の社会で生活をしなくてはならないわけですね。それで釈尊は、一方において僧伽の姿で理想社会を見せておいて、現実に経済社会の渦中にあるガハパティたちには、貨幣の自縛から逃れ、人間の主体性を確立していくための経済倫理を説かれていかれました。それが節約と貯蓄の徳なんです。

生産が増大し、物の流通が増大すれば、ガハパティたち商工業者には、ますます資本が蓄積されていきます。ところが人間の欲望には際限がありませんから、これでもう満足だということがない。それ以上に望む。それを戒められた教えが、四苦八苦のなかの求不得《ぐふとく》苦ですね。求めても得られぬ苦しみが生じてくる。

そこで、釈尊は欲望にブレーキをかけなくてはその苦しみからぬけ出せない、足ることを知る人間になれ、と説かれたのです。

森　つまり欲望のコントロールの教えですね。

宮坂　そうなんです。釈尊が教えられた経済倫理の要《かなめ》は欲望にひきずられる自分自身にブレーキをかけ、コントロールしていくことにあるわけです。

森　つまりセルフ・コントロールでございますね。私の専門のほうの機械の制御でも、セルフ・コントロールが最上の方法なんです。テープレコーダーにしても、現在のテープレコーダーは回転スピードをコントロールする制御回路が別にあって制御しているんですが、理想から言えば、特別の外部的な仕掛けなしに、モーター自身の特性によって回転が自動的にキチッと制御できる方法、それがいちばん簡単で、うまくいくんです。

マイセルフ・コントロールになってこそ本物なんですね。足ることを知るのにしても、「そう考えなくちゃいかん」と人に強制される他律だと、すぐ不満が生じ、求不得苦の苦がますます増大していきます。仏教の戒律は一見、他律のように見えますが、守ることによって自由自在が得られるようになるための自己整備といいますか、あるいは修練というものではないでしょうか。そこが仏教のマイセルフ・コントロールですね。

私たち人間が生活していくのに経済活動が欠かせない以上、マイセルフ・コントロールを忘れてはならない。それを忘れたとき、経済活動に振り回され、その社会は成り立たなくなる……そうお釈迦さまは教えられたんですね。

貨幣は物々交換の媒介物として創造された産物ですから、もともとは無記なる存在であるはずです。活かし方によっては、これほど便利なものはない。それをマイセルフ・コントロールを失った人間が使用すると、こんな恐ろしいものはなくなってしまう。そのことを、われわれは戦後の高度経済成長のなかで見せつけられたわけですね。

それは「自己の勉強」ということであり、宗教によってこそそれが可能であるし、たとえ宗教でなくてもマイセルフ・コントロールができたときには、それはすでに宗教になっていると思うのです。現代の社会こそ、すべての人にとって宗教が欠かせないものになっているんですね。

宮坂　真理を探求する宗教活動と、金を求める経済活動は、一見、背中合わせのもので、正反対の方向に向かって進んでいくように見えますが、しかし、宗教活動も現実の経済活動を無視しては観念的になってしまって人間のものでなくなってしまいます。

経済活動をただの利潤追求にとどまらせないで、経済活動を通して、人間はいかにあるべきかを見つめていくことによって宗教的真理を求めることができますし、経済活動自身も本来の人間存在からかけ離れたものにならずにすむわけですね。

釈迦族という農耕種族の社会に生まれ、育ってこられた釈尊は、その農耕種族社会の共同生活の理想の姿をもって、新しい商工業社会、貨幣経済社会が大きく貪欲にひきずられる歯止めとされたのです。その仏教の僧伽の大切さは現代の社会でも少しも変わっていないと思います。

半面、今日、われわれがこうして釈尊の教えに浴することができるのは、釈尊ご在世当時のガハパティたちが、釈尊の教えによって自らをセルフ・コントロールし、余分な利潤を施与に回して仏教教団を支えてくれたからであることも忘れてならないと思いますね。

森　だからこそスダッタ長者が寄進した祇園精舎は、今日まで忘れられずに名が残されてきたわけですね。現代人として見失ってはならない貴重なお話を頂きまして、ありがとうございました。

＊　三二〇頁の六行目に、「祇園精舎の鐘の声、諸行無常の響きあり……」とありますが、ご承知のように、これは平家物語の有名な部分です。しかし、有名なだけに、われわれは、この言葉から、仏教の重要概念、「諸行無常」を狭く考える風潮が出来てしまったと思います。

すなわち、「諸行無常」の言葉が使われるのは、死ぬ・滅する・消える……など、消極的な、暗い場合が多いのですが、本来は、「諸行無常」は、そういった価値を超えた、「万物の変化」を表す仏教の重要語です。ですから、赤ちゃんが生まれたのも、良い贈り物が来たのも、「諸行無常」です。

第十八話

当時の超大国・コーサラへの布教とパセーナディ王の帰依

ゲスト――宮坂宥勝（名古屋大学教授）

童子敬白

豪商スダッタ長者が寄進した祇園精舎《ぎおんしょうじゃ》の完成を待って、釈尊はコーサラ国を訪問し、教化活動に入っていかれた。

当時のコーサラ国はマガダ国と並ぶ専制君主制を敷く大国であり、釈尊の生まれられた国、釈迦族を支配する国でもあった。また、新興の宗教家たちがパセーナディ王の保護を受けて群をなしていた。こうしたコーサラ国の状況のなかで、釈尊はパセーナディ王をどのように教化されていかれたのだろうか。

◆新宗教が咲き競うコーサラ国へ

〈釈尊の教えにふれて心を揺さぶり動かされ、釈尊を自分の住むコーサラ国へお招きしたい一心で祇園精舎を寄進したスダッタ長者の招きによって、釈尊はコーサラ国を訪問されることになりました。しかし、そこで釈尊は、外教《げきょう》の人たちの妨害に見舞われたのでした。

釈尊より一足先に祇園精舎の建設を監督するためコーサラ国の舎衛城《しゃえじょう》に入った舎利弗《しゃりほつ》尊者も、外教の人たちの妨害を受け、外教の人たちと論争して仏教の教えを人々に弘《ひろ》めていたのですが、釈尊の訪問で、再び妨害は強まってきました。仏教を非難し、正邪を決しようと神通力《じんずうりき》の争いを挑んできたり、それでもかなわぬと見ると、こんどは若くて美しい女性を使って、その女性と釈尊とが関係があったなどというわさを立てて釈尊を陥れようと企て、釈尊にコーサラ国での布教を思いとどまらせようと図ったのでした〉

森　政弘　スダッタ長者の寄進による祇園精舎が、コーサラ国の舎衛城の郊外に完成をみたところで、お釈迦さまのコーサラ国への布教が始められるわけでございますね。当時のコーサラ国はマガダ国と肩を並べる大国であったと言われていますが、領土もかなりの広さがあったんでしょうね。

宮坂宥勝　はい。領土もマガダ国に匹敵するくらいの広い地域を領有していたようです。だいたい、現在のフランスくらいの広さ（約五十四万七千平方キロメートル）があったといわれます。

　ヒマラヤから流れてくるガンジス河の支流・ラプティー河の西側にコーサラ国が広がっていたのですが、現在、この地方に行ってみますと見渡す限りの水田で、一月から二月には菜の花が一面に咲き競います。日本の農村に来たような、牧歌的な感じなのですね。当時も、現在と同じように米作を主とした農業国であったようです。

森　そのコーサラ国を当時、パセーナディ王が治めていたわけですね。

宮坂　そうです。コーサラ国は、専制君主国家で、国王のパセーナディ王は漢訳で波斯匿王《はしのくおう》と訳されていまして、仏典にしばしば登場してくる王様です。

森　祇園精舎が建てられた首都の舎衛城は、すでに外教の人々が布教の根を張っていたようですが……。

宮坂　舎衛城は、現在のサヘト・マヘトの町で、当時、有力な宗教的根拠地になっていて、六師外道《ろくしげどう》と呼ばれる代表的な宗教家の教えも広まっていました。サヘト・マヘトには、ジャイナ教の寺院の塔の遺跡がいまも遺っていますけれども、それを見ますと、舎衛城でかつてジャイナ教がかなり盛んに信仰されていたことがうかがえます。

森　六師外道に代表される外教とは、どのような教えだったんでしょうか。

宮坂　外教というのは仏教からみた、仏教以外の教えのことですが、六師外道とは、当時の主だった六人の新興宗教者を言います。

主なものは「判断中止説」をサンジャヤ・ベーラッティプッタ、「生活派」とでもいうべきアージーヴィカ派のゴーサーラ・マッカリプッタ、それから「ジャイナ教」のニガンタ・ナータプッタ……。

それらの宗教のうち、現在も残っているのはニガンタ・ナータプッタの「ジャイナ教」だけです。

サンジャヤの「判断中止説」といいますのは、人間の判断というものはきわめて不確かなものであって、断定的に判断を下すことはできないもの、という一種の懐疑論なんですね。しかし、サンジャヤの高弟であった舎利弗と目連《もくれん》の二人が釈尊に帰依してしまったので、他の弟子たちも舎利弗と目連にならって仏教教団に宗旨変えをしてしまいました。そのため、サンジャヤは落胆のあまり憤死したと伝えられています。

ゴーサーラ・マッカリプッタの生活派というのは、運命論を説く宗教でして、たとえば糸鞠《いとまり》が転がって糸がほぐれ、転がっていくにつれて鞠が小さくなり、糸が伸び切ったときマリが消滅するように、人間の運命は生まれながらに定まっていて、運命が尽きると寿命も尽きる、と説きます。

「ジャイナ教」は、すべての存在は霊我を含めた五つの実体から成り立っており、人間の身《しん》・口《く》・意《い》の働きによって、本来、無障害で自由な霊我が、物質に付着し、束縛を受ける。その状態から脱出するには苦行の生活に入らなければならず、そのために五戒、特に〝殺生〟を強く戒めなくてはならない、と説きました。

森　なるほど。さまざまな思想が出ていたんですね。

宮坂　こうした新思想が仏教と同じころに相前後して起こってきたわけです。大別しますと、唯物論、感覚論を主体にした派と、苦行主義を説く派の二つの流れになります。仏教は、そのどちらでもない第三の道、「中道」を説いたわけですね。

◆妨害によって証明された釈尊の偉大さ

森　その外教の人たちが、お釈迦さまのコーサラ国訪問を妨害した。……宗教戦争のはしりとも言えそうですが、どんな妨害に遭《あ》われたのでしょうか。

宮坂　仏典に出てくる有名な話としては、チンチャーの事件とスンダリーの事件があります。

チンチャーというのは、舞を舞ったり歌を歌ったりする女性芸能者だったのですが、外教の人におどらされて、「釈尊はりっぱなことを説いているが、私と関係を持ち、私に妊娠までさせたのに、知らん顔をしている」と、わざと大きな腹にこしらえて、町中に言いふらして歩いたのです。

けれども、釈尊は、「事実はあなたと私だけが知っていることで、あなたがどんなことを言いふらそうと、事実は変えることができない」と取り合わない。そのうち、チンチャーの妊娠が作りものであったことがばれてしまって、釈尊の潔白さが証明されるのです。

スンダリーも女性ですが、これはスンダリーが外教の者に利用されたあげく、殺されて祇園精舎の堀に捨てられてしまうという痛ましい事件です。そうしておいて、外教の者たちは、スンダリーを殺したのは祇園精舎の仏教徒たちだ、と舎衛城の町中に触れ歩いたのです。舎衛城の町の人々は、外教の言うことを真実だと思い込んでしまい、釈弟の弟子たちが托鉢《たくはつ》に舎衛城の町に出かけると、轟々《ごうごう》たる非難を浴びせ、とても托鉢などしていられない状態になってしまいました。

そのことを弟子たちが釈尊に訴えますと、釈尊は「人のウワサも、せいぜい七日くらいのもの。ウワサなど気にせずに、待ちなさい」と、たしなめられました。その釈尊の言葉どおりに、七日も経つと釈尊教団に対するウワサはどこかに消えてしまい、そのうち、スンダリーを殺した張本人が外教の者だったことが判明するのです。

森　相手を悪に陥れようとするときは、必ずといっていいほど、金銭でつるか、色仕掛けで迫るか、このどちらかのパターンになっていますね。

それを裏側から見れば、人間はこの二つの欲に対して、目がくらみやすい、といえるわけですが、修行をすれば貪欲がわいてこなくなり、金銭や色ごとに淡白になり、同時に眼力が効いてきますから人が仕掛けるワナにかからずにすむのですね。

お釈迦さまは、いうまでもなく、王位も財宝もお捨てになられたかたであり、肉眼《にくげん》・天眼・慈眼・法眼・仏眼のすべてを具《そな》えられて、そのへんをはっきり見据《みす》えておられ、〝挑発にのらないことこそ平安のもと〟と、弟子たちを戒められておられたように思えますね。

宮坂　釈尊は、仏教教団に対する非難が轟々と渦巻いているときも、第三者が見るがごとくに、事態を冷静に、客観的にご覧になっておられますね。そして、常に渦中《かちゅう》に巻き込まれることなく、高い次元に立って適切に対処されているのですが、その智慧の深さに、つくづく頭が下がる思いがします。

私どもは、どうかすると、ものごとを感情的に受け止めてしまい、非難を浴びせられると、すぐ、相手と同じ基盤に立ってムキになってしまいます。そして、そのために結果的に相手の術中にはまってしまうことが多いのですね。

では、釈尊は、常に冷徹で、哲学的な態度を取り続けられる一方のおかただったのかというと、そうではないんです。非難をする人をも慈悲のあわれみで抱きかかえられておられるんですね。

そういう智慧と慈悲とを兼ね具えられた釈尊であったからこそ、いろいろな妨害にも的確な判断を下し、対処されたばかりでなく、それによって、かえって釈尊教団の真価を高め、民衆の間に強固な基盤を築いていくことができたのですね。

森　智慧と慈悲によって逆縁を順縁に変えてしまわれたわけですね。ところで、どうして外教の人たちはスンダリーを殺すことまでして、お釈迦さまのコーサラ国での布教を妨げようとしたのでしょうか。

宮坂　まだ若くて、人々にその名が知られてない一青年宗教家の釈尊に、舎衛城一番といわれる豪商のスダッタ長者が帰依をしたばかりでなく、多額の黄金を費やして祇園精舎まで寄進をした。それは当時、舎衛城で教勢を張っていた外教の宗教家たちにとって、大きな脅威だったに違いありません。外教の者たちが起こしたこれらの事件は、釈尊の力に対して恐れを懐いたのと同時に、自分たちの教団の布教が妨げられはしまいかと、嫉妬心に駆られて起こした事件だったのでしょうね。

◆国王と王妃を帰依させた教え

〈コーサラ国のパセーナディ王は、はじめ幼稚な思想の持ち主で、物質的、外形的な面に執らわれることが強い性格でした。宗教を心から求める気持ちが薄く、ただ形式的に祭礼を行なうために宗教を用いていたにすぎなかったのです。しかし、宗教家に対しては寛容な態度をとり、土地や財物を寄与していたために、コーサラ国には、マガタ国に劣らず宗教家が集まってきていました。

次第に名声を高めてきていた釈尊教団に対しては、王妃マッリカーが王族では最初に帰依し、篤《あつ》い仏教信仰を持ったのでしたが、そのマッリカー王妃のすすめで、パセーナディ王も次第に釈尊の教えの偉大さを知り、帰依するようになったのでした〉

森　いってみれば当時の超大国の国王と、その妃《きさき》であるマッリカー王妃がお釈迦さまに帰依する者となるということは、たいへんなことだったのでしょうが、どんな縁からだったのでしょうか。

宮坂　はじめ、マッリカー王妃は、熱心なアージーヴィカ派の信者で、アージーヴィカ派の説く運命論を信奉していたのですね。ところが、釈尊が現れて、人間は努力を積み重ねることによって、新しい運命を切り開いていくことができるのだ、という縁起説を説かれるのを聞いて、釈尊の教えに強くひかれてしまったのです。

森　そのマッリカー王妃が、パセーナディ王に、お釈迦さまの教えを信仰するよう、すすめたわけですね。

宮坂　マッリカー王妃がパセーナディ王に仏教信仰をすすめる話は、いろいろな仏典に伝えられていますが、なかでも、不思議な夢を見て悩むパセーナディ王に釈尊の判断を仰ぐようにすすめる話が有名です。

ある日、パセーナディ王は十種の不思議な夢を見て、不吉なことが起こる予兆ではないか、と非常に案じたのです。バラモンのところに行って相談すると、バラモンは「それは、まごうかたもなく不吉な前兆の現れ。家畜を神に生贄《いけにえ》としてささげなさい」と、教える。それによって罪障《ざいしょう》が消滅するというのですね。

けれども、それを聞いたマッリカー王妃は、「バラモンに生贄をささげるより、釈尊をお訪ねし、ご相談されるほうがよろしいのではございませんか」と、釈尊を訪ねるように進言するのです。

思い悩んでいたパセーナディ王は、マッリカー王妃のそのすすめに従って釈尊のもとをお訪ねし、うかがいをたてたのですが、そのとき釈尊は、パセーナディ王に対して、こう教えられた。

「いくら生贄をささげて供養しても、将来、起こるであろうところのよくない結果を消滅させることはできない。それは、バラモンが王から財物を得んがための宗教儀礼にすぎないからです。自分の身に降りかかるすべての結果は、自分自身の行為に帰属するもの。正しい道を歩むなら、夢の予兆におびえることなどないのです」

マッリカー王妃に説かれたのと同様、よい結果を得るのも、悪い結果を得るのも自分の行為次第、という縁起説を説かれたのですね。その教えによって、パセーナディ王は真理に対する目が開け、釈尊に尊敬の念を懐くようになったと伝えられています。

しかし私は、それだけでなく、パセーナディ王が、それまでの宗教家のだれもが持っていないものを釈尊に見いだして、釈尊に帰依していったのではないかと思うんです。

森　なるほど。お釈迦さまの教えに、それまでの宗教にない新しいものを感じとったわけですね。

◆自己を絶対化するものほどもろく崩れる

宮坂　コーサラ国も当時の新興国家でしたから、パセーナディ王は、伝統的なバラモン教よりも、むしろ新しい社会の求めに応じて出現してきた宗教に、より関心を持っていたのでしょう。だからこそ、各種の宗教に対して寛容な態度で臨むという、一つの宗教政策を取っていたとも考えられるんです。

森　その王の宗教に対する寛容さを慕って、舎衛城にいろいろな宗教家が集ってきていたわけですね。

宮坂　だと思います。そして、それらの宗教家たちは、それぞれ自分の主義主張に対して絶対の信念をもって、当時の時代に対応していこうとしたのでしょうが、自分の主義主張だけを唯一絶対のものとして、自分の教団の発展だけを考えているものが多かったために、宗教に対して寛容な態度をとるパセーナディ王に対して、どうかするとおもねる気持ち、追従する態度になったのでしょうね。

マッリカー王妃が帰依していたゴーサーラ・マッカリプッタなんかも、国権に屈服しながら、国権を利用しようと考えていたのではないかと思われるのです。

森 そうした国権との結びつきがあったから、なおさら、自分の縄張りを荒されるのを恐れ、お釈迦さまに妨害を企てたのでしょうね。

宮坂 そうなんですね。しかし、釈尊はそれらの外教の人たちと違って、自分の主義主張を説き広めるというよりは、苦しみ悩む一切衆生を救おうという慈悲の立場に立たれておられました。国王も一切衆生も同じ一人の悩む人間と見、国権におもねる心がないわけです。そうした釈尊の態度に、パセーナディ王は崇高なものを感じたのではないかと思うのです。

パセーナディ王にとっては、釈尊は、わがコーサラ国の支配下にある釈迦族の出身者にすぎません。まして、自分と同年配の青年宗教家の釈尊に帰依するということは、何か人格的に深く感銘するものがなければ、いくらマッカリー王妃のすすめがあったにしても、そう簡単にできることではなかったでしょうね。釈尊に帰依をしたということは、種族の権威よりも宗教の権威を認めたということになるわけですから。

森 専制君主の座にあった当時の王様は、かなり横暴な面もあったと思いますが、救われざるものはすべて救うというお釈迦さまの慈悲の立場からすれば、そういう横暴な救われざる王様をも救いの対象とされるのは、当然のことだったかもしれませんね。

宮坂　『法句経《ほっくきょう》』に、

「国王の色彩《いろど》り豊かなもろもろの車も、まさに古ぼける。さらに肉体もまた老いゆく。されど、善者の教法は老いゆくことがない。実に善者たちは〔これを〕善者に知らしめる」（『法句経』百五十一偈）

と説かれていますが、華やかな国王の乗り物を世俗的な権力の象徴として挙げているわけです。釈尊は、いかなる権力といえども、いつかは必ず滅び去るものであり、壮麗で絶対的だと思われるものほど、実はもろく、はかないものであると説いています。

森　権力の座にある王も、釈尊から見れば、あわれみをかけるべき一人の人間にすぎないのですね。権力におもねることなく、毅然とした態度をとっていくことは、そういう高い次元の精神がなくてはできないことですね。『法華経』の「安楽行品《あんらくぎょうほん》」の中に、菩薩《ぼさつ》の心得として、国王・大臣に親近《しんごん》せず、と説かれていますが、これは権力者に顔を繋いで便宜をはかってもらったり、金をもらったり、政策によって教団をバックアップしてもらったりしようなどという下心で親近してはならぬという意味ですね。

しかし、国王・大臣も仏さまからご覧になれば一衆生ですから、当然、教化の対象になり、教化・救済という立場からは積極的に接していかなければならないわけですね。

ところで、そのころのインドには、コーサラ国のように宗教に寛容な国ばかりでなく、布教をすすめるのに困難な国もあったのでしょうね。

宮坂 そういう国もあったようです。ガンジス河をはさんで、マガダ国の北岸に、現在は廃墟になってしまっているヴェーサーリーという町があったのですが、その町を中心に住んでいたバッジー族という種族は、「七不退法」という種族法をもっていました。その七不退法の第七項に、「宗教的な聖者に対して正しい保護と障害の守りをよく備え、将来、この領土に入ろうとし、また、すでに来た宗教的な聖者は領土内で安穏に住している」と、うたっています。社会の激動期だった当時、流民の流入を阻止するためにも、他国からの宗教者の入国を禁じていた国が少なくなかったことがうかがえます。

ソ連では国家批判をする宗教はもちろんのこと、その他にも禁止している宗教があるのですね。それと同様、国王の考え方一つで何でも決まる専制君主国家の多かった当時は、宗教を禁止していた国も当然あったと考えられます。

『方広大荘厳経《ほうこうだいしょうごんきょう》』という仏伝にガンジス河渡河の奇跡が書かれているんです。釈尊が、あるときガンジス河を船で渡ろうとされて、船主に申し出られると、船主は釈尊に船賃を要求した。もちろん釈尊は一銭も持っていませんから乗せてもらえません。すると釈尊は、神通力によって空を飛んでガンジス河を渡ってしまったというんです。

当時の通交税と入国許可のビザを得ることのむずかしさを伝える物語だと思うのですよ。入国を厳しくチェックしていたんですね。

森　お釈迦さまはあくまでも、国家より次元の高い、時間的には過去・現在・未来の三世にわたって、また空間的には地球上のいたるところで通用する、普遍的な大道という立場を貫き通されたわけですね。

◆与える機の熟するのを待つ教化

宮坂　パセーナディ王にしても、ビンビサーラ王にしても、王のほうから釈尊に帰依し、教えを請うているわけで、釈尊のほうから王に頭を下げ、教化しに行かれたことはないのです。

といって、パセーナディ王にしても、釈尊が世間の人々からいかに尊崇を受けている宗教家であるからといって、大国の国王ですから、そう簡単に出かけていって釈尊の教えを受けるわけにいかないという事情があるわけです。

そこで釈尊は、ご自身がコーサラ国を訪問される前に、舎利弗という、弟子のなかでも智慧の最もすぐれた高弟を遣わして、仏教を広める下地を築いておかれてからコーサラ国を訪問される。チンチャーやスンダリー事件を冷静な判断力で解決して、人々の間に名声を高め、パセーナディ王が心を動かされるのを待たれる。そうして、機が熟したとき、パセーナディ王の足が、知らず知らずのうちに祇園精舎に向いていくわけですね。釈尊とパセーナディ王との出会いは、こうした状況のもとで行なわれたのではなかったかと思うのです。

森　教えるほうと教わるほうの気持ちが一つになる時がくるのを待つ、ということは大切なことですね。どちらが欠けても教えは伝わりませんから。

しかし、それをただ待つというのではなくて、機が熟するように互いに努力しないといけないのですね。

宮坂　そのとおりだと思います。両者の間に感応するところがないと、教えは伝わりません。おそらく釈尊は、祇園精舎に向かってやってくるパセーナディ王を、礼を尽くして迎えられたに違いありません。釈尊のほうから王宮に出かけることはありませんでしたが、教えを求め、釈尊を訪ねてくる者に対しては、ていねいに礼を尽くして迎えられた。そのことは、経典にもいたるところで述べられています。

もう一つ、釈尊について忘れてならないことは、釈尊が、時代を先取りする英知、慧眼を具えられていたことと、すばらしいカリスマであったと思われることです。人々をひきつけずにはおかない魅力を具えておられたのではないでしょうか。

◆個の救いを忘れたとき宗教は滅びる

宮坂　釈尊が亡くなって後、紀元前三世紀ころ、インドにアショカ王という王が現れます。このアショカ王は仏教にたいへん帰依して、仏法によって国を統治することを宣言しました。それによって、それまでガンジス河中流域だけにとどまっていた仏教が全インドに広まり、伝道師を使うことによって、西はシリア、エジプト方面から東南アジアまでも広がっていきます。アショカ王の保護奨励によって仏教が広まったことは結構なことなんです。けれども、歴史的にみても、宗教が政治に介入し、政治が宗教を利用するようになると、政治も宗教も共に堕落してしまうものなのですね。

西暦九世紀ころになってパーラー王朝が出現しますと、仏教は完全な宮廷仏教になってしまうのです。そしてイスラム教徒にパーラー王朝が滅ぼされるのと運命を共にして、仏教もインドから姿を消してしまったのですね。国家の権力と結びつくことは、一見、強力のように見えて、やはりもろいものなのですね。

宗教は本来、俗なる世界から聖なる世界を指向するもので、そこに道があるはずなのに、その聖なる世界に住む者が、俗世間の者と癒着すれば、堕落するのは当然なことなのです。やはり宗教は、釈尊が、王様をも含めて、一切衆生の苦しみを救おうと願い続けられたように、民衆の心、家庭の中に浸透していくものでなければなりませんね。

釈尊はその精神を貫き通されたからこそ、王様から奴隷階級に至るまで、あらゆる階層の人々が帰依していったのだと思います。

森　一切衆生には仏性《ぶっしょう》が具わっているわけですから、どんな宗教でも、真理に合致していなければ、衆生の仏性に感応しないわけですね。衆生の審判によって、真理に合致しない宗教は消え去っていかねばならない……。今日は貴重なお話を頂きまして、ありがとうございました。

＊　三四三頁の後ろから八行目に、肉眼・天眼……とありますが、これに関して、肉眼・天眼・慧眼・法眼の四つは、ハタラキの方向や深さはそれぞれ異なるとしても、質は同じように思われるのですが、最後の「仏眼」はこれら四つの眼に加えて、「大慈悲」という質が違う眼が加わっている点を見落としてはならないと思います。

この眼によって、三四四頁の四行目に、釈尊は、自らを「非難をする人をも慈悲のあわれみで抱きかかえられ……」とありますが、自分を非難する人にも「仏性」があるので、慈悲のあわれみで抱きかかえられることがお出来になったと拝察します。

第十九話 マハーパジャーパティー妃の願いによって成立した比丘尼教団

ゲスト——佐藤密雄（佛教大学教授）

ゲスト

佐藤密雄（さとう・みつお）

一九〇一年—二〇〇〇年。富山県に生まれる。大正大学文学部仏教学科卒業。文学博士。大正大学教授・学長、佛教大学教授などを歴任する。著書に『論事附覚音註』（大東出版社）、『原始仏教教団の研究』（山喜房佛書林）、『律蔵（仏典講座）』（大蔵出版）ほか多数ある。

童子敬白

釈尊の養母・マハーパジャーパティー妃《ひ》の切なる願いによって仏教教団に初めて女性の出家者が誕生し、やがて比丘尼《びくに》教団が成立することになった。だが、男性の出家者の場合、どんな階層の人々も迎え入れられた釈尊が、女性の出家についてなかなか許されようとされなかった。なぜ、釈尊は女性の出家を許すことをためらわれたのだったろうか。

◆出家を願い出た釈尊の養母

〈マガダ国の王舎城《おうしゃじょう》には竹林精舎《ちくりんしょうじゃ》、また、コーサラ国の舎衛城《しゃえじょう》には祇園精舎《ぎおんしょうじゃ》というように、釈尊が遊行《ゆぎょう》される先々で、仏教教団に精舎が寄進され、それが修行や伝道の拠点になって、出家して僧伽《サンガ》《そうぎゃ》に加わる人々が増えていました。

こうして釈尊は、各地に建てられる精舎で雨安居《うあんご》を過ごされながら伝道の旅を続けられましたが、はじめてのカピラ城訪問でわが子・ラーフラをはじめ多くの釈迦国の青年を出家させられた釈尊は、その後も、ときどきカピラ城郊外のニグローダ園を訪れて過ごされることがありました。

そうして釈尊が幾度目かの釈迦国訪問をされたときでした。釈尊の養母のマハーパジャーパティー妃が釈尊のもとを訪れて、「どうか、女人の出家をお許し頂きたいのです」と願い出たのでした。

しかし、釈尊は、そのマハーパジャーパティー妃の願いを退けてしまわれました。マハーパジャーパティー妃は、なおも再三にわたって出家を願い出たのですが、釈尊は、ついにうなずかれようとされなかったのでした〉

森 政弘 マハーパジャーパティー妃が出家を願い出たというニグローダ園は、お釈迦さまが成道後、はじめて釈迦国を訪れられて、わが子・ラーフラと異母弟のナンダを出家させられたところでございますね。

佐藤密雄 そうなんです。マハーパジャーパティー妃は、釈尊の父・スッドーダナ王の妃《きさき》で、釈尊にとっては、養いの母親に当たるわけです。釈尊の生母のマーヤー夫人は、釈尊を産み落とされた一週間後に亡くなられてしまったわけですね。そのあとスッドーダナ王の後添いとなった人が、このマハーパジャーパティー妃で、マーヤー夫人の妹だった人です。

森 マハーパジャーパティー妃は、お釈迦さまにとっては、養母であると同時に叔母さんにもあたるわけですね。

佐藤 マハーパジャーパティー妃のことを、漢訳経典では、「大愛道尼《だいあいどうに》」と訳しているくらいです。愛情こまやかに釈尊を育てられたのでしょう。

森 そのマハーパジャーパティー妃が自分から出家を願い出てこられた……。仏教教団もマガダ国やコーサラ国に竹林精舎や祇園精舎という修行の拠点ができて、男性の出家者はかなりの人数に増えてきていたようですが、女性の身で出家を願い出たのは、このマハーパジャーパティー妃が最初だったわけですね。在家信者としては、ヤサの妻や母親など、すでに何人かの女性信者がいたようですが、出家を願い出た女性はいなかったですね。マハーパジャーパティー妃が出家を決意されたのは、いつごろのことで、どういうお気持ちからだったのでしょうか。

佐藤　マハーパジャーパティー妃が、ニグローダ園で釈尊に出家を願い出たのがいつごろのことだったか、文献には明記されていません。確かなことは分からないのですが、釈尊が成道後、はじめてカピラ城を訪問されたときには、マハーパジャーパティー妃の名前は出てきませんから、その後であることは間違いないと思います。私は恐らく、釈尊の父・スッドーダナ王が亡くなられた直後のことではなかろうかと考えるのです。

といいますのは、釈迦族の人たちは、釈迦族こそ太陽の子孫であると、その血統に誇りを持っていたのですが、スッドーダナ王が亡くなると間もなく、コーサラ国のヴィッドーダバ王によって滅ぼされてしまうことになるのです。

スッドーダナ王が亡くなるころには、スッドーダナ王の支配権は次第に弱まっていて、マハーパジャーパティー妃は釈迦族の滅亡の危機が迫ってきていることを肌で感じとっていたんではなかったかと思われます。

釈尊も、釈迦国がやがて滅びる運命にあることは、すでに出家をされるときに見とおされておられたのですね。釈尊が出家されるためにマガダ国を訪れられたとき、その国人の国王であるビンビサーラ王が、「あなたは若くて青春に富み、容姿も端麗で由緒の正しい王族のようだ。私は、あなたに精鋭な軍隊を任せ、財を与えよう」と、申し出たのですが、釈尊は、その申し出を断って出家されてしまいます。すでにその時、釈尊は世俗的な方法では救いえない釈迦族の運命を見とおされておられたと思うのです。だからこそ王の申し出を退けて、仏の法による国、僧伽を建設されようとなされたんですね。国境のない法の国、武力を持たない宗教の国をめざされたわけです。

森　なるほど。そのためにお釈迦さまは、僧伽という新しい国——と申しましても、今日、普通に言う国家とは意味が違いましょうが——をつくられるために、釈迦族の将来ある男性のほとんどを仏教教団にひき入れられ、出家させてしまわれたとも考えられるわけですね。

佐藤　釈迦族の将来に不安を感じていたマハーパジャーパティー妃も、釈迦族の男性が後から後から出家していくのを見て、自分も釈尊の教えに従って出家修行をさせてもらおうと、決意されたのではなかったでしょうか。

森　お釈迦さまは男性が出家を願うときには喜んで迎えられたのに、マハーパジャーパティー妃の出家は、なかなかお許しになられなかったですね。

当時、女性の修行者や出家者はいたんでしょうか。

佐藤　外道と呼ばれる仏教以外の宗教者の中には、そういう女性はおりました。

ですから、マハーパジャーパティー妃は、女性であっても仏教教団に出家させてもらえるものと思っていたんでしょうね。

◆女人の成仏を約束された釈尊

森　大乗経典では、「変成男子《へんじょうなんし》」といって、女性は一度男子に生まれ変わってからでないと悟れない、とされておりますね。これは、当時のインドで男尊女卑の考えがはびこっていたため、女性も成仏できるのだという思想を大衆に直接ぶつけるより、女が男になって成仏するという形が適当だったからではなかったのでしょうか。お釈迦さまがマハーパジャーパティー妃の出家をお許しになられなかったのも、女性は出家をしても男性と同じコースによっては悟りに到達できにくい。別の道を歩むほうがよいと、考えられたからのようにも考えられますね。

佐藤　原始経典に『テーリー・ガーター』（長老尼偈経《ちょうろうにげきょう》）といって、比丘尼が、自分が信仰で得ることができた境地を謳《うた》った偈文集《げもんしゅう》があるのですが、その偈文集には、最高の悟りの境地に達した尼僧がたくさん出てまいります。ですから釈尊は、悟りについては女性だから男性だからという差別は一切されておりません。

のちに、出家を許されないマハーパジャーパティー妃に同情して、釈尊の侍者のアーナンダが、釈尊に「女人は悟りに至ることができないのでしょうか」とお尋ねしたのですが、そのときも釈尊は、こう答えられています。

「阿難《あなん》（アーナンダの漢訳名）よ。若《も》し如来の法と律とに於《お》て、家を出て出家せば、預流果《よるか》、一来果《いちらいか》、不還果《ふげんか》、阿羅漢果《あらかんか》を理証《りしょう》するをうべけん」

女性も最高の悟りの境地に達することができることをハッキリと説かれているわけですね。預流果というのは、真理の一部分を見ることができた境地であり、不還果は人間世界においてはもう堕落することのない境地のことです。そして阿羅漢果とは、迷いの世界に流転することなく、涅槃《ねはん》に入ることができる境地をいうのですね。

森　私は、仏教では女性は悟りにくいものと説いているような印象を持ってきましたが、本来は、そのような教えではないわけですね。もちろん、女性と男性とは異なった存在ではありますが……。

佐藤　ええ。のちには女人は罪深い足かせ、手かせである……というような女人の「五障三従《ごしょうさんじゅう》」の思想が仏教に入ってきて、日本にも伝わってきますが、これは当時のインドのバラモン教の習慣法であった『マヌ法典』から出てきた考え方なのです。このマヌ法典の習慣や考え方を、のちに仏教もだいぶ取り入れていて、それが仏教と入り混じってしまったんでしょうね。

仏教の経典においては、『スッタニパータ』や『テーリー・ガーター』より新しい経典とされている『律蔵』の中で、女人も悟ることができる、と釈尊はハッキリおっしゃっておられるのですから、それは間違いのないことだと思います。

森　そうしますと、修行をすれば悟れる女性なのに、どうしてお釈迦さまは女性の出家をお許しになられようとしなかったんでしょうか。

佐藤　釈尊が比丘尼教団をつくることを拒まれたのは、比丘尼教団ができることによって、比丘の教団が乱れるもとになるとお考えになられたからなんです。

森　なるほど。悟りの問題より、それが重大な問題だったのですね。そうしてお釈迦さまは、マハーパジャーパティー妃の出家を拒まれたままニグローダ園をお立ちになられてしまわれたわけですね。ところが、マハーパジャーパティー妃は出家をあきらめきれない。遊行されるお釈迦さまの後を追って、さらに出家を願い出られたのですね。

◆比丘の梵行の妨げとなる恐れ

〈マハーパジャーパティー妃の願いを退けられた釈尊は、ニグローダ園を立たれて南方のヴェーサーリーの大林重閣堂に向かわれたのでした。

しかし、出家の道をどうしてもあきらめきれないマハーパジャーパティー妃は、自ら髪を剃《そ》り落とし、法衣に身を包んで釈尊の後を追い、ヴェーサーリーめざして旅立ったのです。そのとき、マハーパジャーパティー妃の後にはラーフラの母で釈尊の妃であったヤソーダラー妃をはじめ釈迦族の多くの女性が従っていたのでした。

マハーパジャーパティー妃の一行は、五百キロメートルに及ぶ長旅に足は腫《は》れ上がり、疲れ果てて、やっとの思いでヴェーサーリーの大林重閣堂にたどりつきました。その必死の思いのマハーパジャーパティー妃の願いに同情したアーナンダが、マハーパジャーパティー妃に代わって釈尊に女性たちの出家を許されるよう願い出たのです。けれども釈尊は、やはり許されようとしません。

しかし、アーナンダもあきらめません。釈尊に女人の悟りに至る能力についてお尋ねして、「女人も阿羅漢となる可能性を具《そな》えている」と、釈尊のお答えを頂くと意を強くして、マハーパジャーパティー妃がいかに釈尊の養育に尽くされたかを述べ、ぜひともマハーパジャーパティー妃の出家をお許し下さるよう、重ねて願い出たのでした。

このアーナンダの再三にわたる懇願に、ついに釈尊も意を決しられたのです。そしてこのとき、マハーパジャーパティー妃をはじめ、女性の出家を、条件つきで許されることになったのでした〉

森　そんなにまで強くマハーパジャーパティー妃の出家の願いを拒み続けられるほど、お釈迦さまは、比丘尼教団ができることによって比丘教団が乱れることを恐れられたのでしょうか。

佐藤　釈尊はアーナンダの頼みによって女性の出家を許されたとき、こうおっしゃっておられるのです。

「阿難よ。若し女人、如来の所説の法と律とにおいて家を出て出家するを得ざりせば、梵行久《ぼんぎょうく》住《じゅう》して一千年住せしならん。

阿雄よ。若し女人、如来の所説の法と律とにおいて、家を出て出家せるがゆえに、もはや梵行久住せず、正法は五百年のみ住せん」

梵行は普通、清浄《しょうじょう》という意味に訳されていますが、その本をたどってみますと、性欲から起こる衝動的な行為を起こさぬよう守ることなのです。

仏教では迷いに貪《とん》（むさぼり）、瞋《しん》（いかり）、痴《ち》（おろかさ）――の三惑があるとされていますが、中国の古い訳文を見ますと、〝貪〟が〝婬〟となっているのです。

当時のインドにおいては、心を乱す一番のもとは性欲にあると見られていて、性的欲望を捨て去ることが比丘の修行の最大の要《かなめ》とされていたのですね。

ですから、出家して比丘となるときの儀式のなかに、男性の機能を具えているか否かの身体検査がありまして、男性機能を具えていないものは、出家して修行する必要がない、と出家が許されなかったくらいなのです。

比丘が戒律を犯したときに一番重い罪に問われる戒律を波羅夷法《はらいほう》といいますが、それに該当するのは、まず第一に性欲による過ちの不浄（婬）戒、第二にお金を盗む盗戒――これは三銭とか五銭といったわずかな金額でも盗んではならないのです。そして第三に、悟っていないものを悟ったという嘘をつく妄語戒《もうごかい》、第四に殺人――の四つの戒めでした。この波羅夷法を犯した比丘は僧伽を追放され、永久に比丘となることができなくなってしまうのです。そして、その波羅夷罪の筆頭に不浄（婬）戒が置かれているわけですね。それだけ、婬については厳しい戒めが制定されていたのです。

この婬戒が制定されるきっかけとなった話が『律蔵』の第一波羅夷に見えていますが、それによりますと、ヴァッジ国の都・ヴェーサーリーの町の近くのカランダ村に、スディンナという長者の息子がおった。美しい嫁をめとって恵まれた生活をしていたのですが、あるとき、ヴェーサーリーの町に遊行に訪れられた釈尊の説法を聞いて心から感動し、反対する両親と妻をむりやり説き伏せて出家してしまったのです。

そして、梵行に励んで長老になり、のちに故郷のカランダ村を遊行に訪れたのですが、すると両親は、息子を手厚く供養し、金銀財宝を積んで、どうか還俗《げんぞく》してもらいたいと頼むのです。けれども、スディンナはまったく顧みない。そこで母親は、「それでは、わが家の財産は没収されてしまう。どうか私たちを悲しませないために、せめて跡継ぎを与えておくれ」と、かきくどいたのです。

当時、インドでは、男の跡継ぎがいないと、その家の財産は国に没収されてしまうという決まりがあったのです。それで、まだ婬戒の制定される前のことで、それが出家者として重い罪になることを知らないスディンナは、「よろしいでしょう」と言って、昔の妻と交わりを結んで嗣子をもうけることができたのですが、そのことを伝え聞かれた釈尊は、スディンナを厳しく叱責されたのです。そして、「いずれの比丘といえども、不浄法（婬法）を行ずるものは波羅夷にして共住してはならない」と戒められ、この戒が定められた、と経典は伝えています。

いちど婬戒を犯した比丘は、たとえ母親や兄弟などの親族が釈尊のもとにお詫びに行っても、絶対に許されなかったのですね。

　波羅夷法のほかにも、僧残法《そうざんほう》や不定法《ふじょうほう》のなかに性的な罪を戒める戒律が細かく制定されています。比丘たちは、こうした厳しい婬戒を自らに課して修行を積んでいくわけですが、十五日ごとに行なわれる布薩《ふさつ》という法要の席で、次々に読み上げられる戒律に自分を照らして、もし戒律を犯していることがあれば、その場で懺悔《さんげ》していく……。そうして布薩で懺悔することによって身を浄められ、梵行を行じている身であることの保証を得て、再び修行を積み重ねていくのですね。

　こうして出家者の梵行が厳しく保たれてきていたのに、身近に女性の出家者がいるようになれば、心が乱れて修行にならない、と考えられたわけですね。

　現実に、比丘尼教団ができると、いろんな問題が起こってきているんです。比丘尼教団の布薩などの儀式は比丘の代表が赴いて行なうようになるのですが、あるとき、比丘尼に人気のある一人の比丘が比丘尼教団の布薩を行なったところ、一人の尼さんがご馳走をしたりしてもてなしたのです。それを別の尼さんがねたんでトラブルを起こし、そのために戒律が一項目増やされた、といった例もあります。

森　女子学校で教鞭をとる男性の先生がよく味わう被害ですね。そうして比丘が乱れれば、当然、比丘尼も乱れることになるわけですね。
　そういう男女の問題のほかに、出家修行をしていく上で、女性自身の体力や性質などの問題もあったのではないかと思うのですが……。

ね。

◆女性の身の危険を案じられて

佐藤　その問題もあります。出家生活は、女性にとっては非常に厳しい、困難なものだったのです

男性でも二十歳にならなければ、一人前の比丘として認められませんでしたが、経典の言葉を借りますと、それは「若木が暴風雨に耐えられないように、出家生活は年少のものには耐え難いもの」であったからでした。

女性も二十歳にならなければ比丘尼となることはできませんでしたが、特に女性の場合は、比丘尼となる前に式叉摩那《しきしやまな》という二年間の予備学習期間がもうけられていました。

この制度は、一つには比丘尼になる前の在家時代にみごもっていて、比丘尼になってからお産をするようなことがあっては困るから、というためでもあったのですが、この二年間、一人前の比丘とほとんど変わりのない生活をして、出家生活に耐えられるかどうかためす期間でもあったのです。こうした制度がもうけられたことからみても、いかに出家生活が女性にとって厳しいものであったかがうかがえますね。

森　比丘尼の出家生活も、比丘の出家生活と変わらぬものだったのでしょうか。

佐藤　はい。原則的にはそうです。祇園精舎のような僧院ができても、僧院生活ばかりしているわ

けにはいきません。一日に一回は托鉢《たくはつ》に出かけなければなりませんし、遊行にも行かなければなりません。

「二人して同じ道を行くことなかれ」と釈尊は伝道宣伝をされておられますから、原則的には、比丘尼といえども一人で遊行に歩かなければなりません。

坐禅《ざぜん》をする場合は郊外の人気のない森林に入って、静かなところで一人で座らなければなりません。暴漢に襲われる危険もあるわけです。男性が比丘となるときの条件の一つに、「過去に比丘尼を犯したことのないもの」という一項があることからも、比丘尼が修行中に男から犯されることがあったことがうかがえます。

釈尊は、こうした比丘尼の身の危険も心配されたんでしょうね。そして、比丘尼教団が成立しても、このような出家修行の厳しさから、比丘尼教団は長続きしないことを見とおされておられたのだと思うんです。現に、釈尊が入滅されると間もなく、比丘尼教団は消滅してしまっているのですね。

現在では、ビルマに尼《あま》さんの僧伽が存在している程度ですが、それも完全な出家とはいえず、半分在家の生活をしています。

当時のバラモンの生活法でも、跡継ぎが一人前になって家業を継ぐと夫婦で出家する習慣がありましたが、この場合の出家は社会から隠棲《いんせい》するための出家です。ところが仏教の出家は、自らを堅く持し、社会に向かって働きかけていく厳しいものであったわけです。

仏教の出家者は、在家の信者から供養を受けるに値する生活をしていかなければなりません。当時のインドでは、在家の一般の人は、死後、天界のような幸福な世界に生まれ変わりたいと願っていて、その願いは現世も来世も捨てて梵行を修める出家者に供養をささげることによってかなえられるのだと信じていました。ですから、在家者にとって出家者は、自らの悟りばかりでなく、在家者のなし難い梵行を修して常に清らかさを保ち、示していく存在でなくてはならなかったわけですね。

出家者と在家者との間にはそうした強い相互関係がありましたから、出家者は、かりそめにも乱れることは許されなかったわけです。

◆在家修行でも悟りに至れる

森　マハーパジャーパティー妃は、もちろん、そうした出家生活を貫き通す覚悟で出家を決意されたのでしょうが、すべての人々を救いの道に導かれるお釈迦さまが女性の出家を喜ばれなかったのには、もう一つ、女性は家に在《あ》ってもりっぱに悟れるのだと示される意味もあったとも見ることができるんではないでしょうか。

佐藤　そのとおりですね。仏教の教えは、出家をしなければ悟れないというものではありません。釈尊は菩提樹下《ぼだいじゅげ》で十二縁起を悟られてから、その悟りの内容を五比丘、そしてヤサに説かれていかれるわけですが「いずれの者も法眼《ほうげん》を得たり」と経典に書かれています。

釈尊は最初に必ず、宗教に導き入れる誘導法を説かれ、宗教を受け入れる気持ちを起こさしめてから、諸仏本真の教えである「四諦《したい》」の法を説かれておられます。そこでみんな一様に法眼を得ることができるのですね。

そこまでは欲界の知識での悟りですから、在家者と出家者の区別なく悟ることができます。けれども、それはまだ本当の悟りにはなっていません。そこから先は天台でいう「止観《しかん》」を行じていかなければならないわけで、心を鎮《しず》め（止《し》）、鎮めた心でものごとを観察（観《かん》）していく修練を積み重ねていかなければ到達できない。ここで在家者と出家者に分かれていくわけですね。そうして、預流果、一来果、不還果、阿羅漢果と境地を高めていく。

禅定というのは、欲界におりながら色界という上の境地の知識を起こし、その眼によってものごとを観察しようとするものです。出家者はその禅定を専門に行なうのですから、早く阿羅漢果まで達しますが、在家者も、出家者より時間はかかっても、六斎日《ろくさいにち》といいまして、月のうち何日間か出家に近い生活をすることによって、悟りに至ることができるわけです。

はじめは、この六斎日には比丘と在家者が一堂に集まって法を語り合っていたのですが、それが比丘だけの戒律を読み上げる布薩の制度が設けられたことによって、それから、比丘と在家者が次第に分かれるようになりました。そして出家の修行がますます厳しくなるのに従って、出家中心主義の傾向を帯びるようになっていったのですね。

森　在家者は、出家者にくらべれば悟りは遅いかもしれませんが、出家を供養するというりっぱな役があるわけですから、いろいろの立場の人がいていいわけですね。

現代の社会で人々は能率を上げることにばかりやっきになりすぎる。利潤を最大にするためにコストを詰められるだけ切り詰めようとするんですが、そのため欠陥製品を作ったり、公害をたれ流して公害補償費を取られたり、結局は高いものについてしまうんですね、高能率に仕事を行なう場合には、その対《つい》である低能率の美点も考えながら行なう必要があると私は思うんです。その辺のことに似ている気がしますね。

佐藤　結局、アーナンダの懇願によって女性の出家が許されたわけですが、そのとき、マハーパジャーパティー妃と同行してきた女性は何人くらいいたんでございましょうか。

「五百の宮廷の侍女たちと共に……」と経典にありますが、数はともあれ、かなり大勢だったのでしょうね。

森　そこで初めて比丘尼教団が成立したわけですね。

佐藤　さまざまな危惧《きぐ》を持たれていたがゆえに、その比丘尼教団の成立に当たって釈尊は、「池の水の氾濫を防ぐために比丘尼らのために八重法《はちじゆうほう》を制して、犯すことなからしめ」と、〝八重法〟という条件を課して比丘尼教団の成立を許されたのです。

森　その比丘尼の〝八重法〟につきましては、次回に詳しくおうかがいいたしたいと存じます。ありがとうございました。

第二十話

求道心に燃えて厳しい戒律の下で修行に励んだ比丘尼たち

ゲスト――佐藤密雄（佛教大学教授）

童子敬白

マハーパジャーパティー妃《ひ》のたっての願いで、ついに女性の出家をお許しになられた釈尊は、比丘尼《びくに》教団を成立させるに当たって、「八重法《はちじゅうほう》」という厳しい戒を定めて比丘尼に課せられたのだった。比丘たちにはない厳しい条件を比丘尼教団に課せられた釈尊の真意は何であったのだろうか。

◆比丘尼教団のための「八重法」

〈マハーパジャーパティー妃の熱心な懇願、そしてアーナンダの口添えもあって、釈尊は、マハーパジャーパティー妃の出家をついに認められたのでしたが、そのとき釈尊は、比丘尼に「八重法」を厳守することをお決めになられたのでした。その「八重法」とは、

①百歳の比丘尼といえども、出家したばかりの新比丘に対しても敬意を払うこと。

②比丘尼は比丘のいない所に住してはならないこと。

③比丘尼は半月ごとの布薩《ふさつ》（十五日ごとに、僧伽《サンガ》《そうぎゃ》の僧が集まって自己反省し、罪を告白懺悔《さんげ》する集まり）に当たって、まず比丘教団から派遣された比丘から教誡《きょうかい》（正しい生活の道へ教え導くこと）を受けるべきこと。

④比丘尼は安居《あんご》（雨期の期間、僧院などに住して行なう修行）の最後の日に、比丘衆、比丘尼衆の

両教団に対して自恣《じし》（雨安居終了時に、雨安居中に犯した過ちを指摘し合い、反省する集まり）をなすべきこと。
⑤比丘尼がこれらの条件を犯せば、両教団に対して半月間、マーナッタ（拘留別住）を行なうべきこと。
⑥正学女《しょうがくにょ》が六戒を二年間守ったら、両教団に対して比丘尼として出家を願うこと。
⑦比丘尼は絶対に比丘をののしってはならないこと。
⑧比丘が比丘尼に対して忠告を与えることはできるが、比丘尼は比丘に忠告を与えることはできないこと。

――という八つの項目を定めたものでした。これは女性の出家者に対していかにも厳しい条件のようでしたが、マハーパジャーパティー妃は、その「八重法」を喜んでお受けし、遵守《じゅんしゅ》することを誓って、仏教教団の比丘尼第一号となったのでした〉

森　政弘　マハーパジャーパティー妃は、アーナンダの口添えもあって、やっと出家を許してもらえたと思ったら、「八重法」という、比丘教団にもない厳しい条件が課せられてしまったわけですね。

しかも、その「八重法」は、修行の意味を知らない私のような世俗の者にとっては一見、比丘尼教団を比丘教団に従属させるためのもののようにも受け取れます。けれども無量甚深《むりょうじんじん》のお考えのお釈迦さまが、そのような支配・被支配の関係で、お決めになられたとは思われないのですが……。

佐藤密雄 「八重法」の最初に挙げられている条件は、「百歳の比丘尼といえども、出家したばかりの比丘に対して敬意を表さなくてはならない」というものですから、いかにも男尊女卑の規則と受け取られかねないでしょうね。

けれども、仏教教団は本来、完全な無階級制で、王族の出身者も、貧しく、身分の低い者も、僧伽の中では、すべて平等でした。先輩の師匠を敬わなければならないとは教えられますが、何かを決議するようなときは、すべての比丘に平等に一票が与えられるのです。僧伽には先輩、後輩の順序があるだけだったのですね。

ところが比丘尼が比丘に対するときには、この唯一の序列である出家の先輩・後輩をも認められず、何十年も修行を積んできた比丘尼でも、いま比丘になったばかりの者に対してすら先輩に仕えるように敬意を表さなくてはならないと定められたわけです。

また、「八重法」の七番目の項目として、「比丘尼は絶対に比丘をののしってはならない」ということが挙げられ、さらに八番目には「比丘は比丘尼に対して忠告を与えることはできるが、比丘尼は比丘に忠告を与えることはできない」と定められています。これは、布薩のとき、戒律を破った比丘尼に対して、比丘が、「あなたは、この間、これこれの戒を破っているから、この布薩式に入る資格がないではないか」と忠告してあげることができ、その忠告を受けた比丘尼は居合わせた比丘にその破戒を懺悔して布薩式に臨むことができるのですが、比丘尼から比丘に対しては、そうした忠告をすることは許されない、と定めたことなのです。

森　戒律というものは、強要されるという受けとめ方よりも、自ら進んで守ってゆこうという自律的な覚悟をもって自己を鍛えるところに意義があるのではないかと考えるんですね。ですから、「比丘尼は、比丘をののしってはならない」というのは、比丘なら比丘尼をののしってもよい、という放逸なことではないのでしょうけども、「八重法」では、比丘尼はあくまでも比丘に対して従属的な立場を守らねばならないことになっていますね。

佐藤　まったくそのとおりなのです。比丘尼教団の大きな行事のすべてが、比丘が主導権をもって行なわれるようになっているんです。特に布薩とか自恣は、比丘尼教団で行なった後、もういちど比丘教団でやらなくてはなりません。

仏教教団の出家式ともいえる具足戒《ぐそくかい》は、たいへん厳しいもので、出家志望者は、まず生涯、自分の親になってくれる和尚《おしょう》を求め、その和尚に出家を申し込む。すると、和尚になることを引き受けた僧が、その出家の申し出を教団に申し込み、許されて具足戒が授けられるわけですが、その具足戒を授ける式のときには、和尚を含めて十人の比丘の立会いが必要なのです。その具足戒を授ける式も、比丘尼になる場合は、比丘尼教団と比丘教団の両方で行なわなければならないんですね。

戒律を守らなかった場合は、さらに厳しい罰則を受けます。「八重法」の五番目に、「比丘尼がこれらの条件を破れば、両教団に対して半月間、マーナッタを行なわねばならぬ」と定められていますが、このマーナッタとは拘留別住することです。

いちばん重い罪である波羅夷罪《はらいざい》を犯した場合は、僧伽から追放されて永久に比丘、比丘尼になることが許されなくなりますが、波羅夷罪より一つ軽い僧残罪《そうざんざい》の場合は、かろうじて僧伽に残ることが許される代わり、一定期間、別住といって、比丘としての資格を奪われ、席も末席に座らなければなりません。そして、よそから人が来たときには、「私はこれこれの僧残罪を犯して、ただいま別住中の身です」と、いちいち断らなければならないのです。

比丘の場合、別住の期間は、六日間プラス罪を犯していた期間と同じ日数で、その罪の懺悔は二十人以上の僧伽に対して行なって審判を受け、許しが得られれば比丘に復帰することができます。ところが、比丘尼の場合は、六日間のところを半月間別住しなければなりません。しかも、それを比丘教団と比丘尼教団の両方でやるんですから、比丘の倍以上の日数の別住が課せられるわけですね。

二十人の僧による審判も、両教団で受けねばならないのですが、二十人の比丘、比丘尼に集まってもらうのは容易なことではなかったようです。

◆女性の出家に対する高い垣根

森　そうしますと、同じ破戒に対しても、比丘尼は比丘より厳しい戒めを受けることになって不公平のように見えますが、それを不公平と考えるのは他律の世界から眺めた場合の話で、自己を鍛える仏教の世界では、大きな慈悲としてとらえなければならないわけでしょうね。本来、お釈迦さまは比丘と比丘尼を、ことさらに分け隔てをしてお扱いになるはずがないように思うんですが、なぜ比丘よりはるかに厳しい条件を比丘尼に課せられたのでしょうか。

佐藤　一つの理由は、比丘尼を比丘の僧伽に入れて、一緒に修行させたら必ず男女間のトラブルが起こり、個人だけでなく、教団全体の堕落に繋がってしまうことをおもんぱかられたためですね。といっても、比丘尼教団を比丘教団から完全に引き離してしまったのでは、比丘尼教団が勝手な方向に暴走してしまわないともかぎりません。

この二つの恐れのいずれをも避けるために、釈尊は、後からできた比丘尼教団を比丘教団に従わせながら、しかも両教団のけじめをキチンとつけさせようと峻厳な態度で臨まれたのではなかったでしょうか。

森　比丘の僧伽は女性が僧伽に加わってくることを想定して形成されたわけではなかったのでしょうから、比丘尼の僧伽と比丘の僧伽が互いに相手を乱したのでは困りますね。それで、比丘と比丘尼の関わりを明瞭に規定されたんでございましょう。比丘尼に対する戒律は、先輩である比丘教団が比丘尼教団を責任をもって見守り、育てていかねばならない、というお釈迦さまの慈悲の教えとも受けとれますね。

古代インドの社会法であった『マヌ法典』によると、「女性は男性に従うもの」「男性は女性をよく監護するもの」と規定されていますが、そうした当時のインドの一般社会の考え方の影響も見られるように思うんですけども。

佐藤 そうですね。当時、仏教以外の教団にも女性の出家はいました。しかし、おそらく独立した形の比丘尼教団はなかったのではないでしょうか。一般社会においても、女性が社会的に独立した形をとることは少なかったようです。

また一般社会の人々の立場から見ると、男性の出家者には人生の師・社会のリーダーとして敬意をもって接していたのですが、比丘尼教団の女性出家者に対して人生のリーダーと認めることはなかったようですね。

しかし、そうかといって、当時の社会で女性が蔑視されていたわけではなく、婦人が尊敬されていた面もあるのです。王舎城《おうしやじょう》の悲劇が書かれている『観無量寿経《かんむりようじゆきよう》』の中に、阿闍世太子《あじやせたいし》が母の韋提希夫人《いだいけぶにん》をとらえて刺し殺そうとしたとき、月光大臣と名医の耆婆《ぎば》が阿闍世太子に対して、「この世で、子が父を害した者は一万八千に及ぶといいますが、わが母を害した子はいまだ一人もいなかったというではありませんか」と諫《いさ》める場面が出てきます。インドの婦人は家庭内では昔から尊敬されていたようですね。

サンスクリット語で妻のことを「ハッタ」と言いますが、これは英語の「ハーフ」(半分)に当たる言葉で、夫婦二人そろって一人前という考えです。女性も立派に一人前と認められていたのですね。

森　「ベター・ハーフ」も、そこから出てきたのかもしれませんね。

佐藤　経典には、しばしば婬女《いんにょ》と呼ばれる娼婦《しょうふ》が出てきますが、これも、ただの売春婦ではなく、社交界の花形として社会的にも認められた、かなりの財力を持っていた人たちなのです。釈尊に花園を寄進した婬女もいたくらいです。

先年、私がインドを訪れましたときに、知人がお世話になった家があったものですから、お礼かたがた、その家を家内と二人でお訪ねしたんですが、立派な紳士の息子さんが出てきて、「母はすぐまいりますから、少々お待ち下さい」と言って客間に通してくれました。間もなく、六十歳くらいの品のよい婦人がその息子さんに付きそわれて出てきたのですが、私たちの話がすむまで、その息子さんが母親のかたわらにキチンと坐《すわ》って私たちを接待してくれるのです。現在でも、インドの家庭では婦人が大切にされていますね。

森　なるほど。

佐藤　そういう当時の社会習慣を考慮されたこともあったかもしれませんが、釈尊が比丘尼教団を比丘教団に従属させる形をとられたのも、もともとは、女性は出家をせず在俗信者として修行を積んでいくことのほうが望ましい、とされていたからだったわけですね。ところがマハーパジャーパティー妃が、どうしても出家させて頂きたいと願い出られる。やむなく女性の出家を認められるときに「八重法」を定められたのは、いってみれば、女性の出家に対して高い垣根をめぐらされるためだったのですね。その垣根を飛び越えられるだけの力を具《そな》え、求道心を持っている比丘尼志願者に限って出家を許そう、そうでなければとても比丘尼教団は成り立たない、とお考えになられたのではなかったでしょうか。

それほど高い垣根を越えてまで出家を願い出てくる高い機根の比丘尼でなければ、比丘教団とともにあって、しかも女性だけの集まりである比丘尼教団がトラブルなしに悟りに至る修行者の僧伽とはなりえない、とお考えになられたのですね。

◆女性を悟りに至らせる戒律

森　お釈迦さまは、女性というものの特性からみられて、ただの方法では女性がスムーズに悟りへ近づくことは非常に困難なことだと、お考えになられ、そのために厳しい規律をつくられた。これもお釈迦さまの女性へのお慈悲の心のあらわれとみられますね。

佐藤　そういう女性の業というか性格的な弱い面は、むしろ戒律の中によく表されていると思います。

釈尊教団は普通の教団のような形がとられていなかったのです。いわゆる〝中央本部〟にあたるところがない。

四人の比丘が集まると、その四人によって一つの僧伽が形成されることになるのですが、僧伽の範囲は、十五日ごとに行なわれる布薩に一日で往復できる範囲とされていたのです。ですから、仏教の僧伽は各地にいくつもあったわけで、それらの僧伽に共通の憲法が戒律です。一つの僧伽で決議されて制定された戒律が、全僧伽に共通のものとして通用していったのですね。

釈尊が入滅された後、釈尊が説かれた教えを確認するために第一結集《だいいちけつじゅう》（釈尊の滅後、釈尊の教えを集大成するため、仏弟子が集まって口伝の教法を整理した会議）が行なわれたことは有名ですが、このときも、全比丘が集合したわけではなく、王舎城を僧伽としていた比丘だけが集まって結集を開いたのです。そのため、遠方に伝道に行っていて結集に間に合わなかった比丘たちが、その結集で決められた戒律に対して異議を申し立てた、ということも伝えられています。

そういうように、釈尊教団には、そもそも指導者もいなければ、中央裁判所のようなものもなかったわけです。

森　私がいま、いちばん興味をもって見ている動物がヒトデなのですが、釈尊教団というのは、このヒトデ、あるいはクラゲのような集団だったように思うんですね。ヒトデやクラゲは中枢神経も脳もなくて、普段はそれぞれの足が勝手に動いているんですが、危険にさらされると、その足が連合して危険をのがれるんです。

普通の動物は脳や中枢神経がないと生きていけないのに、ヒトデはそれで生きている。さらに植物になりますと、そうした神経はまったくどこにも見当たらないのに、うまく調和して生きています。

いってみればお釈迦さまの教団はヒトデ的であり、植物的であった。逆に言うと、その僧伽に似ている植物のほうがわれわれ動物より高等な存在なのかもしれませんね。統率者がなくても、お互いが分かり合い、支え合っていけるところがあったのかもしれません。

佐藤　お互いが戒律を守っていきさえすれば、組織の運営にはそれほどの力は必要ではないわけです。そのかわり、戒律が、こと細かに制定されていて、僧伽のメンバーが自らそれを厳しく守っていくことが大切になっていたのですね。

森　他から与えられた戒律であっても、それを自己のものとして自律的に守っていく発意と努力がなければ、悟りへは至れないわけですね。それで比丘尼教団に特有の戒律として、どんなことが定められていたんでしょうか。

佐藤　まず波羅夷罪では、比丘の場合の戒律が四つなのに対して、比丘尼は倍の八つの戒律が設けられています。

第一波羅夷の婬戒《いんかい》、第二波羅夷の盗戒《とうかい》、第三波羅夷の殺人戒《さつじんかい》、第四波羅夷の妄語戒《もうごかい》——ここまでは比丘、比丘尼に共通する波羅夷ですが、比丘尼には、このほかに、第五波羅夷の摩触戒《まそくかい》、第六波羅夷の八事成犯戒《はちじじょうぼんかい》、第七波羅夷の覆蔵他罪戒《ふくぞうたざいかい》、第八波羅夷の随被挙人戒——の四つがあります。

摩触戒というのは男女の肉体的関係に至らなくても、卑しい心をもっている男性に体を触らせてはならないという戒。八事成犯戒は、男性に猥褻《わいせつ》な心があるのを知りながら共に歩いたり、人気のないところへ行ってはならないなど、男性との付き合い方についての八つの戒めです。

第七波羅夷の覆蔵他罪戒は、仲間の比丘尼が戒律を破っているのを知っていながら隠している罪。後になって「知っていました」といっても許されません。

最後の随被挙人戒とは、戒律を破った比丘に従ってはならないと忠告を受けても聞き入れない場合の罪なんです。

このように、特に比丘尼に対して設けられた戒律は、男性の誘惑から比丘尼を守るためのものであったわけですね。

僧残罪のなかには、汚れた心のある男性の食物は受けてはならない、という戒めがありますし、食物を与えてくれる男性にどんな下心があっても、「あなたさえしっかりしていれば、大丈夫よ」などと、友だちに、それを受けることを勧めた場合も罪になる、と定められています。


森　それは現代の男女関係でも、同様でございますね。「あたしさえしっかりしていれば大丈夫」というのも、よく現代の女性が言う言葉ですが、決して大丈夫じゃない。その心に女性の最大の危険がひそんでいるわけです。

「あたしはしっかりしてはいないのだ」と思っているときが実はしっかりしておるわけで、「あたしは大丈夫」と思った途端、心がゆるんでしっかりしていなくなるわけでしょうから……。その危険を戒律が未然に防いでくれるのですね。

結婚詐欺に引っかかってコツコツ貯《たくわ》えた金をスッテンテンに巻き上げられるというような悲劇

にひきずり込まれ、身も心も傷ついてしまう女性が多いんですが、そうなってからでは遅いのですね。

◆女性の修行を見守る釈尊の慈悲

森　戒を破った自分の仲間をかばい合うというのも、一面から見ると、女性らしい優しさの現れのようにもみえますが、女性のウィークポイントの一つですね。

佐藤　女性特有の愛情によってかばい合うのでしょうが、出家者には、それが許されないんですね。比丘尼の僧残罪に相親近住戒《そうしんごんじゆうかい》・勧相親近住戒《かんそうしんごんじゆうかい》というのがありまして、これは親しいもの同士でグループをつくったり、または、グループをつくることを勧めてはならない、という戒めです。お互いに高め合うグループならばいいのですが、とかく仲のよいもの同士というのは、互いに言葉を堕落させ合い、徒党を組んだ自己主張のグループになりがちなのですね。その結果、他のグループの悪口を言ったり、争い合ったりするようになる。それを戒めたものですね。女性のグループは特にそうした過ちに陥りがちですから。

森　昔は井戸端会議というものがありましたし、今では団地やＰＴＡで気の合ったママさん同士のグループがすぐにつくられるようですね。
　グループをつくること自体は少しも悪いことではないのですが、グループをつくると、どうしても、自分たちのグループと他のグループとの間に一つの境目をつくりたくなる。するとそこから自分のグループを他に優先させて大事にするという我《が》が芽生え、争いが生まれる。安らぎのない状態が広がっていくわけですね。

佐藤　ええ。比丘尼の戒律を見ていますと、「瞋《しん》」とか「嫉《しっ》」という文字が実に多く出てまいりますが、これも女性に特に多い性格ですね。

二、三人、人が集まって何か話し合っているのを見ると、女性はすぐ、自分の悪口を言っているのではないかと思い過ごす。自分が不利益を受けるのではないかといったことには特に女性は敏感で、自意識過剰になりがちなのですね。あの人が言ったことは本当はこういういやがらせなんじゃないかしら、などとあらぬ詮索をして疑心暗鬼に陥る。比丘尼の戒律には、このように女性が陥りやすい過ちに対する戒めが、ことこまかに示されています。

森　なるほど。うかがってまいりますと、比丘尼に課せられた戒律の中に、お釈迦さまが女性の本質をいかに鋭くとらえられておられたかがうかがえますね。だからこそ、厳しい戒律をもって比丘尼の覚悟をうながし、女性の身を守ってあげなければならない、と考えられた。そのお慈悲をひしひしと感じさせられる思いがします。

女性の肉体的条件、性格的な条件を考えられて比丘尼には比丘より厳しい戒律が課せられたわけですが、比丘尼たちは、それをどのように受けとめていったのでしょうか。

佐藤　たとえば比丘尼第一号となったマハーパジャーパティー妃は『テーリーガーター』のなかで、

次のように、その悟りの境地を語っています。

「あらゆる生ける者の最上者たる雄者《おさ》ブッダよ、わたしと他の多くの人々を苦しみからのがれさすあなたに、敬礼します。わたしは、あらゆる苦しみをあまねく知り、その苦しみの原因である愛執を涸《か》らしつくして、八つの聖なる道を修行し、愛執の滅尽に達しました」

マハーパジャーパティー妃は、年老いて出家したのですが、「八重法」をはじめ、厳しい戒律を守りとおす修行によって阿羅漢《あらかん》の境地に達したのですね。釈尊が入滅される三か月前に亡くなられたのですが、釈尊は栴檀《せんだん》の香木をたかれ、自ら棺《ひつぎ》を担がれたと伝えられています。釈尊はマハーパジャーパティー妃を心の底から敬愛されておられたようですね。

森　もちろん、比丘尼からも先輩として尊敬されていられたんでしょうね。

佐藤　戒律に対する厳しさ、修行の正しさにおいて比丘尼の範とされていましたね。

森　そのマハーパジャーパティー比丘尼の姿からも、釈尊が比丘尼教団の成立を躊躇され、厳しい律法を課せられたのは女性を低くみられたための差別ではなく、比丘と同じに真実の悟りに達するために、比丘尼としての修行の道を指し示された智慧の方便だったことが分かる気がしますね。マハーパジャーパティー妃比丘尼とともに出家した釈尊の太子時代の妃ヤソーダラー妃やマハーパジャーパティー妃の娘であったスンダリナンダーなどの人は、どう成長を遂げていったのですか。

佐藤　ヤソーダラー妃も、マハーパジャーパティー妃に劣らぬ立派な比丘尼になられました。自己を反省することに厳しく、神通力《じんずうりき》にすぐれていたことから「比丘尼中具慚愧《ぐざんぎ》第一」と讃えられるようになったと伝えられています。

スンダリナンダー比丘尼は、たいへんな美貌の持ち主でしたが、あるとき、比丘尼の精舎を寄進したサルハという男性と恋に落ちてしまいまして、そのことから摩触戒がつくられることになったのでしたが、スンダリナンダーはまだ戒律が制定されていないときに犯したことなので罪にならず、その後、悔い改めて悟りの境地に達しています。

森　普通の見方からすると、きわめて厳しいと思われる戒律ですが、この、「八重法」という高いハードルを越す力を養った女性たちだっただけに、内面的なものがすばらしく整えられた立派な出家者となっていったんですね。

◆老醜女を見せて悟らされる釈尊

〈マハーパジャーパティー妃と釈迦族の女性たちの出家が許されたのに続いて、各地で女性の出家希望者が現れてきました。マガダ国王の王妃のケーマー妃から、ウッパラヴァンナーという商家の娘にいたるまで、あらゆる階層の女性が出家を願い出、修行して、次々に阿羅漢となっていったのでした〉

森　特に有名な比丘尼と申しますと、どのようなかたがおられたのでしょうか。

佐藤　やはり比丘尼の代表はウッパラヴァンナー（蓮華色《れんげしき》）比丘尼といわれる人ではなかったでしょうか。このウッパラヴァンナーは、商家の娘に生まれ、結婚して一女を生んだのですが、夫が母と関係を持ったことから娘を置いて家を出ます。そうして何年か経って二度目の夫と結婚したのですが、ところがその二度目の夫が、あろうことか、わが実の娘を二号にしていたことが分かって、愛欲の恐ろしさを思い知って出家した人です。

この人も蓮華色と名がつくくらいに絶世の美人だったんですね。

比丘におとらぬしっかりした比丘尼で、阿羅漢に達してから独り山林に入って禅定《ぜんじょう》の修行を続けていたのですが、そこへ、かねてからウッパラヴァンナーに思いを寄せていた青年がやってきて腕ずくで犯されてしまうんです。しかしウッパラヴァンナーは、その際、情欲を感じなかったことから罪にされなかったのですね。このことがあってから、比丘尼のための精舎が建てられることになったと伝えられています。

しかし、ウッパラヴァンナーは、その後、デーヴァダッタにあらぬ罪を着せられて、殉教《じゅんきょう》の最期を遂げてしまいます。比丘にも及ばない強盛《ごうじょう》な信心を持った比丘尼だったんですね。

森　マガダ国王の王妃であったケーマー妃も大変な美人で気位の高い女性だったと伝えられていますね。

佐藤　ケーマー比丘尼は、のちに「智慧第一」といわれた人ですから、聡明だったのですね。あるときパセーナディ王から、「如来は永遠であるかないか」という形而上学的な質問を受けたことがあったのです。釈尊の場合は、こうした形而上学的な質問には、いつも真正面から答えを出されないのですが、パセーナディ王の質問に対してケーマー比丘尼も、その釈尊とまったく同じ答え方をしたというので、パセーナディ王がケーマー比丘尼に心から敬服してしまったのです。

このケーマーに対してもそうでしたし、スンダリナンダーにもそうされたのですが、釈尊は、このような美人を教化されるとき、よく、美しい天女をみるみるうちに醜い老婆に変えられるという神通力によって無常を見せられたんですね。

京都の銀閣寺に「卒都婆小町《そとばこまち》」という絵が描かれた屛風《びょうぶ》がありますが、これは「能《のう》」の中にある話で、高野山の僧が洛外で卒都婆に腰かけている乞食《こじき》の老女をとがめたところ、逆に仏教を説かれ、その老婆の生いたちを尋ねていくうち、実はその老女が美女の代名詞として使われるあの小野小町《おののこまち》のなれの果てであったことが分かる、という物語です。

この話も、この釈尊の美人の教化の話からつくられたものではないでしょうか。

森　男性の分際で偉そうなことを女性に申し上げられるものではありませんが、女性なら、だれしも美しくありたいと願うのは当然でしょう。しかし、うっかりすると外面の美しさに寄りかかって内面を美しくすることを忘れます。心が美しくなくて外面だけが本当に美しくなるなどということはありえないわけですから、内面の美しさを整えていかなければならないわけですね。それなのに、毎日の生活の中で、どうしても外面のきれいさを優先させてしまうところに問題があるんですね。

比丘尼となった女性は、さすがにお釈迦さまの大慈悲をまっすぐに受けられて、厳しい修行によって悟りを開くことができたわけですね。

二回にわたりまして、比丘尼教団という、あまり知られていない分野について、くわしくお教え頂き、本当にありがとうございました。

＊　三八四頁の七行目に、「他から与えられた戒律であっても、それを自己のものとして自律的に守っていく発意と努力がなければ……」とありますが、これに関して、仏教で心を整えるのは、自我（自分だけが得をしたいというエゴ）を滅して、自己を得ることが大事なので、戒（自律的な規則）はもちろん、律（他律的な規則）も自分のものとして、主体的に守ってゆくことが大切です。要するに「己に打ち勝つ」ことです。

第二十一話

僧伽の和合の教えのもととなった コーサンビーの比丘たちの争い

ゲスト――塚本啓祥（立正大学仏教学部長）

ゲスト
塚本啓祥（つかもと・けいしょう）
一九二九年―二〇一〇年。熊本県に生まれる。東北大学大学院文学研究科印度学仏教史学専攻博士課程修了。文学博士。立正大学教授、東北大学教授などを歴任する。著書に『初期仏教教団史の研究』（山喜房佛書林）、『アショーカ王（サーラ叢書）』（平楽寺書店）ほか多数ある。

童子敬白

釈尊の伝道活動は、次第にガンジス河流域全域に及ぼされていった。そうしてできた拠点の一つにヴァンサ国の首都コーサンビーがあったが、その精舎《しょうじゃ》で雨安居《うあんご》を過ごしていた比丘《びく》たちが二派に分かれて争い合うという事件が起こったのだ。悟りを求めて出家した比丘が、何が原因で争いを起こしたのか。そして釈尊は、僧伽《サンガ》《そうぎゃ》の和合を保つ道をどのように説かれていったのだったろうか。

◆南方の布教の拠点コーサンビー

〈バーラーナシー（ベナレス）の鹿野苑《ろくやおん》で最初の説法をされて以来、釈尊の教化活動は次第にガンジス河流域全域へと広められていったのでしたが、そのなかで、ヴァンサ国の首都コーサンビーは、王舎城《おうしゃじょう》、舎衛城《しゃえじょう》と並ぶ仏教教団の中心地として発展していったのでした。

当時、コーサンビーは水陸両交通の要衝にあたっていて貿易都市として栄えていました。このコーサンビーには釈尊に帰依する三人の長者がいて、それぞれ、自分の名をつけた園林、ゴーシタ園、クックタ園、パーヴァーリヤ園に僧院を建て、仏教教団に寄進したのでした。

コーサンビーに仏教が栄えるようになったのは、この僧院の一つゴーシタ園で釈尊の説法を聞いて出家したピンドーラ・バーラドヴァージャ（賓頭盧《びんずる》）の働きが大きかったからでしたが、このコーサンビーのゴーシタ園に釈尊が滞在されておられたときのこと、比丘たちが二派に分かれて争い合うという事件が起こったのでした。

争いの発端は、あるとき、一人の比丘が仲間の比丘の行為を罪として非難したところ、その罪に問われた比丘が、あくまでも自分は罪を犯していない、と言い張ったことから起こったのでしたが、次第に事がこじれ、精舎に居合わせた比丘たちが、罪を認める派と認めない派に分かれて争い合うようになってしまったのでした〉

森 政弘 お釈迦さまは、初転法輪《しょてんぼうりん》以来、各地を歴訪して教えを説き弘《ひろ》めていかれましたが、ご在世中に、どれくらいの地域を伝道に歩かれたのでございましょうか。

塚本啓祥 原始経典を見ますと、お経の冒頭に釈尊がどこでだれに対して教えを説かれたかが書かれていますが、その地名を選び出していきますと、釈尊がどこまで布教に歩かれたか、およその範囲を知ることができるんです。それから推定しますと、東の端アンガ国の首都チャンパー、北方は釈尊の出身地であるカピラヴァットゥからコーサラ国の首都のサーヴァッティー（舎衛城）にかけてなんですね。西の端はクル国のカンマーサダンマになっています。

クル国というのは、コーサラ国の西北方、ガンガー河とヤムナー河に挟《はさ》まれた地域で、現在のデリー市の東隣に当たる地域です。カンマーサダンマという町がどこにあったかは、まだ分かっていません。

南のほうは、釈尊が悟りを開かれたマガダ国のブッダガヤーからヴァンサ国の首都のコーサンビーにかけてです。

森　その、お釈迦さまが伝道に歩かれた南端の地コーサンビーで比丘たちの争いが発生したわけですね。悟りを求める比丘たちが争いを起こすことは、比丘としての資格にもとるようにも思うのですが、事件の起こったコーサンビーという町は、どんな町だったのでしょうか。

塚本　私、コーサンビーを訪れたことがあるんですが、釈尊が初転法輪をされたバーラーナシーから西にガンジス河をさかのぼっていきますと、カンジス河にヤムナー河が合流する地点にアラーバードという大きな都市があります。このアラーバードからヤムナー河沿いにさらに八十キロメートルほど西へ行ったところにコーサンビーがあるんですね。

現在、遺っているゴーシタ園の遺跡をみますと、何層にも遺構が重なっています。これは釈尊ご在世当時から西暦六、七世紀ころまでの間に何回か、建物が壊れるとその上に新しい建物が建てられていったことを物語るもので、このことからも、コーサンビーが仏教の中心地だったことが立証されるのですね。

森　僧院を寄進するほどの長者が三人もいたのですから、コーサンビーはかなり大きな都市だったんでしょうね。

塚本　はい。水上交通の要衝にあって商業都市として栄えており、バーラーナシーやヴェーサーリーとともに六大都市の一つに数えられるほどの大都市でした。

森　お釈迦さまは、いつごろコーサンビーへ布教に赴かれたんでしょうか。

塚本　釈尊がその年の雨期を過ごされた安居《あんご》の場所が、経典に書かれている地名から分かってくるんですが、それで調べますと、釈尊がコーサンビーで雨安居されたのは、成道されてから九年目か十年目くらいです。それ以前に、雨安居以外の時期にも行かれているかもしれませんが……。

経典によりますと、釈尊がコーサンビーに行かれたのは、ゴーシタ、クックタ、パーヴァーリヤというコーサンビーの三人の長者の招請によるものだったと伝えられています。この三人の長者は、ヒマラヤから来た苦行者から釈尊の名声を伝え聞いて、わざわざ舎衛城まで釈尊をお訪ねして教えを受け、在家信者として帰依するんです。そしてコーサンビーに帰ってきてから、それぞれの園林に僧院を建てて僧団に寄進し、釈尊にコーサンビーへのご来訪を願い出たのですね。

森　なるほど。ところが、コーサンビーが仏教教団の一つの中心地となったのは、わが国でも疫病除災の力を具《そな》えた羅漢《らかん》さんとして親しまれ、〝おびんずるさん〟の名で知られているピンドーラ・バラドヴァージャの布教に負うところが大きかったといわれていますね。ピンドーラは、この地でどのように布教をしていったのでしょうか。

塚本　ピンドーラはヴァンサ国のウデーナ王の王師のバラモンの子であったと伝えられていまして、ゴーシタ園で釈尊の説法を聞いて感激し、出家した人です。悟りを開いて阿羅漢《あらかん》になり、禅定《ぜんじょう》、瞑想に励んで神通力《じんずうりき》も体得するんです。

ある日のこと、ウデーナ王が大勢の侍女たちを引き連れて園林に遊んだとき、午睡してふと目が覚めると、侍女たちは一人残らずピンドーラのそばに集って熱心に法を聞いている。それを見て王は、ピンドーラが侍女たちを誘惑したものと勘違いし、怒ってピンドーラに赤蟻《あかあり》をけしかける。ところがビンドーラは神通力をもって難を逃れ、のちにウデーナ王をも教化してしまうのです。

こうした、何ものをも恐れぬ教化活動によって、仏教教団に出家してくる人たちがコーサンビーには次第に増えていったのですね。

◆持法者と持律者の立場の違いの争い

森　そのように仏教が栄えたコーサンビーで、どうして比丘たちが争いを起こすようになったのでしょうか。

塚本　『律蔵』の「拘睒彌《くせんみ》犍度《けんど》」という章によりますと、釈尊がゴーシタ園におられたとき、ある一人の比丘が、自分が行なった行為は罪となるものであった、と懺悔《さんげ》したのですが、他の比丘たちが、それは罪にはならない、と否定した。ところがその後、その比丘が罪にはならないと考えて行なっていた行為を、他の比丘たちが比丘の規定に反する行為だとして非難し、罪を犯したものと決議してしまうんです。

しかし、法と律に精通していたその比丘は、自分の行なった行為は決して比丘の規範に反するものではない、と主張して、僧伽の決議を拒んでしまったんですね。

そうしたことから、それぞれの立場に賛同し、支援する比丘たちが集まって、処分を認める派と認めない派の二派に分かれて論争し、騒ぎが次第に大きくなっていったのです。

森　仏教で戒や律によって罰するのは、罪の償いをさせるという意味の罰ではなくて、過ちを犯した者をも悟りに近づけ、向上させていくための手段であるはずでございますね。

塚本　そうなんです。そのために、仏教教団の戒律は、あくまでも自分の意志によって罪を認めるか認めないかを決めるわけなのですが、コーサンビーの争いの場合、あくまでも罪として認めなかったものですから問題がこじれ、一比丘だけの問題ではなくなってしまい、教団の秩序を乱すものであるかないかという別の次元の大論争に発展していってしまったのですね。

このコーサンビーの争いを、ブッダゴーサ（仏音《ぶっとん》）というセイロンの経典注釈家は持法者と持律者の争いだと説明しているんです。

持法者、持律者といいますのは、こういうことなんです。釈尊が亡くなられた年に王舎城に五百人の比丘が集まって、釈尊が説かれた教えが正しく暗誦《あんしょう》されているかどうか吟味する第一結《だいいちけつ》集《じゅう》が開かれたのですが、そのとき、そこにまとめられた倫理的な教え、つまり〝法〟を暗誦していく者を〝持法者〟一方、生活の規範をまとめた〝律〟を暗誦するグループを〝持律者〟と言ったのです。

当時は、宗教の聖典は文字に書かず暗誦によって伝えていく習慣があったものですから、それぞれを担当する二つのグループによって法と律が暗誦されていったんですね。
そうして二つに分かれますと、持法者の立場は、教えの根本精神をより尊重し小さな形にはあまりこだわらないという進歩的な考え方になりがちです。それに対し持律者の立場は、律として定められた規範を一つ一つ固く守ろうとする保守的な考え方になっていきがちなのですね。

森　一方は、いわゆる精神主義に、一方は教条主義に傾きやすいわけで、つい対立的になりがちですね。

塚本　そうなんです。コーサンビーの争いが起こったとき、すでに比丘たちの中に、この持法者的考え方をする比丘と、持律者的立場に立つ比丘との対立があったようなんですね。

◆都市出身の比丘と農村出身比丘

森　コーサンビーで争いを起こした比丘たちは、コーサンビー出身の比丘ばかりだったのでしょうか。

塚本　必ずしも、コーサンビー出身の比丘とは限らないと思います。当時、比丘たちは僧院に定住することなく各地を遊行していましたから、王舎城や舎衛城出身の比丘も論争に加わったかもしれません。雨安居をたまたまコーサンビーで過ごした比丘たちで争ったとも考えられますね。

森　教えが広まり、いろんな地域からの出家者が集まってきますと、育った環境の違いからも考え方が異なってきて、僧伽がまとまりにくいものになってくると思うのですが、お釈迦さまが布教に歩かれた地域の広さは、どれくらいのものだったのでしょうか。

塚本　そうでございますね。原始経典によく恒河《ごうが》という名の河がでてきますが、これはガンガー（ガンジス）河のことです。ガンジス河はヒマーラヤの山中から流れ出て無数の支流を合わせてベンガル湾に注いでいるのですが、釈尊が教化に歩かれたのは、そのガンジス河流域のガンジス平原と呼ばれる地域でした。広大なインド全体からみますとわずかな地域なのですが、日本の国に当てはめてみますと、本州の二分の一以上に及ぶ広大な地域ですね。

森　交通が発達していなかった当時としては、かなりの範囲だったと言えますね。もちろん、お釈迦さまが直接布教にお出かけになられなかった地域からも、帰依し出家してくる人はいたんでしょうね。

塚本　コーサンビーからさらに西方のアヴァンティや南方のデッカン高原の地方からも出家してきています。こうした遠隔地から出家してきた弟子たちは、釈尊のところにおうかがいして教えを受けた後、再び故郷に帰り、故郷の人々に教えを弘めているのですね。

アヴァンティはマハーカッチャーヤナ（大迦旃延《だいかせんねん》）の故郷で、彼が教化した比丘たちによって建立された僧院からプンナ（富楼那《ふるな》）、ソーナ・クティカンナ、イシダッタなどの帰依者が出ています。アショーカ王時代には、マガダよりこのアヴァンティのほうが仏教は栄えているんです。

森　それだけの広範な地域になると、生活環境もかなり違ってきますから、布教に際してその地域の社会習慣、住民の気質に合った説き方も必要になってきたでしょうね。

塚本　釈尊は、個人個人に対しては、その人の持っていた宗教思想に合った説き方をされていますが、地域的に見てみると、なかなか容易ならぬものがあったようです。

マガダを中心としたガンジス河の南側の地域は、沙門《しゃもん》と呼ばれる、いわゆる伝統的なバラモンに対抗して起こってきた革新的な思想家が多くいまして、同じ革新的な宗教であった仏教は親近感をもって迎えられ、人々に浸透していくのも比較的容易だったようです。ところがガンジス河の北側は、釈尊が生まれられた釈迦族の国をはじめ、古いバラモン文化の根強い地域ですから、教えが伝わりにくかったようですね。

森　保守的な性格の強い土地柄だったんですね。

塚本　そうなんです。特に、原始経典はヴィデーバ国における釈尊の布教について沈黙を守っているのですが、これは、ヴィデーバがバラモン文化の中心地であったため、布教にかなりの困難があったことを物語っているように考えられるんです。一夜の宿を求めても泊めてくれる家が一軒もなく、釈尊は大変な難儀をされた、と書かれている経典もあります。

森　そうした出身地の違いによって、それぞれの比丘たちの考え方も違ってくるということがあったのでしょうね。

塚本　コーサンビーは商業都市ですが、当時はこうした都市が農村社会のなかから興ってきた時代だったんですね。そのため、貨幣経済が次第に発達してきて、都市に住む人々は非常に合理的な考え方をするようになり、社会機構や生活条件がみるみるうちに変革されていったわけです。ところが、地方の農村はそのような都市の変化についていけず、両者の間には、生活基盤の違い、ものの考え方の違いが、かなりあったと思われます。

森　社会の急激な変化によって社会的な混乱が生じてきた……。現代社会と似通っているところがありますね。変化の速度の遅い早いの違いはありましても。

◆教えに忠実であろうとする真剣さから

〈互いに自分たちの考えが正しいとして一歩も譲らないコーサンビーの比丘たちに対して、釈尊は長寿王《ちょうじゅおう》の忍辱《にんにく》の物語を説き聞かせられ、戒められたのでした。けれども争い合う比丘たちは、その釈尊の教えにもかかわらず論争を続け、ついになぐり合いにまで発展してしまったのです。

そうして比丘たちが争いを止めようとしないのを見ると、釈尊は、黙ってコーサンビーの地を去って舎衛城の祇園精舎《ぎおんしょうじゃ》に向かわれてしまったのでした。すると、コーサンビーの在俗信者たちは、「釈尊がコーサンビーを去ってしまわれたのは、比丘たちが僧伽の和合を欠き、醜《みにく》い争いを止《や》めないのに愛想を尽かされたからだ」と言って、比丘たちに供養をささげる者がいなくなってしまいました。

そうなってはじめて、比丘たちは自分たちが争い合うことがいかに出家修行者の道からはずれた

行為であったか気づき、深く反省して祇園精舎に釈尊を訪ね、自分たちの行ないを懺悔したのでした〉

森　同じお釈迦さまの教えをお聞きしても、教条主義的に受け取る人もあれば、説かれている根本精神を重んじて形にとらわれまいと考える人もある。こうした受け止め方の違いは、コーサンビーの比丘たちだけでなく、いつの時代にもあるわけでしょうね。人間社会を眺めますと、このことは避けられない宿命のようにも思われます。けれども、そこを乗り超えていくのが、仏教たるところだと思いますが……。

塚本　一般社会にも、出家者の社会にも、同じようにつきまとうものですね。

森　そこで大事なことは、このコーサンビーの争いにしましても、もとはといえば師の釈尊の教えに忠実であろうとする真剣さから発したものだったということですね。こうだと信じるからこそ相手に譲ることができない。自分の信念を貫く態度は非常に大事なことなのですけども、ところが、そうして自分の立場、自分の考えという狭い世界に固執してしまうと組織全体、社会全体の調和を欠くことになってしまいますね。

正義を求め、平和を求めてきたはずの人間の歴史が戦争の歴史であるのを見ても、自己の信念を貫きながら、意見の異なる他の人たちと和していくことがいかに難しいことか、分かりますね。

塚本　釈尊の弟子にサーリプッタ、モッガッラーナ、マハーカッサパなど、十大弟子と呼ばれるすぐれた比丘がいましたが、この人たちは、一人で仏教のあらゆる分野に精通するわけにはいきませんから、仏陀の教えを十の要素に区分して、それぞれの特質に合った区分を専門的に受け持った人たちだったともいえるのです。たとえば、サーリプッタは智慧の分野を、モッガッラーナは神通力の分野を、マハーカッサパは頭陀《ずだ》の分野を……というようにですね。

けれども、十大弟子のようなすぐれたお弟子ならそれも務まりますが、それだけの機根がないと、自分の受け持った立場だけで教えを考えるようになってしまいがちなのです。一つの釈尊の教えについても、解釈の違い、見解の相違が生じてきて、それがもとで論争や分派活動が起こりかねない……。

コーサンビーに限らず僧伽の抗争は数多く伝えられていますが、僧伽の抗争といえばコーサンビーといわれるくらいコーサンビーの論争が僧伽の抗争の代名詞となっているのも、そのためでしょうね。

◆僧伽を和合させる巧みな説法

森　お釈迦さまは、争い合うコーサンビーの比丘たちに長寿王の物語を説かれ、諭されたと伝えられていますが、長寿王の物語というのは、どんな物語なのですか。

塚本　これは過去世の因縁を語る、いわゆる本生《ほんじょう》物語です。コーサラ国の長寿王はカーシー国の梵《ぼん》施王《せおう》に侵略され、捕えられて処刑されてしまうのですが、いまわの際に長寿王は、王子の長生《ちょうせい》に「恨みをもってしては恨みはやまず、徳をもってしてはじめて恨みはやむ」と遺言するのです。

この父の遺言が、どうしても父王の仇を討たねばならぬと考える長生王子をついに思いとどまらせて、梵施王と和解する、という物語なのですね。

この物語を説かれたあと、釈尊は、

「汝等《なんじら》は此《かく》の如《ごと》く善《よ》く説かれたる法と律とに於《おい》て出家したれば、忍辱、慈心《じしん》を持《じ》するは善からん」とおっしゃられ、恩讐《おんしゅう》を超え、忍辱と慈悲心で和合を保つよう説かれたのですね。

森　互いに相手の立場を考え、争いを鎮めなさい、という教えであったわけですね。ところが、論争に夢中になっているコーサンビーの比丘たちは、それでも争いを止めようとしない。そこでお釈迦さまは、比丘たちを残して何もおっしゃらずに祇園精舎へ去られてしまわれる。

これは、論争をやめない比丘たちに、争いがいかに自分たちのためにならないかを自覚させ、反省を促すための方便の智慧だったんでしょうね。いうなれば、「語らざる説法」。こういう語らざる説法というのは、場合によってはいちばんこたえるものですね。子どもにとって、母親が怒って何にも言ってくれなくなったときほどこわいものはありませんですね。

お釈迦さまが何もおっしゃらず去られてしまったとき、コーサンビーの比丘たちは、はじめて師に見捨てられた自分たちの愚かさに気づいたのではなかったでしょうか。そうしてコーサンビーの僧伽は、お釈迦さまの巧みな説法によってやっと和合を取り戻すことができたわけですが、その僧伽の和合について、お釈迦さまはどのように教えられているのでしょうか。

塚本　仏教の僧伽の場合、出家者が四人以上集まると一つの独立の僧伽として認められていたのです。はじめのうちは、お互いの僧伽の繋がりもないまま、個々の僧伽が釈尊の教えを持《たも》っていたのですが、しかし、それでは僧伽の導師の指導力いかんで、それぞれの僧伽が思い思いの方向に進み、教団は分裂していってしまいます。そこで仏教の僧伽では、釈尊の説かれた法はすべての僧伽に通用するものと定め、法の普遍化をはかったわけですね。

『律蔵』大品《だいほん》で「無上正等覚《むじょうしょうとうがく》を現等覚《げんとうがく》した」と、釈尊を「正等覚者」と称しているのは、釈尊の悟られた法が、個々の僧伽を超えた普遍的な〝法〟であることを意味するものなのです。

釈尊は涅槃《ねはん》に入られるとき、教団の長を失ったあとどうしたらよいかと心配する弟子たちに向かって、「法《ほう》に依《よ》り、人に依らざれ」と、「依法不依人《えほうふえにん》」の教えを説かれますが、これは、「自分がこの世を去ったあとは、自分が生涯を通して説いてきた教えを規範としていきなさい」ということで、そこに法の普遍化の精神が見られるんです。この精神をそのまま受け継いで説かれたのが、大乗経典のなかでも『法華経』なのですね。

釈尊についての仏身観に法身《ほっしん》、報身《ほうじん》、応身《おうじん》という三つの見方がありますが、原典によると、このうちの法身が「依法不依人」で使われている〝法〟なんです。『法華経』の法師品《ほっしほん》にも「この法門を書写して経巻として肩にかつぐ者は、如来を肩にかつぐ者である」と説かれていますね。このように、経典を中心に仏身を見ているのが『法華経』であって、それは原始仏教が説く仏身観と直結しているると言えるんです。

ご存知のように、この『法華経』の前半には、如来寿量品《にょらいじゅりょうほん》の仏身観に基づいた「開三顕一《かいさんけんいつ》」の思想が示されています。これは後代、菩薩《ぼさつ》の教団ができるときに生まれた思想でして、自分だけの悟りを求める上座《じょうざ》たちの教団や、山林で独り修行する縁覚《えんがく》たちの教団のあり方は仏陀の慈悲の精神に反するもので、一般大衆を救済することができず、悟りに至ることはできない。しかし、それらの比丘たちの修行も、すべて仏に至る過程なのである、として包括したのが、この「開三顕一」の思想なのです。

私は、この『法華経』の教えの中に、教団の和合、社会の平和を保つ理念が明確に示されていると思うんです。『法華経』の「開三顕一」の思想こそ、いかにして平和を実現していくかを説いた思想だといっていいと思いますね。

◆人間の社会の平和の原理〝僧伽羯磨〟

森　ふつうの場合、集団の平和、社会の平和を考えるとき、人は、自分と意見が異なるものをすべて間違っているとし改めさせなければならないと考えるわけですね。その結果、正義と平和を求めながら、逆に争いに引き込まれていってしまう。平和に至るプロセスが平和への道とは逆の方向をたどるものですから、激しく平和を求めながら、平和は永遠に実現しない……。それに答えを与えたのが、お釈迦さまの教えであったわけですね。

この平和の思想を、仏教の僧伽では、どのように具体化していったのでしょうか。

塚本　それが僧伽羯磨《こんま》の運営方法となったのです。

自分の立場や思想に固執しますと、独善に陥りやすく、相手の考え方に耳を貸さなくなってしまいます。そこで、すべての比丘の意見を容認した上で結論を出す方法をとったのが僧伽羯磨です。

一つの議題について決定を下す場合、原則として全員一致の賛成がなければ認めない。一人でも反対者がいる場合は結論を出さないのです。

森　全員の比丘が参加できるわけですね。

塚本　もちろんそうです。つまり、多数決で押し切らないで少数派の意見も一つ一つ尊重していく精神ですね。多数決で押し切りますと、押し切られた少数派はいい感情を持ちません。しこりが残る。それが争いの原因となり、分裂のもととなりがちなのです。ですから、多数決は、決定されたことに全員が従うと約束して初めて成り立つ裁決の手段なんですね。

森　この僧伽羯磨の精神が、お釈迦さまが説かれた〝法〟に基盤が置かれたものだとすると、それは縁起の法則に基づくものでもあるわけですね。

塚本　そうです。この世に独立して生存しうるものはない、という縁起観から、少数派も尊重する態度が生まれてくるのです。ですから、どうしても意見の調整ができないときは、分派としての僧伽を認めてさえも全体としての和合を保っていったのですね。

森　『法華経』の薬草諭品《やくそうゆほん》に説かれているように、個々の個性を大切に生かしながら諸法無我の精神で調和していこうとする考え方ですね。どうしても意見が合わないときには、合わないままにその集団を認めながら、全体としての和合を保っていく。争いを避けるために、一時、分かれていたほうがいい場合だってありますからね。

塚本　分かれたほうが調和がとれることもあるわけです。コーサンビーの争いのように、発端は一人の比丘の犯した行為が罪になるかならないかという個人の問題であっても、その個人の争いが僧伽を二分するような争いに発展してくると、教団が分裂するしないの衆合の問題になってきてしまいます。

そこでは、衆合の和を保つためにどうあるべきかということの中で、その問題を起こした個人について考えなくてはならなくなるわけですね。初めに問題が起こったときとは違う次元の問題になってしまっている。そこを見誤ると、問題の解決がつかない。

森　現実の場では、争いが起こると、どちらが正しいかという二者択一の裁定になってしまい、どちらを選んでも解決にならないんですね。そこで、どうしても相和することができない場合は、やむをえず、そのままの状態で解決をつけないでおく。けれども、そのままの状態で放置しておくのではなく、分家して密接な関係を保っていくことが大切なんですね。

手は指が五本に分かれていますが、手のひらで一つにまとまっていますから、五本の指は協調作業ができるんです。それと同様に、分かれても孤立したり、分裂してはいけないわけです。けれども、それは強制的に統一するということとはまた違うわけでして、現代は、どうもそのへんが逆になってしまっているように思います。

没個性の分裂時代というのでしょうか、個性を尊重しているようでいて、個々の個性が生かされていない。しかも、社会機構が複雑化し多様化しているので、抗争、対立が起こりやすい。ですから、現代のような時代こそ、お釈迦さまの説かれた和合の原理によって個性を生かしながら、しかも全体の調和を保っていくことが大切になるわけですね。それが平和を現実にしていく唯一の道であると思うのですよ。

＊　四〇五頁の三行目～一五行目にかけて、両方が正しさを求めたのだが、意見が合わず、それが争いの元になった、ということが書かれています。これに関して、一方が悪く、一方が正しいのならば、問題は簡単ですが、両方が正しい争いとなると、普通の考えでは解決が得られません。そこで大事なのが仏教で説く「柔軟心」です。つまり柔らかい心です。

こう言うと柔軟心は、適当に妥協するいい加減な態度と受け取られがちですが、そうではありません。第一話の追記で述べたように、この争いの元は二元論という論理形態です。しかし仏教の論理形態は、「二元性一原論」というもので、これは「止められない車は、（危なくて）走れない」「走るには止める作用が要る」といえるもので、二元論論理から見れば、矛盾なのです。この点が仏法の最も難しい点です。しかも、この論理に打ち勝つ論理はありません。つまり仏法は絶対ということです。第八話のコラムに書いた「次元の向上」です。

第二十二話

デーヴァダッタの反逆で明らかにされた仏教の中道思想

ゲスト——塚本啓祥（立正大学仏教学部長）

童子敬白

デーヴァダッタ（提婆《だいば》達多《だつた》）が釈尊に対して反逆し、教団の分裂をはかったことは、仏教教団にとって衝撃的な事件だった。釈尊と同じ釈迦国の出身であり、釈尊の偉大さにひかれて出家したはずのデーヴァダッタが、何が原因でこのような反逆行為に走るようになってしまったのであろうか――。

◆釈尊と血縁のデーヴァダッタ

デーヴァダッタ（提婆達多）は、釈尊が悟りを開かれたことを知って、アーナンダ（阿《あ》難《なん》）、アヌルッダ、パッディヤなど釈迦国の青年たちとともに釈尊を慕って出家した若者の一人でした。けれども修行を続けていくうちに、デーヴァダッタの心は次第に釈尊の教えから離れはじめていったのでした。

釈尊がコーサンビーのゴーシタ園に滞在されておられたときのことでした。釈尊がおられない王《おう》舎城《しゃじょう》の竹林精舎《ちくりんしょうじゃ》に残って坐禅《ざぜん》思惟《しゆい》に入っていたデーヴァダッタは、マガダ国のアジャータサットゥ（阿《あ》闍世《じゃせ》）王子に近づくことを思いつき、神通力をもってアジャータサットゥ王子に近づいて歓心を買い、信頼を得て、多くの供養を受けるようになったのです。

王舎城に残っていた比丘《びく》たちは、釈尊がコーサンビーから竹林精舎に戻られると、さっそく、デーヴァダッタがアジャータサットゥ王子から豪華な供養を受けていることを釈尊に報告しました。釈尊は、「出家者が世間的な野望を懐き、名誉や財産を求めることは、自己を破壊するものだ」と比丘たちを諭《さと》されましたが、心驕《こころおご》ったデーヴァダッタには自分を振り返ってみる心などありません。

それどころか、アジャータサットゥ王子に父王のビンビサーラから王位を奪い取るようそそのかし、自分も釈尊に代わって仏教教団の統率者となりたいという大それた野心を起こし、教団の指導を自分に任せて下さるよう釈尊に願い出たのでした。

けれども釈尊は、その申し出を厳しく拒絶されました。デーヴァダッタは、ついに釈尊を亡きものにしようとたくらむようになり、さまざまな手段で釈尊のお命をねらったのですが、釈尊の威力と慈心によって、それらの陰謀はことごとく失敗に終わってしまったのでした〉

森　政弘　『法華経』の「提婆《だいば》達多《だつた》品《ほん》」によりますと、お釈迦さまが悟りを得ることがおできになったのは、お釈迦さまが過去の世において、『法華経』を受持《じゅじ》した仙人であった提婆達多に師事したためであった、と説かれておりますね。けれども一般的には、デーヴァダッタといいますと反逆者の代名詞に使われるくらい、お釈迦さまを誹謗《ひほう》した大悪人として名が知られています。そのデーヴァダッタはお釈迦さまと同じ釈迦国の出身者であったわけですね。

塚本啓祥　デーヴァダッタの族姓（氏素姓）についてはさまざまな異説があるんですが、釈迦国の出身者であることは間違いないようです。釈尊の太子時代の妃《きさき》であったヤソーダラーや、出家して釈尊の侍者となったアーナンダとは兄弟だったともいわれています。

仏伝文学では、デーヴァダッタは少年時代、釈尊とともに諸芸を習い、釈尊と技能の優劣を競って対抗したと伝えていますね。

森　そうしますと、デーヴァダッタはお釈迦さまと血縁関係にあったわけですね。そして、仏教教団に出家してお釈迦さまのもとで修行したデーヴァダッタがどうして反逆者の代名詞にされるようになってしまったのでしょうか。

塚本　デーヴァダッタは少年時代に釈尊といろいろ技芸を競っても、いずれも釈尊に一歩先んじられてしまう。そのため、いつしか釈尊に嫉妬心を懐くようになり、その嫉妬心が積もり積もってのちに釈尊に対する反逆行為として暴発したのだ、と伝えている仏教文学もあります。けれども、デーヴァダッタに関する伝記は族姓に異説があるように、さまざまな系統の説がありまして、デーヴァダッタの破《は》僧伽《そうぎゃ》（教団分裂）を説いた『律蔵』小品《しょうぼん》が、デーヴァダッタに対する相違した伝承の分岐点となる経典ではないか、と私は考えているのです。

この、『律蔵』小品によりますと、デーヴァダッタは多くの利益と尊敬を得るために、将来、マガダ国の王位を継ぐ者と思われていたアジャータサットゥ王子にとり入り、アジャータサットゥはデーヴァダッタの神通力に驚嘆してデーヴァダッタを尊敬するようになり、朝夕にデーヴァダッタを訪れて食事の供養をささげるようになったのですね。こうしてアジャータサットゥ王子から供養と尊敬を受けるようになったデーヴァダッタは、次第に理性を失っていき、ついに「わたしが教団を指導しよう」という野心をいだくようになってしまうのです。けれども、その野心が果たせないために釈尊の殺害を考えるようになった。しかし、それも失敗に終わってしまい、仏教教団から分派するに至った、と伝えています。

ところが、原始経典であるこの『律蔵』小品以後に成立した経典になりますと、デーヴァダッタは破僧伽の罪によって無間《むけん》地獄に堕《お》ち、再び救済することができない身となった、とされているのです。正法誹謗者であり、反逆の徒であることが色濃くされているわけですね。デーヴァダッタが釈尊に対立してその布教活動を妨害したことは事実だったのでしょうが、伝記が伝えるほどの数々の暴虐を実際に行なったのかどうか、疑問が残る点もあるのです。

森　歴史上の人物は、その時代によって評価がまったく違ってきてしまうことがありますね。デーヴァダッタにもそうしたことが言えるのかもしれませんね。

◆釈迦族の宗教にあくまでも固執して

塚本　『律蔵』小品に記されているデーヴァダッタの教団分裂の伝承から考えますと、仏教が都市を中心に発展していき、出家者の住処が次第に僧院化して定住化していく傾向をたどったのに対して、従来からの出家者の生活様式を維持しようとするグループの抵抗があり、デーヴァダッタは、その従来の生活様式を維持しようとするグループの代表とされていたように考えられるのです。

森　お釈迦さまが説かれるものと、デーヴァダッタが求めていたものとは違っていたわけですね。

塚本　デーヴァダッタは、おそらく、釈尊が悟りを開かれ偉大な聖者になられたと聞いて、大きな期待をもって出家したのでしょうが、そのデーヴァダッタが期待したものと釈尊の悟られたものとは、まったく違う方向のものであったようですね。

ですから、デーヴァダッタがアジャータサットゥ王子に近づいていった直接の原因は、自分の主張についての支持を、より多く人々から得たいためであったとも考えられるのです。

当時、マガダ国はアジャータサットゥ王子の父・ビンビサーラ王が支配していて、このビンビサーラ王は釈尊に帰依していました。そこでデーヴァダッタは、ビンビサーラ王に代わる新しい権力者をつくり出し、その権力者の支持を得ることによって民衆の支持を得ようとしたのではないかと思われるのです。

森　デーヴァダッタが主張したこととは、どういうことだったのですか。

塚本　デーヴァダッタは、仏教が生まれてくる土壌となった釈迦族のもっていた宗教を大事に守ろうと、それに固執していたと考えられるのです。もう一つは、初期の仏教教団も取り入れていた遊行生活を中心とした沙門《しゃもん》の生活を崩さず守っていくこと——この二つの主張がデーヴァダッタの考え方の中心だったと考えられます。

中国の高僧の法顕《ほっけん》、玄奘《げんじょう》がインドに旅行しておりますね。法顕が訪れたのは五世紀、玄奘が訪ねたのは七世紀なのですが、その当時までデーヴァダッタの教団が存続していたことをこの二人が伝えているのです。法顕の「高僧法顕伝」のコーサラ国の中には、「調達《じょうだつ》（＝デーヴァダッタ）にもまた衆があって、つねに過去の三仏を供養し、ただ釈迦文《しゃかもん》（＝釈迦牟尼）仏《ぶつ》のみは供養しない」

と記されています。そこにデーヴァダッタが釈迦族の宗教を持《たも》とうとしていたことが語られているのですね。また玄奘のインド旅行記である『大唐西域記《だいとうさいいきき》』のカルナスヴァルナ国の項中で、玄奘は、こう記しています。

「別に三つの伽藍《がらん》があり、乳酪《にゅうらく》を食することなく、提婆達多の遺訓に遵《したが》っている」

そこからもデーヴァダッタが沙門の遊行生活を守って原始的な宗教を受け継いでいたことが知られるわけですね。

◆時代に適応していく釈尊の宗教

森　すると、デーヴァダッタは保守的にものを考える人であったといえそうですね。

釈迦族の人たちは釈迦族の血筋を何よりも誇りとしていた種族だったといわれますから、デーヴァダッタが釈迦族が信仰していた宗教に固執する気持ちが強かったことは十分考えられますね。

塚本　仏教の原始聖典である『スッタニパータ』（経集）の中に、こんな記述が残っているのです。釈尊が生誕されたときアシタ仙という修行者がやってきて、釈尊の姿を見て釈尊の将来について、こう予言をした。

「相好《そうごう》と神呪《じんじゅ》に精通したアシタ仙は、釈迦族の牡牛《おうし》のような児《こ》を抱きあげて、その特相を検べて歓喜の涙を流し「この王子は正覚の頂きに達するでしょう。この人は最上の清浄を見て、多くの人々の利益をはかり、あわれむがゆえに法輪を転ずるでしょう」と言って宮殿を去っていった」

このアシタ仙の言葉に、釈尊が生誕される以前から、釈迦族の中に救世者の出現を願う信仰があったことがうかがえるのですね。

釈尊が生誕された時代というのは、インドの社会に政治的、経済的な大きな変動が起こっていた時代でした。小国家群の間から専制王国が現れ、武力をもって小国を併合していった時代でして、釈迦族もふくめて当時の人々は激動する社会の歪《ひずみ》に抑圧され、苦悩を背負わされていました。その苦悩から解放されることを求めて、人々は救世者の出現、仏陀の出現を強く希求する信仰を持っていたと考えられるのですね。

要するに、釈尊の時代に、釈迦族を中心とする地方に過去仏の信仰が根強く存在していて、それがのちに仏教にも受け継がれることになったわけです。

森　お釈迦さまも、出家されるまでは、そうした釈迦族の宗教の信仰をされておられたのでしょうね。

塚本　そうだと思います。釈尊の説かれる仏教は釈迦族の宗教の中から芽生えてきたもので、仏教の初期の段階では釈迦族の宗教の信仰形態をかなり受け入れていたのではなかったでしょうか。けれども釈尊は、そうした伝統の宗教を踏まえながら、それに固執せず、仏教独自のものを打ち出して教えを築き上げていかれた。ところがデーヴァダッタは、その仏教の独自性について行けず、次第に反仏教的立場をとるようになっていったと考えられるのです。

◆出家者の生活についても釈尊と対立

〈釈尊を亡きものとしようとするデーヴァダッタの陰謀は、たちまち王舎城の人々の間に伝わり、デーヴァダッタを尊敬し供養する人たちは次第に数が少なくなっていきました。

窮地に立たされたデーヴァダッタは仏教教団の分裂を企て、四人の同志と語らって釈尊のところに行き、教団が次の五法を遵守することを提案したのでした。

①〔出家者は〕生涯、林住者となるべきで、村邑《そんおう》に入る者は罪とせられよう。
②生涯、乞食者《こつじきしゃ》となるべきで請食を受ける者は罪とせられよう。
③生涯、糞掃衣《ふんぞうえ》（ぼろをつづった布）を着る者となるべきで、居士衣（在家者の着物）を受ける者は罪とせられよう。
④生涯、樹下坐者《じゅげざしゃ》となるべきで、屋内に入る者は罪とせられよう。

⑤生涯、魚と肉を断つべきで、魚と肉とを食する者は罪とせられよう。

しかし、その五法の提案を釈尊に斥《しりぞ》けられてしまったデーヴァダッタは、ヴェーサーリーの僧伽を訪れて五法の合法性を説き、賛同者を募ったのでした。このため、ヴェーサーリーの出家者の中でも仏教教団の事情をよく知らないヴァッジ族出身の五百人の出家者がデーヴァダッタの主張に従いました。デーヴァダッタは、このヴァッジ族出身の五百人の出家者を伴ってガヤーシーサへ去り、仏教教団を分裂させるという大罪を犯してしまったのでした〉

森　デーヴァダッタが仏教教団にそうした五法を提出したということは、当時の仏教教団が五法とは異なった生活様式をとっていたからだとも考えられるわけですね。

塚本　そうなんです。初期には遊行を中心とした原始的な沙門の生活が守られていたのですが、仏教教団が都市を中心に発展していく段階で、次第に都市社会に適応する生活様式に変化していったのですね。

資産家など、仏教教団の在俗信者が都市を中心に増えてきますと、都市の郊外にある林園、果樹園、花園などが仏教教団の比丘たちの修行のために寄進されるようになり、そこに精舎が建てられるようになっていくわけです。

初期の、遊行生活が行なわれていた段階では、精舎などの僧院にとどまるのは雨期の三か月間の安居《あんご》の期間に限られていましたが、そのうち、それぞれの出家修行者の好みで雨安居を決まった精舎で過ごすようになってきたのです。たとえば、祇園精舎が気に入った出家者は毎年、祇園精舎で過ごし、また、議論を交わすにはコーサンビーのゴーシタ園がいいということで、議論好きの若い比丘たちはゴーシタ園で過ごすというようになっていったんですね。

そして、それらの精舎に食糧がまとめて寄進されるようになると、行乞《ぎょうこつ》で食料を得る必要がなくなり、雨安居の期間以外も、遊行をやめ、僧院に定住するようになっていくのです。こうした生活様式の変化は、釈尊ご在世のころからあったのですね。

こういう生活様式の変化についていけず、あくまで遊行を中心とした生活様式を守っていこうという保守的な立場を主張したのは、デーヴァダッタばかりではなかったのではないかと思われるんです。

森　仏教教団には貴族出身の比丘が多かったために、つい奢侈《しゃし》に流れ、厳しさが失われてしまったというようなことはなかったのでしょうか。

塚本　釈尊のご在世のころは、そういうことはなかったのではないでしょうか。僧院といっても、ごく粗末なものではなかったかと思われるんです。現在、僧院の最も古い形のものが王舎城に遺っていますが、それは木造建築です。当時のものも、おそらく木造の雨露をしのぐ程度のものではなかったでしょうか。

森　なるほど。……ところでデーヴァダッタの提示した五法に対して、お釈迦さまはどのようにお答えになって斥けられたのですか。

塚本　釈尊は、次のように説かれているんです。

「デーヴァダッタよ。それぞれの比丘たちの志すところに従って、林の中に住んで修行に励むのもよく、村里に住むのもよく、乞食行を行なうもよく、在家信者の供養の招待を受くるもよく、また、糞掃衣を着るのもよく、居士衣を受くるもよい」

デーヴァダッタは出家者は林の中で修行しなければならぬと主張したわけですが、釈尊は、村や町で生活しながら修行することも認められているわけですね。乞食にしましても、毎朝、村や町へ出かけていって教えを説き、その報酬として与えられた食物によって生命を維持していくことが沙門の生活の基本とされていたのですが、デーヴァダッタが五法を提示したのは、比丘が在家信者から供養の招待を受けて出かけ、そこで教えを説いて食物の接待を受けるようになってきていたからですね。

しかし、釈尊は乞食も接待もどちらも認められていたのです。

また、沙門の衣は糞掃衣といって、寄進された布切れを繋ぎ合わせたものを着るのが習慣だったのですが、それについても釈尊は、一般の人が着る大きな一枚の衣、つまり居士衣を着てもよい、とされているのです。

さらに食べ物も、魚や肉を食べてはならぬという五法に対して、仏教教団は、食べる目的で動物を殺生《せっしょう》することは禁じましたが、自然に死んだ魚や動物の肉、または人から与えられたものは食べてもかまわない、としていたのですね。

五法に対するこの釈尊の教えからも分かるように、釈尊は、生活の法というものは、その時代や社会の変化に適応し、柔軟に対処していくべきものである、という立場をとられていたわけです。

◆適応性と独自性が調和した教え

森　昔は必要としなかったのでしょうが、社会機構が変わり、教団の組織が大きくなれば新しく設けなければならない戒律もできてくるわけですからね。現代に置き換えて考えてみますと、車の交通法規なんか、二千年前の生活規範では考えることもできない、現代の特殊な問題であるわけですね。

塚本　倫理的規範にもそういうことが言えますね。釈尊時代の倫理規範を今の社会で実行しろといっても、それは不可能なわけです。その精神を受け継いでいくことは大切ですが、その時代、時代にかなった実践形態に変化させていかないと単なる教条主義、形式主義になってしまいます。

デーヴァダッタが主張した五法は、あくまでも紀元前六世紀ころの沙門たちが行なってきた生活規範なのですね。

森　沙門とは出家修行者のことでございますね。

塚本　はい。仏教だけでなく、当時、旧来のバラモン社会の矛盾に対抗し、社会の要求によって起こってきた革新的な宗教の指導者でした。

たとえば、沙門が生涯、独身を通し、財産を所有せず、苦行を行なったのは、当時の利欲をほしいままにしていたバラモン司祭とはまったく対蹠的《たいしょてき》な姿ですし、また、バラモンが血統の純粋性を守るため、カースト制という差別的な階級制度を設けて自らその最高の階級を自認してきたのに対して、沙門は僧伽という共同体を作り、一切の階級、身分を問わず出家を認めていました。

バラモン社会から独立した生活共同体を形成した仏教も、最初は沙門の生活形態をとっていたのですが、しかし、その沙門の生活形態は、その時代の社会状況に適応して生まれたものですから、あらゆる時代、あらゆる社会に適応しうる普遍性をもった生活形態ではないわけですね。

森　なるほど、なるほど。ですから、お釈迦さまは、のちに都市生活に適応していけるよう沙門の生活様式の変化を認めていかれたのですね。

塚本　そうなのです。けれども釈尊は、こうした社会に対する適応性を持つ半面、仏教独自の立場は厳として貫き通されたのです。それが何だったかといいますと、生活形態も異なり、機根も異なる雑多な人々によって構成されているこの人間社会をどのように把握するかという「縁起観」と、その社会にどう対処していくべきかを説いた「中道思想」なのです。——この二つが普遍的な絶対の真理であり、仏教独自の教えでもあるわけです。仏教が飛躍的に発展を遂げることができたのは、釈尊がこの相容れない適応性と独自性を巧みに均衡を保たせて教えを説き弘められたからだったと思われるのです。

森　デーヴァダッタは独自性を純粋に守っていくためには適応性が障害になると思い込み、適応させ、変化させていくべき生活法を固定化し、教条主義的な、かたくなな考え方をしていったために道を誤ってしまったわけですね。

この適応性と独自性を両立させていくということは非常に難しいことですね。適応性を持とうとすると独自性が薄れがちになる。柔軟であろうとすると堅固な心が失われてしまいがちですね。この一見互いに相容れないその二つを両立させるためのコツが六波羅蜜《ろくはらみつ》の修練にあるように思うのですが……。

塚本　これは、仏教ばかりでなく、あらゆる宗教について言えることなんですが、その時代の要求に適応していけない宗教は新しい社会に受け入れられませんから、必然的に自然淘汰《しぜんとうた》されてしまいます。ところが、適応性をはき違えて相手への迎合、妥協に終始するようになってしまうと、これもまた存立の価値を失ってしまうわけですね。

森　その適応性のむずかしさは、自分では適応していると思ってやっていることが、いつしか妥協に流れていってしまって、それに気がつきにくい、という点にあるのではないでしょうか。

塚本　仏教がインドで滅んでしまったのも、そのよい例なんです。紀元前後ごろ、バラモン教は世俗の民間信仰を吸収してヒンズー教に変貌していったわけですね。仏教もバラモン教と同じように竜神信仰のような民間信仰を吸収していくところまでは仏教としての独自性を保ってきていたのですが、ヒンズー教が密教化していくと仏教も密教化していき、仏教とヒンズー教の区別がつけがたくなってしまったのです。こうなると仏教としての独自性が薄れ、もはや存立の価値がなくなってヒンズー教に吸収されたような形になってしまったのです。

◆自己を耕すことで身につく適応性

森　現代の企業で物を作る場合、電卓や家電製品にしても、他社の製品の真似をしていたのでは売れません。その会社の独自性を開発しないと存在理由がなくなって倒産してしまうわけですね。当時の仏教が適応性と独自性を調和させ、持続させることができたのは、やはり、お釈迦さまの人格によるのでしょうか……。

塚本　それは、もちろんのことでしょうね。

森　お釈迦さまは、ご自身が本当にしっかりとしておられるかただったからこそ、どんなに柔軟に適応しても独自性を失われなかったのでしょうね。逆に言えば、独自性が確立していないと適応性は生まれてこないわけですね。

塚本　違った色の水の中に別の色を落とすのと同じですね。

森　お釈迦さまの十大弟子の一人のプンナ尊者が故郷のアパランタに教化に赴く際に、お釈迦さまがプンナ尊者に心構えを説かれた話がありますね。

お釈迦さまが「アパランタの人は粗暴だから、もし彼らがおまえをののしったらどうするか」

と、お尋ねになると、プンナ尊者は「まだしも手で殴ることをしないから、彼らは善人だと思います」と答える。そこで「もし刀で切りつけられたらどうするか」とお尋ねになると、「まだしも殺すことをしないから、彼らは善人であると思います」と答える。さらに「もし殺されたらどうするか」と、お尋ねになると、プンナ尊者は「仏弟子の中には、生命をいとうて殺してくれる人を求める者さえいるのに、私は求めずして殺してくれる人を得られるのですから好都合と思います」。

それをお聞きになって、お釈迦さまはプンナ尊者の堅固な信心を賞賛されますが、これもプンナ尊者に自己が確立されていたからこそ、どんな障害にも対応していくことができ、それを感謝で受け止めていくことができたのだといってもいいと思いますね。

『法華経』の提婆達多品に説かれているように、お釈迦さまが「自分が悟りを開けたのは提婆達多が善知識に因《よ》るが故なり」と拝まれたのも同じではなかったでしょうか。

適応性を持つということは、心に柔らかさを持つことですね。心がその柔らかさを失わないためには常に心を耕していないといけません。適応性を身につけようとして新しい知識を学び、全力を傾けて改革を企てても、心が柔軟でなければ、新しいものに生まれ変わっていけません。反対に、常に精進し、自分を耕していれば、自然と適応性が具《そな》わってくるのですね。

塚本　釈尊の当時の宗教は、生天思想とか、瞑想によって悟りを得るというように、その目的や結果だけを追求したものが多いのですが、釈尊は、そこにいたるプロセスを重視されたのですね。

この世は人間の社会ですから、いくら理想を掲げても目的を完全に達成することができるわけがないのですが、絶えずそこへ近づいていこうとする意志と努力、つまりプロセスにこそ価値がある。釈尊は、そのことの大事さを説かれたのだと思うんですね。

森　悟るために修行するのなら、悟ってしまったら修行はいらなくなるはずですが、どんなに悟っても修行が必要なんですね。

独自性と適応性を調和させて保っていくのにも、調和させ得たと思った瞬間に、どちらか一方は欠け落ちてバランスが崩れてしまいます。常に自己を高め確立していく努力を続けていかなければならない、それが仏教の中道の教えであるわけですね。

＊　四三二頁の四行目に、私が「悟るために修行するのなら、悟ってしまったら修行はいらなくなるはずですが、どんなに悟っても修行が必要……」と言っております。このことに、ここで補足説明を追加したいと思います。

それは、基本は、万象は常に変化して止まないという「諸行無常」にあります。悟ったから修行を止めるということは、「諸行無常」に反するので、修行を止めれば、悟りも消え去ってしまうのです。もっと言えば、修行は一面、悟るため（の手段）ですが、他面、手段という次元を超えて、修行は修行としての法位《ほうい》に住《じゅう》するのです。

第二十三話

恨みの子・ヴィドゥーダバ王子によって滅ぼされた釈迦国の悲劇

ゲスト――中村瑞隆（立正大学教授）

ゲスト
中村瑞隆（なかむら・ずいりゅう）

一九一五年―二〇〇三年。青森県に生まれる。立正大学文学部仏教学科卒業。文学博士。立正大学教授・学長、法華経文化研究所所長などを歴任する。著書に『梵漢対照 究竟一乗宝性論研究』（山喜房佛書林）、『法華経 現代語訳（上・下）』（春秋社）ほか多数ある。

童子敬白

釈尊の晩年になって、思いがけぬ悲劇が起こった。釈尊が生まれられた国、かつてご自分が太子としてあった、その釈迦国が、隣国のコーサラ国によって攻め滅ぼされてしまったのだった。コーサラ軍が進撃してくる道のかたわらに坐られて釈迦国が滅亡していくさまを凝視されていた釈尊の胸中には、どのような思いが去来したのだったろうか。

◆釈迦国から妃を望んだコーサラ国王

〈すでに晩年近くなられた釈尊が、生まれ故郷の釈迦国に滞在されておられたときのことでした。釈迦国の隣国のコーサラ国で、国王パセーナディが不在中に、その子のヴィドゥーダバ王子が王位を奪い、自ら王位に即《つ》いてしまうという事件が起こったのです。ところが、このヴィドゥーダバ王子は、父のパセーナディ王が釈尊に深く帰依していたのとは反対に、かねてから釈迦族に対して深い恨みをいだいていたのでした。じつは、このヴィドゥーダバ王子は釈迦族の下女を母として生まれていて、武術を修めるために釈迦国に遊学していたとき、「下女の子」と辱《はずかし》められてそのことを知り、それ以来、長い間、釈迦族に対して恨みを募らせてきていたのでした。

そしてコーサラ国王の王位に即くとヴィドゥーダバ王子は、すぐさま大軍をおこし釈迦国の攻撃

に向かったのでした〉

森　政弘　お釈迦さまは、ご自分がお生まれになられた釈迦国が隣国のコーサラ国に攻め滅ぼされていくというこの上ない悲しい出来事に、しかも晩年になってからお会いになられたわけですね。中村先生は、この釈迦国のカピラ城の遺跡の発掘調査を、これまで十年間も続けておられて、その遺跡からも当時のことがうかがえるのではないかと思うのですが……。

中村瑞隆　この釈迦国を滅ぼしたコーサラ国というのは、国王のパセーナディ王をはじめ、仏教に帰依している人々が多い国ですね。コーサラ国の首都である舎衛城《しゃえじょう》の郊外には、有名な祇園精舎《ぎおんしょうじゃ》があり、ここでお釈迦さまは最も多くの日々をお過ごしになられている。そのコーサラ国のヴィドゥーダバ王子によって釈迦国が攻め滅ぼされるという悲劇が起こった発端は、パセーナディ王が釈迦国から妃《きさき》を迎えたことに発しているといわれますね。

釈迦国は誇り高い国でしたが、当時は、コーサラ国に隷属している状態にあったわけです。『スッタニパータ』という、『阿含経《あごんきょう》』の中でも古い部分に属する経典によりますと、釈尊が出家されて、師を求めてマガダ国にお入りになられたとき、ビンビサーラ王がその釈尊を見て、「あなたは、どういう人であるのか」と尋ねたのですが、そのとき釈尊はビンビサーラ王に、こう答えられているのです。

「国王よ。ヒマラヤ山の麓《ふもと》に近く、古くからコーサラ領に住し、財産と勇武とに名高い、高潔な一つの種族があります。その種族の姓は日種《にっしゅ》（太陽の親戚）といい、種族を釈迦といいます」

それから、かなり経って、コーサラ国のパセーナディ王の王妃マッリカーが突然の死を遂げたとき、パセーナディ王は、後添いの妃を隷属関係にあった釈迦国から迎えたいと釈迦国に申し込んだのですが、それも、釈迦国がこうした気高い血統を誇る国だったからだったのですね。

それにパセーナディ王としては、悟りを開かれた釈尊の立派な人格にあやかりたい、という気持ちもあって釈尊の生国の釈迦国の女性を望んだでしょう。ところが、その血筋を誇る釈迦国であるがゆえに、この悲劇を招くことになってしまったのです。

釈迦国から妃を迎えたいという、パセーナディ王のその申し込みに対して釈迦国では、王族の中から誰一人として、自分の娘をパセーナディ王のもとに嫁がせようという者が現れない。しかし、誰かを嫁として差し出さなければ、コーサラ国の恨みをかい、後で面倒なことが起こっても困る。

そこで、当時の釈迦国の代表者で、釈尊のいとこに当たるマハーナーマが、自分が下女に産ませた娘をクシャトリヤ（王族）の娘であると偽ってパセーナディ王に嫁がせたのです。

◆純血を誇りにしていた釈迦族の起源

森　釈迦国の王族たちは、当時の大国の国王であり、しかもお釈迦さまに帰依しているパセーナディ王の妃に、なぜ自分たちの娘を嫁がせることを嫌ったのでしょうか。

中村　たしかに国の広さからいっても、国力からいっても釈迦国はコーサラ国の比ではなかったのですから、そういう疑問が起こるのは当然ですね。国土の広さを比較してみますと、私の推定では、釈迦国は東西百二十キロメートル、南北四十キロメートルという東西に細長い国ですし、コーサラ国のほうは舎衛城を中心に四方に九十マイル（約百四十四キロメートル）の広い地域を領有していましたから、かなりの差があります。

森　おおよそ二十倍ですね。

中村　そうですね。この両国が興ってきたのは、両国から発掘された土器などから推定して、その当時から五、六代前、およそ二百年前くらいではないかと考えられるんです。ただ、釈迦国がずっと血統を重んじてきた国であったのに対して、コーサラ国は急に大きくなった新興国でした。それで血統を重んじる釈迦族の王族たちが新興のコーサラ国を軽蔑したんですね。

釈迦国の起源を伝える伝記には、こう書かれています。

アヨーディヤーの支配者であった甘蔗王《かんしょおう》には、四人の王子と五人の王女があった。ところが、この王子、王女たちの母親の王妃が亡くなったあと、甘蔗王は後添いをもらい、その後妻との間に王子が生まれたため先妻が残した九人の王子たちが邪魔になり、国から追放してしまった……。

こうして国を追われた九人の兄弟は北方のヒマラヤを登ったと伝えられているのですが、このヒマラヤとは、ネパールと中国国境にある、いわゆる世界の屋根のヒマラヤ山脈のことではなく、その南側にある標高二千メートル級の小ヒマラヤ（前山山脈）と呼ばれる山脈のことなんですね。

この小ヒマラヤを登った九人の兄弟は、その地では生活が困難だったのでしょう。南に折り返してきて、そこで会ったカピラという仙人に、「自分たちが住みつくのに適した土地はないだろうか」と相談をするのです。するとカピラ仙人は、「自分がいるこの場所こそ、マングースがいるのでヘビもこわくないし、シカがたくさんいるのでトラも人里に寄りつかない。この地に住み暮らすのがよかろう」と勧めたのです。

そのカピラ仙人の勧める場所に住みついた甘蔗王の子どもたちから釈迦国の歴史が始まった、とされているのです。カピラ城の名もカピラ仙人からとったものといわれます。釈迦族のサンスクリット語の呼び方である「シャーキャ」は、「よくやった」という意味ですが、これは、王子たちを追放したものの、その安否を気遣って尋ね探した甘蔗王が、カピラ城で立派に暮らしているわが子たちの姿を見て、「シャーキャ！」（よくやった）と言った言葉が種族の名になったのだとされています。

九人の兄弟のうち長姉のピヤーはハンセン病にかかって独り兄弟たちから離れて療養し、残った王子四人、王女四人が兄弟同士、互いに血族結婚して釈迦族が増えていくわけですが、この起源から釈迦族が血筋を重んずる種族になっていくのですね。長姉のピヤーも、のちにハンセン病が治って結婚し、釈迦族の東隣に国をつくります。これが釈尊の生母マーヤー夫人《ぶにん》や育ての母のマハーパジャーパティーの生国であるコーリヤ族の起源であると伝えられています。

釈迦族は、このコーリヤ族とだけ婚姻関係をもって、血統を守ってきたんですね。

森　私は最近の遺伝学についてはよく知りませんが、そういう血族結婚を繰り返したことで、劣性遺伝でおかしな人も生まれたかもしれませんが、反面、お釈迦さまのような傑出された方が生まれてこられたのかもしれませんね。釈迦族の人たちは、そうした血統の純粋さを何よりも誇りにしていたわけですね。

中村　それに加えて、釈迦族は昔から豊かで金持ちだったと伝えられていて、それも釈迦族の気位の高さと関係があったかもしれません。

この地方に行きますと、現在でも、小ヒマラヤの地方で豊富に採れる果物と、ヒンズースタン平原で収穫される米とを交換する市が立ち並ぶのですが、当時も、そうした市が開かれて金銭が釈迦国に集まったのではないでしょうか。

森　そのために、いくらコーサラ国が大国でも、「成り上がり者のコーサラ国王などに血統の正しい釈迦族の娘を嫁がせるわけにいかん」というように、誇りが悪いほうに働いてしまったのですね。

それならば、パセーナディ王の申し出を断ればよさそうなものを、後難を恐れ、偽って下女の生んだ娘を嫁がせた。そんな偽りはいつかバレてしまうにきまっていますし、だまされたことが分かれば、どんなに信仰心の篤いパセーナディ王でも良い気持ちのするはずはありませんね。

◆偽りが育ててしまった恨みの子

中村　パセーナディ王としては、釈尊のような立派な子孫を残したいと望んで釈迦族から妃を迎えたのですから、生まれてくる子に大きな期待をかけていた。ところが、その妃が下女が生んだ娘であったと知って、愕然《がくぜん》としたに違いありません。

パセーナディ王には、すでに、先妻との間に生まれた祇陀太子《ぎだたいし》がおりました。この太子は、例の釈尊の僧団に祇園精舎の土地を寄付した王子です。そうしたすぐれた王子がいたこともあって、パセーナディ王は釈迦族からもらった妃と、その妃が産んだヴィドゥーダバ王子を国外へ追放しようとするのです。けれども釈尊に深く帰依していたパセーナディ王は、ひとまず釈尊のところへ教えを請いにいったのですね。そのとき釈尊は、パセーナディ王にこう説かれたのです。

「大王よ、釈迦族のなしたことは不都合なことでした。しかし、あなたがめとったヴァーサバカッティヤーは王女であり、クシャトリヤの王の邸で灌頂《かんじょう》を受けた者です。またヴィドゥーダバもクシャトリヤの王によって生まれた者に間違いありません。「母の姓が何になろう、父の姓こそ標準である」と昔の賢者も言っているではありませんか」

そして釈尊は、その昔、パセーナディ王と同じ立場におかれた王が、愛情をもって妻子を追放しなかったという「採薪女本生物語」を説き聞かせられたのです。この釈尊の教えによって、パセーナディ王は妃とその子の追放を思いとどまったのですね。

森　パセーナディ王は仏教信者であったためにお釈迦さまのお諭しで恨みの心を解きほぐすことができたけれども、ヴィドゥーダバ王子のほうは、恨みを抑えることができなかったのですね。

中村　そうなんです。経典によりますと、ヴィドゥーダバ王子は、八歳のとき母親の生国である釈迦国に武術を習いに遊学したのですが、ある日、公会堂の開堂供養が行なわれて、ヴィドゥーダバ王子もその席に連らなったのです。ところが、その供養が終わった後、一人の下女が彼が坐《すわ》った腰掛を、「これがヴァーサバカッティヤーという下女のせがれが坐った腰掛だ」と言いながら水で洗いはじめた。それでヴィドゥーダバ王子が自分の出生の秘密を知って「釈迦族にさげすまれた！」と激怒したのですね。そして、

「よーし、いまに見ていろ！おれが王位に即いたら、きっとやつらの喉笛《のどぶえ》をかき切って、その血でやつらの腰掛を洗い浄《きよ》めてやろうぞ」

と、復讐心を燃やし、その釈迦族への恨みをいだき続けて成人したヴィドゥーダバ王子が、パセーナディ王がちょっと国を離れた不在中に乱を起こし、父王から王位を奪い取ってしまったのです。

パセーナディ王は、娘が嫁いでいるマガダ国のアジャータサットゥ王を頼って王舎城まで逃げのびるのですが、老いた身での長旅の疲労で、王舎城の門前で倒れ、不遇の死を遂げてしまいます。こうしてついにコーサラ国の王位に即いたヴィドゥーダバは、積年の恨みを晴らそうと、釈迦国に向かって大軍を発したのですね。

◆慈悲心に包まれて引き返した大軍

〈「釈迦族のものどもを皆殺しにしてくれようぞ！」〉

恨みに駆られて、ヴィドゥーダバ王は大軍を率いて釈迦国への進撃を開始しました。そのヴィドゥーダバ王の率いるコーサラ軍が、釈迦国までの道のりの半ばほどに達したとき、行く手の道のかたわらに釈尊が坐禅《ざぜん》を組まれて坐っておられたのです。

しかも釈尊は、すぐ近くに葉の繁った、かっこうの木があるにもかかわらず、わざわざ強い陽ざしをまともに受ける枯れ木の下に坐っておられます。不審に思ってヴィドゥーダバ王は、軍を止めて釈尊にお尋ねしました。

「尊い方よ。何ゆえに、この酷暑の中で葉陰のない枯れ木の下に坐られておられるのですか」

するとと釈尊は、こう答えられました。

「大王よ。親族の葉陰は涼しいのです」

その言葉でヴィドゥーダバ王は、〈釈尊は親族の釈迦族の人々を護ろうとされているのだ〉とそのお心を察して、ついに心をひるがえしコーサラ国へ軍を返したのでした。

こうして、ひとたびは引き返したものの、ヴィドゥーダバ王の釈迦族への恨みは消えるものではありません。ヴィドゥーダバ王は、再び釈迦国に向かって軍をおこして押し寄せましたが、道の半ばに達すると、またしても釈尊が進路のわきの枯れ木の下に坐っておられます。ヴィドゥーダバ王は、このときもまた、やむなく軍を返したのでしたが、こうして三たび軍を進めて三たび釈尊に阻まれ、そして四度目にヴィドゥーダバ王が軍を進めてきたとき、ついに釈尊のお姿は枯れ木の下になかったのでした。

ヴィドゥーダバ王の大軍はそのまま釈迦国に攻め入りました〉

森　釈迦国へ向かって進軍するヴィドゥーダバ軍の進路に坐って坐禅をされておられた、そのお釈迦さまの坐禅の内的なものは、うかがい知ることはできませんし、坐禅中は無なのでしょうが、そのころのお釈迦さまのお気持ちは、どのようなものだったのでございましょうね。

中村　私は、その時に釈尊がお坐りになられた場所がどこであったのか知りたくて、文献をたよりに、ずっと歩いてみたんです。手掛かりはアショーカ王が建てたストゥーパ（卒塔婆《そとうば》）なんですが、そのほとんどが壊れて土に埋もれてしまっているので探しにくいんですね。今回の調査でやっと、これではないかと思われるストゥーパを見つけだすことができたんですが、もしそれが確かなものなら、釈尊がお坐りになられた場所は釈迦国側の水田地帯の道路沿いということになるんです。

いったい、釈尊は、そこにどんな気持ちでお坐りになっておられたか……。

「親族の陰は涼しい」というお言葉をそのままに解釈しますと、「釈迦国には、親族、友人、知人がたくさんいるから殺さないでほしい」という願いを表現されたもののように考えられますが、さらにもう一つ、ヴィドゥーダバ王に対して、「だれにとっても親族ほどいとしい者はない。その親族を殺すようなことをしてはならない」と、仏教で一番の罪とされている殺人罪を戒めるための慈悲のお言葉であったのではないか、と考えられるのですね。出家者として世俗の国王を厳しく戒められる教えであったのでしょうね。

森　「恨みは恨みによっては鎮《しず》まらぬ」という教えがありますが、人の親族を殺せば、何よりも自分が苦しまねばならない。ヴィドゥーダバ王に罪を犯させず、人の恨みをかって自らを苦しみに突き落とすような行為を思いとどまらせたい、と考えられたのでしょうね。

それにしても、大軍を率いてそこまで進撃してきたヴィドゥーダバ王が、よくも三度も引き返す心になったものですね。やはり、お釈迦さまのお徳によるものなのでしょうね。

中村　釈尊が伝道に歩かれるときは、梵天《ぼんてん》が先導して道先をお守りし、帝釈天《たいしやくてん》が釈尊のみ後をお守りする、と経典に書かれています。実際には、お弟子をお連れになって歩かれたのでしょうが、釈尊のような偉大なかたは、私どもがはかり知れぬ偉大な力を具《そな》えておられたのでしょうね。それを経典は、梵天や帝釈天がお守りしている、という表現で書き表したのだと私は考えるのです。

釈尊のもとには、悩み苦しみをもったあらゆる階層の人々が教えを請うて訪ねて来たのですが、釈尊の前に出て、その崇高なお姿を見ただけで、釈尊が何もおっしゃらないうちに、もう、苦しみがすっと消えてしまう。ヴィドゥーダバ王が釈尊のお姿を見て大軍を引き返さざるをえなかったのも、そこに目に見えぬ巨大な壁が立ちふさがったように感じたからではなかったでしょうか。

森　プロ野球なんかでも、王選手のような大打者に投げるとき、ピッチャーは萎縮して魅入《みい》られるように打ちやすい球を投げてしまうといいますね。

仏像の光背は仏さまのご威光を具象化して表したものだといわれますが、お釈迦さまの体からは、実際に、そうしたご威光が感じられたんでしょうね。

◆釈迦国の悲惨な最期を見守る師

中村　樹下での坐禅と聞いても、私どもは何でもないように考えますが、釈尊が坐禅されたお姿は、冒すべからざるお姿だったと思うのですよ。インドの樹下の坐禅というものがどういうものか、実際に体験してみようと思いましてね、私は現地で坐ってみたのです。ところが、どうしても恐ろしくなって坐り続けていられなくなってしまうんですね。

坐った途端、三十センチメートルもあろうかというムカデが現れてきて、ガリガリと音を立てて体をはい上がってくるんです。坐禅を中断して振り払わざるをえないんですね。

釈尊が歩かれた地域はヘビやトラがたくさんいるところです。現在、私たちが発掘のためにキャンプを張っている場所は、雑木を切り払って、かなり整備されている場所なのですが、それでもやはりヘビがたくさんいますし、トラも現れます。釈尊がご在世当時は、どれほどものすごかったか想像できるんですが、そうしたなかで、釈尊をはじめ当時のインドの修行者たちは、まったく心を無にして坐禅を組み瞑想にふけっていたのですね。

サソリなどもずいぶんいるんですよ。そうした毒虫や毒ヘビは、坐禅している者が恐ろしいという念をいだいた途端、むこうも恐怖を感じて、人を刺してくるんです。こっちが木や石になっていれば、対立した存在と感じない。釈尊の場合は、その無心の境地から、さらに進んで、虫や動物たちにまで慈悲心を働かせていかれるのですね。この境地になるとトラも人を襲ってくるようなことがなく、素通りしていってしまうようになるんです。

私は実際にインドの地の樹下で坐禅をしてみて、対立の世界に生きることがどんなに恐ろしいことか、無心の境地こそ平和の境地であることを実感として味わえた気がしたのです。

森　殺気をむき出しにしてきたヴィドゥーダバ王ですから、お釈迦さまを無視して、まっすぐ釈迦国に進撃していかないとも限らない。場合によっては、お釈迦さまのお命さえ奪おうとするかもしれないわけですね。そういう恐怖心を超越し、対立を超えた境地に立たれているお釈迦さまからにじみ出てくる崇高なものが、ヴィドゥーダバ王を引き返させたのでしょうね。

そうして、三度まではヴィドゥーダバ王の進撃を思いとどまらせられたお釈迦さまでしたが、四度目の進撃のときには、もう姿を見せられず、釈迦族は悲惨な滅亡の道をたどったのですね。

釈迦国のほうも、軍隊を出して応戦したんでしょうか。

中村　カピラ城の近くに釈迦国の軍隊が駐屯《ちゅうとん》していた場所だといわれるところがありますが、当時の釈迦国には、軍隊らしいものは存在していなかったようです。
玄奘《げんじょう》が『大唐西域記《だいとうさいいきき》』の中に釈迦国が滅びるときの惨状を書いていますが、それによると、コーサラ軍に捕えられた釈迦族の人たちは、ひざまで土中に埋められて動けないようにされ、そこへ象が放たれて踏み殺される。女性は辱めを受け、コーサラ軍の言うことを聞かない者は目玉をえぐられ、腕を切り落とされた、と記されています。

そのとき、ヴィドゥーダバ王の祖父に当たる釈迦国のマハーナーマ王は、わが身を犠牲にして釈迦族の人々をのがれさせようとするんです。

落城の寸前、マハーナーマ王は、ヴィドゥーダバ王に自分が川に顔をつけている間だけ攻撃をさし控えてほしいと願い出ます。ヴィドゥーダバ王は祖父の願いを聞き入れて待つのですが、いくら待ってもマハーナーマ王は川から顔を上げません。近づいてみると、マハーナーマ王は自分の髪を水中の木の根に結びつけて死んでいたのですね。

森　少しでも時間をかせいで、一人でも多くの人を逃がそうとしたわけですね。

そのとき、お釈迦さまはどこにおられたのでしょうか。

中村　カピラ城の近くにおられたらしいのです。腕を切られ、目玉をえぐられ、それでも死に切れず、あまりの苦しみに釈尊のみ名を呼んで救いを求める女性たちの声を聞かれて、釈尊が、その苦しむ女性たちのところに赴かれるのです。そして、五欲にまどわされず、生命は永遠であることを信じるよう説かれた。女性たちはその釈尊の教えによって苦しみを超え悟りに入ることができた、と経典は記しています。

釈尊は、釈迦族が滅亡していく一部始終を、じっと凝視されていたのかもしれませんね。

森　難を逃れることのできた釈迦族の人々は、どこへ落ちのびたのでしょうか。

中村　経典では、南方のマッラーと北方のネパールの二手に逃げのびたとされています。現在、カトマンズにシャーキャと名乗る民族が八百人ほどいますが、その人たちは自分たちが釈迦族の子孫だと言っていますし、ドイツのピーラーという学者は、タール族と呼ばれる種族が釈迦族の末《まつ》裔《えい》ではないかと言っています。はっきりは分からないのですね。

◆涅槃寂静から見た諸行無常の世界

森　三度もヴィドゥーダバ王に釈迦族攻撃を思いとどまらせたお釈迦さまが、どうして四度目にはヴィドゥーダバ王の進撃を止められなかったのでしょうか。お釈迦さまのお力、神通力をもってすれば、悲惨を救う手だてがあったのではないか、と私どもは考えてしまうのですが。

中村　経典には、釈尊はそれまでの釈迦族の前業を観察されて、「河のなかに毒を投げ入れたように釈迦族の悪業は熟して、もはや取り除くことができなくなった」と見られたと記されております。パセーナディ王をだましたことは五戒の一つにあげられる虚妄罪《こもうざい》ですね。その罪の報いは釈迦族の人といえども受けねばならなかったわけです。

森　遠因と近因とに分けて見ますと、パセーナディ王をだまして下女の生んだ娘を嫁にやったというのは近因ですね。その遠因として釈迦族が血統を守る気位の高い民族であったということがあるわけで、そういう気位の高い釈迦族を、周囲の国の人々はあまり良く思っておらず、そうしたことが災いしたのかもしれませんね。

いずれにしても、諸行無常の世で形あるものであるかぎり釈迦国も、いつかは消滅していかねばならない時がくるのでしょうが、しかし、お釈迦さまのお力をもってすれば、もっと穏やかな形の滅亡、いうなれば釈迦国の大往生といった形も可能だったのではないだろうか、と考えるのですが……。

中村　釈尊が説かれる仏教は、なまなましいところがあるのですね。題目や念仏を唱えるだけで過去の一切の罪業は消滅する、と説かれる一方で、基本的には自分がまいた種はあくまでも自分が引き受けなければならない、と教えられているのです。

森　ヴィドゥーダバ王の恨みは、長い時間の中で育て上げられたものですね。そういう人格を育ててきてしまったという縁起は、時間をかけなければ即座に変えられるものではない、という教えでもあるように考えられますね。

中村　釈尊は因果律を説かれるわけですね。その因果律は厳しいものです。釈迦族を虐殺したヴィドゥーダバ王に対しても、必ずその報いは受けなければならないことを説いておられます。

そのとおりに、釈迦国を滅ぼして帰国したヴィドゥーダバ王は、それから七日目に、釈尊の予言どおり、川で船遊びをしている最中に船火事が起こって、やはり悲惨な最期を遂げてしまったのですね。

森　禅の教えに不落因果《ふらくいんが》、不昧因果《ふまいいんが》というのがありますが、不落因果とは修行を十分に積んだ者は因果応法の法則に縛られないという考え方であり、それに対して不昧因果とは、因果律は厳然たる不変の真理であり、因果を因果としてそのまま受け止め、因果の世界に随順するという考え方ですね。不昧因果を釈尊は教えられたんでしょうか。

中村　釈尊は、私たちが考える価値観とは違った次元の価値観に立っておられるのです。その価値観によって、国を捨て、財産を捨て、家族を捨てて解脱の道を求められたわけです。いってみれば長い歴史と、広大な広がりの中で生命を見つめられておられた。目の先のことしか考えられない私どもは、つい悪いことをしてでも栄えたほうが得だ、などと考えるのですが、釈尊のこの価値観、世界観から見たら、それはとんでもない間違いであるわけです。なした行為の結果は、すべて自分が摘み取らねばならない。

森　長い時間の流れと広大な世界の広がりでいくと、必ず善因は善果を悪因は悪果を受けることになるのですね。

中村　それでいて、単に時の流れに流されていたのではいけないのですね。

森　病気になってしまってからあわてててみてもしかたがないのであって、その時は医者に任せきる以外にないけれども、ふだん病気にかからないように正しい生活を保つ努力を怠ってはならないわけですね。それが仏教の精進の教えですね。諸行無常は善果にも悪果にも変化していくものですからね。

中村　仏教では諸行無常《しょぎょうむじょう》、諸法無我《しょほうむが》、涅槃寂静《ねはんじゃくじょう》という三法印《さんぼういん》が説かれていますが、これは諸行無常と観察するところから出発して、涅槃寂静の理想に至るべきもの、と説かれますね。しかし涅槃寂静と諸行無常とは切り離して考えることができないものなのです。ですから、逆に、涅槃寂静の境地に立って見ると諸行無常の世界があるがままに受け入れられる。これが生死を超越した境地となり、永遠の生命を観ることになるのですね。

森　今年も日ソ漁業交渉で農林大臣がソ連に行って交渉しましたが、昨年二百カイリ問題で大騒ぎになったときに、ある雑誌から「あなたが農林大臣だったらどうするか？」という原稿を依頼されて書いたことがあるんですが、こうした国際問題を一つ取り上げてみましても、複雑すぎて明確な解答が出せないんですね。一方を良くすれば、片方に不利なことが起こってくる、という矛盾に突き当たらざるをえない。しかし考え方によっては、矛盾があるから涅槃寂静が観察できる、ということにもなるわけですね。

釈迦国の滅亡という悲劇をとおしてお釈迦さまが私たちにお示し下さったのは、涅槃寂静の世界における諸行無常の私たちの生命の本質についての教えであった、といってもいいように考えるのです。今日はどうもありがとうございました。

第二十四話

アジャータサットゥ王に侵略を思いとどまらせた釈尊の平和の教え

ゲスト——中村瑞隆（立正大学教授）

童子敬白

コーサラ国のヴィドゥーダバ王が釈迦国を攻め滅ぼしてから間もなく、コーサラ国と並ぶ強国のマガダ国王アジャータサットゥも、領土拡大の野望に燃えて隣国のヴァッジー国への進撃を考えた。だが、その計画を前にしてアジャータサットゥ王は、自分の考えについての意見を釈尊に求めたのだった。そのアジャータサットゥ王に対して、釈尊はどのような教えを説かれたのだったろうか。

◆マガダ国に起こった骨肉の争い

〈コーサラ国のヴィドゥーダバ王子が父の王位を奪って自ら王位に即いたのと相前後して、ガンジス河南側の強国であるマガダ国でも王位継承の争いが起こったのでした。マカダ国の太子アジャータサットゥ（阿闍世《あじゃせ》）が、デーヴァダッタの策動に乗せられて父のビンビサーラ王を幽閉し、自ら王位に即いたのです。

ところが、そうして自ら父を弑《しい》して王位に即いてから間もなく、アジャータサットゥ王の子ウダヤパッドゥの体にも、そしてアジャータサットゥ王自身の体にも悪性のできものができはじめ、たまらぬ悪臭を放つようになったのです。

医者に診せ、手を施しても、いっこうに治りません。その王に耆婆《ぎば》という名医が、「あなたの病気を治せる人は、この世に釈尊しかおられません。釈尊の教えを受けられるがよろしいでしょう」と勧めたのです。

耆婆は、アジャータサットゥ王が自らの手で父を幽閉して命を奪ってしまったことへの悔いに責められていることを見とおして、「釈尊は、どのような悪を犯した者も、その罪を自ら懺悔《さんげ》し、再び悪を犯すことがなければその罪は消える、と説かれておられるのです」と、繰り返し繰り返し王に進言したのでした。

その耆婆の勧めに心を動かされて、アジャータサットゥ王は、夫人をともなって釈尊のもとを訪れ、その場で釈尊に帰依するようになったのでした。このアジャータサットゥ王の改心で、どうにも手の施しようのなかった悪性のできものが、あとかたもなく消え去ってしまい、その後、アジャータサットゥ王は熱心な仏教徒となったのでした〉

森　政弘　インドの国は、紀元前三百年にマガダに興ったマウリア王朝によって初めて完全統一がなされるわけですが、お釈迦さまのご在世当時は、群雄割拠の時代のようですね。

各国が統一をめざしていて、釈迦国の悲劇も、そこから生まれてきたわけですが、そうした社会状勢のなかにあって、当時の最大の強国の一つであったマガダ国が、それを強力に押し進めようとしたのも当然の成り行きであったのでしょうね。

アジャータサットゥ王は、自分の国の北隣にある小国のヴァッジ国を征服しようと考える。けれどもそこで、言ってみれば、一国の政治的、軍事的な計画について、アジャータサットゥ王はお釈迦さまに教えを請うているわけですね。

このアジャータサットゥ王というのは、太子の時代、かの有名なデーヴァダッタに力を貸して、お釈迦さまを苦しめた人ですね。その王が、一国の重大な決定についてお釈迦さまの教えをうける心になっていたのですね。

中村瑞隆　アジャータサットゥ太子は、怨念に包まれてこの世に生をうけたような、不幸な人だったのです。この「アジャータサットゥ」という名前自体が、「未生怨《みしょうおん》」――いまだ生まれる前から怨念をいだいてきた子、という意味なのです。

このアジャータサットゥ太子は、ビンビサーラ王の正妻であったヴェーデーヒー妃《ひ》（韋提希夫人《いだいけぶにん》）の子どもではなく、ほかの妃の子どもとして生まれたようなのです。それでヴェーデーヒー妃が、この子はのちに親に仇《あだ》をなす子になる、と生まれたばかりのアジャータサットゥ太子を高楼から落として殺そうとしたのですが、運よく生き残ったんですね。そのときから「未生怨」（アジャータサットゥ）と名付けられたと伝えられています。

森　親の恨みがかかった子だったのですね。その親の恨みが子どもの心に大きな影響を与えていった。だからこそ、のちにデーヴァダッタが「父の王はあなたに何も与えようとしない。早く王位を奪いなさい」とけしかけたとき、その策略に乗せられてしまったのですね。

中村　そうですね。デーヴァダッタは神通力《じんずうりき》にたけていましたから、そうしたアジャータサットゥ太子の本性を見抜いて太子に近づいていき、さまざまに進言した。太子のほうでも、その神通力を頼りにして自分の考えや行動を決めるということがあったのでしょうね。インドの修行者というのは、現在でも、さまざまな不思議を見せる力を具《そな》えているのです。『法華経』の中に「舌相梵天に至り《ぜっそうぼんてん》」という言葉がありますが、実際に舌が額にまで届く修行者がいるんです。この修行者たちは、朝早くから水をかぶったりする厳しい修行を続けているのです。釈尊ご在世当時の修行者は、もっと高度な神通力を具えていたのではなかったでしょうか。

森　一種の予言者的な影響力をもっていたわけですね。アジャータサットゥ太子はデーヴァダッタの神通力を信じ込んで、「このままだと自分はいつまでも王位に即けない」と、ビンビサーラ王を幽閉してしまったのですね。

中村　父のビンビサーラ王は、はやくから釈尊に帰依していたのです。それで牢の中にあっても、朝夕に、釈尊のおられる霊鷲山《りょうじゅせん》に向かって礼拝を続けていた。この山は、王が幽閉されていた王舎城の近くにあるんです。ところが、デーヴァダッタにそそのかされているアジャータサットゥ太子は、ビンビサーラ王が釈尊を礼拝するのが気味が悪い。牢の窓を釘づけにし、ビンビサーラ王が歩けないように足の皮をはぎとってしまうというむごいことをするのです。

森　とても親子の間柄とは思えないことをしたんですね。その幽閉されて歩けない王のところへ、妃が自分の体に蜜を塗って訪ね、秘かに栄養の補給をして命を保たせ続けた、という話は、よく知られていますね。

中村　はい。けれども、そのヴェーデーヒー妃も見つかって牢に入れられてしまうのです。

◆罪のおののきから釈尊に帰依した王

森　そうして、父ばかりか母にまで非道の限りを尽くしたアジャータサットゥ太子が、お釈迦さまの教えをうけるきっかけになったのが、悪性の病気だったわけですね。

中村　瘍《よう》か疔《ちょう》のような悪性のできものだったんでしょうね。現在のインドでも、地方に行きますと病人が多いのに驚かされます。列車の一等車に乗っている上流階級の人たちでさえも、いつも、ぼりぼりと体をかいているんです。皮膚病にかかっているんですね。全身、まっ黒になっているハンセン病患者も、よく見かけます。

発掘調査に歩いていて、その日の宿を借りに一軒の家へ入ったことがあったんですが、口のまわりに血をこびりつかせたまま寝転んでいる病人がいるんですよ。結核患者で、喀血《かっけつ》した血をそのままにして寝ていたんです。あわてて飛び出してしまいました。

遺跡の発掘調査をしていますと、壊れた食器が、じつに多く出てくるんです。伝染病にかからないように、いちど使用した食器は捨ててしまうんですね。親子でも、湯飲み茶わんを別々に持っている。人のものは絶対使わないんです。

森　お釈迦さまが、太子であられたとき、四つの門から町へ出かけられて、病に苦しむ人、老いに苦しむ人、倒れて死んでいる人を見て出家を決心されたという、「四門出遊《しもんしゅつゆう》」の、あの病苦の姿とは、そうした悲惨さだったのでしょうね。

中村　当時は現在より、もっともっとひどい状態だったでしょうからね。

森　その病気が、アジャータサットゥ太子の心に、父王をわが手にかけて殺してしまった自分の罪の恐ろしさを思い知らせたわけですね。そしてそれが耆婆の勧めに従ってお釈迦さまの教えを求める発心に繋がっていったんですね。それにしても、よく、耆婆の勧めに従う気持ちになったものですね。

中村　やはり、釈尊に帰依しなければならない条件が整ってきていたのではなかったでしょうか。たとえば、父を亡きものにしてしまって、自分がデーヴァダッタにだまされていたことも分かってきたでしょう。何よりも、人の子として父を幽閉して死に至らしめてしまったことへの罪のおののきは、どうにも抑えようのないものだったでしょうね。良心の呵責《かしゃく》に責められ続けて、この苦しみからどうしたら抜け出せるかと、必死だったんではなかったでしょうか。

ですから、耆婆に連れられて釈尊の前に出たとき、釈尊から「アジャータサットゥ王よ」と一言声を掛けられただけで、心からの歓喜がほとばしってきたのです。

「世尊は、私のような大逆罪人にも慈愛に満ちた言葉をかけて下さいました。善人にも悪人にも、等しく慈悲をかけて下さる世尊の一言を聞いて感謝の言葉もございません」

と、アジャータサットゥ王は、その場で釈尊に帰依してしまうのです。それで悪性のできものも治ってしまう。現在でいえば、心因性の病気だったのかもしれませんね。

◆阿闍世王の領土拡張の野望

〈マガダ国の王位に即き、心から釈尊に帰依するようになったアジャータサットゥ王でしたが、一国の王としての自国の領土拡張の野心は燃えさかっていました。

そのアジャータサットゥ王が、最初に目をつけたのがヴァッジー国でした。ヴァッジー国は、マガダ国の北辺を流れるガンジス河を隔てて隣り合った国で、共和制をしいて栄えていました。このヴァッジー国をアジャータサットゥ王は征服しようと企てたのですが、その兵を興すにあたって、アジャータサットゥ王は霊鷲山におられる釈尊のもとにヴァッサカーラ大臣を遣わし、マガダ国がヴァッジー国を征服することについて、釈尊がどうお考えになられるか、お尋ねしてみたのでした。

ヴァッサカーラ大臣からそのアジャータサットゥ王の言葉を聞かれたとき、釈尊は、侍者のアーナンダに向かって、ヴァッジー国がどのような政治を行なっているか、その国の人々が、どのような生活をしているかなどについて、一つ一つ尋ねられました。

そして、それに対するアーナンダの答えをヴァッサカーラ大臣に聞かせる形で、ヴァッジー国を攻めても、それは失敗に終わるであろうことを、お教えになられたのでした〉

森　そのときのお釈迦さまの説き方が、まことに巧みだったのですね。他国を攻めることが、よいことか悪いことかをお答えになられるのでなく、最も強靱《きょうじん》な国とはどういう国であるか、具体的に示され、そういう国を攻める国こそ破滅してしまうだろうということを教えられる。仏教の平和観が、そこに明らかに示されているように思うのです。

まず話の順序としまして、アジャータサットゥ王はどういうことからヴァッジー国を攻めようと思い立ったのかですが……。

中村　それぞれ独立していた大国が統一されていく過渡期にあった当時のインドでは、どの国王も統一の野望を持っており、アジャータサットゥ王も、その一人であったと考えられますね。マガダ国も、かつては東隣のアンガという国の属国だったのです。それが、アジャータサットゥ王の祖父に当たる大蓮華王《だいれんげおう》という王様の時代に、このアンガ国を倒して逆に属国にしてしまったんです。そして、その子のビンビサーラ王の時代になって強固な国づくりができて、大国になったのですね。このビンビサーラ王が築いた国力をもって、アジャータサットゥ王は北インドの大半を征服したと伝えられています。

その後、このマガダを基盤にしてシシュナーザ王朝、ナンダ王朝、マウリヤ王朝が次々と興り、マウリヤ王朝の時代に至って全インドが統一されていくのですね。

森　マガダを制するものが、それだけ国力を持ち、ついにインドを統一するようになっていったということは、この地が、よほど豊かであったからなんでしょうね。マガダは豊かな穀倉地帯であり鉄鉱石の産出地であったといわれますね。

中村　それにカーシー国を領有したことで大きな経済力をつけたのですね。カーシーは水陸交通の要路にあってインド中に知れ渡った織物の産地であり、各国に経済的な大きな影響を及ぼしていました。

しかし、このカーシー国が原因でアジャータサットゥ王とコーサラ国のパセーナディ王が争いを起こすことになるのです。カーシー国は元はコーサラ国の領地でして、それをパセーナディ王が、妹のヴェーデーヒーがマガダ国のビンビサーラ王の許へ嫁ぐときに、持参金代わりにこのカーシー国を贈ったのです。

ところが、ビンビサーラ王がアジャータサットゥに幽閉されて殺され、その後を追うようにしてヴェーデーヒー妃も死ぬ。パセーナディ王はアジャータサットゥが妹夫婦を殺したのだと憤って、自分がマガダ国へ贈ったカーシー国を取り上げてしまうのです。そのためアジャータサットゥ王との間に何回も戦いが起こるのですが、マガダ国からコーサラ国へ向かうのにはヴァッジ国を通過しなければなりません。アジャータサットゥ王がヴァッジ国を攻撃しようとしたのは、このコーサラ国との戦いのときのことかもしれません。

◆栄える国と滅びる国についての教え

森　当時のヴァッジー国は、どのくらいの国だったんでしょうか。

中村　ヴァッジー国はガンジス河の支流のガンダキ河とマハナーディー河にはさまれた、東西三百マイル（四百八十キロメートル）、南北百マイル（百六十キロメートル）という細長い国で、コーサラの属国の形になっていたようです。

森　釈迦国と似ていますね。

中村　ヴァイシャーリーを首都にして八つの都市があり、ヴィデーハ族、リッチャヴィ族など八種の種族が寄り集まって、各々の種族から代表を出しての共和政体をとっていたようです。この地方は現在も農村地帯ですが、当時、ヴァイシャーリーは農産物の集散地として六大都市の一つに数えられるほど交易の盛んな町だったようですね。

森　そのヴァッジー国について、アジャータサットゥ王の遣いの大臣の前で、お釈迦さまは、侍者アーナンダにさまざまなことをお尋ねになられたんですね。

中村　はい。ヴァッジー国の人々は、次の七項目を守っているだろうか、と尋ねられるのです。第一に、「ヴァッジーの人々はしばしば会議を開き、その会議には多くの人々が参加しているだろうか？」

第二に、「ヴァッジーの人々は共同して集合し、共同して行動し、共同してヴァッジー族としてなすべきことをなしているだろうか?」

第三に、「ヴァッジーの人々は、いまだ定められていないことを定めず、すでに定められたことを破らず、過去に定められたヴァッジー人の法に従って行動しようとしているだろうか?」

第四に、「ヴァッジーの人々はヴァッジー族の古老を敬い、尊び、崇め、供養をし、彼らの言葉を聞いておるだろうか?」

第五に、「ヴァッジーの人々は、宗族の婦女、童女を暴力をもって連れ出し、とらえるようなことはしていないだろうか?」

第六に、「ヴァッジーの人々は、城の内外にあるヴァッジー人の霊地を敬い、尊び、崇め、支持して、以前に与えられ、行なわれている法にかなった供養を廃することがないであろうか?」

そして第七に、「ヴァッジーの人々は、修行者に対して正当の保護と防御と支持を与え、いまだきたらざる修行者が領土に入ることを願い、また、すでにきたれる修行者が、領土内で安住することができるように願っているだろうか?」

という問いなのです。

その釈尊の問いに対して、アーナンダが、「ヴァッジーの人々は、この七項目の全てを守っています」とお答えすると、釈尊はうなずかれて、ヴァッサカーラ大臣に向かってこう教えられたのですね。

「かつて、私がヴァッジー国のヴァイシャーリーの都にとどまっていたとき、国が衰亡しないための七つの事柄、七不退法を説いた。その七不退法がヴァッジーの人々の間に存在している間はヴァッジー国の繁栄は期待され、衰亡はないであろう」

森　なるほど。そのお言葉でヴァッサカーラ大臣は、お釈迦さまの言わんとされていることを拝察して、それをアジャータサットゥ王に申し上げたわけですね。

中村　ヴァッサカーラは、「師よ。以上のうち一つを具えているだけでも、ヴァッジー族に対してマガダ王は手をつけるわけにはいきますまい。いわんや、全てを具えているというのであれば、なおさらです」とお答えして、さっそく帰城し、アジャータサットゥ王にヴァッジー国征服を思いとどまるよう進言するのですね。

アジャータサットゥ王も、その釈尊の教えを守って、ついにヴァッジー国への進撃はあきらめるのです。

◆七不退法に示された平和の原理

森　そうしてアジャータサットゥ王はヴァッジー国を攻めることについてお釈迦さまのお考えをうかがい、そのお言葉によって、それをあきらめるわけですけども、当時のインドの王様は、宗教家にそういう相談をするのが一般的だったのでしょうか。

お釈迦さまがお生まれになったときも、スッドーダナ王がアシタ仙を呼んで、将来を占ってもらっていますね。古来、中国でも皇帝が占い師に尋ねてまつりごとを行なったり、日本でも陰陽《おんみょう》師《じ》などという人たちがおりましたですね。そういう考え方に近かったのでしょうか。

中村　徳川家康にも天海僧上《てんかいそうじょう》という僧侶の智慧袋が陰についていたといわれますね。現在のインドでも、山中で修行しているヨガの修行者に、人々はさまざまなことを相談しています。インドの宗教者は冠婚葬祭などの儀式は行なわず、人々の悩みを聞いて解決を与えていくのが主な役割になっているんです。宗教者は、神通力をもって未来を見とおし、公平な立場で判断をしてくれるからであるわけですね。それにさらに釈尊の場合は、人間として守らねばならぬ倫理的な道をハッキリと示して下さったわけです。

森　アジャータサットゥ王からの相談に対して、お釈迦さまが「かつてヴァッジー国で七不退法を説いたことがある」と語られますが、この七不退法も、道徳的実践の道ですね。

中村　『増支部経典』は、釈尊がヴァイシャーリーに滞在されておられたとき五不退法を説かれた、と伝えています。

「精励して汗を流し、腕の力によって如法《にょほう》を集め、徳によって得た財をもって、一に父母を、二に妻子と召使いを、三に田地を耕す者を、四に供物を受ける守護神を、五に修行者を尊敬し、供養をささげること」

というのが五不退法なのですが、これがのちに七不退法に発展したのではないかと考えられます。

釈尊は、ヴァイシャーリーの町がお好きだったようですね。リッチャヴィ族の間に疫病がしばしば流行したのですが、そのたびに釈尊はヴァッジー国へ赴かれて、疫病で苦しむ人々に法を説き聞かせられています。

森　そのためヴァッジー国ではお釈迦さまの教えに帰依する人が多かったわけですね。五不退法も七不退法もよく守られていたんでしょうね。

中村　そうだと思います。アジャータサットゥ王がヴァッジー国を攻めるに当たって釈尊に相談をしたのは、やはり、この国を攻めるのに、いくらかの不安があったからだと思うのですよ。

まず、あの河幅の広いガンジス河を越さなければなりません。現在でも、マガダ側のマヘンドラガードから対岸のフェザーガードまで客船で一時間半もかかるのです。しかも、中心部は流れが急です。このガンジス河を軍隊を渡すのは容易なことではなかったでしょうね。

それに、ヴァッジー国自身かなりの国力を持っていたと考えられるのです。このヴァッジー国に備えてマガダ国ではパトナに華氏城《けしじょう》という立派な砦《とりで》を築いていています。その国の人々が七不退法を守り、和を保っているのですから、相当、慎重にならざるをえなかったのでしょう。

森　そこに、お釈迦さまの平和についての考え方が明らかに示されており、それは、現在の世界にそのまま通じる教えだと思うのですね。

スイスが中立を保っていられるのは、大国にはさまれ、そのバランスによってであると言われていますが、そうした力のバランスと同時に、スイスの平和は、スイス国民自身が七不退法的なものを持して心を一つにしているからこそ保たれているんだ、と私は考えるのですね。

中村　ウィリアム・テルが、スイスの国の建国の時に、「全ての人は一人のためになし、一人の人は全ての人のためになす」という言葉を残していますが、それが、まさに七不退法の精神ですね。

森　単に環境がよく、風光明媚《ふうこうめいび》であるがゆえにパラダイスなのではなく、常に知恵を働かせ続け、努力を怠りなく続けているからこそスイスは中立を保っておられるわけですね。直接民主主義の伝統が守り続けられているのも、国民一人一人が自分の国に強い関心を持ち、勉強しているからできることだと思うのです。それが仏教でいう精進であり、七不退法である。仏教の平和の原理は、つまるところ、たゆみない精進の教えであるわけですね。

ただボンヤリと過ごしているだけでは平和はありえない。コマが激しく回っているとき静止しているように見えますが、あの状態が平和の本質なのでしょうね。

中村　ですから釈尊は、アジャータサットゥ王に対して、「いまのリッチャヴィの人々は木を枕に寝ているから、他の国から滅ぼされるようなことはないが、もし、のちにぜいたくになって、すきを与えるようになれば滅ぼされるときがこよう」と、予言されておられるんです。

◆六波羅蜜の実践の中にある平和

中村　そして、ここでもう一つ私がいちばん大切だと思うことは、ヴァッジー国の人々と同様に、ヴァッジー国を攻めようとしたアジャータサットゥ王もまた仏教徒であったということなのです。ヴィドゥーダバ王によって攻め滅ぼされた釈迦国の人々も、仏教を信じていました。けれども、あの場合は、ヴィドゥーダバ王が仏教徒ではなく、心に深い恨みを抱き、それをつのらせていく王であったわけです。

ここに、一方は攻め滅ぼされ、一方は同じ小国でありながら平和に存続しえた、いちばんの原因があったように私は思うのです。

森　平和の教えを相手に説く努力をしない平和はありえないということですね。

中村　仏教の教えの基本は、サンスクリット語の「アヒンサ」、つまり不殺生です。ですから無抵抗主義になるわけですね。釈迦国のように攻められれば、簡単に滅ぼされてしまいます。弱いものです。

ヴァッジー国も共和国ですから、君主国のマガダ国に、かないっこありません。それなのにアジャータサットゥ王がこの国を攻めなかったのは、アジャータサットゥ王が釈尊の教えを守ろうとする仏教徒であったからだと思うのです。このヴァッジー国も、釈尊が予見されたとおり、のちにはアジャータサットゥ王によってマガダ国に吸収されてしまうのですが、玄奘《げんじょう》がインドを訪れた、釈尊時代から千二百年後にもなお、ヴァッジーは、ちゃんと存在していたと伝えられています。

仏教徒であったアジャータサットゥ王は、ヴァッジー国を領有したのちも、そのままの形で存続させておいたとも考えられるのです。発掘が進めば、もっとはっきりしてくると思いますが、少くともヴァッジー国の人々が悲惨な殺戮を受けなかったことだけは確かなようです。

仏教の歴史をみましても、かたくなに抵抗をする宗派は、強そうに見えて、やはり長続きしないのですね。一見、弱々しそうに見える柔らかい宗派が残っていく。『涅槃経《ねはんぎょう》』の中で摂受《しょうじゅ》と折伏《しゃくぶく》ということが説かれていますが、それは、どちらも慈悲の裏付けがあってはじめて成り立つものなのですね。そして、この慈悲の基本精神は、相手に仏性《ぶっしょう》を見ることなのです。

自分に対して反抗するものにも、自分に攻撃をしかけてくるものに対してすらも、仏性を見る。その相手の仏性をひらいていくのには長い時間が必要であるわけですね。

森　残虐なアジャータサットゥ王も改心する時がくるわけですからね。それに、ものごとの真実というものは、長い時間の経過を見ないと見えないことがありますね。かつての日本は、領土の拡大を考えて中国や東南アジアに進出して太平洋戦争を引き起こし、その結果、悲惨な敗戦を経験しました。けれども、そうして敗れ、領土を失ったことが、現在の繁栄に繋がっているともいえるわけです。その時点だけの勝ち負けは本当の勝ち負けではないわけですね。

中村　それでいて、単なる無策、無抵抗であってはならないのです。『法華経』の如来寿量品《にょらいじゅりょうほん》に「衆生大火《だいか》に焼かるると見る時も我が此《こ》の土《ど》は安穏《あんのん》にして天人常《つね》に充満せり」と説かれているのを「外の世界がいかに争い合い、やかましくても、心さえ平和であればすべて平和であるのだ」と解釈している人がいますが、『法華経』は、その心の安穏は六波羅蜜《ろくはらみつ》の修行なしにありえない、と説いていることを忘れてはならないのですね。

森　相手にも、自分の仏性を開顕してもらうのには六波羅蜜の修行で働きかけていかなければなりませんからね。

オーストリアは二十年間中立を守ってきていますが、このオーストリアは、中立を守るためにヨーロッパ各国からの難民や亡命者のための受け入れ施設を作り、その人々の行先地が決まるまで面倒をみているんです。また、国民一人当たり年間三万円もの負担をして国連都市を建設しているのですね。日本も、世界の人々のためになる菩薩行《ぼさつぎょう》をしてこそ真の平和が約束されるんだと思うんですよ。

いま日本の企業は低成長期に入って、経営者は頭を悩ましていますが、そこでぼくは、日本が世界一の公害国になってはどうか、と考えるんです（笑）。言葉はおだやかでありませんが、世界の公害を出しやすい産業をすべて日本が引き受ける。そうすれば、世界中が喜んで資源を送ってくれるはずです。そういう産業を引き受けながら、公害をなくすための技術開発に全力を傾ける。

これは極論ですけども、これまでの、自分の国だけ甘い汁を吸いたいという考え方を百八十度転換して、世界の人々が嫌うことを喜んでやる。その意識の転換から、自分を生かし、相手を生かす平和の行動が生まれてくるんだと思うんです。

中村　本当の平和は、すべての人が釈尊が説かれる仏性の教えを基とした不殺生を守っていくことによってしかありえないのですね。そのためには、まず仏教徒が六波羅蜜の実践をして、それを世に示していくことから出発する以外に道はないと思うんです。

森　ほんとうに、そのとおりですね。本日は貴重なお話を頂きまして、ありがとうございました。

＊　四七〇頁の最後の行に「六波羅蜜」があり、また六行目と七行目に「仏性」がありますが、これに関して、万物に「仏性」がある（一切衆生悉有《しつう》仏性）とは、『涅槃経』に見られる仏教の重要な教えですが、万物に「仏性」を観《み》るには智慧（正確には般若《はんにゃ》[1]）が必要です。

その智慧を湧き出させるのに、①布施・②持戒・③忍辱・④精進・⑤禅定の五つ[2]を修することが必要で、この五つを五波羅蜜と言い、それに⑥智慧を含めて「六波羅蜜」と申します。この「六波羅蜜」は仏教での基本的な実践徳目で、「波羅蜜」は悟りに至る行、という意味です（拙著、『今を生きていく力「六波羅蜜」』教育評論社、参照）。

（1）第五話、第八話、参照。

（2）布施：物質・精神・肉体のあらゆる面で、奉仕すること。持戒：戒律を守ること。忍辱：苦難も自慢も、堪え忍ぶこと。精進：我を忘れるほど集中すること。禅定：坐禅で心が定まって微動だにしない状態。

第二十五話

心の底から師を求めて己を開花させた釈尊の十大弟子

ゲスト——三枝充悳（筑波大学教授）

ゲスト
三枝充悳（さいぐさ・みつよし）

一九二三年―二〇一〇年。静岡県に生まれる。東京大学文学部哲学科卒業、ミュンヘン大学に留学。Dr. Phil. 文学博士。筑波大学教授、東方学院学院長、日本大学教授などを歴任する。著書に『仏教入門』（岩波新書）、『三枝充悳著作集（全八巻）』（法藏館）ほか多数ある。

童子敬白

釈尊の晩年には、侍者の阿難《あなん》（アーナンダ）が影のようにつき従い、それを含め、多くの仏弟子の中から、十大弟子と呼ばれる傑出したお弟子が生まれてきた。なかでも舎利弗《しゃりほつ》（サーリプッタ）、目連《もくれん》（モッガラーナ）、大迦葉《だいかしょう》（マハーカッサパ）などの長老比丘《びく》は、入門以前にすでに高い境地を得ていながら、さらに釈尊を慕って師と仰いだお弟子たちだった。師を求め、師に学ぶことの大切さを忘れ、自分勝手な生き方に走りがちの現代人に、この仏弟子たちは何を教えているのか。

◆晩年の釈尊の侍者となった阿難

〈成道してから四十数年間、ガンジス河中流域の地をあまねく遊行《ゆぎょう》して歩かれた釈尊に触れえた人々のほとんどが釈尊に帰依するようになり、マガダ国、コーサラ国は言うに及ばず、遠くアヴァンティ国にいたるまで、帰依者が続々と増え、出家してくる人々が跡を絶ちませんでした。けれども、そうして求められるままに各地を遊行し続けられ、晩年を迎えられた釈尊は、ある日、長老の弟子たちに、こう語られたのでした。

「比丘たちよ、私は年老いた。体もすっかり衰えてしまったので侍者を選んでもらいたい」

釈尊のそのお言葉で、長老の比丘たちが次々に「私が世尊にお仕えしましょう」と申し出ましたが、釈尊はうなずかれません。目連は釈尊が阿難を侍者に望まれていることを察して、阿難に侍者になることを勧めますと、阿難は次の八つの誓願を立て、師のお許しを願い出たのです。

①世尊が供養として受けられた衣を侍者である自分に与えられないこと。②世尊が供養を受けられた食物を侍者の自分に与えられないこと。③世尊の室に同室しないこと。④信者からの招待で出かけられる世尊に同道しないこと。⑤自分が受けた招待には世尊も同道されること。⑥遠方からの訪客を直ちに世尊に面会させられること。⑦自分の疑惑は直ちに世尊に質問できること。⑧自分の不在中の世尊の説法は後で自分に再説してもらえること――。

その申し出をお許し頂いて侍者となった阿難は、それから釈尊が入滅されるまで、釈尊のお側を一時も離れず、お仕えしたのでした〉

森　政弘　経典に伝えられております晩年のお釈迦さまには、必ずといっていいほど侍者の阿難がつき従っておりますが、阿難がお釈迦さまの侍者に選ばれたのは、いつごろのことだったのでしょうか。

三枝充悳　『テーラ・ガーター』（長老の詩）に次のような阿難の偈《げ》が遺されているんですね。

「二十五年の間、わたしは慈愛にあふれた身《しん》・口《く》・意《い》の行ないによって尊き師のお側に仕えた。あたかも〔形を〕離れない影のようであった」

つまり、阿難は二十五年間、侍者として釈尊にお仕えしたわけで、釈尊が涅槃《ねはん》に入られたのが八十歳ですから、それから逆算しますと、釈尊が五十五歳のときに侍者になったことになります。
一方の阿難のほうは、『大智度論《だいちどろん》』によりますと、釈尊が成道されたという知らせが故郷のカピラヴァットゥに届いた日に釈尊のいとことして生まれ、そのため「歓喜」すなわち〝アーナンダ〟と名付けられたとされています。すると、釈尊が成道された三十五歳のときに生まれたわけですから、侍者になったのは二十歳のとき、ということになります。

森　とすれば、阿難がお釈迦さまのもとに弟子入りを願い出たときは、まだ少年だったわけですね。

三枝　まだあどけない少年でカピラヴァットゥにお帰りになった釈尊を慕ってついていったのではなかったでしょうか。ですから、初めは正式な比丘でなく、未成年の沙弥《しゃみ》だったと思います。

◆釈尊の八人格に魅せられた弟子たち

森　阿難の八つの誓願を読みますと、阿難がお釈迦さまに対して、親族の関係を離れ、人生の師としてお仕えしきっていこうとする決意がありありと読みとれるように思うんですが……。

三枝　阿難はのちに「多聞《たもん》第一」とうたわれるようになっただけあって、釈尊の言行をできるだけ忠実に聞き覚えようとする意欲が強烈だったようですね。八番目の「自分の不在中の世尊の説法は後で再説してもらいたい」という願いにも、それがよく表れていると思います。
阿難はむしろ、自分自身が「悟りを得たい」という願いよりも、釈尊にお仕えして、釈尊に喜んで頂くことに最大の喜びを感じていたのではなかったでしょうか。

森　そういえば、十大弟子の一人に数えられるほどの阿難が、お釈迦さまが涅槃に入られるまで悟りを開くことができなかった、と伝えられていますね。

三枝　阿難が八つの誓願の七番目に、自分が疑惑に感じたことは直ちに質問できることを挙げているのも、自分がなかなか悟りにくい人間であることを自覚していたからかも知れませんね。

おそらく阿難は、非常に気がきく利発な青年で、自分と釈尊との間には天地の隔たりがあることを、はっきりと知っていたのでしょう。それでいながら、きわめて多感で、迷いも多かったんでしょうね。

阿難は、「歓喜」という意のその名前が表すように、見る人に喜びを与え、好かれるタイプの青年だったようです。特に女性から好意を寄せられることが多く、普通の比丘は衣を着るとき右肩を露《あらわ》にするものなのですが、「阿難だけは両肩を隠すように」と釈尊から、わざわざ忠告されているんです。

森　たいへんなハンサムであったために、肌を露にして女性を惑わせてはいけない、ということですね。

三枝　容姿に恵まれていただけに、阿難自身にも迷いが多かったんでしょう。そして迷いを起こすたびに釈尊に教えを求め、身を正していく……。

ゲーテが『ファウスト』の中で、「人間は努力する限り迷うものだ」と言っていますが、阿難も、釈尊のもとで迷っては悟り、迷っては悟りしていたのかもしれません。

森　そうしますと、阿難の、いつもお釈迦さまのお側にいたいという気持ちの中には、お仕えすることの喜びを味わいたいという気持ちと、自分の迷いを解消する教えを常にお側にいてうかがいたいという気持ちの両方が入り交じっていたんでしょうね。

三枝　人間と人間との結びつきには、親子とか兄弟とかの肉親関係を超えた不思議な縁というものがありますね。

釈尊も実子の羅睺羅《らごら》（ラーフラ）より阿難がお側にいるほうを喜ばれたようですし、阿難のほうも、釈尊が水を欲しておられれば、すぐそれを察して水を差し上げる。枕がほしいと考えられれば、すぐ枕を作って差し上げる、というように、忠実に、こまめにお仕えしたようです。

この阿難の姿勢の中に釈尊を師とする高弟たちの喜びがそのまま表れているように思うんですね。釈尊の全体から、人をひきつけずにはおかない力、人格的な魅力が発散されておったのでしょう。

森　それにひかれて、当時のインドの秀才たちが、お釈迦さまのところへ集まってきたのでしょうね。

◆見事に自分を開花させた弟子たち

〈侍者となった阿難は、釈尊の教えを数多く聞き覚え、「多聞第一」とたたえられるお弟子となったのですが、他の多くのお弟子も釈尊のお徳によって、それぞれ高い境地を得ることができたのでした。なかでも、舎利弗、目連、大迦葉、阿那律《あなりつ》、須菩提《しゅぼだい》、富楼那《ふるな》、大迦旃延《だいかせんねん》、優波離《うばり》、羅睺羅の九人の弟子は、多聞第一の阿難を含めて釈尊の十大弟子と呼ばれる、すぐれた比丘となったのでした。

サンジャヤの弟子から転宗して釈尊の弟子となった舎利弗は、釈尊から、「私が転じた輪、無上の法輪を舎利弗が転ずる。彼は完《まった》き人（如来）に従って現れた者」と称賛されるほどの弟子となり、「智慧第一」とたたえられました。舎利弗と共に仏弟子となった目連も、「神通《じんずう》第一」とうたわれて舎利弗と並び称せられる長老比丘になり、大迦葉も、質素な生活を身につけることに徹して「頭陀《ずだ》第一」とたたえられる弟子になりました。

また、阿那律は、説法中に居眠りをして釈尊に忠告を受けたことから発奮し、以後、師の前では絶対に眠らない修行を続けたため、ついに失明してしまいましたが、肉眼を失ったことによって天眼を開くことができ、「天眼《てんげん》第一」とうたわれました。

さらに、大迦旃延と富楼那は、遠隔地のアヴァンティで伝道を続け、それぞれ「論議第一」、「説法第一」とたたえられる弟子となり、須菩提は、人と争わず常に円満さを求めて「解空《げくう》第一」の弟子とたたえられ、釈迦国の理髪師だった優波離は「持律《じりつ》第一」（戒律をよく守り、精通していることにかけて第一）、釈尊の息子の羅睺羅は「密行《みつぎょう》第一」とたたえられる大弟子に成長したのでした。
これらの十大弟子は、いずれも阿羅漢《あらかん》の悟りを開き、仏教教団を支える人々となったのです〉

森　お釈迦さまが各地を遊行されて歩かれるなかで、次第にお弟子の数が増えていったのだと思われますが、晩年を迎えられたころは、お弟子の数は何人くらいになっていたのでしょうか？

三枝　お弟子の人数については、はっきりした定説はありません。経典の中には、釈尊は千二百五十人の修行僧とともにあられたことが、しばしば記されていますが、この千二百五十人の数の根拠は、初転法輪《しょてんぼうりん》で五比丘を教化《きょうけ》されて間もなく釈尊に帰依したカッサパ三兄弟とその弟子千人、舎利弗、目連と一緒に帰依したサンジャヤの弟子二百五十人を合計した数なんですね。しかし、その後、お弟子の数はかなり増えているはずです。
大乗経典になりますと、弟子の数は八千人とも、八万人とも記されていますが、はっきりした数は分かりません。数千人といったところだったんではないでしょうか。

森　そのお弟子さんたちは、主にどの地方に住んで布教していたのでしょうか。

三枝　やはりコーサラ国、マガダ国が中心だったようです。それから、西の方ではアヴァンティ国のウジャインなどの地は大迦旃延が布教に当たっていて、遠方でも比較的、弟子がいたようです。
仏教に帰依した人は、因習の根強い農村地方より、自由な思索ができる都市の人のほうが多かったようですから、そうした自由思索家が比較的多かった王舎城を中心としたマガダ国に帰依者が多かったのは当然だったでしょうね。

森 バラモンのような上流階級の人から、卑賤《ひせん》な職業の身分の低い人まで、さまざまな階級の人々がお釈迦さまに帰依していたようですが、そのお弟子の中から十大弟子といわれるすぐれた弟子が育ってきたのですね。この十大弟子のうち、阿難、羅睺羅、優波離、阿那律の四人は釈迦国の出身ですね。小さいときから身近に接していると師の偉さが見えなくなりがちなものですが、お釈迦さまには、それを超える偉大さと魅力がおありになったわけなんでしょうね。

三枝 釈尊伝の中で私が特に印象深く感じるのは、釈尊が初めてカピラヴァットゥに帰郷された時のことなんです。故郷の人々は、成道したかつてのシッダッタ太子の帰国を熱狂的に迎え、その折、釈迦国の多くの人が釈尊のもとに出家を願い出るのですが、そのときの模様が、十大弟子の一人で理髪師だった優波離が出家するときの仏伝に語られています。

釈尊がカピラヴァットゥに帰城されて間もなく、優波離のところに頭を剃髪《ていはつ》してもらいに来る人がどっと押し寄せてきた。何ごとかと驚いて尋ねると、これから釈尊のもとで出家するのだという。そこで、優波離も、「こんなにみんなが弟子入りを願い出る師とはどんな人だろう。釈尊という方は、さぞかし立派な人なのに違いあるまい」と、自分も理髪師をやめて出家してしまうのです。

森 羅睺羅と阿那律も、その折に出家したようですね。

三枝　そうです。提婆達多も阿難も、一緒に出家しております。

森　大迦葉や舎利弗、目連は比較的早い時期にお釈迦さまの弟子になったようですね。

三枝　大迦葉はマガダの裕福なバラモンの家に生まれたのですが、世俗の生活を嫌って夫人とともに出家し、王舎城に向かう途中で釈尊と出会い、一目、釈尊の姿を見ただけで釈尊に帰依してしまうのです。

その折、釈尊の着ておられる衣が自分の衣より粗末な糞掃衣《ふんぞうえ》だったのを見て、釈尊の衣と交換して頂き、終生、その衣を着とおしたのです。

森　大迦葉は「頭陀第一」といわれますが、頭陀というのは、どういう修行なのでしょうか。

三枝　頭陀とは、粗末な生活という意味です。どのお弟子も、出家生活ですから簡素な生活だったわけですが、なかには、心さえくずさなければと、柔らかな布地の衣を着る人もあったようです。けれども大迦葉は、そういう自分に対する妥協は一切受け入れず、徹底して質素な生活を守り通したのです。

その自分を律する厳しさから、一見、冷たさを感じる人もあるようです。たとえば、仏陀が涅槃に入られたとき、大迦葉は嘆き悲しむ阿難に向かって、「諸行は無常なのだ。そんな弱い気持ちでどうするか」と叱りつけるように励ましています。

しかし、決して冷徹一方の人だったわけではなく、人格的な魅力を具《そな》えていたからこそ仏滅直後の第一結集《だいいちけつじゅう》のとき、だれ選ぶともなく大迦葉を議長に選出し議事が進められたわけでしょうね。

◆当代随一の思想を超える教えの証明

森　第一の高弟であった舎利弗と目連は、お釈迦さまの入滅を前にしてこの世を去ってしまうわけですが、この舎利弗の師のサンジャヤは、当時、名の聞こえた思想家であったわけですね。そのサンジャヤの高弟の舎利弗が、どうしてサンジャヤのもとを去ってお釈迦さまの弟子になったのでしょうか……。

三枝　舎利弗は、釈尊が初転法輪をされた五比丘の一人、アッサジが王舎城《おうしゃじょう》の町を托鉢《たくはつ》して歩く姿を見ただけで心の底から感動し、そのアッサジから釈尊の教えの要である縁起の原型を聞いただけで悟りを開いてしまうんです。

その悟りを開いた舎利弗の姿を見て、同じ師についていた目連が、すぐそのことに気づく。そして、舎利弗がアッサジから聞いた釈尊の教えを聞いて目連も感嘆し、釈尊こそまことの師と、二人でサンジャヤの二百五十人の弟子を連れて釈尊のもとに弟子入りしてしまうのですね。

森　アッサジの一言を聞いて、その場で悟りを開くとは、さすがに舎利弗は偉大な弟子だったわけですね。そうして悟りを開いた舎利弗の姿を見て目連が驚かされる。それほどに舎利弗の様子が変わっていたというのは、いわゆる禅で教える修証されていたわけでしょうね。

三枝　舎利弗は、たしかに秀才だったんですね。その師匠だったサンジャヤは、世界の古代史にも残るほどの当時のインテリで、懐疑論者だったのです。

仏教の興る前のウパニシャッド時代に「梵我《ぼんが》一如《いちによ》」の大哲学が生まれます。そのあと、思想の乱立時代が来て、それに不満を持って懐疑論者が生まれてきたのですが、その懐疑論の奏斗がサンジャヤだったわけですね。

ヨーロッパでも同じプロセスをたどっています。ギリシャのアリストテレスによる大哲学のあとにローマにストア学派やエピクロス学派が生まれますが、この時代は哲学史から見ると見るべきものがなく、その状態の中からエポケー（判断中止）を説く懐疑学派が出てくるんです。

懐疑論は、かなりの秀才でなければ考えつくことのできないインテリ思想なわけです。舎利弗も研ぎ澄まされた頭脳を持っていてサンジャヤの後継者と目されていたのですが、どこか満足しきれないものがあった。そのときに釈尊の教えに出会い、釈尊が懐疑論を超える偉大な思想の持ち主であることを、すぐさま見抜いて釈尊に帰依してしまったのです。

逆にいえば、舎利弗の帰依は、当時の社会の人々に釈尊の教えが懐疑論を超えるものであることを知らしめる大きな役割を果たしたことになるわけですね。

森　私は専門が工学ですが、ときに、どうしても設計ができなくて悩むことがあります。本を読んでも、あれこれ考えをめぐらせてもアイデアが浮かんでこない。で、悩み抜いて、問題意識を持って歩いていると、ふとしたきっかけで思いもよらぬ設計を考えつくことがあるんです。

舎利弗は懐疑論で悩み抜いて、壁に突き当たっていたところでアッサジに出会い、ふっとその悩みの根本が解けたんでしょうね。

◆師の人格を通して教えは伝わる

森　ですから、仏さまと出会うということは物理的に出会うことではなく、心が出会うことなのでしょうね。

三枝　舎利弗と目連は、サンジャヤの二百五十人の弟子と共に釈尊のもとに出かけて行きますが、釈尊は、近づいてくる舎利弗と目連を有縁《うえん》のものと知って大歓迎するのです。私は、この舎利弗が釈尊のところに出かけていったというところが、信心にどうしても欠かせない大切なことだと考えるんです。

舎利弗はアッサジによって自分の疑問を解決することができたわけですから、釈尊のもとに行かなくてもよかったのです。ところがサンジャヤを去って釈尊のもとに行かざるをえなかったのは、釈尊の説く教えに感嘆したからだけでなく、アッサジをとおして受けた釈尊の人格的なものに、どうしても触れたいという希求が起こったのに違いないと考えるんですね。

森　成道して仏になるということは、そうした人格を具えることなのでしょうか。

三枝　仏陀という言葉が持つ意味は、「目覚めた人」ということで、別に、人々に感化を与えるという意味はふくまれてはいないのですが……。

森　ところが、そのお釈迦さまに舎利弗たちが磁石にひかれるようにひきつけられていったわけですね。

三枝　釈尊は非常に大きな包容力を持っておられたのですね。けれどもその包容力は決してお弟子や信者を甘やかすものではなかったのです。求める人の立場に立って考え、その時、その人にいちばん適した教えを説かれた。それが、すべての人を包み込んでしまうのですね。

森　そのお釈迦さまの包容力の中で、お弟子たちは次第に高まっていったんですね。そこに、仏が現実にこの世に姿を現される「生身《しょうしん》」と、常住不滅の姿の「法身《ほっしん》」の二通りを衆生に示されていくことの意味があるわけですね。

三枝　ベルクソンが『道徳と宗教の二源泉』という著書の中で、「仏陀の教えではなくその存在が問題だ、その存在自身が呼びかけなのだ」と書いていますが、人格的存在が重要な働きかけをするんですね。

森　仏教の経典は二千年以上も存続してきたわけですが、偉大な僧のほとんどは師の人格に触れることによって目覚めていますね。たとえば親鸞上人が法然上人と出会うことによって信心が確立されたように……。

三枝　親鸞上人は法然上人に出会うまでは、さほどすぐれた僧ではなかったという説もあるくらいで、法然上人に巡り会ってから信心が高まったんですね。「よき人（法然上人）にだまされて地獄に落ちてもかまわない」とまで言い切る言葉は、そこから出てくるわけです。学問においても、本を読んだだけのものと、先生からじかに講義を受けたのとでは、大きな違いがありますね。

◆自らをたずねる心が師を求める心

森　舎利弗のように高次元な悟りではなくても、嫁と姑《しゅうと》の問題、子どもの問題などで悩みを持っていれば、救われたい、道を求めたいという内圧が高まっていますから、偉大な人格に触れれば救いの目が開けていきますね。ところが、求める気持ちのない無気力な者は、すぐ近くに師がいても、それを師とすら気づかないわけですね。

三枝　釈尊が悟りを開かれて五比丘のいるサルナートに赴かれる途中、ウパカという外道《げどう》に会いますが、釈尊は自分が悟ったものを説きたいという気持ちで語りかけられたのに、ウパカのほうに求める気持ちがなかったものですから、首を振り振り、立ち去ってしまうわけです。

森　今日の学生を見ていますと、そのウパカのように求める気持ちのない青年が年々増えていく一方のように思うのですね。

三枝　情報に振り回されてしまって、自分の存在というものを真剣に問い詰めていく探究心を失ってしまっていることで、自分がどんなに大きな損失をしているかが分からないんですね。さらに、自分に都合の悪いことは、すべて政治や社会のせいにしてしまう考え方に毒されて、求める気持ちを失っているのですから、どんな師にも出会えません。「色即是空《しきそくぜくう》」の教えにしても、これは客観的なものが空であるというのではなく、自己の存在をふくめて空であると教えているわけです。ところがその空である自我を主張するばかりで、求める心を失ってしまっている。求める心なしには、どんな悟りもありえません。

道元禅師は中国へ渡って諸方に師を求めて歩き回られましたが、最後に如浄《にょじょう》禅師に会われたとき瞬間的に悟っています。

森　もう一つ、そうしていちど師に巡り会った後で注意しなければならない点は、師を得たと安心してしまって、師にべったりとよりかかってしまいやすい点ですね。これもまた、師を見失ってしまうわけです。『法華三部経』の観普賢菩薩行法経《かんふげんぼさつぎょうほうきょう》に「目を閉《と》ずれば則《すなわ》ち見《み》、目を開《ひら》けば則ち失《うしな》う」とあるように、離れていることでかえって心が寄り添うことになるという真実も忘れてはならないですね。

三枝　法然上人が流罪から赦《ゆる》されて帰京されたとき、越後に流されていた親鸞上人は法然上人に会いに行かれませんでした。では親鸞上人は法然上人から心が離れたのかというと、そうではなく、『歎異抄《たんにしょう》』に述べられているように師・法然上人に変わらずに帰依されているわけです。

森　師に触れるということは、阿難のように、まずは間近に師のすべての教えを求めたいという気持ちを起こすことであるけども、かといって、片時も師から離れずにいなければならないということではないわけですね。

自発的な内圧が師を求めるにあたって何よりも大切であって、近くにいるからといって安心して求める心を失ってはならないと、常に自分を戒めることが必要なわけですね。

三枝　そうして、おそらく悟りは螺旋状《らせんじょう》に上昇していくんですね。「柳は緑、花は紅《くれない》」といいますが、螺旋を一回りするごとに同じ花でも見る目が違ってくるんですね。

森　そのためには常に自分で自分の心の、内圧を高めていく努力が必要なのですね。今日は、どうもありがとうございました。

＊　四八六頁の七行目に、「信心」という言葉が三枝先生から語られていますが、この「信心」と信仰の違いについてお話ししますと、宗教の大事な点は、「絶対者」に帰依することです。そうでなければ、心底からの安らぎは得られません。この「絶対者」は二人いたのでは、相対的になってしまい、絶対者ではなくなります。つまり「絶対者」は「一つ」です。

私が師から教わったことは、「仏像を拝むということは、わが心を拝むことで（これが「信心」）、大宇宙全体と自分とが「一つ」になることだ」ということでした。信仰ですと拝まれる相手と拝む自分との二つになるので、「信心」を使え、と教わった次第です。

第二十六話
釈尊の最後の旅立ちを前にしての舎利弗、目連の死

ゲスト——三枝充悳（筑波大学教授）

童子敬白

いよいよ涅槃《ねはん》に入る時が近づいたことを感じとられた釈尊は、王舎城《おうしゃじょう》を発《た》って最後の旅の途につかれた。その釈尊の最後の旅立ちと前後して、舎利弗《しゃりほつ》、目連《もくれん》の二人の高弟が相次いで亡くなったのだ。だれもが釈尊亡き後、法を継ぐ第一人者と考えていた二人の高弟に先立たれた釈尊の胸中は、どのようなものだっただろうか。

◆弟子の双璧、舎利弗と目連の死

〈いよいよ釈尊が涅槃に入られるときが迫っていました。祇園精舎《ぎおんしょうじゃ》に滞在されていた釈尊は、夏の安居《あんご》を過ごされるためマガダ国の王舎城に赴かれることになり、舎利弗もそのお供をして王舎城へ出発しました。そして王舎城の竹林精舎《ちくりんしょうじゃ》での九十日間の安居がまさに終わろうとしたある日、釈尊は、舎利弗に向かって言われたのです。

「私は背中に少し痛みを覚えるので休息したいと思う。舎利弗よ、そなた、私に代わって説法をしてはくれぬか」

その釈尊のお言葉を慎んでお受けして、舎利弗は説法をはじめました。しかし、かねてから病弱だった舎利弗の肉体も、深く病魔におかされていたのでした。

一方、もう一人の高弟・目連は、そのころ王舎城内で托鉢《たくはつ》の修行をしていました。その目連の姿を見て、仏教教団に対して恨みをいだいている思想家たちが、釈尊の高弟の目連を亡きものにしようと襲いかかってきたのでした。

大勢の外道《げどう》が目連を取り囲み、石や棒を持ってなぐりつけ、重傷を負わせて逃げ去りました。

気丈な目連は渾身《こんしん》の力を振り絞って、ようやく竹林精舎にいる舎利弗のもとにたどりつきましたが、その姿を見て舎利弗は驚き、悲しんで目連に問うたのです。

「神通《じんずう》第一の力を具《そな》える身が、どうして難を避けることができなかったのか」

「前世につくった重業の報いは神力をもってしても避けることはできない。世尊のご入滅も間近に迫っている。私は世尊が入滅されるのを見るに忍びない」

答える目連を制して、舎利弗が言いました。

「私も世尊の入滅を見るに忍びない。ともに世尊のもとに出家した友人として、そなたとともに私もこの世の命を終えたいと思う」

舎利弗は釈尊のみ前に進み出て、その許しを請いましたが、釈尊は答えられません。そのまま釈尊のもとを辞した舎利弗は、自分の故郷であるマガダ国のナーラ村に帰り、重い病の身を横たえて、沙弥《しゃみ》の純陀《じゅんだ》（チュンダ）の看護を受けて入滅したのでした。

そして、この舎利弗の入滅の知らせを聞くと、目連もその後を追うように、自分の故郷ユータリ村に向かい摩《ま》廋村《そうむら》に入って入滅したのでした〉

森　政弘　お釈迦さまのお弟子の中の双璧《そうへき》だった智慧第一の舎利弗尊者、神通第一の目連尊者の二人が、お釈迦さまが涅槃に入られる直前に入滅したわけですね。

三枝充悳　釈尊が涅槃に入られるにあたって王舎城を発たれ、涅槃の地となったクシナーラーに至るまでの釈尊の〝最後の旅〟について記した経典『涅槃経』には、舎利弗、目連の名が出てきませんから、恐らく、釈尊が最後の旅に出られる前に亡くなったものと考えられます。

森　お釈迦さまとほぼ同じ年ごろのマガダ国のビンビサーラ王、コーサラ国のパセーナディ王も、そのころにはすでに亡くなられていたようですね。お釈迦さまとともに歩んできた弟子や信者が次々に亡くなっていく……。お釈迦さまのお気持ちはどのようだったのでしょうか。

三枝　釈尊が涅槃に入られたとき、各地の七人の王族が釈尊の遺骨を分配してもらってお祀《まつ》りしたいと申し出たことが経典に遺されているのですが、その七人の王族の名前の中にビンビサーラ王の名はなく、マガダ国王はアジャータサットゥ王になっています。すでにビンビサーラ王は亡くなっているんですね。コーサラ国はマガダ国に滅ぼされてしまっていて、パセーナディ王も、もはやこの世にない。最後の旅の途中、釈尊はヴェーサーリーの町に立ち寄られるのですが、その町を去られるときの様子を『涅槃経』は、こう伝えています。

「釈尊は、象の眺めるようにヴェーサーリーを眺めてアーナンダ（阿難《あなん》）に言われた。「アーナンダよ。これはわたしがヴェーサーリーを見る最後の眺めであろう。さあ、アーナンダよ。バンダ村へ行こう」と」

象は、めったに後ろを振り返る動物ではないのですが、それが体ごと後ろへ顔をめぐらせる、そんなご様子でヴェーサーリーの町を振り返られたのでしょう。これまでの、さまざまな出来事を思い出されていたんでしょうね。

森　親しい弟子や国王が次々、この世を去っていく。それに代わって新しい国王が誕生し、新しい弟子が帰依してくる。その世の移り変わりを、しみじみとした思いで見られていたのかもしれませんね。

舎利弗尊者は現在の結核のような病気で亡くなったともいわれていますね。

三枝　病気で亡くなったという経典もありますが、その様子を明記した記述はないので、ハッキリしたことは分からないんです。

森　目連尊者の場合は、仏教教団に恨みを懐く外道に殺されたと伝えられていますが。

三枝　私個人の考えでは、釈尊の時代には、思想上の論争はやっても、人の命をねらうような争いはなかったと思うのです。

それに釈尊の時代は、教団としてのまとまりは、そうハッキリしたものではなかったようで、比丘《びく》は一人一人で遊行をするのが原則でしたし、仏教の出家者はバラモンのように冠婚葬祭の祭《さい》祀《し》は一切行なっていませんでしたから、組織的な動きはそう明らかではありません。教団の存在自体が、そう明らかではないのですから、仏教教団に対して、それほど深い恨みを懐くということは考えられないように思うんです。

私は目連の事故死も、釈尊が常に説いておられた、人間は絶えず死に直面している存在であることを直視することの大切さを教えているように考えるのですね。

◆常に死に直面していることの自覚

森　舎利弗尊者、目連尊者は、お釈迦さまが間もなく涅槃に入られるのを知って、お釈迦さまが涅槃に入られるのを見るに忍びなくて、先に入滅したと伝えられていますね。

三枝　釈尊は、涅槃のかなり前から涅槃に入られることを宣言されておられるのです。ですから、舎利弗も目連も釈尊が間もなく涅槃に入られることは知ってはいたでしょうけども、やはり、それぞれに死の時がきて死んでいったのではなかったでしょうか。

人間が自己を凝視してみたとき、そのギリギリの姿は、自己とは次第に老いていく存在であり、常に死に直面している存在であることを見ないわけにいきません。その自分という人間の姿を常に見つめよ、と釈尊は人々に説かれたわけですね。釈尊が、平和で豊かな生活を保証される太子の身から、その地位も妻子も捨てて出家されたのは、まさに、この老・病・死をのがれられぬ人間存在への凝視からだったわけです。

どんなに恵まれた肉体を持ち、どんなに快楽に満ちた生活を送り、どんなに晴れやかな環境にあっても老・病・死に象徴される「苦」を、生あるものは避けることができない。この苦が釈尊が出家して悟りをめざされた出発点だったわけですね。ですから原始仏教の教えのほとんどは、苦からの解脱《げだつ》を説くものなのです。

たとえば、四諦説《したいせつ》は苦諦《くたい》、苦の集諦《じったい》、苦の滅諦《めったい》、苦の滅にいたる道諦《どうたい》というように苦について語っています。また中道も「不苦不楽の中道」といいます。十二縁起をはじめとする種々の縁起説のいずれにも生・老・病・死が入っています。

この仏教でいう苦は、生理的な苦痛や心理的な苦しみではなくて、私たちが願わないもの、思うようにならないもののことであるわけですね。

そして、思うようにならないものというのは、自分の外側にあるのではなくて、自分の内側、つまり自分自身が自分の思うようにならないというそのことが苦の本質なのだと教えているわけです。ですから私は、苦の認識とは自己否定ないしは自己矛盾の認識だと思うんです。

老・病・死という肉体の衰えは、時間の経過にともなって、だれにも必然的に訪れてくる、自分の思うとおりにすることができないものであるわけです。だから苦なんですね。

森　つまり、生・老・病・死の苦を凝視するということは自分を凝視することであり、だからこそ大切なことであるわけなのですね。不遇な環境に生まれたり、不具に生まれついた青年が、「どうして生んでくれたんだ」と親を恨むことがありますが、いくら親を責めても解決は得られません。それより、そのような状態で存在している事実をしっかりと見つめ、認識することが大事なわけですね。

数年前、私は胃潰瘍《いかいよう》を患ったんですが、そのときつくづく感じたのは、胃潰瘍の苦からのがれたいという気持ちが強いと、かえって苦が大きくなるということでした。

「医師がしきりに入院しろと勧めるのは、これはきっと胃ガンに違いない。家の者には極秘で胃ガンだと言っているに違いない。えらいことだ。おれはいよいよ死ぬんだ。残った子どもたちはどうなるんだろう」

というふうに不安と猜疑心《さいぎしん》にとりつかれてしまうと、ますます胃が悪くなってしまうんですね。そこで私は、「くよくよと考えることは捨ててしまって、ひとつ胃潰瘍を楽しませてもらおう」と発心《ほっしん》をしたんです。チビチビといつも食べ続ける食餌療法《しょくじりょうほう》を考え出して食事を楽しんだり、胃カメラで自分の胃の中をのぞかせてもらったりしましてね、徹底して胃潰瘍を楽しむ気持ちになったんです。そうしたら入院もせずに、意外に早く治ってしまったんですね。

人間は死ぬものだ、ということは小学生でも知っています。ところが、その死について深く見つめ、考えることはなかなかできない。できることなら死を考えず、死を避けて通ろうとしがちです。とりわけ現代人は、精神が弱くなってきているせいか、その傾向が強いようですね。

けれども、目連尊者のように、人間はいつ死ぬかしれない、自分が常に死と背中合わせに生きているんだということを凝視すれば、おのずと生き方が変わってくるはずですね。

先年お亡くなりになった宗教学者の岸本英夫先生は、死の直前までガンと闘われたことで有名ですが、初めのうちは死の恐怖にうちひしがれてしまって、何にも手につかない。そこで、死というこの世との別れの準備をすべきであると考えられたと言っておられますね。仕事をするときも、碁を打つときも、芝居を観るときも、今日が最後と思って、お別れの心構えで臨んでいったら、死がいつ訪れてきても、執着なくこの世と別れることができる心境になって心が落ち着いてきた、と書き遺されておられます。

三枝　釈尊は、われわれが死ぬのも「諸行は壊法《えほう》である」からだと説かれています。いよいよ釈尊が涅槃に入られると知って嘆き悲しむ阿難に、「この諸行は壊法である。怠ることなく精進せよ」と説き教えられているのです。

人間の体も「つくられたもの」にほかなりませんから、私たちの肉体は、いつかは壊れてしまう。そういう人間の実存の姿を釈尊は見すえておられたわけです。

◆仏教教団を代表する弟子たち

〈舎利弗に従って、その入滅を見とどけた純陀は、舎利弗の形見の衣鉢《えはつ》を持って、釈尊が滞在されている祇園精舎に戻り着くと、まず侍者の阿難に舎利弗の死を告げ、「ここに舎利弗尊者の衣鉢を持参しました。どうぞ世尊に差し上げて頂きとうございます」と願い出たのでした。

舎利弗の死を知らされて阿難は嘆き悲しみ、純陀を伴って釈尊のもとにまかり出ました。その阿難に釈尊はこう話されたのでした。「阿難よ、嘆き悲しむことはない。この世に常住のものはなく、無常のものをとこしえにながらえさせることはできない。人の命は水の泡か霧のようにはかないものである。生あるものは、必ず死の終わりがあるのだ

そして、集まってきた比丘たちに向かって、「舎利弗は聡明で、計り知れないほどの智慧の持主であった。柔和で、争いごとを好まず、常に精進し、解脱を念じた上足であった」と、舎利弗の徳をほめたたえられたのでした〉

森　舎利弗尊者、目連尊者は、僧伽《サンガ》《そうぎゃ》の比丘や信者にも大きな影響を与えたお弟子だったようですね。

三枝　そのようです。修行の面でも、すばらしいものがありましたからね。

舎利弗と目連がアッサジによって導かれ、釈尊のもとを訪れてきたとき、釈尊は自分のところにやってくる二人の姿を見て、

「比丘たちよ。ここに二人の友がやって来る。目連と舎利弗だ。かれらはわたしの弟子の双璧となり、最上の修行僧となるであろう」と、弟子たちに語られているのです。

森　経典には「舎利弗は生母のごとく、目連は所生《こども》の養者のごとし」と書かれていますが、二人はお釈迦さまが予言されたとおりの、すぐれた比丘になったわけですね。

三枝　「梵行者《ぼんぎょうしゃ》の誘掖者《ゆうえきしゃ》（人を導く者）」とありますから、ただ導くのではなくて、母が子どもを、乳児から大人になるまで育てていくように、懇切に人々を導いていく力を具えた人材ということだったのでしょうね。

森　原始仏典では舎利弗尊者が登場してくる経典が多いようですね。

三枝　釈尊が法を説かれないときは舎利弗が代わりに法を説いています。舎利弗が釈尊の代わりをつとめて説法することも多かったようです。

それが大乗経典になりますと、やはり十大弟子の一人の須菩提《しゅぼだい》（スブーティ）が釈尊の代わりをつとめることが多くなってきます。須菩提も人気のあったお弟子のようで、精舎の寄進を受けたりしています。それに対して舎利弗は、大乗経典になりますと反対にやりこめられる場面が多くなってくるんです。特に『維摩経《ゆいまぎょう》』では維摩居士《こじ》にこてんこてんにやっつけられてしまっているわけですね。

舎利弗が文殊菩薩《もんじゅぼさつ》のあとについて維摩居士のところを訪れたところ、坐《すわ》る座がありません。で、どこに坐ったらよいかと考えていると、維摩居士が、「あなたは法を求めにこられたのか、それとも腰かける椅子《いす》を求めにこられたのか」と、辛辣な問いを浴びせます。そこで舎利弗が、

「もとより法のためにきたのであって、坐る椅子のためではありません」

と答えると、

「もし法を求める者であるのならば、あらゆる場所が法を求める場であろう」

と、法を求めることの意味を維摩居士が舎利弗にくわしく説明するんですね。

大乗経典でこのように舎利弗が扱われているのは、大乗経典の編者が舎利弗を小乗仏教の代表者とみなしていたためだと思われるのです。逆にいえば、それだけ舎利弗の存在が大きく見られ

ていたともいえるわけですね。

森　その舎利弗と目連が、お釈迦さまの涅槃を前にして亡くなってしまったのですから、阿難が嘆き悲しんだのも無理もないことですね。他のお弟子たちも大きなショックを受けたのでしょうね。

三枝　そうだと思いますが、残念ながら、当時は仏教教団としての組織も弱く、仏伝は釈尊を中心に書かれていますから、人々が舎利弗や目連の死にどんな反応を示したか分からないのですね。

◆特定の後継者を定められなかった釈尊

森　ご自分の代わりに舎利弗に説法をつとめさせることがおありになったということは、お釈迦さまは、舎利弗を自分の後継者と考えておられたのでしょうか。

三枝　私は、釈尊の教えの内容からいっても、釈尊は後継者をだれにしようというような考えはまったく持たれていなかっただろうと考えるのです。もちろん、釈尊は舎利弗に大きな期待は持たれていたでしょう。でも、それは修行者としての舎利弗に対する期待だったと思うのですね。釈尊が後継者をお決めにならなかったのも舎利弗が死んだからではなくて、釈尊自身に教団意識がなく、自分が指導者であるとか、中心人物であるとかいう意識が全然なかったからではないかと考えるんですね。

『法華経』の「方便品《ほうべんぼん》」に、三昧《さんまい》より起《た》った世尊が舎利弗に向かってこう説かれますね。

「仏の到達した智慧は甚《はなは》だ深く、際限がなく、多くの方便をもって、生あるものたちを教えてきた。仏の智慧の内容、すなわち諸法実相は如是相《にょぜそう》、如是性《にょぜしょう》、如是体《にょぜたい》、如是力《にょぜりき》、如是作《にょぜさ》、如是因《にょぜいん》、如是縁《にょぜえん》、如是果《にょぜか》、如是報《にょぜほう》、如是本末究竟等《にょぜほんまつくきょうとう》——の十如是《じゅうにょぜ》であるが、これはどんな賢者といえども知ることができない」

　すると、舎利弗が釈尊に、その奥深い法をぜひ説いて下さいと三たび懇願し、釈尊は、やっとその深遠な法を説こうと宣言されるわけです。

　これをみても分かるように、舎利弗が優秀な弟子であったことには相違はないのですが、釈尊と比べれば数段の違いがあるんですね。

　智慧第一とか、神通第一というのも、智慧や神通においては釈尊に匹敵するものを具えているということであって、全人格的に釈尊と同等のものを具えていたわけではないのです。

森　「〇〇第一」といわれるすぐれたお弟子が全員寄ってはじめてお釈迦さまと同格になれるわけですね。

三枝　それでいて釈尊は、自分が教団の指導者であるというような意識は持っておられない。最後の旅の途中、ヴェーサーリーで雨安居《うあんご》を過ごされたとき、釈尊は死ぬほどの激痛におそわれて、侍者の阿難は、釈尊がそのまま涅槃に入ってしまわれるのではないかと気が気でなく、何かをおうかがいしておこうと釈尊に最後の説法を懇願したのですが、そのとき釈尊は、こう説かれたんですね。

「阿難よ。このうえ、私に何を望むのか？　私は内外の区別なく、ことごとく法を説いた。完《まった》き人、ブッダの教えには何かを弟子に隠すような握《にぎ》り拳《こぶし》はないのだ。「私は僧伽の仲間を導くであろう」とか、あるいは「僧伽の仲間は私を頼っている」などと、思うことがない」

この教えからも分かるように、釈尊は特定の人にだけ法を説いて伝承してもらったり、特定の人のための集団を作ろうとされたりしたのではなく、すべての人に、自分が悟ったものをあますところなく説いていかれたんですね。

森　技芸の道などにおいて、よく師匠のめがねにかなった優秀な弟子にしか奥義を伝授しないということがありますが、お釈迦さまは、だれにでも、相手の機根に応じてあますところなく自分の悟られた真理の内容を伝えられ、法惜しみをして秘し隠されるようなことは一つもなかったわけですね。

三枝　そうなんです。そして、舎利弗や目連のような機根の高いお弟子は釈尊の人格に触れ、教えを聞くことによって悟りを開くことができたのですが、その後は、その法によって悟りを開いた自分自身を道しるべとしていけ、と教えられたのです。

私たち一人一人が〝釈尊の人格によって悟った自己〟を依《よ》りどころとしていかなければならないわけです。

◆自己の認識を教えている仏教

森　経典には、舎利弗、目連が亡くなって嘆き悲しむ阿難に対して、お釈迦さまが、「阿難よ、自らを洲《しま》とし、自らを依りどころとして他を依りどころとせず、法を洲とし、法を依りどころとして他を依りどころとするな」と説かれているものがありますね。

三枝　私は、この教えは、おそらく『涅槃経』の中で、師の釈尊の入滅を悲しむ阿難に釈尊が初めて説かれたものではないかと思うんですね。それを経典作者が、あとから偉大な弟子の舎利弗、目連の伝記の中に同じような内容の教えを盛り込んだのではなかったでしょうか。

森　なるほど、そうかもしれませんね。それで、この「自らを依りどころとせよ」という教えで強く感じさせられるのは、仏教とは個人の自覚、生き方というものを非常に重視している教えである、ということなんですが……。

三枝　宗教には、集団としての生き方を優先させているものもありますが、仏教はあくまでも個人を重視するのですね。個人が真に目覚めなければ集団は付和雷同の烏合《うごう》の衆《しゅう》の集まりになってしまう。集団を支えているのは個人の自覚である、と説くのです。

森　民主主義も、個人個人に自覚がなく、貪欲《とんよく》にとりつかれたものが暴走しだしたら、集団はどんな方向に引っ張っていかれてしまうか分かりませんからね。

三枝　国家が悪い、社会が悪い、組織が悪いとよくいいますが、個人個人が変わっていかなければ本質的には国家も意識社会も変わっていきませんね。

個人が自分のなすべきことを見いだし、その個人個人が他の人では代わることのできないものとなって初めて、生きがいも生まれてくるし、存在理由も出てくるわけです。

森　そうですね。けれども、その個人というものがまた始末の悪いものでして、うっかりしていると、自分でも気づかぬうちにエゴイズムに突っ走ってしまう。そこで、その危険を未然に抑制し、常に心が正しい方向を向いているように法を依りどころにする、つまり、法に照らしていくことが必要になってくるわけですね。

三枝　それは、自己というものが、すぐに執着を起こす自我になりやすいものだからだと思いますね。

私たちがこの世に生を受けるのも、自己のもつ因と数々の条件によるものですから、私たちの望みや願いに関係なく、生まれる時代、素質、環境などが決められてきます。

こうして生まれてきた私たち人間の体は、自分ではどうすることもできない部分を持っているのですが、私たちは、そのどうすることもできない自己に対して思うようにしたいと執着を起こします。

たとえば、身長の低いことで劣等感に陥る人がいますね。身長などは自分の体であっても、自分で変えることはできないにもかかわらず、もう少し背丈があったら、と執着を起こします。また、私たちは老いることを嫌い、苦しみますね。これも、自分の肉体が老、死に向かって一刻も休みなく変化しているのは食い止めることができないのにもかかわらず若いままでいたいと執着を起こすからです。

こうした、自分の思うとおりにならない自己に執着する自我の反省から生まれてきたのが無我なのです。ですから、無我は「自己が存在しない」と、自己そのものを否定するものではなく、ありのままの自己をよく認識し、自我を否定するものなのです。この真理を説いた教えが「諸法《しょほう》無我《むが》」の法門なのですね。

森　なるほど。道元禅師の『正法眼蔵《しょうぼうげんぞう》』の中に、「仏道をならふといふは自己をならふなり」という言葉がありますが、この場合の自己は自我でない自己のことですね、認識しなければならない自己でもあるわけですね。

そして、それに続く「自己をならふといふは自己をわするるなり」の、わすれなければならない自己が、自我の自己、否定されなければならない自己であるわけですね。

三枝　そうでしょうね。舎利弗や目連は、その真実の自己についての自覚、否定すべき自我への認識をはっきりと持っていて、常日ごろ自我を否定する修行、つまり無我の実践をしていた。だからこそ、釈尊の入滅以前に亡くなったのに「自らを依りどころとし、法を依りどころとせよ」という教えが、舎利弗、目連の死をあつかった経典に加えられることになったのではなかったかと思うのですよ。

森　お釈迦さまの教えがその無我の思想を柱とするものであるからこそ、お釈迦さまご自身、教団も後継者も超えたご態度だったのでしょうね。私たちも、舎利弗尊者、目連尊者のように自分というものの存在を凝視し、その自己への執われから起こってくる苦から目をそむけず、自己の認識を深めていけば、おのずと自己の生きるべき道が見えてくるはずですね。貴重なお話を頂きまして、ありがとうございました。

＊　四九六頁の九行目に、「……自己とは次第に老いていく存在であり、常に死に直面している存在……」とありますが、これを簡明なお経にしたのが、第九話の追記にある『一夜賢者経』です。

第二十七話

王舎城を後にして涅槃への最後の旅立ち

ゲスト——宮本正尊（東京大学名誉教授）

ゲスト
宮本正尊（みやもと・しょうそん）
一八九三年—一九八三年。新潟県に生まれる。東京大学文学部印度哲学科卒業、オックスフォード大学大学院に留学。Dr. Phil. 文学博士。東京大学教授などを歴任する。著書に『根本中と空』（第一書房）、『大乗と小乗』（八雲書店）、『明治仏教の思潮』（佼成出版社）ほか多数ある。

童子敬白

八十歳の年を迎えられた釈尊は、霊鷲山《りょうじゅせん》での説法を終えられたあと王舎城《おうしゃじょう》に下り、そこから北に向かって巡化の旅に立たれたが、それが、釈尊にとってついに最後の旅となったのだった。その旅の途次、ヴェーサーリーを後にされるとき〝象王のごとく〟全身をめぐらして名残りを惜しまれた釈尊……。それは、私たちに何か大いなるものを託される〝振り返り〟ではなかっただろうか。

◆人類の平和のための最後の遊行

〈霊鷲山で比丘《びく》たちに数々の説法をされた釈尊は、王舎城に下られると侍者の阿難《あなん》（アーナンダ）を促され、遊行の途につかれました。すでに八十歳を迎えられた釈尊の肉体は衰え、これが最後の遊行になるであろうことを決意されているさまが、ありありとうかがえました。その最後の遊行の足どりが、なぜか、生まれ故郷ルンビニーのある北方に向かっていたのです。

王舎城を後にされた釈尊は、ナーランダーを通ってパータリ村に入られました。そして、その地の人々に、戒を守ることによって得る功徳、逆に、戒を破ることによって失うものについての教え――「破戒の五失、持戒の五得」の説法をされた後、この地に要塞を築城するために訪れていたマガダ国のスニーダとヴァッサカーラという二人の大臣が申し出た食事の供養を受けられて、その席

で、

「このパータリ村が聖者の住む地、商業の中心地であるかぎり首都として栄えるであろうが、火と水の災いを呼び、内乱を起こすような者があるならば、この町もたちまち滅びるに至るであろう」

と、こんこんと説き聞かせられたのでした。

このパータリ村を後にされ、ガンジス河を渡られてヴァッジー国に入られた釈尊は、コーティ村、ナーディカ村を通られて首都ヴェーサーリー郊外のアンバパーリー林園に入られました。

この林園はヴェーサーリーの遊女アンバパーリーが所有しているものだったので、アンバパーリーはさっそく、釈尊に食事の供養を申し出ました。それを知ると、リッチャヴィ族の貴族たちも、負けじと釈尊に食事の供養を申し出たのですが、釈尊はその貴族たちの招待を断られて、先約のある遊女アンバパーリーの供養を喜んで受けられたのでした〉

森　政弘　舎利弗《しゃりほつ》と目連《もくれん》という高弟もすでになく、また、お釈迦さまに篤く帰依していたマガダ国のビンビサーラ王やコーサラ国のパセーナディ王なども、いまはこの世にない……。「この世は諸行無常である」と説き続けられてきたお釈迦さまご自身も、すでに八十歳という高齢に達しられて、最後の旅、涅槃《ねはん》の旅につかれるわけですね。
この、王舎城を出発されて入滅の地となるクシナーラーに至るまでの最後の旅の様子は、『涅《ね》槃経《はんぎょう》』によって、くわしく伝えられておりますね。

宮本正尊　釈尊のご生涯について語った仏伝は、悟りを開かれた最初のころのことについて記した『聖求経《しょうぐきょう》』という経典、『律蔵』の中の大品《だいほん》という僧伽《サンガ》（教団）の成立と発達を主として書かれた経典、そして、釈尊が初めて伝道教化なさった教理的な面を主に書かれた『初転法輪経《しょてんぽうりんきょう》』、それにさらに、最晩年の伝道旅行記ともいっていい『涅槃経』……主として、この四種類の経典によって伝えられているのです。

その『涅槃経』の中でもパーリ語原典による『大般涅槃経《だいはつ》』は、あらゆる困難を乗り越えて、生涯、利他行に徹してこられた釈尊のような偉大なおかたであっても、肉体を持つ身であるかぎり死はのがれられないものであることをハッキリと説き示しています。

ですから、この経典には、釈尊が老い、病み、苦しまれるご様子が、実にリアルに描かれているのですね。

森　たとえば、どんなところでございましょうか。

宮本　「さあアーナンダよ、私のために上衣を四重にして敷いてほしい。私は疲れた。私は座りたい」

と、釈尊が病後の疲れを訴えられる言葉がそのまま記されています。また、「さあ、アーナンダよ。私に水をもってきてほしい。私はのどが渇いている。アーナンダよ。私は水が飲みたいのだ」とおっしゃられて、アーナンダに水を汲《く》んでこさせたり、下痢《げり》をなすって苦しまれるご様子まで、まさに釈尊のお苦しみを目の当たりにするように描かれています。

森　その最後の旅で、お釈迦さまは、ご自分の故郷である釈迦国のカピラヴァッツをめざされたと言われますね。死を間近に感じとられたお釈迦さまのお気持ちの中に、故郷を慕われるものがおありになったんでしょうか。

宮本　その前に、まず釈尊がなぜ王舎城を出られたのかを考えてみなければならないと思うんですよ。

マガダ国は後にパータリプトラ（当時のパータリ村）に首都を移し、アショーカ王の時代にはインドを統一して、政治・経済・仏教文化の中心になった国です。釈尊がおられた当時も、おそらくインドで最も豊かな国だったでしょう。釈尊はなぜ、その国を離れて北に向かわれたのでしょうか。

当時、マガダ国王はビンビサーラ王から阿闍世《あじゃせ》（アジャータサットゥ）王に代わっていました。父のビンビサーラ王は釈尊に篤く帰依し、釈尊を供養し、保護していたことは、よく知られていますね。けれども、阿闍世王は、強力な軍隊で他国を制覇しようという、いわゆる覇権主義の王だったのです。その覇権主義について、釈尊は大胆に否定される説法をされておられるのですね。

それが、王舎城を出発される直前、阿闍世王がヴァッジー国を攻略したいと考えているのを心配して、マガダ国の大臣が釈尊にご意見をうかがいにきたとき、釈尊が霊鷲山でお説きになられたヴァッジー族の「七つの不退法」の説法なのです。

その中で釈尊は、人々が必ず会議をしてものごとを決める民主的な共同社会をつくり、婦女子をいたわり、篤い宗教心を持っている国は滅びることはない。そういう国を攻めるほうこそ滅びるのだ、とヴァッジー国に例をとって覇権主義の過ちを教えられたわけです。

森　最後の旅で、パータリ村へマガダ国の大臣が要塞を築きにきているのを見て教えられたのも、そのことだったわけですね。いくら要塞を築いても平和などありはしない。要塞は自分を守るものでなく、逆に自分を滅ぼすものだ。要塞の代わりに商業の町とすれば、豊かに平和に暮らせる、と教えられたのですね。

宮本　そのとおりなんです。ところが阿闍世王は覇権主義に縛りつけられている。しかも、阿闍世は釈尊に危害を加えたデーヴァダッタと組んで、そのデーヴァダッタの徒が勢力を張っている国になってしまっていたのです。釈尊がマガダ国を出られた一つの原因として、この覇権主義に対する考え方をはっきり示されるということがあったように思われるのです。

森　お釈迦さまのお立場からすれば、マガダ国を捨てて去られるということも、お慈悲の現れであるのでしょうね。『法華経』の如来寿量品《にょらいじゅりょうほん》に説かれている「良医《ろうい》の譬《たと》え」では、子どもが父親に突き放されて初めて、真剣に求める気持ちを起こし、父親の有り難さが分かってくるわけですね。

いまの社会では、親が子どもに手を掛けすぎて、かえって親に感謝もできない子どもを育ててしまっているんですが、ときには突き放すことも、気づかせ、成長させるために必要なことなのですね。本当の慈悲とは、どういうものであるか、お釈迦さまが、身をもって示されているように思うんです。

◆故郷へ向かわれる利他行の旅

宮本　それで、王舎城を出発された釈尊が、どこに向かわれたかですが、それについては、経典も書き遺していないのです。ですから、あくまでも推測になるのですが、釈尊が悟りを開かれてから入滅されるまでの四十五年間の年月の間にいちばん多く滞在されたのが舎衛城《しゃえじょう》の祇園精舎《ぎおんしょうじゃ》なのです。祇園精舎で十九回も雨安居《うあんご》を過ごしておられます。

よほど祇園精舎が気に入られていて、最後の旅としてそこへ向かわれたとも考えられるのですが、さらに釈尊の足どりをこまかにたどってみていくと、やはり、故郷に向かわれたのに違いない、と考えられるのですね。入滅の地のクシナーラーの先に、生まれ故郷のルンビニーがあるわけですから。

そこで、私は道元禅師、親鸞上人、日蓮上人といった鎌倉仏教の祖師がたのご最期が思い合わされるのです。これら日本の祖師上人がたも、晩年には、申し合わされたように、故郷に向かわれているのです。

日蓮上人は『立正安国論』を最明寺入道時頼に呈し、「日蓮は日本の大難を払い国を持つべき日本の柱なり。余を失ふならば、日本の柱を倒すなり」（『波木井殿御書』）と、信は篤く、修行は深く、そして師匠思いのかたでした。身延の山に入ってからは、思親閣から遠く故郷安房《あわ》の海辺に思いを馳《は》せ、孝心の薫《かおり》も篤かったのですが、身延入山七年目の弘安五年秋、身心の衰えを覚え、病の身を郷里で養いたいと身延の山を出られ、九月池上宗仲の館に宿り、病いよいよ重く、十月十三日入寂されたのです。六十一歳のときでした。道元禅師も永平の山を愛し、『大乗涅槃経』の「自未得度《じみとくど》、先度他《せんどた》」を本証妙修し、「草の庵《いお》に立ちても居ても祈ること、我より先に人をわたさむ」と覚悟しておられたのですが、建長五年七月に京都へ帰り、弟子覚念の館で療養につとめながら、八月二十八日入寂されています。五十四歳のときでした。

親鸞上人は二十九歳の年の春、法然上人のもとに入門し、「雑行《ぞうぎょう》をすてて本願に帰す」と入信の初心を表明されて、三十五歳のとき有名な承元の法難で師は土佐に、自分は越後の国府に遠流されたのですが、その後、関東を流浪すること二十年、『教行信証・真仏土・化身土』六巻をまとめられて、六十二歳ころ故郷の京都に帰り、五条西洞院あたりに仮居して弘長二年十一月二十八日、九十歳で入寂されています。

森　南極越冬隊の話ですが、たくさんの犬をつれて内陸を探険した帰り、もうすぐ昭和基地だという所で全部の犬を放したところ、犬たちはワーッと基地へ向かって走って行った。ところが、あとで点検してみると、一匹足りないんです。その一匹を手分けして探してみますと、その犬の足跡が、ずーっとまっすぐにある方向へ向かっていて、その先が雪で分からなくなってしまっている。その足跡が続く方向に地図をあてがって調べてみると、その犬の生まれ故郷の北海道へ向かっていたというのです。

人間と犬とを、ましてや偉大なご聖人さまと犬とを軽々しく同じに論じるわけにはいきませんが、しかし、人も動物も、ある決定的な瞬間にはひとりでに故郷に足が向くようにできているようですね。

宮本　釈尊は、お生まれになられてから、わずかな間にご生母のマーヤー夫人《ぶにん》と死別されましたね。それだけに一生涯、記憶にない生みの母親《みおや》を思慕され続けられたのだと思うのです。晩年になって身心の衰えを感じられ、死を感得されるようになったとき、その思いが深いところで釈尊を揺さぶって、自然と足が故郷に向かっていったのではなかったかと思うのです。

森　それと、お釈迦さまのこれまでの旅は、行く先々の人々に平安への道を説かれる利他行の旅だったわけですね。この最後の旅の場合も、もちろん単に故郷を目ざされただけでなく、すべての人に平和をもたらすための旅だったといえるように思うんですが。

宮本　同感です。先生のお言葉どおり、ご一生は利他行の永遠の旅であられたのですね。

マガダでお悟りを開かれた釈尊が、ベナレスの鹿野苑《ろくやおん》で五人の比丘たちに対して、王宮受楽（享楽）と勤苦《ごんく》六年（苦行）の生活体験を語られ、これら苦楽の二つの偏りを離れて、中道の悟りを開いて仏となられた（正覚仏陀）と教えられました。これが『初転法輪経』として、特に「如来によって説かれた経」と名づけられています。どのお経も如来によって説かれたものであるのに、この『初転法輪経』だけをそう呼んでいるわけは、そこに「仏陀の悟りの初心」が語られているからなんです。しかも、これに続いて釈尊は、五比丘に対して有名な「仏陀の伝道宣言」を説かれ、そのときから教団を挙げての伝道巡化が行なわれるわけです。「比丘らよ、〔各地に〕出かけよ。多くの人々の利益のため、多くの人々の幸福のため、世間の非愍《ひみん》のため、人・天の利行と利益のために、二人が同一処に行くことなかれ。初めも善く中も善く終わりも善く、義理と文句とを具足せる法を説け。そして一人でも多くの人々を悟りに導け」

そして、この伝道宣言どおり釈尊自ら、生涯、弘法《ぐほう》に徹してこられたわけです。釈尊の旅は世のため、人のため、世界人類の平和と幸福のための巡化の旅であるのですね。

◆遊女アンバパーリーへの慈悲

森　パータリ村からは、ガンジス河を渡られてヴァッジー国に入られるわけですね。

宮本　後になって、パータリ村から釈尊が出られた門を「ゴータマの門」、また、ガンジス河を渡られた渡し場を「ゴータマの渡し」とマガダ国の人々が名づけているのです。そうしたことからみて、覇権主義をとっていたマガダの人々にも、釈尊の教化力は次第に深く及んでいったと思えるのです。

森　マガダ国の阿闍世王を初めとして、大臣たちも、お釈迦さまの利他行に徹せられるご決意に胸打たれたのでしょうね。

それで、ヴァッジー国に入られたお釈迦さまは、この国の首都ヴェーサーリーの郊外のアンバパーリー林園で休息され、そこで遊女アンバパーリーの供養をうけられたのは有名な話でございますね。この国の貴族たちが供養を申し出たのに、先に約束したのだからとおっしゃられて、お釈迦さまはアンバパーリーの供養をうけられる。ここにも、すべての人に平等に慈悲をかけられるお釈迦さまのお姿が示されているように思うんです。

宮本　アンバパーリーは遊女だったんですが、ただの遊女ではなく、富裕で林などもたくさん持っており、教養も具《そな》えていました。吉川英治の『宮本武蔵』に吉野太夫という名妓が出てきますね、たとえてみれば、あのような遊女だったのでしょう。

蓮華王院で吉岡一門との果たし合いに打ち勝った武蔵は沢庵・光悦に連れられて六条柳町の扇屋で吉野太夫と会う。吉野太夫は白楽天の「琵琶行」を弾いて聞かせ、その四絃琴の胴を割って、微妙音が奏でられるのは胴を支えている横木の弛《ゆる》みと緊《しまり》がほどよく加減されているためであることをねんごろに教えて、これまで強いばかりの武蔵に、剣の道ばかりでなく、人生にとって強弱、緩急がいかに大切であるかに開眼させ、武蔵を文武両道の達人に導くのです。アンバパーリーもそんな遊女だったのでしょう。

経済的に恵まれ、大きな林園まで持っていて、その自分が所有している林園に釈尊がアーナンダを伴われてお休みになられていると知って、「ぜひ食事のご供養を申し上げて教えを説いて頂きたい」と願い出たんです。

ところが、それを知って土地の豪族たちが、「いくらでもお金を出すから、自分たちにその食事のご供養を譲ってほしい」とかけ合うんですが、アンバパーリーは、それをきっぱりと断るのです。「千万金積まれても、この仏さまのご招待だけはお譲りできない」と断るその言葉に、アンバパーリーの帰依の強さがよく表れていますね。

そこで、アンバパーリーに断られた豪族たちは、こんどは直接、釈尊のところにお願いに行きます。ところが釈尊は、「アンバパーリーと約束をしてあるので、私はその約束を守らなければならない」と豪族たちの供養の申し出を断られたんですね。ここに、宗教の本来のあり方、利他行というものの本質が示されていると思うのですよ。

社会を成り立たせる約束というものは、自分の都合で考えていくと成り立たなくなることがある。相手の立場に立って初めて成り立つんです。宗教が説く利他行なしに社会は成り立たないわけですね。

法然上人も、社会から卑しい存在とみられていた娼婦《しょうふ》のような女性に対して、自分が同じ立場に立って法を説いておられます。

森　自分と気心が合った人や、自分にとって都合のよい人を教化するのも利他行に違いありませんが、やはりお釈迦さまのように王族から遊女まで幅広い階層の人々、自分を憎み、害をなすものに対してまで平等に法を説くということが利他行の本質であるんでしょうね。それで初めて、生者とし生ける者の平安と安楽を願うという、伝道宣言が成就されるわけですね。

◆最後の雨安居で病に伏された釈尊

〈遊女アンバパーリーの供養をうけられて法を説かれた後、釈尊はヴェーサーリー郊外の竹林村で雨安居を過ごされることになりました。

ところが、この雨安居中に釈尊は死を思わせるような激痛に見舞われたのです。その痛みを耐えぬかれ、やがて病から回復されたのでしたが、釈尊の肉体はひどく衰弱してしまいました。そしてこのとき、釈尊は三か月後に涅槃に入ることを感じとられたのです。そして侍者アーナンダに向かって、「自分のなきあとは法を依りどころとせよ」と説かれたのでした。

こうして雨安居を終わられた釈尊は、ヴェーサーリーを出発されて次の予定地バンダ村をめざされたのですが、ヴェーサーリーを発たれるにあたって、象王が全身をゆっくりめぐらせて振り向くように、体ごと後ろを振り向かれ、「アーナンダよ。これは、わたしがヴェーサーリーを見る最後の眺めになるであろう」

と、名残り惜しそうに別れを告げられたのでした〉

森　ヴェーサーリーの郊外の竹林園でお釈迦さまは最後の雨安居に入られ、その雨安居の最中にご病気になられたわけですね。

宮本　釈尊のこの突然のご発病で、侍者のアーナンダは、「これでご最期なのではないか」と、最後の説法をお願いしたのです。そこで有名なご説法がありました。
「われは内外の区別をすることなく、ありのままに、法を説いてきた。アーナンダよ、如来の法には、弟子に隠し持っているような「教師の握りこぶし」はない。説くものはありのままに説いてきた。
されどアーナンダよ、われは老い衰えた。年もとり、老齢すでに八十に達した。たとえばアーナンダよ、古くなった車が革ひもの力で動くように、アーナンダよ、如来の体も革ひもの助けによって動いているのである」

森　死が近づいた肉体を持たれたお釈迦さまのお気持ちが、そのお言葉にじつによく表されていますね。
アーナンダは、お釈迦さまが入滅される前には、最後に重大な説法をされるのに違いないと期待していたのでしょうね。ところが、お釈迦さまは、「私は、すでにすべて説いてきて、隠し持っている教えなどはない」と言い切られるわけですね。

宮本　「教師の握りこぶし」とは、まだ教えていない、奥義のことですね。けれども釈尊の場合は、最初から内も外もなく、すべて説き尽くして、隠し持っている奥義などというものはなかったんです。すべてが平等一味であられたのです。そしてこの世の生きとし生けるものを平安に導くことに生涯をかけてこられた。釈尊は、サンガ教団は和合衆そのものであり、教えるものと教えを聞くものといった分け隔てなどなく、永遠の同行・同衆であることを示されました。だから説法も法爾自然《ほうにじねん》であったのですね。

森　人間、ともすると自分が苦労して得たものを、そうたやすく人に与えてたまるもんか、という法惜しみの気持ちが起きやすいものですが、それは情報についての慳貪《けんどん》の心なのですね。それを法施《ほうせ》という布施に転じて、どんどん人さまに差し上げれば、よい情報が水の流れのように社会をうるおし、自分にもまた、次から次へ新しい知識がわき出してくるんですね。

宮本　利他行とは自他の区分けをしてはいけないということなのです。釈尊はその民主平等の精神をつらぬかれたのですね。仏教のサンガ「和合衆《わごうしゅ》」と言われてきたことはまったく有り難いことなのです。

◆法の中に生き続ける釈尊の慈悲

森　お釈迦さまが最後にアーナンダに説かれたのは、自分がいなくなったあと何を依りどころとすべきか、ということだったわけですが、それが「自燈明・法燈明」の教えだったのですね。

宮本　そのとおりです。

「それでアーナンダよ、ここで自らを燈明とし、自らを依りどころにして住せよ。他人を依りどころとするな。法を燈明とし、法を依りどころとして住せよ、他を依りどころとするな」

自燈明とは、無我のままなる自己の光に尊さがあるという教えです。無我になって初めて自己の光が出るからです。法燈明の法とは、真理または秩序で、スペース時代の今日では、大自然の秩序といってもいいかもしれません。自己の光に社会的、客観的真理という光が伴っているところに、この教えの妙味があるのですね。

　現代人は何かというと、他に責任を転化してしまう人が多いのですが、自燈明は、自主性を強調しているのです。

森　無我になるためには、法を依りどころとし、法に依ったとき無我になりうるわけですが、法にそって自分の足で歩くことを教えて下さったわけですね。さきほどの故郷へひとりでに足が向くという話のように、われわれは法の大船に乗って生かされているわけですが、そのことを自覚し、日々の生活一切を法に沿うよう努力する、そこに、ほんとうの意味の主体性があるわけですね。

　お釈迦さまが、命がけの修行によって悟られたその法によって、私たちは、すべての人が必ず平安に至れる道を自分のものとすることができているわけですね。

宮本　入涅槃を前にして、肉体の疲労と苦しみの中にあられた釈尊が、このような「自燈明・法燈明」の教えをお説きになられ、そしてヴェーサーリーを去られるときのお姿に仏の永遠なるお慈悲がそのまま現れていると私は思うのです。『涅槃経』には次のように説かれています。

「ここに世尊は早朝に下衣を整え、衣鉢《えはつ》を取ってヴェーサーリーに托鉢《たくはつ》された。

　ヴェーサーリーに托鉢して帰り、食を終えられた世尊は、象王が全身をめぐらし眺めるように、ヴェーサーリーを眺めて、尊者アーナンダに告げられた。

「アーナンダよ、これは如来がヴェーサーリーを見る最後の眺めとなろう。さあ、アーナンダよ、バンダ村へ行こう」」

パーリ語の経典の「象王が全身をめぐらし眺めるように」ということろを、漢訳では「象王回首《ぞうおうかいしゅ》」としています。この「象王回首」という言葉が特に心に残るのですね。

インドでは象は動物の王なのです。象は首だけ曲げて振り向くことはできませんね。後ろを振り返るのには、体ごと、ぐるりと回さなくてはなりません。そのように釈尊も全身でヴェーサーリーの町を振り返られて別れを告げられた。

私は、このとき釈尊が振り返られ、別れを告げられたのは、ヴェーサーリーの町の人々だけだったのではなく、この世の生きとし生ける者すべて、二千五百年後の私たちも含めたすべてに対して「仏ごころ」をもって振り返り、見守って下さったのだと思うのです。それが利他行に徹し切られた釈尊の「象王回首」だと、読ませて頂いているのです。

森 それが『法華経』如来寿量品《にょらいじゅりょうほん》の「実には滅度せずして常に此《ここ》に住して法を説く」というお言葉に繋がっているわけですね。肉体はなくなっても、自分はいつもおまえたちのかたわらで法を説いてるのだぞ、とお釈迦さまは永遠に語りかけておられる。そして、「今此《こ》の三界は皆是《こ》れ我が有《う》なり、其《そ》の中の衆生は悉《ことごと》く是《こ》れ吾《わ》が子なり、而《しか》も今此《こ》の処《ところ》は諸《もろもろ》の患難《げんなん》多し、唯《ただ》我一人のみ能《よ》く救護《くご》を為す」と慈悲のご守護を下さっている……。

宮本 「私は未来永劫に向かって、生きとし生ける者に向かって振り向いている。みんなを見守り、思っているのだよ」という呼びかけですね。私には、その釈尊のお声が聞こえてくる思いがするのです。有り難くて思わず手が合わさるのです。

森　そのお釈迦さまの大慈悲を全身に受けている私たちであることに気づくことが、救われの第一歩であるんですね。貴重なお話をうかがわせて頂きまして、ありがとうございました。

＊　五二四頁の最終行から五二五頁の四行目に渡って、「自」の字がいくつも使われていますが、仏典で「自」の字に会った時、この「自」の字には、正反対の二つの意味があるので、そのどちらを現しているのかを間違えないように注意する必要があると思います。即ち、

・無我の自己を現した「自」

・エゴの自己を現した「自」

です。

第二十八話
八十歳のご生涯に人類の平和の教えを説き続けられた偉大な師の涅槃

ゲスト——宮本正尊（東京大学名誉教授）

童子敬白

いよいよクシナーラーの地での釈尊の入滅のときがきた。釈尊との別れを嘆き悲しむ比丘《びく》たちに、釈尊は「諸行は壊法《えほう》なり。不放逸《ふほういつ》によりて精進せよ」と、最後の教えを遺されたのだったが、このお言葉こそ、釈尊ご自身が、カピラ城を出て出家をされてから、五十一年間歩み続けてこられたお姿を示されたものであった。

◆最後の食事を供養したチュンダ

〈ヴェーサーリーの町に名残り惜しそうに別れを告げられた釈尊は、また、ご自分のふるさと釈迦国のある北方を目ざして旅を続けられました。そして、バンダ村、ハッティ村、アンバ村、ジャンブ村、ボーガ城を経てマッラー国のパーヴァーの町に着かれ、マンゴー林に入られたのです。

そのマンゴー林は鍛冶屋のチュンダが所有していたもので、チュンダは、自分の林園に釈尊がご滞在になられていることを知ると、さっそくマンゴー林に釈尊をお訪ねし、食事の供養を申し出ました。そのチュンダの供養を快く受けられた釈尊は、チュンダの家を辞されたあとクシナーラーに向かわれたのですが、その途中、チュンダがご供養した食物にあたって激しい下痢《げり》を起こされました。

繰り返して起こる下痢によるノドの渇きをいやされるため、釈尊は、とある樹の下で休まれていましたが、そこへマッラー族のプックサという商人が通りかかりました。

プックサは、激しい病の中にあられながらも寂静《じゃくじょう》の心を失われない釈尊の崇高なお姿にうたれ、釈尊に教えを説いて下さるように願い出て、その場で釈尊に帰依し、釈尊にやわらかな絹の衣をささげたのでした。そのプックサがささげた衣を、釈尊はその場で身に着けられました。すると、釈尊の体が黄金色に輝きわたって見えたのです。

そのあまりにも不思議な光景に、アーナンダが釈尊にそのわけをお尋ねしました。すると釈尊は、「私は、今夜半、クシナーラーのサーラ双樹の下で涅槃《ねはん》に入るであろう」と入滅を予告されたのです……〉

宮本正尊　チュンダの職業は鍛冶屋といわれていますが、パーリ語ではカンマーラと記されていまして、このカンマーラというのは、金・銀の細工人、鉄や銅の鍛冶工をふくめたものを指しておりました。これらの職業の人たちは、当時のインド社会のカーストでは身分の低い者としていやしめられてきたのですが、その人々が次第に財力をつけてきて、新しい精神的な指導者を求めるようになってきていたんですね。チュンダも、そうした一人であったのでしょう。

森　政弘　チュンダがお釈迦さまに供養したのは、どんな食物だったのでしょうか。いろいろに言われているようですが……。

宮本　スーカラマッダワと言われる食物なんですが、それは野豚のやわらかな肉だという説と、キノコであるという二つの説があって、どちらともはっきりしません。

森　さきの雨安居《うあんご》の折に腹痛を起こされた直後のことでもあり、旅のお疲れも積もって、お釈迦さまのお体は、かなり弱っておられたんでしょうね。

宮本　消化不良から疫痢《えきり》の軽いものにかかられたのではないでしょうか。侍者のアーナンダに「ノドが渇いた、水がほしい」と、水を求めてくるようにお望みになられておりますから、脱水症状も起こされていたのでしょう。

釈尊が水をお求めになられるくだりなど、経典を読んでおりましても、身につまされる思いがします。

森　そして、アーナンダに向かって、ご自分がその晩に入滅されることを告げられるんですね。

宮本　そのとき釈尊は、チュンダが供養してくれた食物にあたって自分が入滅してしまったということになれば、チュンダが生涯、悔い悲しむであろう、人々から中傷されるようなことも起こるかもしれない、と気遣われて、アーナンダに、こう言い遺されるのですね。

「チュンダの供養がもとで私が入滅したのだといって、チュンダに悔《くや》みの心を起こさせる者があるかもしれないが、仏の成道の時の最初の供養と、入滅前の最後の供養が、あらゆる供養の中で最上のものであり、最大の功徳があるのだよ」

病の苦痛のなかにありながらも、チュンダへのいたわりのお言葉を述べられておられるのですね。

森　そのことを、お釈迦さまはちゃんとお見透しになられ、温かいお心遣いを示されたんですね。一方では七不退法の教えで、国の平和というような大きな問題について説かれ、その半面で、一人一人の信者や弟子に対して細やかな心配りをなされる……お釈迦さまのお心の幅の広さを教えられますね。

宮本　そうなんです。「今夜、私は入滅する」と釈尊から言い渡されて悲しみに嘆くアーナンダをも、釈尊は瀕死《ひんし》の床で逆に励ましておられるのです。

◆釈尊の最後の弟子となったスバッダ

〈カクッター河で沐浴《もくよく》し、水を飲まれて身を清められた釈尊は、クシナーラーのヒランニャヴァティー河のほとりのサーラ双樹の下に床を敷いてもらい、頭を北に向け、右わきを下にし、両足を重ねて静かに横たわられました。

そして、釈尊の入滅がいよいよ間近に迫ってきたことを嘆き悲しむアーナンダに、釈尊は最後の教えを、こう説かれたのでした。

「アーナンダよ、悲しむことはない。わたしはかってこのように説いたではないか。すべての愛するもの、好むものからも別れ、離れ、異なるに至るということを。すべて作られて存するものは必ず滅するのである。アーナンダよ。そなたはわたしによくつくしてくれた。なおいっそう励むがよい。すみやかに悟りに至るであろう」

そう諭《さと》されたあと、偉大なる師・釈尊はアーナンダに、今夜半に如来が涅槃に入ることをクシナーラーのマッラー族の人々に対して告げに行かせたのでした。

アーナンダから釈尊の入滅のときがきたことを知らされたマッラー族の人々は、次から次へとサーラ双樹の釈尊のもとに集まり、一人一人、悲しみを抑えて釈尊にお別れの挨拶をしたのでした……〉

森　お釈迦さまに最後のお別れをしようと集まってきたそのマッラー族の人々のなかにスバッダという遊行者がいて、釈尊に教えを頂きたいと願い出たのですね。

宮本　釈尊のお体を気遣って、アーナンダはスバッダの申し出を三度も断るんですよ。それでもスバッダは「釈尊の最後の一句が頂きたい」と言って引き下がらない。それを見て釈尊が「よろしい。スバッダに法を説こう」と自ら申し出られるのです。そこで釈尊がスバッダに説かれた教えが、次の教えなのです。

「スバッダよ、わたしは二十九歳にして善を求めて出家した。わたしは出家してすでに五十一年、つねに真理と法の境地のみを歩いた。このほかに修行者〔の道〕はない」

ここで釈尊は、聖求《しょうぐ》、善求《ぜんぐ》、入涅槃《にゅうねはん》という仏道の一貫性を、はっきりと示しておられます。スバッダに説かれた教えの中での「善を求めて出家した」というお言葉は非常に大切なお言葉の一つで、『聖求経』のなかにも見られるのですが、スバッダにおっしゃられたときは涅槃に入る覚悟をされているわけですから、特に光を放っているように感じられますね。

森　その果てしもなく「善を求められる」歩みの現れが、チュンダへの心遣いとなり、スバッダへの説法となったともいえますね。

宮本　はい。釈尊は、釈尊のもとに集まった弟子たちにも、「何かわたしに聞いておくことはないか」と念を押されたあと、最後に、あの有名なお言葉を遺されるのです。

「比丘らよ、わたしはおまえたちに告げよう。すべての現象は生滅するものである。怠らずに精進せよ」

釈尊ご自身、入滅なさるまで無我の菩薩行《ぼさつぎょう》に徹し切られたわけです。その無我を行じる中に、私たちの平和の実践があるといっていいでしょう。

◆大自然も供養した釈尊の般涅槃

〈比丘たちへの最後の説法を終えられた釈尊は、アヌルッダ、アーナンダなどの比丘たちが見守るなかで禅定《ぜんじょう》に入られました。

釈尊が横たわられたかたわらにはサーラ双樹が立ち並んでいましたが、その木々に、にわかに見事な花が咲き競い、その花びらが、釈尊を供養するかのように釈尊のお体に降り注ぎました。その中で最高の禅定の境地に入られた釈尊は、そのまま静かに涅槃に入っていかれたのでした。
釈尊が入滅されると同時に地が震動し、鳴りひびきました。
クシナーラーのマッラー族の族長らによってささげられたあらゆる香と花飾りが、釈尊の遺体を飾り、七日の間供養されたのでした〉

森　お釈迦さまが八十年のご生涯を閉じられるとき、ときならずサーラ双樹の花が咲き、地が震動した、と経典には書かれていますが、偉大な聖者の死を、自然もともに供養申し上げたのでしょうね。

宮本　原始経典にはこうした不可思議な情景はあまり出てきませんが、『法華経』など大乗経典には、神変や不可思議な話がたくさん出てきます。そのなかには、私どもがよく理解できないことも多いのですが、新宗教の教団は、そこのところを上手に、納得いくように説かれていて、いつも感心するんです。信仰は、神変とか不可思議な形で示すことも必要ですし、また、それを人々に納得させる知恵も大切なことなんですね。

森　お釈迦さまのご入滅を見守られたお弟子の比丘たちは、どんな人たちだったのでしょうか。

宮本　何人くらいの弟子に見守られたかは、経典には、はっきり示されておりません。アヌルッダとアーナンダの名前は出てきますから間違いないのですが、その他の人のことは分かりません。

ただ大迦葉《だいかしょう》は、パーヴァーの町からクシナーラーへ向かう途中でアージーヴィカ教徒から釈尊のご入滅を聞き、急いでクシナーラーへ駆けつけています。クシナーラーでは、釈尊が入滅されてもう七日も経ったので、マッラー族の族長たちが荼毘《だび》に付そうとするのですが、どうしても薪《まき》に火がつかない。そこへ駆けつけた大迦葉が火を付けたら、薪がたちまち燃え上がった、と伝えられています。

森　お釈迦さまの入涅槃は、深い禅定に入られて、そこから入滅に至られるわけですね。

宮本　禅定は、初禅《しょぜん》から入って、第二禅、第三禅、第四禅と、その境地を次第に高めていくのですが、釈尊が入滅されるときは、この四禅までの往復を繰り返されて、最後に四禅から涅槃に入られていかれたのです。これは瞑想の世界なのですが、その境地がすでに涅槃の境地なのですね。そして、その涅槃の境地のまま入滅された。

そういうご入滅ですから、それがそのまま、『法華経』の永遠の生命に繋がっていくのですね。

◆原住民の安らぎの境地から育った涅槃

〈釈尊の遺骨は諸地方の国王や有力者の申し出によって八等分され、クシナーラーのマッラー族、マガダ国の阿闍世王、ヴェーサーリーのリッチャヴィ族、カピラ城の釈迦族、アッラカッパのブリ族、ラーマガーマのコーリャ族、ヴェータ島のバラモン、そして、パーヴァーのマッラー族に、それぞれ分け与えられました。
これらの遺骨や遺品を受けた国王や有力者たちは、それぞれの地に塔を建ててそこに納め、釈尊の遺徳を偲んだのでした〉

森　お釈迦さまが入滅されたことを入涅槃と申しますが、涅槃とは、どういう境地のことなんでしょうか。

宮本　涅槃という言葉は入滅のときだけに使われるのではありません。釈尊が成道されたときに到達された境地も涅槃なのです。

森　成道といいますと、解脱という言葉も使われますね。

宮本　そのとおりです。もっとも「成道の悟り」としては、解脱だけでは足りないのです。「解脱と涅槃」の交流・融一・育成のうちに、悟りが実るからです。もと解脱は「身心の束縛から脱した自由」を意味していますが、そこに身心のすがすがしさ、安らぎの境地が出てくるようにならないと、自由の効能も、人生的よさもないいんです。

最初、いまの欧米人と同種族のアリアン（アーリヤ）民族がインドに侵入し、勝利者となり統治者となって、アリアン民族の生活共同体を打ち建て、それを「アリアン中国」〝マドゥヤ・デエシャ〟と名づけました。しかし、それが四姓《ししょうせい》制のカーストの自縄自縛に陥ることにもなるのです。やがてインド中央部に進出するとともに、数限りない原住民に取り囲まれるようになり、アリアン中国のナショナリズムでは役に立たなくなりました。そこに「共に住み、他と共に働いて生きて行く和合的なユニヴァーサリズムの開かれた社会」が必要とされる一転機が訪れたわけです。そして、解脱も大きく豊かな成長を遂げて本当の解脱らしくなったのです。

森　アメリカ大陸に自由の新天地を求めた、アメリカ人の祖先のパイオニア精神と似ていますね。

宮本　たいへんよく似ています。けれども、一つ違うところは、インドにもアメリカにも、それまでその地に住んでいた原住民がいたわけですが、アリアン民族のほうはその原住民と共同体をつくり、原住民の持っていた思想を吸収して開拓者精神の解脱思想をより高いものに発展させていきました。それに対して、アメリカ人は原住民のインディアンを排斥し、圧迫しました。そのうえ新たに、労働力としてアフリカから黒人を連れてきたのです。しかも、その黒人奴隷とも共同体をつくろうとしなかったのですね。そのためにアメリカのパイオニア精神は、それ以上に育つことができなかったのですが、インドではパイオニア精神、勝利者の開拓自由を解脱の精神にまで昇華させることができたわけですね。

それと同時にインドの原住民たちは、暑熱のインドの地で火が消えたような涼しさ、洞窟に入ったような涼しさ、そういう気持ちのよい安穏の境地を身につけていました。それが涅槃なのです。そうしてこの涅槃が解脱の精神をも収めとり、豊かに育て上げる基盤となったのです。

このように釈尊によって初めて得られた悟りの涅槃の境地の原形は、実はインドの土着の原住民が持っていたものなのですね。こうした涅槃のことは、釈尊当時のインド思想界の見取り図である『六十二見経』という経典に「五種の現法涅槃《げんぼうねはん》」としてまとめられています。

この現法涅槃とは、日常現実の生活の中での涅槃の意味です。その第一が感覚の欲楽に基づくものです。「あなたの楽しみは何か」と日本の古老に聞いてみると、「汗をかいて、一風呂浴びて、湯上がりの一杯機嫌。これはたまらんですよ」と答えるんですが、これは、まさに第一の現法涅槃といっていいでしょう。

残りの四つは、初禅・二禅・三禅・四禅の世界です。釈尊がご入滅の時はこの四禅から入られた、と記されています。禅定で呼吸が整えられ、静かな境地に入ります。今日、禅が世界的に実践されているルーツが、ここにあるといっていいでしょう。

森　いってみれば、現代人は、その現法涅槃の第一段階だけを求めて、次の階段に高まろうとしないわけですね。

宮本　そのとおりで、それでは本当の安穏の境地には達しられませんね。

釈尊がアリアン民族であられたかどうかは別にして、釈尊がアリアン文化のなかで育たれたことは事実でしょう。ですから、釈尊はアリアン民族の伝統を受け継いで解脱を求め、さらに涅槃を体解されました。解脱が自由であるのに対して涅槃は安穏の境地といわれています。

◆共同体を作るのに欠かせぬ中道

宮本　釈尊はブッダガヤーの菩提樹下《ぼだいじゅげ》で、解脱の境地を開発し、無上安穏の涅槃を身証され、正覚者仏陀となられました。この悟りの核心であり、ルーツそのものであるのが中道なんです。ですから中道というものには、右と左のまん中とか、右寄りの中道、左寄りの中道などというものはありえないのです。それらは、「中間」というほどのことを、「中道々々」といっているわけですね。

　対立する二つのイデアの、二つの極端に執われないで、その実、そのものを豊かに育てる主体的実践が中道なんです。この中道の原初型は釈尊の菩提樹下のお悟り、苦・楽の二辺に執われずに中道を悟られた「その苦楽の中道」なんです。その苦行も、その享楽も、釈尊が親しくその身心で味わわれた生活体験から生まれたものなのですね。有・無の中道、断・常の中道などいろいろありますが、釈尊仏陀の悟りの生活体験そのものであるのが、ただ一つ、この「苦・楽の中道」だけであることを銘記しなければならないと思うんです。

　釈尊が王宮での生活を送られていた時代、「一人息子に出家してしまわれては……」と、周囲の人々が、たくさんの若い女性を侍《はべ》らせる享楽生活のうちに、王子を置いたわけです。思いますのに、そうした生活にお疲れになって釈尊は出家・求道の道をお選びになったのでしょうね。そうして出家されると、こんどは勤苦六年、人一倍の苦行生活に入られました。けれども、この長い苦行も悟りのための効果がないことを見極められると、牧女のささげる乳糜《にゅうび》を召し上がって体力をつけられ、菩提樹下で一座不動の行に入られたわけです。それは、苦・楽の極端の生活は捨てられながら、苦・楽の実のあるところは育み収めて身につけられたことであって、それが悟りの生活になったのですね。

このような「悟りの主体的な中道実践」こそ釈尊の生涯の実力であったでしょう。アリアン民族と原住民との融和に大きな役割を果たしたのも、こうした中道の仏教真実でしょう。実際のところ、今日の世界人類にとっても、こうした中道実践がいちばん必要なのではないでしょうか。

森　アメリカには、そうしたお釈迦さまのような中道を説く人が現れなかったために、原住民との共同体ができなかったわけですね。

それは現代社会においても非常に大切なことですね。日本は現在、世界の各国と深い経済関係を持っていますが、ややもすると、わが国の利益、わが社の利益の追求だけに走って、相手国の立場、相手の国民感情を考えようとしない。そういう、他者との融和を無視した行き方をしていけば、いずれは世界の国々から締め出され、孤立してしまうしかありません。ですから、中道思想の実践は、人類が平和に共存していく上で、どうしても不可欠になってくるわけですね。

お釈迦さまが入滅されるとき、「怠らず精進せよ」と言い遺されたのも、お釈迦さまご自身が、自ら入滅されるまで怠らずに精進されてきた中道を、みんなが行じていかなければならない、と教えられたのだと思うのです。

宮本　釈尊が自己の生活体験である中道の悟りをお説きになった「最初説法」（初転法輪経）では、その中道は「八正道中道」であるといっておられます。

八正道はご承知のとおり、正見《しょうけん》、正思《しょうし》、正語《しょうご》、正業《しょうごう》、正命《しょうみょう》、正精進《しょうしょうじん》、正念《しょうねん》、正定《しょうじょう》の八つですが、これは大きく三つのグループに分けることができます。一つは正見、正思を一つにした〝正しい思想〟です。もう一つは、正語、正業、正命、正精進を一つにした〝励みのある健全な生活経営〟。そして、正念、正定を一つにした〝正しい宗教〟です。この〝正しい思想〟と〝正しい宗教〟を両翼として、〝励みのある健全な生活経営〟を推進していってこそ、全体のバランスがとれた、主体的な中道実践となるのです。

このうちでも、釈尊を悟りに導いたのは正精進であると思うのですが、その正精進とは、ジャータカ（本生経《ほんじょうきょう》）菩薩の菩薩行そのものであったことに気がつけば、思い半ばに過ぎますね。

◆平和を育てる「解脱と涅槃の三原則」

森　現代人にとっていちばん問われているものが、その〝正しい思想〟と〝正しい宗教〟ですね。

宮本　そのとおりです。正念、正定として示されている〝正しい宗教〟というのは、夕べに念仏、朝に法華経といわれますように、昼夜朝暮に報恩感謝の気持ちをもって日々を過ごし、坐禅三昧《ざぜんざんまい》によって身心学道することが大事です。

森　わたしも最近、毎日読経するように心掛けておりますが、読経は生理学的な呼吸法にもかなっているんですね。

たとえば、自動車の運転手を生理的、人間工学的に検査してみますと、疲労が募ってくると、視野がぐんぐんと狭くなってくる。そこで、一で深く息を吸い、二、三、四で静かに息を吐くという腹式呼吸法で呼吸を整えますと、再び視野が広がってくるんです。

また、読経や坐禅を始めるようになってから、学生の指導や研究テーマの選び方にも確信が持てるようになってきました。そのわけを考えてみたのですが、私たちは客観と主観の世界に住んでいながら、主観で見ていることを忘れて、それを絶対の客観であるかのように思い込み、周囲の条件ばかり整えようとしがちであるためだ、と分かってきたのです。

たとえば白い紙に文字を清書するのも、子どもがいたずら書きをするのも、客観で見れば、白紙に鉛筆の跡がつけられたにすぎないのに、自分にとって好ましい状態ならば「書いた」といい、好ましくなければ、「汚した」という。

もともと、無記《むき》の存在のものに善悪の区別をつけるのが人間の主観なんですが、読経や坐禅は、この主観を整え、正しい判断を与えてくれるんですね。そのために自分の行動に確信が持てるようになったんではないか、と考えたのですけども……。

「八正道中道」というのも、この客観の世界と主観の世界のバランスをとって、調和した世界を開いていくものでしょうね。

宮本　おっしゃられるとおりです。中道は、おそらく単一民族のナショナリズムからは生まれてこなかったと思うのです。アリアン民族と原住民との複合民族によってはじめて生まれ育ってきたといえましょう。

その中道のまとめによって、アリアン的な「自由のための解脱」が「平和の涅槃」の中に吸収され、涅槃と融け合っていったんです。自由だけでは真の平和はない。自由から安らぎの世界に入ってはじめて真の平和が約束されるわけです。けれども、その涅槃の平和にとどまっていると、それが単なる理想的な境地として存在するだけで、日常生活への転換ができなくなってしまうんですね。

そこで「涅槃の平和」から、もう一度現実に立ち戻って「解脱の自由」を育て上げていくことが必要になるんです。それではじめて現実と悟りの理想が結びつく。そこのところにこそ、ほんとうの平和があるんです。そしてその結びつきの原動力が中道なんです。私はこの働きを「解脱と涅槃の三原則」といっているのですよ。

森　お釈迦さまの悟りは平和の悟りであったわけですね。私はエンジニアございますが、技術開発というものも、この解脱と涅槃との関係とそっくり同じ過程を踏んで進んでいくんです。

技術開発の第一歩は自在発想です。どのようなものが作りたいか、どのようにして実現させるか、まさにパイオニア精神で、これは解脱への努力と言えましょう。そうして新しいものが実現する。すると次には、それを人間社会に調和させる努力が必要になり、それによってそのものが人間社会に溶け込むわけです。これが涅槃の段階とも言えるかもしれません。いわば技術世界での解脱から涅槃への道ですね。

そして、その調和の状態からいずれ胎動が生じて、また次の技術開発が必要になるんですが、これが涅槃から解脱への方向です。技術というものを深く考えれば、解脱即涅槃・涅槃即解脱ということがよくわかるんですね。

解脱と涅槃を絶えず循環させて平和をもたらすためには、怠らずに精進していくことがどうしても欠かせないわけなんですね。だからこそ、お釈迦さまは入滅されるまで、ひたすら無我の菩薩道を歩み続けられたわけですね。

宮本 日本の宗教者の方々が平和のために実践されておられるのも、平和が怠らず精進することの中にあるからなのですね。

森 二月十五日のお釈迦さまの涅槃会を、私たちは、八十歳のご生涯をとおして、平和への実践に徹しられ、その姿をもって私どもの進むべき道をお示し下さった釈尊の教えをかみしめる日としなければならないのですね。

＊ 五四一頁の三行目より五行目に渡って、「中道」のことが話されていますが、第八話の追記と共に、味わわれれば、一層「中道」への理解が深まると思います。

第二十九話

国境を越え、時代を超えて、生きとし生ける者へ救いをもたらす釈尊の教え

ゲスト――中村　元（東京大学名誉教授）

ゲスト
中村　元（なかむら・はじめ）
一九一二年―一九九九年。島根県に生まれる。東京大学文学部印度哲学科卒業。文学博士。東京大学教授、東方研究会理事長、東方学院学院長などを歴任する。著書に『初期ヴェーダーンタ哲学史（全五巻）』（岩波書店）、『決定版中村元選集（全四十巻）』（春秋社）ほか多数ある。

童子敬白

釈尊によって二千五百年前にインドで説かれた仏教が、数知れぬ人々によって受け継がれ、説き広められて、現代を救い、現代を蘇らせる宗教として世界中の人々から注目されている。

インドに生まれた一つの宗教が、どうして国境や民族を超え、時代を超えて広まり、世界中の人々の心を惹きつけずにはおかない宗教となりえたのか。仏教の教えの要、釈尊の魅力とは何だったのだろうか……。

◇相手が納得できるように説く教え

森　政弘　さまざまな先生方について、ルンビニー園でのご生誕からクシナーラーで涅槃《ねはん》に入られるまでのお釈迦さまの八十年のご生涯をお訪ねしながら学んでまいりましたが、その多くの善知識のお話から、お釈迦さまについて、こう感じさせられたのです。

お釈迦さまは私どもの及びもつかぬような偉大な徳を具《そな》えられた大人格者であられながら、同時に、とても親しみやすいお人柄のお方ではなかっただろうか……。

私自身、そのようなお釈迦さまのイメージから、さらに帰依の念を深めさせられたのですが、そこで、長い連載の最終回としまして、中村先生に、お釈迦さまのご生涯をもういちど振り返って、その人格、教えについてまとめをお願いしたいと思うのです。

中村 元　はい。そのことについて申し上げます前に、いったい、釈尊というお方は歴史的に実在されたお方であったかどうか、ということについて、ちょっと話させて頂きたいと思います。

信仰者にとってはそのようなことは問題外のことだと思うのですが、西洋の学者の間では、仏陀伝は〝天文神話〟の転化したものではないか、といった議論がなされたことがありました。釈尊が疑いもなく歴史的に実在されたお方であることを申し上げておくのも意味のないことではないと思うのです。

釈尊の歴史的実在性を証明するものの一つは、釈尊が涅槃に入られる最後の旅路について記している『大般涅槃経《だいはつねはんぎよう》』（マハーパリニッバーナ・スッタンタ）です。この経典の研究が進められるにつれて釈尊の歴史性が明らかにされてきたのです。

もう一つはアショーカ王が遺してくれた碑文です。ルンビニーには釈尊の誕生の地であることを銘記した石柱がありますが、アショーカ王は、そのほか各所に釈尊の活動の足跡を伝える碑文を刻んだ石柱を遺してくれています。

そして、さらに釈巻の歴史性を確かなものにしてくれたのが、釈尊の舎利《しやり》壺《つぼ》の発見です。この舎利壺は、明治三十一年にイギリスのインド駐在官ペッペによって、カピラヴァットゥから約十三キロメートル隔たったピプラーワーという所で、数々の宝玉とともに発見されました。その舎利壺には、ブラーフミー文字という西紀前後数世紀にわたって使われた古い文字によって、

「釈迦族の釈尊の遺骨」と読むか「釈尊と釈迦族の遺骨」と読むかで学者の意見が多少分かれるものの、とにかくそう読まれる文字が書かれているのです。まず釈尊の遺骨であると断定してよいものですね。

この舎利壺は、現在、カルカッタの博物館に保管されております。そして、遺骨のほう、憲法によって「王室は仏教を奉ずべきこと」とされているタイ国の王室に譲り渡され、その一部が日本の仏教徒のために分与されて、名古屋の覚王山日泰寺《かくおうざんにったいじ》に納められ、諸宗が交代でお守りしているわけです。

森　私が育ちましたのが、その覚王山のごく近くでして、小学生のころ、タイ国の王様が日泰寺を参拝されるのを沿道に出てお迎えしたことを覚えています。今年の夏、たまたまその日泰寺から講演の依頼を受けまして参拝させて頂いたのですが、日本人はお釈迦さまとはご縁が深いんですね。

中村　そうなのですよ。そこで今回のテーマの釈尊のお人柄ですが、これは仏典を通して推察させて頂く以外に方法がございません。

釈尊のなされた事跡につきましては、仏典や物語、伝説など、数多くの資料が遺されているのですが、その聖典を「古く作られたもの」と「後代に作られたもの」に分けてみまして……これは原典批判の立場から、ある程度ハッキリさせることができるのですが……そうして、古い聖典だけを集めて、そこから釈尊のお姿を浮き彫りにしていく試みをやってみたことがありました。

すると、どの聖典にも共通した釈尊のお姿、他の哲学者や宗教家には見られないユニークな釈尊のお姿が浮かび上がってきたのですね。古い聖典といっても、釈尊の入滅後に作られたものですから、誇張して伝えられている部分もありましょうが、釈尊の人柄、人格が、それらの聖典からにじみ出てくるのです。

その釈尊の人格、人柄のまず第一点は、納得のいかないことを安易に信じるようなことは絶対になされない方だったということです。ものごとを納得のいくまで吟味され、実際に行なってご覧になって、「なるほど、そのとおりだ」と体得されてから、人々に対して、納得のいくよう説いておられる。

相手の間違いを指摘なさる場合でも、決して口ぎたなくののしることはなさらない。自分のほうから論争をしかけられたことなど一度もございません。相手の気持ちを損なわぬように心配りされて、教化されていかれるのです。

あるとき釈尊は、バラモン教で行なっていた犠牲《いけにえ》供養について、バラモンの司祭者に、こう説き教えられたことがありました。

「祭りを尊ぶあなたの気持ちはたいへん尊く、結構なことです。けれども、動物を殺して神々を祀《まつ》るのは本当の祭りではなく、神もお喜びになりますまい。本当の祭りというものは、人間が心を浄《きよ》め、我執を去り、謙虚な心と尊敬の念をもって行動することなのです」

「動物を犠牲にする祭りはいかん」と、頭ごなしにやっつけるようなことはなさらず、相手が納得できるように説いていかれるわけですね。

それから、現在でもインドに行きますと、ガンジス河で沐浴《もくよく》しているヒンズー教徒の姿が見られますが、釈尊ご在世当時も、いろんな修行者によって沐浴が盛んに行なわれておりました。ところが、このガンジス河の水は汚れていて不衛生なのです。そのため、釈尊は沐浴行の迷信をやめさせられようとなさるのですが、あからさまに、「それは迷信だから、よしなさい」とはおっしゃられない。

「そういう水浴をしたからといって、別に功徳があるわけではないのです。本当の水浴というものは体を水の中につけることではなく、心を浄めることなのです。心が正しく円満になってこそ、初めて水浴の目的が達成されるのです」

と、筋道を立てて諄々《じゅんじゅん》と諭しておられるのです。

森　真理にかなったことをズバリとおっしゃるけれども、相手が心から納得できる適切な言葉、態度をもってお説きになられるわけですね。その、温かい心配りをされるお人柄に、人々は尊敬と親しみを感じ、強く惹きつけられていったのでしょうね。

◆形而上の空理空論より生きる道を

森　そうしてお釈迦さまは諄々とお説きになられながら、こと形而上学的な論議は一切避けておられますね。けれども、それは形而上学的な思考や知恵を無視され、哲学は無用だとおっしゃられたわけではないと思うのですが……。

中村 それは、もちろんです。逆に、釈尊はハッキリしたご自分の哲学的立場をお持ちになられていたのです。ただ「人知をもっていかんとも知りがたいものについて、あれこれ詮議することはやめよ」とおっしゃられたのです。

たとえば、世界は有限であるか、それとも無限であるかとか、この宇宙は永遠に存続するものなのか、それとも、いつか消滅してしまうものなのか、というような論議ですね。現代でも、こうした論議は行なわれていますが、当時も盛んに行なわれていたのです。

ところで森先生、世界は有限か無限か、ということは、現代の科学をもってしても結論は出されておらないのでございましょう。

森 はい。私たちの住んでいるこの地球の所属している太陽系は銀河系宇宙に属しているんですが、その銀河系宇宙のような宇宙がいくつも集まって一つの大宇宙をつくっています。ところが近年、宇宙電波（星や星雲のような物質から放射される光より波長の長い電磁波）の観測によりまして、百五十億光年（光の速さで百五十億年かかる距離）という超遠方に、その大宇宙の果てがあることがわかってまいりました。その意味では宇宙は有限だと言えるんですが、けれども、その大宇宙の外に別の大宇宙がないとは言い切れないのです。

中村 なるほど。そういう現在の専門家でもハッキリ結論を出せない問題について、二千五百年前の当時の人が議論しても意味のないことであるわけですね。ですから、現代的な解釈をすれば、釈尊は「そういう論議は専門家にまかせておけばよろしい」という態度をとられたわけです。

森　そういう雲をつかむような議論というものは結構おもしろいものですから、私たちも、よく仲間とするんですね。ところが、議論していくうちに、いつのまにか議論の中へのめり込んで議論のとりこになってしまうんです。お釈迦さまは「そういうナンセンスなことはやめよ」と戒められたのですね。

中村　そうなんです。つまり人間の思惟能力を超えたものにまで手をつけ、解決を求めようとすることは僭越《せんえつ》な試みであるわけですから。「無用の論議に花を咲かせるよりも、人間は、人間として生きる道を求めていくべきである」と釈尊はおっしゃられたのですね。

森　お釈迦さまは、机上の空論にふける時間があったら、現実的な実践、現実の世界における救済をめざすべきだと教えられた……。私どもはややもすると、自分が生きていくのに何の益もない空理空論をもてあそび、生活の上での実践をおろそかにしがちです。特に現代には、それが多いのですね。そのことを戒められるお釈迦さまのみ声が、二千五百年の彼方から届いてくるような思いがします。

中村　仏教は知識ではありません。「仏道」ですから、人間が歩むべき道、生きていく道を説かれたのですね。

◆行じる中から生まれる深い反省

森　その「道」を説かれたということは、結果とともに道程を大切にせよという教えであったといってもいいのではないかと思うんです。

高い理想を掲げることは大事ですが、同時に、そこへ至る道を一歩一歩踏みしめていかなくてはならない。ところが現代人は、性急に結果だけを追い求め、プロセスをおろそかにする傾向が強いですね。いい大学へ入学したいと願いながら、そのプロセスの地道な勉強を怠る。新製品の開発に当たっても、プロセスの努力の積み上げをおろそかにする……。

中村　ジャイナ教の書物に仏教の道徳観とジャイナ教の道徳観を対比させた話が載っていますが、それによると、仏教は動機論、ジャイナ教は結果論だとされているのです。

ある人が、憎い敵を殺そうと思ってつけねらい、夜陰にまぎれて刺したところ、それは棒クイだった。その場合、結果論をとるジャイナ教の道徳観では、結果として人を殺さなかったのですから問題となりません。ところが、動機論の仏教の立場からすると、結果的には人を殺さなくても、人を殺そうという罪悪心につき動かされて行動したのですから、罪の行為とみなされるのです。

では、棒クイだと思って刺したのに、それが人間で、その人を傷つけてしまったとしたらどうなるか。ジャイナ教では、悪心はなくても悪の行為とみますが、仏教では悪の行為とみなさない、と書かれています。

仏教の道徳論がそのとおりであったかどうかはわかりませんが、仏教では、一般的に行為に現れなければとがめられないことでも、心の中に思ってはならない、と内面的な反省を説くのです。七仏通戒偈《しちぶつつうかいげ》の「自浄其意《じじょうごい》」の教えですね。

森　仏伝には、お釈迦さまが悪魔と闘われたお話が出てきますが、あれはお釈迦さまご自身の内面の反省を表したものとみてよろしいのでございましょうか。

中村　釈尊が苦行を捨てられて菩提樹《ぼだいじゅ》の下で瞑想に入られると、いろいろな悪魔が釈尊を誘惑しにまいります。その悪魔には〝おごり〟とか〝あざむく〟などの名がつけられております。つまり、そうした人間の心の内におこる悪徳煩悩を擬人化したのが悪魔なのですね。

森　お釈迦さまは、そのようなご自身の心の内に起こる悪徳を克服されて悟りを開かれたわけですね。

中村　釈尊は、人間というものは苦しみや悩みに執らわれた存在である、と説かれ、どんな人間も〝おごり〟を持っている、と戒められています。これは釈尊の深い反省から生まれた教えだと思うのです。

青年は若さという〝おごり〟を持っているというのです。

森　体力は年々衰えていくのですから、若いうちに思いきり体を使うべきなのに、すぐ楽をしたがる。そして、つまらないことに時間を浪費する。これも若さの〝おごり〟でございましょうね。

中村 そういうことなんですね。では、年を取った人はどうかというと、その人たちも「自分は生きている」という〝おごり〟を持っているというのです。長い年月を生きてこられたのは、さまざまな人に生かされてきたことであるのに、その感謝を忘れている〝おごり〟ですね。そこまで突き詰めて反省していきますと、自分の命の尊さも、人の命の尊さもわかってくる。そして、自分の命も人の命も共に大切にすることが本当の人間の生き方だと気づくことができるんです。

森 プロセス、道を行じることによって、自分を反省する力、相手の立場に立つ力が生まれてくるのですね。これが修行によって我をとり去るということだと思うのですが、この「我」というものに着目されたところに、お釈迦さまのとてつもない偉大さを私は感じるのです。ふつう私ども人間は、行き詰まったとき、いろいろ障害を取り除こうと努力することはするのですが、その障害の大本が「我」であることには気づきません。

中村 仏教でいう「我」は「自我」とか「個我」とかいうような形而上学的な概念ではございません。我執ですね。人間が現実に生活していく上では主体的な自己とか、「我」というものを無視することはできませんが、それでは対立が生じます。自分の立場を捨て、相手の立場になって考えるときに初めて、対立がなくなる。その世界が「無我」であり、その「無我」の境地に立って初めて、思いやりの世界、慈悲の世界が開けてくるのですね。釈尊はそこに気づかれたわけです。

アーリヤ人は、もともと遊牧民でしたので生存条件が厳しかった。ですから必然的に人間以外のものをすべて人間の従属物とみなす傾向が生まれ、人間関係も利害打算によって動くという風潮が強く支配していました。それが定住生活になり、生活が安定してくると、今までのそうした生活態度に反省が生じてきます。そうした基盤が培われてきたところへ、釈尊によって「無我」の教えが説かれ、人々が、本当の平和な生き方に目を開かせられたのですね。

森　私ども体が疲れてくると、自分の体を維持するのが精いっぱいで、他人のこと、たとえば、老人をいたわろうという気持ちも起こらなくなってきますね。同じことが精神についても言えるのではないでしょうか。「無我」を行じていくのには、日ごろから心身を鍛えておくことが必要になるのではないかと思いますが……。

中村　ですけれども、ただ強くなるだけでは相手の立場に立って考えることはできませんね。やはり教えを受けていませんと、その心が芽をふいてまいりません。自分の強さを誇り、〝おごり〟を懐くようになってしまうからです。

古今東西を通じて言えることですが、帝王となって絶対的な権力を握った人は、他国を征服することばかり考えるようになってしまっています。ところが、仏滅後百年ころ、マガダ国の王位を継いで仏教に深く帰依したアショーカ王は、やはり他の帝王とは違っておりました。ある戦いにおいて多くの無辜《むこ》の民をあやめたことを悔い、家畜を殺したことにまで涙するのです。これはやはり、アショーカ王が仏教的な反省心を持っていたからだと思います。

森　我執に対する深い反省は仏道を行じていく中で心が浄化されていくことから生まれてくる。その反省に立つことができたとき、おのずと相手の立場を思いやる慈悲の気持ちが湧いてくるわけなのですね。

◆仏教に一貫して流れる慈悲の教え

中村　慈悲心は人との関連を抜きにしては考えられないことです。釈尊の慈悲は、初めのころは何よりもまず教えを説くという形が強調されていたのです。それが後代になって拡大解釈されてきまして、病人を救ったり、貧乏で困っている人々に物を与えたりすることも含まれるようになってきました。

西洋で初めて人間の病院が造られたのは五世紀ころですが、アショーカ王は、それより八百年以上も前に病院を造っています。しかも、人間の病院のみならず、獣畜の病院をも造っているのですね。

古代西洋は、奴隷経済制度でしたから、万人のための病院という考え方はありませんでした。奴隷は使い捨て商品で、人間と認められていなかったのです。

森　そういう人をも含めての万人のための慈悲の教え、それが、仏教が時代や民族を超えて世界へ広まる宗教となりえた要因なのでしょうね。

中村　仏教の「慈悲」は他の宗教でいう「愛」と比較されますが、愛は対象に一人の人間をおき、その人に対して及ぼしていくというイメージが強く、人間以外の存在にはあまり向けられません。

せいぜい人間に近しい生き物くらいまでです。ところが慈悲は、一切のもの、あらゆる生物、山川草木のことごとくに分け隔てなく及ぼされます。

また、愛は裏切られると憎しみに転じやすいのですが、慈悲は、

「慈悲の目に憎しと思うものあらじ　咎《とが》あるものをなおも哀《あわ》れめ」

というように、絶対的なものですね。

森　その慈悲の精神は、原始仏教から大乗仏教にいたるまで、一貫してつらぬかれていますね。

中村　小乗仏教にも、大乗仏教にも、共通しています。ある時期には、大乗仏教徒と小乗仏教徒が一つの寺院に一緒に住んでいたこともあったのです。こういうことは西洋の宗派の観念では理解できないことですね。そして、そのような共住を可能にしたもの、それが両派に共通する慈悲という基盤なのです。

仏教も後代になると唯識説《ゆいしきせつ》が現れ、大日如来が説かれたり、観音信仰や弥勒《みろく》信仰も入ってきまして複雑な変遷をたどるのですが、最初に釈尊が説かれた「無常」「無我」「慈悲」といった思想は、どの宗派にも脈々と受け継がれ、説き継がれてきていますね。

森　「無我」による慈悲の精神、実践行は、いつの世にも欠かすことのできないものですからね。

中村　西洋でも、産業革命以後、社会というものの重要性が認識されてきまして、理想の社会、ユートピアを描いてあこがれるようになりました。これは、社会制度がよくなれば世の中は住みよくなるのだ、という思想が強まった現れですね。その社会変革の過程において、それまでの封建

制社会から脱皮して市民社会、ブルジョアジー社会が築かれ、すべての人が自由で、平等で、友愛に包まれた理想社会としてユートピアが考え出されたわけです。

けれども、そのブルジョアジー社会も行き詰まってくると、こんどは社会主義社会、共産主義社会を理想社会と考えるようになりました。しかし、いざ社会主義社会が実現してみると、その社会に、さまざまな矛盾があることがわかってきたのです。

結局、「無我」の慈悲行を行なわないかぎり、いかなる主義をもってしても人間社会はよくならないことがハッキリわかってきたわけですね。

森　慈悲の心に目覚めないかぎり、ますますエゴイズムが強くなり、どんなりっぱな制度をつくってみても、制度の悪用に走って、善用ができなくなるのですね。

私どもの携わっております科学技術の分野でも、仏教を基盤に据えて建て直しをはからないと動きがとれないところまできてしまっています。その一例が特許の取得にみられるんです。

以前は、ある技術者が新しい技術を開発して特許を取りますと、企業はその技術者から特許を買って製品を造ったのですが、今では、メンツとか特許使用料を支払うのを恐れるあまり、その特許をすり抜けるため、新しく特許を取ってしまうんです。また、最近は防衛特許といいまして、だれでも努力なしに考えつく低いアイデアまで特許にしておかないと、他社に押さえられ、自分が使えなくなってしまう。そのため、やたらと特許をとっておくわけです。

中村　それでは特許料のほうも大変ですね。

森　国内の特許料はたいした額ではありませんが、外国の特許を取るとなると、一件、百万円くらいかかります。ですから、世界の主要国の特許をとっておかねばならないとなると、大変な金額になりますね。

大会社は、取った特許を管理するだけでも大変です。特許課をもうけて、何十人もの人がかかりっきりになっています。特許は一定期間過ぎると無効になりますから、更新申請をしなければなりません。特許をたくさんかかえている会社は、それをチェックするだけでコンピュータを導入しなければならないほどなんです。

こうした技術の窮状をなんとか救済しなければと考えまして、私たち有志で仲間を募って「自在研究所」というのを設立したんですが、そこで開発した技術は、できるだけ特許をとらないことにしているのです。

中村　まったくの利他行をなさっておられるわけですね。

森　特許を取らなければ、ときには盗まれて損をすることもあるわけですが、一つ盗まれたら二つ開発すればいい、という精神でおりますと、次々によいアイデアが開発されてくるのですね。仏教の慈悲とは、そういうものではなかろうか、と考えるのです。他に与えれば与えるほど自分が豊かになっていく……。

万人のための慈悲は仏教が初めて説いたとうかがいましたが、この慈悲がなければ、人間社会も、企業も、家庭も、さらには科学も、思想も成り立たないわけですね。つまり、慈悲行こそこの世のありとあらゆる存在を平和に導く根本の行であると考えていいと思うんです。

◆人間の本然の教えとしての慈悲

中村　慈悲行こそ釈尊の最もユニークな教え、仏教の教えの要といっていいのですね。その相手を思いやる教えを釈尊は身をもって示されました。その一例が『大般涅槃経』に伝えられている、釈尊に最後の食事を供養したチュンダへのいたわりですね。釈尊は、万人に対して変わらぬ慈悲心によって、だれに対しても執われのない気持ちで接しられ、教えを説かれていかれたのです。

ウパニシャッド（梵我一如の思想を説いた古代インドの哲学書）の哲学は、非常に奥深い思想なのですが、このウパニシャッドの師は、自分の長男や信頼できる弟子にしかそれを伝えませんでした。ところが釈尊は、教えを説くのに人を選ばれません。マガダやコーサラの国王・大臣、スダッタ長者のような大富豪に説かれるかと思うと、両親も夫も亡くして人々からさげすまれ、生計もたたないような婦人、アンバパーリーのような遊女、さらには、人々を殺して切り取った指を繋いで首輪をつくっていたというアングリマーラのような凶悪な人間すらも、自分の弟子に加えられているのです。

森　まさに、お釈迦さまは当時のインドの人々の光明であったのですね。

中村　釈尊は慈悲という高度な思想を、だれにもわかるように、やさしく説かれたのです。もともと慈悲は人間の本然のあり方ですから、慈悲心をもって慈悲を説かれれば、どんな人も「有り難い」という気持ちが湧き起こってくるのは当然なのです。

森　その湧き起こってくる「有り難い」という気持ちもまた、人間の本然のあり方であるわけですね。

中村　イギリスの哲学者・バートランド・ラッセルが、自分の著者『西洋哲学史』の中で「哲学者ニーチェが釈尊と出会ったら……」という想定のもとに仮空対話をさせているのです。その中でニーチェは、「昔からの宗教など役に立たない。生きんとする強い意志を持たなければならない」と主張します。そのニーチェに対して釈尊は、「そんな荒々しいことを言うのはおやめなさい。ちっとも楽しいと思うことはありませんよ」と答えられるのです。そしてバートランド・ラッセルは、この対話の締めくくりの中で、「どちらの主張が正しいかということの証明は不可能だが、自分としては仏陀の言葉のほうが胸に響くものがある」と言っています。バートランド・ラッセルは、あまり宗教に関心のない人だったのですが、その人が、哲学者ニーチェより釈尊に心を惹かれると言っているのです。

私は、釈尊の教えが受け継がれている国、仏教を熱心に信仰している人の姿には、一つのパターンが見られるように思うのです。そこには心の平安があるんですね。西洋の学者たちも、ビルマの僧侶は学問もなく、生活も貧しいけれども、心に明るさ、楽しさ、平安を持っている、と言っています。

森　日本でも信心の深い人は笑顔に厚みがありますね。お釈迦さまが万人を惹きつけられ、また、仏教徒が周囲の人々に安らぎを与えるのも、やはり仏教の要の教えである慈悲心をそれぞれが体現しているからではないでしょうか。

私も、仏教の教えを頂いたからには菩薩行《ぼさつぎょう》を行じていかなくてはならないと思いまして、学生たちや知人に働きかけているのですが、理論は説明できても、相手の心に響く言葉がなかなか発しられません。まだまだ慈悲心が足りないんだなあ、と深く反省させられるんです。

◆人であって人を超えられた釈尊

中村　釈尊の人格に触れ、教えに接した当時のインドの人々は、釈尊を日月の輝きのように仰ぎ見たのですが、それでいて釈尊は、独善的なところ、偉ぶったところがみじんもありませんでした。

森　偉い、といわれている人に接すると、ヒヤッとするものを感じさせられて、その場がシーンとしてしまうということがままあるのですが、釈尊は何かほのぼのとした人間的な温かみを感じさせるお方だったようですね。

中村　釈尊は、人の心をすみずみまでお見透しになられましたから、そういう面でのこわさはあったでしょうが、人間的には親しみを感じさせるお方だったと思いますね。

ですから、当時、沙門《しゃもん》たちの間で使われていた尊称が釈尊にも使われていまして、バラモンが釈尊に「おー、ゴータマよ」と気やすく呼びかけているのが仏典に見られます。

釈尊が遊行先に着かれますと、その土地の信者が釈尊を供養して洗足の水を運んできたり、うちわで扇いだりしますが、これも当時の宗教家に対する習俗の一つで、釈尊に対する特別の扱いではありません。けれども、釈尊の語られる一語一語は強く人々の胸をうち、心を開かせるものがあったのですね。

仏という字は旧字体で佛、亻《にんべん》に弗《ふつ》と書きますね。この弗は非に通じまして、否定を表わすのです。沸騰《ふっとう》の沸も氵《さんずい》に弗と書きますが、水が沸騰すると蒸気になる。水であって水でない状態の蒸気になるところから沸と書いたわけです。仏もそれと同じで、人であって人でなくなっている状態の人のことなのですね。

森　長い修行の結果、完全な智慧と慈悲心と眼力が具《そな》わりますと、ふつうの人とは違った徳や力が具わってくる。人であって人でない部分というのは、そういうことを言うのであって、いわゆる魔法のような力が駆使できる人というのではないのでしょうね。

中村　釈尊のようなすぐれた宗教家は、やはり、ふつうの人間の能力を超えたものをお持ちになっておられたと思います。すぐれた能力を具えている人は、たとえば病気を治す力を持っていることもありましょう。しかし、仏教の本質をそこにおくと問題があると思います。

いかに神秘力を具えた人でも、いつかはこの世から消えていかなくてはなりません。無常の理には勝つことはできません。ですから、神秘的な能力は、その人に直接、接する人々、その人が生きた時代の人しか救うことができない。地域を超え、時代を超えて万民を救いうる宗教とは、だれもが納得できる真理の教えでなければなりません。それが釈尊の場合は、「無我」の教え、「慈悲」の教えであったと思うのです。

森　釈尊が後代になって仏として神格化されていったのも、神秘性のゆえではなく、根源の教えである、その慈悲行によってなのですね。

中村　慈悲行を説き続けられた釈尊を仰ぎ見る心の現れでしょうね。そして、偉大な師と仰いだその釈尊が入滅されると、当然のこととして、釈尊を美化してお慕いするようになってきます。それがのちに、釈尊は三十二相《さんじゅうにそう》、八十種好《はちじゅうしゅごう》の尊い姿を具えておられたとか、釈尊のお体からは黄金の光が放たれていたとか、弁舌巧みであられて長広舌《ちょうこうぜつ》（舌が長くて幅が広い）であられたとか、といったように伝えられるようになっていくのです。

森　お釈迦さまの偉大さを何とか表現したいという気持ちの表れですね。

中村　そうなのです。けれども、釈尊の偉大さは形では到底表現できない精神的なものであるわけです。それが法身《ほっしん》、自性身《じしょうしん》として表現されるわけです。そして、さらに釈尊のみ心の奥をたどっていって、そこに人間の思惟を越えた世界を見たわけですね。それが『法華経』に説かれる、久《く》遠実成《おんじつじょう》の仏さまであるわけです。

森　私、実は、その人間であって人間でないということが、なかなか実感として把握できないでおったのですが、最近、このように捉えています。

私どもの大脳は、およそ百数十億の脳細胞から成っておるのですが、そのすべてが機能しているということはありません。目を見開いていても見えない部分があり、耳で聞いていながら聞こえないのも、そのためなんです。

本来、この宇宙は調和しているのですから、もし大脳の全機能が働けば、おそらく、私たちのやることなすこと、すべてが真理にかなってくるのではなかろうか、その全機能の働いている状態が、人間でありながら人間を超えた状態なのではないだろうか、と考えるわけなのですね。

車にたとえてみますと、仮にヘビの頭脳を二輪のオートバイとしますと、ネコの状態は三輪自動車、イヌは四輪自動車くらいのものです。それに対して、人間の頭脳の働きは本来、千輪車ぐらいの能力を持っているはずなのです。

けれども、車輪の数が多ければよいかというと、そうとばかりいえません。二輪車が便利なときもあるわけです。問題は、すべての車輪に手入れが行き届いて、スムーズに回転しているかどうかなんですね。一つでも回転の悪い車輪があると、アクセルをふかすほど曲がった方向に進んでしまいます。また、車輪の数が多くなれば、それだけ手入れがたいへんで、そのため油が切れて回らなくなる車輪も出てきてしまいます。

馬力をかければかけるほど曲がった方向へ走って行ってしまった、かつての高度経済成長下の日本経済の状態がこれと同じでした。

ですから、私たちは、たえず自分の頭脳の中の回転していない部分を点検し、油をさしていかなくてはならないのですね。そのことが、仏道修行なのではないかと思うのです。お釈迦さまは、人間が本来もっている千個の能力の車輪のすべてを善の方へ向け、それを全面的に生かし、フル回転していくことができれば仏になれると、お見透しになられて、何とかして人々に仏になりうる可能性を具えていることに気づいてもらい、仏道を行じてもらいたいと願われたわけなのでしょうね。それが仏さまの本願の慈悲行だと思うのです。

中村　そのとおりでございますね。しかも釈尊は、その慈悲行の大切さを、老若、貴賤、貧富の別なく、万人に向かって説き広めていかれたのです。八十年の全生涯にわたって、身をもって慈悲行を実践していかれたわけです。

　ヒンズー教はカースト制度のワクを越えられなかったために、インド以外には広まることができませんでした。ところが仏教は、慈悲心によって万人に門戸を開いたため、国を超え、民族を超え、あまねく諸国に広まって、世界宗教となることができたのです。

森　そのお釈迦さまの願いを受け継ぎ、真理を体得して、世界に平和境を建設するために手を携えて精進していかなければならないという、意欲がふつふつと湧いてまいる思いがいたします。

衆生無辺誓願度《しゅじょうむへんせいがんど》
煩悩無《ぼんのうむ》数誓願断《しゅせいがんだん》
法門無量誓願学《ほうもんむりょうせいがんがく》
仏道無上誓願成《ぶつどうむじょうせいがんじょう》

ほんとうにありがとうございました。（合掌）

＊　五六七頁の八行目と、五六八頁の後ろから二行目に、「人（人間）であって、人（人間）でない」という言い方がされていますが、これを一般的に拡張して、「そうであって、そうでないものになる」のが、仏道の目指す所だ、と私は師から教わりました。

〈完〉

【編著者略歴】

森　政弘（もり・まさひろ）

一九二七年（昭和二年）、三重県に生まれる。名古屋大学工学部電気学科卒業。工学博士。東京大学教授、東京工業大学教授を経て現在、東京工業大学名誉教授、日本ロボット学会名誉会長、中央学術研究所講師等を務める。ロボットコンテスト（ロボコン）の創始者であるとともに、「不気味の谷」現象の発見者であり、約五十年にわたって仏教および禅の勉強を続け、仏教関連の著作も多い。紫綬褒章および勲三等旭日中綬章を受章、ＮＨＫ放送文化賞、ロボット活用社会貢献賞ほかを受賞する。

おもな著作に、『機械部品の幕の内弁当――ロボット博士の創造への扉』『作る！動かす！楽しむ！おもしろ工作実験』（ともにオーム社）、『今を生きていく力「六波羅蜜」』（教育評論社）、『親子のための仏教入門――我慢が楽しくなる技術』（幻冬舎新書）、『退歩を学べ――ロボット博士の仏教的省察』『仏教新論』『般若――仏教の智慧の核心』（いずれも佼成出版社）等があり、共著書に『ロボット工学と仏教――ＡＩ時代の科学の限界と可能性』（佼成出版社）等がある。

釈尊のご生涯をたずねて
——「仏さま」の実像とその教え——

2023年9月30日　初版第1刷発行

編著者　森　政弘
発行者　中沢純一
発行所　株式会社佼成出版社
〒166-8535　東京都杉並区和田2-7-1
電話　(03) 5385-2317 (編集)
(03) 5385-2323 (販売)
URL　https://kosei-shuppan.co.jp/

印刷所　小宮山印刷株式会社
製本所　株式会社若林製本工場

◎落丁本・乱丁本はお取り替えいたします。

ISBN978-4-333-02907-5　C0015　NDC182/576P/19cm